国家出版基金项目

知识产权卷

司法解释理解与适用全集

人民法院出版社　编

人民法院出版社

图书在版编目（CIP）数据

司法解释理解与适用全集．知识产权卷／人民法院出版社编．—北京：人民法院出版社，2019.8
ISBN 978－7－5109－2591－7

Ⅰ.①司… Ⅱ.①人… Ⅲ.①知识产权法—法律解释—中国 Ⅳ.①D920.5

中国版本图书馆CIP数据核字（2019）第159129号

司法解释理解与适用全集·知识产权卷
人民法院出版社 编

总 策 划 陈建德
责任编辑 李安尼 刘晓宁 邓灿
出版发行 人民法院出版社
地 址 北京市东城区东交民巷27号（100745）
电 话 （010）67550691（责任编辑） 67550558（发行部查询）
65223677（读者服务部）
客 服 QQ 2092078039
网 址 http://www.courtbook.com.cn
E－mail courtpress@sohu.com
印 刷 北京华联印刷有限公司
经 销 新华书店

开 本 787×1092毫米 1/16
字 数 490千字
印 张 26.5
版 次 2019年8月第1版 2019年8月第1次印刷
书 号 ISBN 978－7－5109－2591－7
定 价 68.00元

出版前言

在以习近平同志为核心的党中央坚强领导下，最高人民法院坚持以习近平新时代中国特色社会主义思想为指导，忠实履行宪法法律赋予的职责，紧紧围绕“努力让人民群众在每一个司法案件中感受到公平正义”工作目标，不断提高审判质量效率、队伍素质能力和司法公信力。

司法解释是中国特色社会主义司法制度的重要组成部分，制定司法解释是法律赋予最高人民法院的一项重要职责。司法解释不仅促进了法律的统一适用，而且为法官裁判案件提供了更为具体、明确的规则依据。司法解释在我国整个法律体系的建立和完善过程中发挥了举足轻重的作用。

2014 年，最高人民法院按照全国人大常委会的部署和要求，启动了新中国成立以来第一次全面集中清理司法解释工作。对最高人民法院自 1949 年建院至 2011 年底前单独制定，以及与最高人民检察院等中央有关部门联合制定的司法解释和司法指导性文件进行了全面清理，决定废止司法解释、司法解释性质文件 715 件，研究决定了继续有效的司法解释、司法指导性文件，清理了不属于司法解释和指导性文件的其他规范性文件。此次清理工作集中解决了司法解释与法律不一致、司法解释之间不协调，以及司法解释内容不准确等突出问题，明确区分了司法解释和参考性的司法指导性文件。2019 年 7 月，最高人民法院再次对司法解释进行全面清理，废止了 103 件不符合社会主义核心价值观、不符合改革开放新形势和新发展理念的司法解释。这两次司法解释的全面清理，为人民法院审判工作提供了准确的裁判依据，有力促进了司法解释工作的科学化、规范化、制度化。充分发挥了统一法律适用、指导审判工作、完善司法政策、促进社会治理的重要作用，对人民法院维护社会大局稳定、促进社会公平正义、保障人民安居乐业作出了重要贡献。

随着中国特色社会主义法律体系的形成，人民群众对司法的要求和期待也越来越高，对人民法院的关注也空前强烈，加强法律实施成为法治建设的重大任务，这必然要求人民法院更加注重依法办案，正确履行宪法和法律赋予的审判职责，真正做到有法必依、执法必严，并积极完善司法工作机制，全面发挥司法功能，确保中国特色社会主义法律体系得到贯彻落实。司法解释在保证法律统一正确实施中的作用更加凸显，影响更加广泛，社会各界更加关注。

最高人民法院四十余年司法解释的实践充分证明，司法解释不仅是贯彻执行法律的基本保障，在填补和完善中国特色社会主义法律体系方面作用突出，成为国家立法必要的先行验证和实践支撑，同时，司法解释也是全国法院几代法官集体智慧的结晶，是法治中国建设的共同财富。多年来，为深入贯彻落实司法解释相关工作，最高人民法院相关业务部门扎实推进司法解释工作，积极参与司法解释理解与适用丛书的研究撰写。各职能部门对相关领域司法解释的内容进行逐条释义，对其内容的要点、修改理由进行重点解读，并从司法实务的角度，详尽阐述条文内容，深入解析审判实践中应注意的问题，对适用过程中可能出现的容易引起混淆和误解的问题进行了尽可能全面和客观的适用指引，帮助各级人民法院的法官系统、准确理解与适用，统一法律适用，便于各界了解掌握司法解释的精神，对于推动我国法律的系统化科学化、提高审判工作质量具有重大意义。

为充分发挥司法解释在统一司法标准、确保国家法律贯彻实施、保障司法公正与效率、维护人民群众利益等方面的重要作用，便于全国各级法院和广大法官以及法律工作者、社会各界和人民群众查阅和适用，最高人民法院及周强院长决定，由人民法院出版社将历年来司法解释及相配套的司法解释理解与适用的法律文件、书籍、文章进行合理整合、精心编排，对部分内容进行调整，整理编辑了《司法解释理解与适用全集》精装版，已于2018年8月出版。

《司法解释理解与适用全集》平装版增收了截至2019年7月最高人民法院新发布的司法解释及其理解与适用。全书共17卷，所收图书及文章均为起草相关司法解释的业务庭室的职务作品，共分为：（1）刑事卷；（2）刑事诉讼卷；(3) 民事总类卷；(4) 家事卷；(5) 物权卷；(6) 合同卷；(7) 侵权责任卷；(8) 知识产权卷；(9) 劳动争议卷；(10) 房地产卷；(11) 公司卷；(12) 金融卷；(13) 企业破产卷；(14) 涉外商事海事卷；(15) 执行卷；(16) 民事诉讼卷；(17) 行政诉讼、国家赔偿卷。

本书是指导全国法院法官适用法律，特别是适用司法解释作出裁判的重要工具书，受到了各级法院、当事人、人民群众和社会各界的高度评价，取得了良好的政治效果、法律效果和社会效果，一定意义上代表了相关领域司法审判的最高水平。它契合人民法院审判实际，具有很强的权威性、操作性、理论性、实用性、资料性，对审判实践和理论研究具有重要指导作用和参考价值。希望本书能为广大法官的工作和学习提供便利，不断创新工作模式，进一步发挥司法解释在司法审判工作中的引领、推动和保障作用，不断推进中国的司法制度向更完备、更全面、更科学方向发展，不断促进新时代人民法院审判工作有新气象新发展。

人民法院出版社

二〇一九年八月

凡 例

一、收录和分类

1.《司法解释理解与适用全集·知识产权卷》（以下简称“本卷”）收录了最高人民法院公布的有关知识产权审判领域现行有效的司法解释、司法解释性文件共22件，收录了各业务庭室发布的理解与适用类职务作品（含图书1部、文章22篇）。

2. 本卷共1册，分为六部分：第一部分总类，第二部分著作权，第三部分商标权，第四部分专利权、技术合同，第五部分反不正当竞争、反垄断，第六部分植物新品种。

二、编排和注解

1. 本卷各部分编排顺序为：最高人民法院发布的司法解释和司法解释性文件，最高人民法院各业务庭室理解与适用的职务作品。

2. 最高人民法院各业务庭室理解与适用的职务作品，在目录中以黑体字标明。

3. 本卷以脚注的形式，对所收录的最高人民法院各业务庭室的理解与适用的职务作品的原出处和原作者的单位、姓名，作出说明。

4. 本卷中，凡新发布的司法解释对同一问题作了新的规定或修正了以前司法解释部分内容的，囿于本书体例，不一一标明；在这些职务作品中，个别所阐释的条文被废止或所引用的法律文件已经废止，但因其仍有一定指导价值，本卷仍保持原貌。在适用过程中应当注意以法律和司法解释的最新规定为准。

三、文本和编辑

1. 本卷收录的司法解释均根据《中华人民共和国最高人民法院公报》刊登的标准文本排印。

2. 本卷收录的最高人民法院各业务庭室理解与适用的职务作品均根据脚注中原出处的文本排印。

3. 本卷所收录的内容基本保留原貌；有个别文字、标点符号有明显错讹的，亦径予纠正。

总目录

目 录

第一部分 总 类

第二部分 著作权

第三部分 商标权

第四部分 专利权 技术合同

第五部分 反不正当竞争 反垄断

第六部分 植物新品种

第一部分　总　类

最高人民法院
关于审查知识产权纠纷行为保全案件适用法律若干问题的规定

法释〔2018〕21号

（2018年11月26日最高人民法院审判委员会第1755次会议通过 2018年12月12日最高人民法院公告公布 自2019年1月1日起施行）

为正确审查知识产权纠纷行为保全案件，及时有效保护当事人的合法权益，根据《中华人民共和国民事诉讼法》《中华人民共和国专利法》《中华人民共和国商标法》《中华人民共和国著作权法》等有关法律规定，结合审判、执行工作实际，制定本规定。

第一条 本规定中的知识产权纠纷是指《民事案件案由规定》中的知识产权与竞争纠纷。

第二条 知识产权纠纷的当事人在判决、裁定或者仲裁裁决生效前，依据民事诉讼法第一百条、第一百零一条规定申请行为保全的，人民法院应当受理。

知识产权许可合同的被许可人申请诉前责令停止侵害知识产权行为的，独占许可合同的被许可人可以单独向人民法院提出申请；排他许可合同的被许可人在权利人不申请的情况下，可以单独提出申请；普通许可合同的被许可人经权利人明确授权以自己的名义起诉的，可以单独提出申请。

第三条 申请诉前行为保全，应当向被申请人住所地具有相应知识产权纠纷管辖权的人民法院或者对案件具有管辖权的人民法院提出。

当事人约定仲裁的，应当向前款规定的人民法院申请行为保全。

第四条 向人民法院申请行为保全，应当递交申请书和相应证据。申请书应当载明下列事项：

（一）申请人与被申请人的身份、送达地址、联系方式；

（二）申请采取行为保全措施的内容和期限；

（三）申请所依据的事实、理由，包括被申请人的行为将会使申请人的合法权益受到难以弥补的损害或者造成案件裁决难以执行等损害的具体说明；

（四）为行为保全提供担保的财产信息或资信证明，或者不需要提供担保的理由；

（五）其他需要载明的事项。

第五条 人民法院裁定采取行为保全措施前，应当询问申请人和被申请人，但因情况紧急或者询问可能影响保全措施执行等情形除外。

人民法院裁定采取行为保全措施或者裁定驳回申请的，应当向申请人、被申请人送达裁定书。向被申请人送达裁定书可能影响采取保全措施的，人民法院可以在采取保全措施后及时向被申请人送达裁定书，至迟不得超过五日。

当事人在仲裁过程中申请行为保全的，应当通过仲裁机构向人民法院提交申请书、仲裁案件受理通知书等相关材料。人民法院裁定采取行为保全措施或者裁定驳回申请的，应当将裁定书送达当事人，并通知仲裁机构。

第六条 有下列情况之一，不立即采取行为保全措施即足以损害申请人利益的，应当认定属于民事诉讼法第一百条、第一百零一条规定的"情况紧急"：

（一）申请人的商业秘密即将被非法披露；

（二）申请人的发表权、隐私权等人身权利即将受到侵害；

（三）诉争的知识产权即将被非法处分；

（四）申请人的知识产权在展销会等时效性较强的场合正在或者即将受到侵害；

（五）时效性较强的热播节目正在或者即将受到侵害；

（六）其他需要立即采取行为保全措施的情况。

第七条 人民法院审查行为保全申请，应当综合考量下列因素：

（一）申请人的请求是否具有事实基础和法律依据，包括请求保护的知识产权效力是否稳定；

（二）不采取行为保全措施是否会使申请人的合法权益受到难以弥补的损害或者造成案件裁决难以执行等损害；

（三）不采取行为保全措施对申请人造成的损害是否超过采取行为保全措施对被申请人造成的损害；

（四）采取行为保全措施是否损害社会公共利益；

（五）其他应当考量的因素。

第八条 人民法院审查判断申请人请求保护的知识产权效力是否稳定，应当综合考量下列因素：

（一）所涉权利的类型或者属性；

（二）所涉权利是否经过实质审查；

（三）所涉权利是否处于宣告无效或者撤销程序中以及被宣告无效或者撤销的可能性；

（四）所涉权利是否存在权属争议；

（五）其他可能导致所涉权利效力不稳定的因素。

第九条 申请人以实用新型或者外观设计专利权为依据申请行为保全的，应当提交由国务院专利行政部门作出的检索报告、专利权评价报告或者专利复审委员会维持该专利权有效的决定。申请人无正当理由拒不提交的，人民法院应当裁定驳回其申请。

第十条 在知识产权与不正当竞争纠纷行为保全案件中，有下列情形之一的，应当认定属于民事诉讼法第一百零一条规定的“难以弥补的损害”：

（一）被申请人的行为将会侵害申请人享有的商誉或者发表权、隐私权等人身性质的权利且造成无法挽回的损害；

（二）被申请人的行为将会导致侵权行为难以控制且显著增加申请人损害；

（三）被申请人的侵害行为将会导致申请人的相关市场份额明显减少；

（四）对申请人造成其他难以弥补的损害。

第十一条 申请人申请行为保全的，应当依法提供担保。

申请人提供的担保数额，应当相当于被申请人可能因执行行为保全措施所遭受的损失，包括责令停止侵权行为所涉产品的销售收益、保管费用等合理损失。

在执行行为保全措施过程中，被申请人可能因此遭受的损失超过申请人担保数额的，人民法院可以责令申请人追加相应的担保。申请人拒不追加的，可以裁定解除或者部分解除保全措施。

第十二条 人民法院采取的行为保全措施，一般不因被申请人提供担保而解除，但是申请人同意的除外。

第十三条 人民法院裁定采取行为保全措施的，应当根据申请人的请求或者案件具体情况等因素合理确定保全措施的期限。

裁定停止侵害知识产权行为的效力，一般应当维持至案件裁判生效时止。

人民法院根据申请人的请求、追加担保等情况，可以裁定继续采取保全措施。申请人请求续行保全措施的，应当在期限届满前七日内提出。

第十四条 当事人不服行为保全裁定申请复议的，人民法院应当在收到复议申请后十日内审查并作出裁定。

第十五条 人民法院采取行为保全的方法和措施，依照执行程序相关规定处理。

第十六条 有下列情形之一的，应当认定属于民事诉讼法第一百零五条规定的“申请有错误”：

（一）申请人在采取行为保全措施后三十日内不依法提起诉讼或者申请仲裁；

（二）行为保全措施因请求保护的知识产权被宣告无效等原因自始不当；

（三）申请责令被申请人停止侵害知识产权或者不正当竞争，但生效裁判认定不构成侵权或者不正当竞争；

（四）其他属于申请有错误的情形。

第十七条 当事人申请解除行为保全措施，人民法院收到申请后经审查符合《最高人民法院关于适用〈中华人民共和国民事诉讼法〉的解释》第一百六十六条规定的情形的，应当在五日内裁定解除。

申请人撤回行为保全申请或者申请解除行为保全措施的，不因此免除民事诉讼法第一百零五条规定的赔偿责任。

第十八条 被申请人依据民事诉讼法第一百零五条规定提起赔偿诉讼，申请人申请诉前行为保全后没有起诉或者当事人约定仲裁的，由采取保全措施的人民法院管辖；申请人已经起诉的，由受理起诉的人民法院管辖。

第十九条 申请人同时申请行为保全、财产保全或者证据保全的，人民法院应当依法分别审查不同类型保全申请是否符合条件，并作出裁定。

为避免被申请人实施转移财产、毁灭证据等行为致使保全目的无法实现，人民法院可以根据案件具体情况决定不同类型保全措施的执行顺序。

第二十条 申请人申请行为保全，应当依照《诉讼费用交纳办法》关于申请采取行为保全措施的规定交纳申请费。

第二十一条 本规定自 2019 年 1 月 1 日起施行。最高人民法院以前发布的相关司法解释与本规定不一致的，以本规定为准。

解读《关于审查知识产权纠纷行为保全案件适用法律若干问题的规定》*

2018 年 11 月 26 日，最高人民法院审判委员会第 1755 次全体会议讨论通过了《关于审查知识产权纠纷行为保全案件适用法律若干问题的规定》（以下简称《行为保全规定》），本规定将于 2019 年 1 月 1 日施行。下面对《行为保全规定》的制定背景以及主要内容作简要说明。

一、《行为保全规定》的制定背景和过程

早在上世纪八十年代我国民事诉讼领域就确立了财产保全和证据保全制度，但行为保全的相关规定则是 2012 年修订后的民事诉讼法新增加的内容。

2001 年我国加入世界贸易组织后，根据《与贸易有关的知识产权协议》（以下简称 TRIPS 协议）的相关规定，在后来修订专利法、商标法和著作权法等知识产权法律时，增加了行为保全的规定，即权利人和利害关系人有证据证明他人正在实施或者即将实施侵权行为，如不及时制止将使其合法权益受到难以弥补的损害的，可以在起诉前向法院申请采取责令停止有关行为的措施，并规定了申请条件和审查标准、解除条件等。最高人民法院亦于 2001 年 6 月、2002 年 1 月先后颁布了《最高人民法院关于对诉前停止侵犯专利权行为适用法律问题的若干规定》和《最高人民法院关于诉前停止侵犯注册商标专用权行为和保全证据适用法律问题的解释》（以下统称为两个诉前停止侵权司法解释）。因此，可以说在 2012 年修订的民事诉讼法施行之前，行为保全除了《中华人民共和国海事诉讼特别程序法》规定的海事强制令外，主要在知识产权领域适用，即诉前责令停止有关侵犯知识产权行为的措施。据不完全统计，过去五年间，全国法院分别受理知识产权诉前停止侵权和诉中停止侵权案件 157 件和 75 件，裁定支持率分别为 98．5% 和 64．8%。知识产权行为保

* 原载人民法院出版社编：《解读最高人民法院司法解释（含指导性案例）》，人民法院出版社 2019 年版，第 15 页。

全案件虽然数量较少，但行为保全措施能够使知识产权受到侵害时获得及时救济，该项制度越来越受到知识产权权利人以及其他经营者的重视，许多案件也倍受社会关注。

对于人民法院正确审查诉前责令停止侵害知识产权行为案件，两个诉前停止侵权司法解释发挥了重要作用。修订后的民事诉讼法关于行为保全的规定，为行为保全的法律适用提供了更加有力的法律依据。为总结审判经验，解决审判实践中出现的新情况和新问题，进一步完善行为保全制度在知识产权与竞争纠纷领域的实施，根据修订后的民事诉讼法关于行为保全的规定，最高人民法院在 2013 年初决定立项，制定本司法解释。

在起草《行为保全规定》过程中，我们分别征求了全国人大法工委、原国务院法制办、国家发展改革委员会、原国家工商行政管理总局、国家知识产权局、海关总署、新闻出版广电总局等有关国家机关、本院相关庭室和地方人民法院的意见，充分听取了专家学者、律师、中外企业以及行业协会或相关机构的意见，并通过中国法院网向社会公开征求意见，取得了广泛共识。

二、《行为保全规定》的起草原则

在调研和起草的过程中，我们坚持以下三个原则：

一是坚持及时保护与稳妥保护兼顾原则。相对于物权客体而言，知识产权客体不具有独占性，受到侵害后难以恢复原状，即便知识产权权利人经过诉讼赢得官司，却可能早已丧失市场竞争优势，或者商业秘密信息已经泄露。为充分及时有效保护知识产权等合法权益，《行为保全规定》一方面关注解决行为保全申请审查程序的便捷、快速，如第六条明确了“情况紧急”的认定。另一方面，为防止申请人滥用诉权申请行为保全进行不正当竞争或者损害公共利益，也明确了审查行为保全申请的考量因素、申请有错误的认定采用客观归责等内容。

二是坚持分类施策原则。即区分知识产权的不同类型，妥善采取行为保全措施。由于著作权、专利权、商标权等不同权利产生的基础和条件不同，在判断是否采取保全措施时应当有不同的要求。例如，对于涉及著作权、商标权的行为保全案件，事实清楚、证据充分的，应及时采取有效措施制止侵权，降低权利人的维权成本；对于侵害专利权等案件需要进行较为复杂的技术比对才能作出判定的，应慎重采取行为保全措施，以维护企业的正常经营。《行为保全规定》第六条关于“情况紧急”的认定、第八条关于“知识产权效力稳定”的审查判断、第十条关于“难以弥补的损害”的认定，均考虑了知识产权的类型或者属性，第九条更是对依据不经过实质审查的实用新型专利、外观设计专利申请行为保全提出了更为严格的要求。

三是坚持前瞻性与现实可行性相结合原则。《行为保全规定》在总结我国知识产权行为保全实践经验以及遵守 TRIPS 协议、借鉴域外相关制度的基础上，对两个诉前停止侵权司法解释以及民事诉讼法有关行为保全的规定予以发展完善，提供了更加切实可行的标准。在起草过程中，我们搜集了大量案例，广泛听取意见，始终注意司法解释的前瞻性和现实可行性。对于司法实践中急需解决的问题，在充分论证的基础上予以明确，如根据《行为保全规定》第五条规定，采取行为保全措施应当以询问为原则，以不询问为例外，《行为保全规定》第十六条则明确了申请有错误的认定采用客观归责原则；对于司法实践中欠缺案例支撑或者可能有较大争议的问题，如反垄断纠纷引发的行为保全案件中"难以弥补的损害"的认定以及反垄断纠纷中原告败诉对于申请行为保全有错误的认定的影响等问题，《行为保全规定》未作具体规定，人民法院可以根据《行为保全规定》的总体精神在将来的具体案件中继续进行探索。

三、《行为保全规定》的主要内容

《行为保全规定》共 21 条，主要包括四个方面内容：

一是程序性规则，包括申请主体、管辖法院、申请书及载明事项、审查程序、复议等。根据民事诉讼法第一百条和第一百零一条规定，情况紧急下申请的行为保全，人民法院必须在接受申请后四十八小时内作出裁定。《行为保全规定》第六条列举了属于"情况紧急"的几种情况，同时明确了情况紧急应当是"不立即采取保全措施即足以损害申请人利益"的情况。对于非紧急情况的诉中行为保全申请，民事诉讼法未明确规定审查期限，但是，人民法院也应当及时进行审查并作出裁定，否则将会影响行为保全作为一项程序性救济所本应具备的及时性。

二是实体性规则，包括行为保全必要性的考量因素、行为保全措施的效力期限等。《行为保全规定》第七条规定了审查行为保全申请应当考量的五项因素。第八条至第十条为第七条的适用提供了更具操作性的判断方法或者认定标准。第九条对依据实用新型和外观设计专利权申请行为保全提出更为严格的要求，第十条规定了在审查行为保全申请时的关键考量因素即"难以弥补的损害"的具体情形。

三是行为保全申请有错误的认定及因申请有错误引发的赔偿诉讼的管辖、行为保全措施的解除等。《行为保全规定》第十六条规定了属于申请行为保全有错误的具体情形，对申请有错误的认定采取了客观归责原则，与普通民事侵权中适用的过错归责不同。《行为保全规定》第十七条是关于行为保全措施的解除的规定，根据该条规定，法院经审查，只要符合民事诉讼法司法解释第一百六十六条规定的情形，就应当在五日内裁定解除。这就与民事诉讼法司法解释关于解除保全（包括财产保全和行为保全）的具体情形的规定很好地衔接起来。民事诉讼法司法解释规定应当解除保全的情形之一为“保全错误的”，申请有错误属于保全错误的一种。因此在申请有错误的情况下，应当及时解除保全措施。

四是同时申请不同类型保全的处理、申请费等其他问题。在司法实践中，有同时申请行为保全、财产保全或者证据保全的情况，《行为保全规定》第十九条明确要求人民法院应当分别审查不同类型的保全是否符合民事诉讼法及相关司法解释规定的条件。在申请费方面，《行为保全规定》第二十条规定，“申请人申请行为保全，应当依照《诉讼费用交纳办法》关于申请采取行为保全措施的规定交纳申请费。”

总之，《行为保全规定》是最高人民法院在认真总结审判实践经验、完善行为保全制度、加大知识产权保护力度方面采取的重要举措。该司法解释的发布和实施，对于促进科技创新、文化繁荣、诚信经营以及正当竞争将发挥重要的积极作用。

最高人民法院
关于知识产权法院技术调查官参与诉讼活动若干问题的暂行规定

（2014 年 12 月 31 日）

为依法规范知识产权法院技术调查官参与诉讼活动，根据《中华人民共和国民事诉讼法》《中华人民共和国行政诉讼法》《全国人民代表大会常务委员会关于在北京、上海、广州设立知识产权法院的决定》以及《关于司法体制改革试点若干问题的框架意见》，结合审判实际，制定本规定。

一、知识产权法院配备技术调查官，技术调查官属于司法辅助人员。

知识产权法院设置技术调查室，负责技术调查官的日常管理。

二、知识产权法院审理有关专利、植物新品种、集成电路布图设计、技术秘密、计算机软件等专业技术性较强的民事和行政案件时，可以指派技术调查官参与诉讼活动。

三、法官根据案件审理需要，可以书面通知技术调查室指派技术调查官参与诉讼活动。

技术调查官参与诉讼活动的，应当在裁判文书首部的案件来源部分列明其身份和姓名。

四、知识产权法院确定技术调查官参与诉讼活动后，应当在三日内告知当事人。

五、当事人有权申请技术调查官回避。技术调查官的回避，参照适用民事诉讼法、行政诉讼法等有关审判人员回避的规定。

六、技术调查官根据法官的要求，就案件有关技术问题履行下列职责：

（一）通过查阅诉讼文书和证据材料，明确技术事实的争议焦点；

（二）对技术事实的调查范围、顺序、方法提出建议；

（三）参与调查取证、勘验、保全，并对其方法、步骤等提出建议；

（四）参与询问、听证、庭审活动；

（五）提出技术审查意见，列席合议庭评议；

（六）必要时，协助法官组织鉴定人、相关技术领域的专业人员提出鉴定意见、咨询意见；

（七）完成法官指派的其他相关工作。

七、技术调查官参与询问、听证、庭审活动时，经法官许可，可以就案件有关技术问题向当事人、诉讼代理人、证人、鉴定人、勘验人、有专门知识的人发问。

技术调查官的座位设在法官助理的左侧，书记员的座位设在法官助理的右侧。

八、技术调查官列席案件评议时，应当针对案件有关技术问题提出意见，接受法官对技术问题的询问。

技术调查官对案件裁判结果不具有表决权。

技术调查官提出的意见应当记入评议笔录，并由其签名。

九、技术调查官提出的技术审查意见可以作为法官认定技术事实的参考。

十、其他人民法院审理本规定第二条所列的案件时，可以参照适用本规定。

《关于知识产权法院技术调查官参与诉讼活动若干问题的暂行规定》的理解与适用*

最高人民法院《关于知识产权法院技术调查官参与诉讼活动若干问题的暂行规定》（以下简称《规定》），经最高人民法院审判委员会第1639次会议通过，于2014年12月31日发布。为使法官在审判实务中更好地理解和适用《规定》，现将《规定》的起草背景和主要内容简要介绍如下。

一、《规定》的起草背景

通常，审理专利、植物新品种、集成电路布图设计等技术类案件的法官不具备理工科专业背景，技术事实的查明成为此类案件审理的难点。技术调查官制度是针对知识产权技术类案件专业性较强的特点所设立的特有制度，属于技术事实查明机制的一部分。日本、韩国以及我国台湾地区的成熟经验表明：在知识产权技术类案件审理中引入技术调查官，发挥其专业优势，有利于查明技术事实，提高知识产权案件的审理质量。根据全国人民代表大会常务委员会《关于在北京、上海、广州设立知识产权法院的决定》（以下简称《设立知识产权法院的决定》）和中共中央《关于司法体制改革试点若干问题的框架意见》，为配合知识产权法院的筹建，最高人民法院民三庭就技术调查官参与诉讼活动的相关问题进行了专题调研。在此基础上，启动了《规定》的起草工作。

最高人民法院民三庭经过充分调研和反复论证，完成《规定》讨论稿，以座谈会和书面征求意见的形式广泛听取全国人大法工委、国务院法制办、国家知识产权局、部分地方法院以及最高人民法院相关庭室的意见，同时组织北京、上海、广东相关法院进行专题讨论。最后，在综合各方意见的基础上，经认真研究修改形成《规定》送审稿。2014年12月30日，最高人民法院审判委员会第1639次会议讨论通过了送审稿。

---

* 宋晓明、王闯、吴蓉，原载《人民司法·应用》2015年第7期。

二、《规定》的主要内容

《规定》共十条，主要借鉴日本、韩国及我国台湾地区有关技术调查官的立法和成熟经验，结合我国司法实践中采用的专家辅助人、司法鉴定、专家咨询等事实查明机制，针对知识产权案件审判流程中的各个环节，对技术调查官参与诉讼活动的程序、方式、效力等作出具体规定，包括案件类型、人员指派、告知和回避、工作职责、技术审查意见的效力、裁判文书署名等。

（一）技术调查官制度的设立依据和适用范围

2014年8月31日，第十二届全国人大常委会通过《设立知识产权法院的决定》，北京、上海、广州知识产权法院于2014年11月至12月陆续成立运行。知识产权法院管辖的一审案件主要以专利、植物新品种、集成电路布图设计、技术秘密等专业技术性较强的知识产权民事和行政案件为主。为提高技术事实查明的科学性、专业性和中立性，保证技术类案件审理的公正与高效，上述决定的审议说明中明确提出要探索建立技术事实调查制度。根据中共中央《关于司法体制试点若干问题的框架意见》有关设置技术调查官的要求，最终确定在知识产权法院中围绕技术类案件的审理，建立符合中国国情、具有中国特色的技术调查官制度。据此，《规定》就知识产权法院技术调查官参与诉讼活动的程序规则予以明确和规范。因条文主要涉及诉讼程序问题，而知识产权法院对民事案件和行政案件统一管辖，故在《规定》序言中明确民事诉讼法、行政诉讼法以及上述决定和意见为《规定》制定的依据。

《设立知识产权法院的决定》第七条规定，决定施行满三年，最高人民法院向全国人大常委会报告决定实施情况。作为知识产权法院的配套制度，技术调查官在我国大陆地区是一个全新的制度，随着知识产权法院的建立和运行，人民法院将在审判实践中不断总结经验，探索完善。因此，对知识产权法院技术调查官参与诉讼活动的若干问题采用暂行规定的形式予以明确。另外，为充分发挥技术调查官在技术事实查明中的优势作用，知识产权法院以外的其他人民法院在审理《规定》第二条所列案件时，可以参照适用《规定》，引入技术调查官参与诉讼活动。

（二）技术调查官的身份定位及相关问题

技术调查官的身份定位直接决定其在诉讼活动中的工作职责、技术审查意见的法律效力。对此，《规定》第一条明确技术调查官属于司法辅助人员。该条款包括两层含义：首先，技术调查官不同于当事人委托的专家辅助人以及法院聘请的技术咨询专家，其应该为知识产权法院的在编人员，以确保其公正和中立；其次，技术调查官不同于德国等国家专利法院中设置的技术法官，其不属于审判人员，而是与法官助理等同属于司法辅助人员，不具有审判权。技术调查官的基本职能定位是作为法官的技术助手，协助法官理解和查明案件所涉的专业技术问题，为技术类案件的审理提供技术支持。

在人员管理上，技术调查官不归属于审判业务庭室，而是由知识产权法院设置技术调查室，对技术调查官进行日常管理、调配、考核等。技术调查官的日常工作主要分为两部分：一是接受审判业务庭室对有关技术问题的咨询，提供咨询意见；二是参与到具体案件的诉讼活动中，协助法官查明案件所涉技术事实。《规定》针对技术调查官的第二项工作内容作出规定。在具体的案件审理中，是否需要技术调查官参与诉讼活动、需要何种技术背景及从业经验的技术调查官，由法官根据案件审理需要确定。在技术调查官参与诉讼活动后，根据案件的审理情况，法官也可以决定撤销或者更换技术调查官。在工作流程上，技术调查室接到审判业务庭室的书面通知后，负责指派符合通知要求的技术调查官参与诉讼活动。为确保通知的准确性和规范性，《规定》第三条明确通知应当为书面形式。在具体的文字表述上，因诉讼法中的诉讼参加人特指当事人及其诉讼代理人，技术调查官也不是审判人员，故对其在案件审理过程中的行为表述为参与诉讼活动。

技术调查官虽然属于司法辅助人员，但是其在案件的审理过程中，根据法官的指派可以参加询问、听证、庭审等活动，出具技术审查意见，对案件事实的查明有着较大的影响。因此，为充分保障当事人的合法权益，既应当在裁判文书中对技术调查官的地位作用有所体现，以强化其责任，又应当设置相应的告知回避制度，从当事人的角度对技术调查官执行职务进行监督。对此，《规定》第三条至第五条作出具体规定。首先，《规定》第三条第二款明确："技术调查官参与诉讼活动的，应当在裁判文书首部的案件来源部分列明其身份和姓名。"例如，在裁判文书首部的案件来源部分载明："本院依法组成合议庭对本案进行了审理，技术调查官×××参与诉讼。"其次，根据《民事诉讼法》第一百二十八条规定合议庭组成人员确定后，应当在三日内告知当事人，《规定》第四条明确参加诉讼活动的技术调查官确定后，应当告知当事人，并将告知时间确定为三日。最后，《规定》第五条明确，技术调查官的回避参照适用民事诉讼法、行政诉讼法及其司法解释等有关审判人员回避的具体规定。如果技术调查官存在可能影响案件公正审理的情形时，当事人享有申请其回避的权利，技术审查官也应主动申请回避。参照诉讼法的相关规定，技术调查官的回避由院长决定。

（三）技术调查官参与诉讼活动的案件类型

知识产权技术类案件专业性强、技术难度大，技术调查官的作用在于发挥其在相关技术领域的专业特长，协助法官查明技术事实。《设立知识产权法院的决定》第二条第一款规定："知识产权法院管辖有关专利、植物新品种、集成电路布图设计、技术秘密等专业技术性较强的第一审知识产权民事和行政案件。"因此，《规定》第二条明确，在上述决定和司法解释规定的案件审理中，可以指派技术调查官参与诉讼活动。

（四）技术调查官的工作职责

技术调查官的工作职责是《规定》的重点条文。《规定》第六条根据知识产权案件的审理特点，针对庭前准备、调查取证、庭审、评议等审判流程的主要环节，就技术调查官参与诉讼活动的具体工作职责作出规定："技术调查官根据法官的要求，就案件有关技术问题履行下列职责：

（一）通过查阅诉讼文书和证据材料，明确技术事实的争议焦点；

（二）对技术事实的调查范围、顺序、方法提出建议；

（三）参与调查取证、勘验、保全，并对其方法、步骤等提出建议；

（四）参与询问、听证、庭审活动；

（五）提出技术审查意见，列席合议庭评议；

（六）必要时，协助法官组织鉴定人、相关技术领域的专业人员提出鉴定意见、咨询意见；

（七）完成法官指派的其他相关工作。"

需要注意的是，技术调查官行使职责须经法官授权，且仅能就案件的技术问题开展工作，不对法律适用问题提出意见。根据法官要求，技术调查官可以在案件审理的不同阶段分别提出技术审查意见。第（六）项工作涉及技术调查官与专家咨询制度的衔接。受员额限制，技术调查官的专业背景不可能覆盖所有技术领域，当技术调查官难以解决案件技术问题时，需要组织司法鉴定或者咨询外部专家。为最大程度地发挥技术调查官的作用，亦将此项工作纳入技术调查官的职责范围。

《规定》第七条针对技术调查官参与询问、听证、庭审活动时的具体规则作出规定："技术调查官参与询问、听证、庭审活动时，经法官许可，可以就案件有关技术问题向当事人、诉讼代理人、证人、鉴定人、勘验人、有专门知识的人发问。技术调查官的座位设在法官助理的左侧，书记员的座位设在法官助理的右侧。"技术调查官参与询问、听证、庭审活动，应当遵守人民法院法庭规则。另外，为最大限度地查明技术事实，经法官许可，技术调查官可以在法庭上发问，其发问记入庭审笔录，这也是域外有关立法例的通行规定。但是，整个询问、听证和庭审活动仍然是在法官的主持下进行。《规定》曾规定技术调查官在法庭上可以就当事人陈述中难以理解的专业术语向法官作出陈述和说明。在征求意见过程中，大部分意见认为，该规定涉及技术调查官在法庭上的陈述和说明的法律效力，该陈述和说明是否可以作为证据而免除当事人相关举证责任等问题，容易使技术调查官显失公正和中立。经反复研究讨论，最终删除了该规定。另外，为形成规范的庭审环境，需对技术调查官在法庭上的座位予以明确。因技术调查官属司法辅助人员，故其在法庭上的座位与法官助理、书记员列为一排。另鉴于技术调查官在法庭上有发问的权利，故在法庭上从左到右依次设置技术调查官、法官助理、书记员的座位。

《规定》第八条针对技术调查官列席案件评议时的具体规则作出规定："技术调查官列席案件评议时，应当针对案件有关技术问题提出意见，接受法官对技术问题的询问。技术调查官对案件裁判结果不具有表决权。技术调查官提出的意见应当记入评议笔录，并由其签名。"技术调查官属于司法辅助人员，不具有审判权，故不能对案件裁判结果进行表决。技术调查官列席合议庭案件评议时，只针对案件所涉技术问题发表意见，不能对法律适用问题发表意见。为强化评议时技术调查官发表意见的公正性以及评议活动的客观性，技术调查官虽列席评议，但其仍应在评议笔录上签字。

在征求意见的过程中，有意见认为，案件审理是否需要技术调查官的协助、技术调查官在案件审理过程中承担的具体工作等，均应以合议庭为主体作出决定和指派。考虑到目前正在进行的司法体制改革，笔者认为，不论主审法官制还是合议庭制，具体的案件审理工作主要由承办法官完成，因此，《规定》在相关条款的表述上，以法官为主体对上述事项作出决定和指派。

（五）技术审查意见的法律效力

技术审查意见是技术调查官对案件有关技术问题的分析意见，属于技术调查官执行职务的工作成果。《规定》第九条规定："技术调查官提出的技术审查意见可以作为法官认定技术事实的参考。"为防止司法权让渡，确保法官独立行使审判权，法官根据全案情况综合判断是否采纳技术审查意见，技术事实的认定仍由法官决定，并由法官对当事人承担责任。因此，技术审查意见不应作为证据使用，仅对法官认定技术事实起到参考作用，裁判文书对技术事实的最终认定有可能与技术审查意见的结论不一致。为使案件评议有的放矢，技术调查官应当在案件评议前完成并提交技术审查意见，技术审查意见类似于法官在案件评议时发表的评议意见，因此，应将技术审查意见归入案卷副卷备查。韩国、我国台湾地区对此也有类似规定。

第二部分　著作权

最高人民法院
关于审理涉及计算机网络域名民事纠纷案件适用法律若干问题的解释

法释〔2001〕24号

（2001年6月26日最高人民法院审判委员会第1182次会议通过 2001年7月17日最高人民法院公告公布 自2001年7月24日起施行）

为了正确审理涉及计算机网络域名注册、使用等行为的民事纠纷案件（以下简称域名纠纷案件），根据《中华人民共和国民法通则》（以下简称民法通则）、《中华人民共和国反不正当竞争法》（以下简称反不正当竞争法）和《中华人民共和国民事诉讼法》（以下简称民事诉讼法）等法律的规定，作如下解释：

第一条 对于涉及计算机网络域名注册、使用等行为的民事纠纷，当事人向人民法院提起诉讼，经审查符合民事诉讼法第一百零八条规定的，人民法院应当受理。

第二条 涉及域名的侵权纠纷案件，由侵权行为地或者被告住所地的中级人民法院管辖。对难以确定侵权行为地和被告住所地的，原告发现该域名的计算机终端等设备所在地可以视为侵权行为地。

涉外域名纠纷案件包括当事人一方或者双方是外国人、无国籍人、外国企业或组织、国际组织，或者域名注册地在外国的域名纠纷案件。在中华人民共和国领域内发生的涉外域名纠纷案件，依照民事诉讼法第四编的规定确定管辖。

第三条 域名纠纷案件的案由，根据双方当事人争议的法律关系的性质确定，并在其前冠以计算机网络域名；争议的法律关系的性质难以确定的，可以通称为计算机网络域名纠纷案件。

第四条 人民法院审理域名纠纷案件，对符合以下各项条件的，应当认定被告注册、使用域名等行为构成侵权或者不正当竞争：

（一）原告请求保护的民事权益合法有效；

（二）被告域名或其主要部分构成对原告驰名商标的复制、模仿、翻译或音译；或者与原告的注册商标、域名等相同或近似，足以造成相关公众的误认；

（三）被告对该域名或其主要部分不享有权益，也无注册、使用该域名的正当理由；

（四）被告对该域名的注册、使用具有恶意。

第五条 被告的行为被证明具有下列情形之一的，人民法院应当认定其具有恶意：

（一）为商业目的将他人驰名商标注册为域名的；

（二）为商业目的注册、使用与原告的注册商标、域名等相同或近似的域名，故意造成与原告提供的产品、服务或者原告网站的混淆，误导网络用户访问其网站或其他在线站点的；

（三）曾要约高价出售、出租或者以其他方式转让该域名获取不正当利益的；

（四）注册域名后自己并不使用也未准备使用，而有意阻止权利人注册该域名的；

（五）具有其他恶意情形的。

被告举证证明在纠纷发生前其所持有的域名已经获得一定的知名度，且能与原告的注册商标、域名等相区别，或者具有其他情形足以证明其不具有恶意的，人民法院可以不认定被告具有恶意。

第六条 人民法院审理域名纠纷案件，根据当事人的请求以及案件的具体情况，可以对涉及的注册商标是否驰名依法作出认定。

第七条 人民法院在审理域名纠纷案件中，对符合本解释第四条规定的情形，依照有关法律规定构成侵权的，应当适用相应的法律规定；构成不正当竞争的，可以适用民法通则第四条、反不正当竞争法第二条第一款的规定。

涉外域名纠纷案件，依照民法通则第八章的有关规定处理。

第八条 人民法院认定域名注册、使用等行为构成侵权或者不正当竞争的，可以判令被告停止侵权、注销域名，或者依原告的请求判令由原告注册使用该域名；给权利人造成实际损害的，可以判令被告赔偿损失。

推动网络经济发展 保障法院执法统一*

——《最高人民法院关于审理涉及计算机网络域名民事纠纷案件适用法律若干问题的解释》的理解与适用

一、问题的提出

近年来，随着我国信息网络产业的快速发展，人民法院已经依法受理和审判了一批涉及计算机网络域名的民事纠纷案件，其中绝大多数为知识产权纠纷案件。该类案件以其民事权益新，法律关系复杂，所涉及的争议专业性强等特点，以及其关系网络信息业和电子商务的发展，而受到社会各界和国际相关人士的广泛关注。人民法院在处理这类民事纠纷中，虽有民法、知识产权法律的基本原则可依据，但尚无明确、具体的法律规定可适用。

最高人民法院于2001年7月颁布了最高人民法院《关于审理涉及计算机网络域名民事纠纷案件适用法律若干问题的解释》（以下简称本解释）。本解释立足于计算机网络和网络域名的特点，根据民法学原理和我国民事法律基本原则，借鉴国内外处理相关纠纷的实践经验，指导各级人民法院适用《民法通则》《反不正当竞争法》《民事诉讼法》等相关法律，正确审理涉及计算机网络域名注册、使用等行为的民事纠纷案件。

二、理解与适用

（一）关于域名纠纷案件的范围、起诉条件和案由问题

计算机网络域名的一个显著特征，是其在网络环境下产生了与商标、商号等相类似的一种区别域名使用人及其服务的标识性功能。域名的注册、使用等行为，使域名的标识性功能产生和得到发展，使域名的经济价值得以实现，也就可能发生域

---

* 张辉，原载《人民法院报》2001年9月22日，第3版。

名与传统的商标、商号等民事权益主体之间的冲突。围绕着域名注册、使用等而产生的民事纠纷，具有相同的特点和适用法律的一致性。所以，根据该司法解释的规定，人民法院受理的域名纠纷案件，是指所有涉及计算机网络域名注册、使用等行为的民事纠纷案件，包括域名与驰名商标、普通注册商标、商号、知名商品特有名称、姓名等权利主体之间的纠纷案件。由于域名的注册、使用能够为注册、使用人带来一定的经济利益，因此，域名亦具有民事权益的属性，域名与域名使用主体之间的争议也属于人民法院受理域名纠纷案件的范围。

本解释第一条规定，对于涉及计算机网络域名注册、使用等行为的民事纠纷，当事人向人民法院提起诉讼，经审查符合《民事诉讼法》第一百零八条规定的，人民法院都应当受理。这就是说，域名纠纷案件属于平等主体之间的民事纠纷案件，当事人提起该类诉讼的条件与一般民事诉讼并无不同。人民法院应当严格依照法律切实保护当事人的诉讼权利。

为了便于对域名纠纷案件的有关情况进行统计分析和研究，根据本解释，域名纠纷案件的案由首先根据当事人双方争议法律关系的性质确定，同时考虑网络域名的特点，又在其前冠以“计算机网络域名”称谓，例如：“计算机网络域名侵犯商标权纠纷”“计算机网络域名不正当竞争纠纷”等；争议法律关系的性质难以确定的，则通称为计算机网络域名纠纷案件。

（二）关于域名纠纷案件的管辖问题

域名纠纷案件一般都涉及侵权或不正当竞争的争议问题，且专业性强、审理难度较大。因此，最高人民法院在本解释第二条即以《民事诉讼法》规定的因侵权行为提起诉讼的管辖作为基本依据，对域名侵权纠纷案件的级别管辖和地域管辖作出规定，同时也对涉外域名纠纷案件的界定和管辖问题作出了规定。

首先，考虑到域名纠纷案件专业性较强，审理难度大，又往往涉及驰名商标的认定，因此，由中级人民法院作为第一审法院；其次，域名侵权等纠纷案件应当遵守《民事诉讼法》关于侵权诉讼地域管辖的一般规定，由侵权行为地或者被告住所地人民法院管辖；再次，最高人民法院还针对网络案件的特点，借鉴网络著作权纠纷案件的司法实践经验，对在难以确定侵权行为地和被告住所地的情况下的管辖问题作出规定，即原告发现该域名的计算机终端等设备所在地可以视为侵权行为地。

根据《民事诉讼法》以及最高人民法院的相关司法解释的规定，涉外域名纠纷案件主要包括两种情况，一是当事人一方或者双方是外国人、无国籍人、外国企业或组织、国际组织的；二是域名注册行为发生在外国的，例如一些“.com”“.org”“.net”的域名纠纷案件，域名注册地在美国，当事人之间的法律关系设立、变更或终止的法律事实发生在外国，故属于涉外域名纠纷案件。该司法解释规定，涉外域名纠纷案件的管辖，依照《民事诉讼法》第四编关于涉外民事诉讼程序的特别规定确定。

（三）关于认定侵权或者构成不正当竞争的条件问题

认定被告实施的网络域名注册、使用行为是否构成侵权或不正当竞争，是依法正确审理域名纠纷案件的关键问题。因此，本解释明确具体地规定了行为人注册、使用域名行为构成侵权与不正当竞争的四项条件：一是原告请求保护的民事权益合法有效；二是被告域名同原告要求保护的权利客体之间具有相似性；三是被告无注册、使用的正当理由；四是被告具有恶意。当被告注册、使用域名等行为同时具备上述四个要件时，人民法院应当认定其构成侵权或不正当竞争。

在上述四项条件中，值得注意的是相似性和恶意条件。该两个条件分别从客观和主观两个方面对认定侵权的条件进行规定，说明只有当被告域名与原告商标、域名等客观上具有足以导致混淆的相似性，并且被告主观上具有恶意的情况下，被告注册、使用域名等行为才可能被认定为对原告民事权益的侵犯。相似性条件是在传统商标、商号等领域判断侵权是否成立的一般要件，在域名领域同样是必需的。根据国际公约及各国的通行做法，驰名商标和其他注册商标等在相似性判断的条件上是有所不同的，当“被告域名或其主要部分构成对原告驰名商标的复制、模仿、翻译或音译”时，就符合了相似性条件，而被告域名“与原告的注册商标、域名等相同或近似”，则还需具备“足以造成相关公众的误认”这一条件。恶意条件体现了域名纠纷案件的特点，说明在域名领域对民事权益的保护应当是谨慎的，只有在被告具有侵权故意的情况下，商标、商号等权利人才可能将其专有权利延伸至域名领域。

（四）关于认定恶意的条件问题

认定侵权的四项条件中，对前三项的认定一般比较容易，最后判定被告是否构成侵权往往取决于其是否具有恶意。因此，对恶意的认定，是审理域名纠纷案件的关键，体现了对域名注册、使用行为进行限制的尺度。

所谓恶意即是行为人明知违反“诚实信用”等民事法律的基本原则仍为之，实际上就是指主观上具有侵权故意。由于行为人实施行为时主观上的“明知”与否，往往不易证明，因此，国际上为应对涉及网络域名注册使用的“恶意”，规定了若干个情形，行为人所实施的行为有情形之一者，就推定其明知而为或者称为具有恶意。针对网络域名纠纷发生的实际情况，本解释列举了四种最为常见的恶意情形，因而，只要涉及所列一种情形的，人民法院就可以认定被告主观上具有恶意。这四种情形是：

1. 为商业目的将原告驰名商标注册为自己的域名。驰名商标一般为相关公众所知晓，使其所代表的商品或服务明显区别于其他商品或服务。但行为人为商业目的，将他人驰名商标注册为域名，搭乘驰名商标“便车”的主观故意明显，是一种违反诚实信用原则的行为。本解释这项规定体现了对驰名商标给予特殊保护的精神。

2. 为商业目的注册、使用与原告的注册商标、域名等相同或近似的域名，故意造成与原告提供的产品、服务或者原告网站相混淆，误导网络用户访问其网站或其他在线站点。被告的上述行为也明确地体现了被告违反诚实信用、公平竞争市场经济规则的主观状态，这也是对驰名商标以外的其他注册商标、域名等民事权益以及民事主体在市场中正当经营行为的一种保护。

3. 要约以高价出售、出租或者以其他方式转让该域名获取不正当利益。善意与恶意的一个重要区别是，行为人行为的目的是否为获取不正当的利益。有的行为人以正常注册费将与他人权利相关大量域名予以注册，然后向权利人要约高价出售这些域名来牟取非法收益。此种明显违反民法诚实信用原则的行为，显然不为国家法律所支持。有此种行为的，可以认定为被告主观上具有恶意。至于何谓高价，应当由人民法院在原告举证、陈述理由和被告答辩的基础上根据具体案情确定。

4. 域名注册后自己不联机使用，也未准备作联机地址使用，而囤积域名是有意阻止相关权利人注册该域名。网络域名具有唯一性的特征，也属于一种“稀缺的资源”。如果注册域名不用，也无迹象准备使用，又阻止与该域名有某种联系的权利人合法注册使用，则从另外一个角度体现了行为人的主观恶意。当然并不是所有不使用行为都具有恶意，例如，域名持有人为了防止他人注册与自己相近似域名造成混淆而注册域名的，就不能认定为恶意。

此外，实践中的情况是复杂的，人民法院根据案件的具体情况，对其他违反民法诚实信用原则的突出情形，也可以认定行为人主观上具有恶意。

（五）关于驰名商标的认定问题

人民法院在审理域名纠纷案件中，所涉案的商标是否驰名，其实是一种变化中的客观存在，对驰名商标的认定实质上是对变化中的客观事实的确认。法院在个案中对驰名商标作出认定，是国际通行的做法。我国学术界也取得了人民法院有权在个案中认定驰名商标的一致性意见，最高人民法院在本解释中对此予以明确。本解释规定，人民法院审理域名纠纷案件，根据当事人的请求以及案件的具体情况，可以对涉及的注册商标是否驰名依法作出认定。对驰名商标的认定是依原告的请求启动的，原告未主张的，人民法院不予主动认定。

驰名商标的认定标准，应当依照国家有关法律、法规的规定确定。2001 年 10 月 27 日第九届全国人民代表大会常务委员会第二十四次会议通过了《关于修改〈中华人民共和国商标法〉的决定》，首次对驰名商标的认定和保护作出规定；2002 年 8 月 30 日国务院公布的《商标法实施条例》和 2003 年 4 月 17 日国家工商行政管理总局公布的《驰名商标认定和保护规定》也有类似的规定。人民法院在案件审理中认定驰名商标应当依照《商标法》第十四条的规定，考虑下列因素："（一）相关公众对该商标的知晓程度；（二）该商标使用的持续时间；（三）该商标的任何宣传工作的持续时间、程度和地理范围；（四）该商标作为驰名商标受保护的记录；（五）该商标驰名的其他因素。"

（六）关于认定侵权的法律适用和民事责任的承担问题

根据本解释的规定，被告的行为同时具备本解释第四条规定的四项要件的，人民法院应当作出被告侵权或不正当竞争认定。目前情况下，我国法律尚无涉及域名的规定，人民法院可以适用《民法通则》第四条、《反不正当竞争法》第二条第一款认定被告构成不正当竞争。如果今后法律作出了明确规定，则应当优先适用相应的法律。

关于被告承担民事责任的方式，本解释规定，人民法院作出侵权或不正当竞争认定后，可以判令被告停止侵权、注销域名，或者依原告的请求判令由原告注册使用该域名；被告的行为给权利人造成实际损害的，可以判令被告赔偿损失。在具体适用时可以分三个层次：首先，被告承担民事责任的一般方式是停止侵权、注销域名。判令被告注销域名的，被告应当到域名注册管理机构办理域名撤销登记手续。被告逾期不履行的，原告可以请求人民法院向域名注册管理机构发出协助执行通知书，予以强制执行。其次，原告请求将被告域名判归其所有的，人民法院根据案件的具体情况，可以判令由原告注册使用该域名。原告可以持判决书到域名注册管理机构办理域名转移的相关手续，必要时，人民法院可以发出协助执行通知书。再次，原告能够举证证明被告的行为对其造成实际损害的，人民法院可以判令被告赔偿损失。不少域名纠纷案件，原告并不会因被告恶意注册域名而遭受实际损失，因此，不需要采用赔偿损失的责任方式。

最高人民法院
关于审理著作权民事纠纷案件适用法律若干问题的解释

法释〔2002〕31号

（2002年10月12日最高人民法院审判委员会
第1246次会议通过　2002年10月12日最高人民
法院公告公布　自2002年10月15日起施行）

为了正确审理著作权民事纠纷案件，根据《中华人民共和国民法通则》《中华人民共和国合同法》《中华人民共和国著作权法》《中华人民共和国民事诉讼法》等法律的规定，就适用法律若干问题解释如下：

第一条　人民法院受理以下著作权民事纠纷案件：

（一）著作权及与著作权有关权益权属、侵权、合同纠纷案件；

（二）申请诉前停止侵犯著作权、与著作权有关权益行为，申请诉前财产保全、诉前证据保全案件；

（三）其他著作权、与著作权有关权益纠纷案件。

第二条　著作权民事纠纷案件，由中级以上人民法院管辖。

各高级人民法院根据本辖区的实际情况，可以确定若干基层人民法院管辖第一审著作权民事纠纷案件。

第三条　对著作权行政管理部门查处的侵犯著作权行为，当事人向人民法院提起诉讼追究该行为人民事责任的，人民法院应当受理。

人民法院审理已经过著作权行政管理部门处理的侵犯著作权行为的民事纠纷案件，应当对案件事实进行全面审查。

第四条　因侵犯著作权行为提起的民事诉讼，由著作权法第四十六条、第四十七条所规定侵权行为的实施地、侵权复制品储藏地或者查封扣押地、被告住所地人民法院管辖。

前款规定的侵权复制品储藏地，是指大量或者经常性储存、隐匿侵权复制品所在地；查封扣押地，是指海关、版权、工商等行政机关依法查封、扣押侵权复制品所在地。

第五条　对涉及不同侵权行为实施地的多个被告提起的共同诉讼，原告可以选择其中一个被告的侵权行为实施地人民法院管辖；仅对其中某一被告提起的诉讼，该被告侵权行为实施地的人民法院有管辖权。

第六条　依法成立的著作权集体管理组织，根据著作权人的书面授权，以自己的名义提起诉讼，人民法院应当受理。

第七条　当事人提供的涉及著作权的底稿、原件、合法出版物、著作权登记证书、认证机构出具的证明、取得权利的合同等，可以作为证据。

在作品或者制品上署名的自然人、法人或者其他组织视为著作权、与著作权有关权益的权利人，但有相反证明的除外。

第八条　当事人自行或者委托他人以定购、现场交易等方式购买侵权复制品而取得的实物、发票等，可以作为证据。

公证人员在未向涉嫌侵权的一方当事人表明身份的情况下，如实对另一方当事人按照前款规定的方式取得的证据和取证过程出具的公证书，应当作为证据使用，但有相反证据的除外。

第九条　著作权法第十条第（一）项规定的“公之于众”，是指著作权人自行或者经著作权人许可将作品向不特定的人公开，但不以公众知晓为构成条件。

第十条　著作权法第十五条第二款所指的作品，著作权人是自然人的，其保护期适用著作权法第二十一条第一款的规定；著作权人是法人或其他组织的，其保护期适用著作权法第二十一条第二款的规定。

第十一条　因作品署名顺序发生的纠纷，人民法院按照下列原则处理：有约定的按约定确定署名顺序；没有约定的，可以按照创作作品付出的劳动、作品排列、作者姓氏笔画等确定署名顺序。

第十二条　按照著作权法第十七条规定委托作品著作权属于受托人的情形，委托人在约定的使用范围内享有使用作品的权利；双方没有约定使用作品范围的，委托人可以在委托创作的特定目的范围内免费使用该作品。

第十三条　除著作权法第十一条第三款规定的情形外，由他人执笔，本人审阅定稿并以本人名义发表的报告、讲话等作品，著作权归报告人或者讲话人享有。著作权人可以支付执笔人适当的报酬。

第十四条　当事人合意以特定人物经历为题材完成的自传体作品，当事人对著作权权属有约定的，依其约定；没有约定的，著作权归该特定人物享有，执笔人或整理人对作品完成付出劳动的，著作权人可以向其支付适当的报酬。

第十五条 由不同作者就同一题材创作的作品，作品的表达系独立完成并且有创作性的，应当认定作者各自享有独立著作权。

第十六条 通过大众传播媒介传播的单纯事实消息属于著作权法第五条第（二）项规定的时事新闻。传播报道他人采编的时事新闻，应当注明出处。

第十七条 著作权法第三十二条第二款规定的转载，是指报纸、期刊登载其他报刊已发表作品的行为。转载未注明被转载作品的作者和最初登载的报刊出处的，应当承担消除影响、赔礼道歉等民事责任。

第十八条 著作权法第二十二条第（十）项规定的室外公共场所的艺术作品，是指设置或者陈列在室外社会公众活动处所的雕塑、绘画、书法等艺术作品。

对前款规定艺术作品的临摹、绘画、摄影、录像人，可以对其成果以合理的方式和范围再行使用，不构成侵权。

第十九条 出版者、制作者应当对其出版、制作有合法授权承担举证责任，发行者、出租者应当对其发行或者出租的复制品有合法来源承担举证责任。举证不能的，依据著作权法第四十六条、第四十七条的相应规定承担法律责任。

第二十条 出版物侵犯他人著作权的，出版者应当根据其过错、侵权程度及损害后果等承担民事赔偿责任。

出版者对其出版行为的授权、稿件来源和署名、所编辑出版物的内容等未尽到合理注意义务的，依据著作权法第四十八条的规定，承担赔偿责任。

出版者尽了合理注意义务，著作权人也无证据证明出版者应当知道其出版涉及侵权的，依据民法通则第一百一十七条第一款的规定，出版者承担停止侵权、返还其侵权所得利润的民事责任。

出版者所尽合理注意义务情况，由出版者承担举证责任。

第二十一条 计算机软件用户未经许可或者超过许可范围商业使用计算机软件的，依据著作权法第四十七条第（一）项、《计算机软件保护条例》第二十四条第（一）项的规定承担民事责任。

第二十二条 著作权转让合同未采取书面形式的，人民法院依据合同法第三十六条、第三十七条的规定审查合同是否成立。

第二十三条 出版者将著作权人交付出版的作品丢失、毁损致使出版合同不能履行的，依据著作权法第五十三条、民法通则第一百一十七条以及合同法第一百二十二条的规定追究出版者的民事责任。

第二十四条 权利人的实际损失，可以根据权利人因侵权所造成复制品发行减少量或者侵权复制品销售量与权利人发行该复制品单位利润乘积计算。发行减少量难以确定的，按照侵权复制品市场销售量确定。

第二十五条 权利人的实际损失或者侵权人的违法所得无法确定的，人民法院根据当事人的请求或者依职权适用著作权法第四十八条第二款的规定确定赔偿数额。

人民法院在确定赔偿数额时，应当考虑作品类型、合理使用费、侵权行为性质、后果等情节综合确定。

当事人按照本条第一款的规定就赔偿数额达成协议的，应当准许。

第二十六条 著作权法第四十八条第一款规定的制止侵权行为所支付的合理开支，包括权利人或者委托代理人对侵权行为进行调查、取证的合理费用。

人民法院根据当事人的诉讼请求和具体案情，可以将符合国家有关部门规定的律师费用计算在赔偿范围内。

第二十七条 在著作权法修改决定施行前发生的侵犯著作权行为起诉的案件，人民法院于该决定施行后做出判决的，可以参照适用著作权法第四十八条的规定。

第二十八条 侵犯著作权的诉讼时效为二年，自著作权人知道或者应当知道侵权行为之日起计算。权利人超过二年起诉的，如果侵权行为在起诉时仍在持续，在该著作权保护期内，人民法院应当判决被告停止侵权行为；侵权损害赔偿数额应当自权利人向人民法院起诉之日起向前推算二年计算。

第二十九条 对著作权法第四十七条规定的侵权行为，人民法院根据当事人的请求除追究行为人民事责任外，还可以依据民法通则第一百三十四条第三款的规定给予民事制裁，罚款数额可以参照《中华人民共和国著作权法实施条例》的有关规定确定。

著作权行政管理部门对相同的侵权行为已经给予行政处罚的，人民法院不再予以民事制裁。

第三十条 对2001年10月27日前发生的侵犯著作权行为，当事人于2001年10月27日后向人民法院提出申请采取责令停止侵权行为或者证据保全措施的，适用著作权法第四十九条、第五十条的规定。

人民法院采取诉前措施，参照《最高人民法院关于诉前停止侵犯注册商标专用权行为和保全证据适用法律问题的解释》的规定办理。

第三十一条 除本解释另行规定外，2001年10月27日以后人民法院受理的著作权民事纠纷案件，涉及2001年10月27日前发生的民事行为的，适用修改前著作权法的规定；涉及该日期以后发生的民事行为的，适用修改后著作权法的规定；涉及该日期前发生，持续到该日期后的民事行为的，适用修改后著作权法的规定。

第三十二条 以前的有关规定与本解释不一致的，以本解释为准。

如何理解和适用《关于审理著作权民事纠纷案件适用法律若干问题的解释》*

2001 年 10 月 27 日第九届全国人大常委会第二十四次会议通过了修改《著作权法》的决定，并于当日颁布生效施行。《著作权法》的此次修改是为我国加入世界贸易组织按照 TRIPs 协议对知识产权保护的要求而作出的。

《著作权法》修改后，人民法院在法律适用中面临着几个亟待解决的问题：一是要对新《著作权法》增设的诉前禁令等临时措施的实施，制定相应的程序上的配套制度；二是要对《著作权法》中涉及管辖、举证责任和《著作权法》修改前后的时间效力等问题作出具体规定，便于审判实践的具体操作；三是要及时将多年来已有的审判经验，根据法律的修改，总结、上升为明确的司法解释，以统一法律适用标准，充分保护当事人的合法权益，提高人民法院审判案件的水平。《最高人民法院关于审理著作权民事纠纷案件适用法律若干问题的解释》（以下简称本解释）共三十二条，2002 年 10 月 12 日经最高人民法院审判委员会第 1246 次会议讨论通过，并于 2002 年 10 月 15 日起施行。

一、人民法院对著作权民事纠纷案件的收案范围与受理

（一）收案范围

《著作权法》调整著作权关系和著作邻接权关系，这两种权利关系都可能涉及权属、侵权、合同等纠纷。因此，本解释第一条规定即注意了将两种权利关系涉及的纠纷都规定在收案范围内。除著作权关系外，根据《著作权法》的规定，与著作权有关的权益包括：出版者对其出版的图书和期刊的版式设计享有的权利，表演者对其表演享有的权利，录音录像制作者对其制作的录音录像制品享有的权利，广播电台、电视台对其播放的广播、电视节目享有的权利。当事人就以上权益发生纠纷都要适用《著作权法》，当事人提起民事诉讼，人民法院都要依法受理。但为了本

---

* 蒋志培，原载《人民司法》2002 年第 12 期。

解释文字简练，我们将这两类权利的纠纷都涵盖规定在著作权纠纷中了。从第一条以后的各项规定中，凡涉及著作权的条文，依法应当包括著作邻接权关系的，都应当包括著作邻接权。在审判实践中要注意不得遗漏、忽略本解释条文中应当包括的著作邻接权关系的内涵。

著作权、著作邻接权纠纷根据纠纷的不同情况，可以有多种不同的案由。本解释第一条注意避免了单纯的案由罗列，而将所有纠纷分为三项规定：一是涉及著作权、邻接权的权属、侵权和合同纠纷案件；二是由于《著作权法》新修改增设禁令等临时措施而产生的案件，包括诉前停止侵犯著作权、与著作权有关权益行为，申请诉前财产保全、诉前证据保全的案件；三是兜底的弹性条款，以应对将来法律的新规定以及审判实践中出现的新情况而增加的案件类别。需要注意的是，人民法院在按照以上规定受理案件确定案由时，还是应当根据最高人民法院相关的案由规定中关于著作权案件的各种案由确定。

（二）人民法院对著作权民事纠纷的受理与行政机关行政执法的协调

修改后的《著作权法》规定，行政机关仅能对《著作权法》第四十六条、第四十七条规定的侵权行为进行停止侵权、没收和罚款的行政处罚，而对权利人的赔偿问题，当事人自行协商不成的只能向人民法院提起诉讼解决。这是符合世界贸易组织规则和我国民事法律规定，合理划分审判机关与行政机关不同职权的重要修正。在审判实践中，有行政机关以进行行政处罚为由，提出对当事人依法向人民法院提起赔偿的民事诉讼不应受理的现象，使人民法院依法独立审判著作权民事赔偿案件在一定程度上发生模糊与混淆。为了更好地保护著作权人的合法民事权益，避免影响当事人依法行使诉权，本解释第三条明确规定当事人就侵犯著作权行为向著作权行政管理部门请求处理，又向人民法院提起侵权损害赔偿民事诉讼的，人民法院应当依法受理。

案件受理后，人民法院在依法审理著作权案件时，独立行使审判权，不受行政机关的干涉。行政机关作出的关于侵权成立与否的决定，只能作为案件的一个重要事实予以参考，并不能成为人民法院裁判的依据。因此本解释第三条同时规定，人民法院受理的已经著作权行政部门处理过的民事案件，人民法院仍应当就当事人民事争议的事实进行审查。本条的两款规定与最高人民法院就《专利法》《商标法》法律适用的司法解释相关规定一致。

（三）著作权集体管理组织的诉讼主体资格

修改后的《著作权法》增加规定了著作权集体管理组织及该组织的性质、职能、设立和管理，以及该组织同著作权人和相关权利人间的关系等方面的规定。《著作权法》第八条规定，著作权人和与著作权有关的权利人可以授权著作权集体管理组织行使著作权或者与著作权有关的权利。著作权集体管理组织被授权后，可以以自己的名义为著作权人和与著作权有关的权利人主张权利，并可以作为当事人进行涉及著作权或者与著作权有关的权利的诉讼、仲裁活动。著作权集体管理组织是非营利性组织，其设立方式、权利义务、著作权许可使用费的收取和分配，以及对其监督和管理等由国务院另行规定。在 TRIPs 协议中也有关于集体管理组织可以作为当事人提起诉讼的规定。我国修改后的《著作权法》的这一规定完全符合 TRIPs 协议的要求。对于人民法院来说，适用《著作权法》的这一规定，主要是在民事诉讼中，确定提起诉讼的著作权集体管理组织作为原告当事人的诉讼主体地位问题。实际上这个问题在我国的审判实践中曾出现过，并得到了合理的解决。最高人民法院于 1993 年 9 月 14 日就中国音乐著作权协会能否以自己的名义提起诉讼等问题作出过函复，该函复明确了音乐著作权协会可以根据其与著作权人的合同在约定的权限内以自己的名义提起诉讼。此次以司法解释的形式使这个问题更加明确。今后，著作权集体管理组织（包括以后依法设立的、与著作权有关的权利的集体管理组织）以自己名义为著作权人等主张权利向人民法院提起诉讼的，人民法院应当依法受理。应当注意，本解释第六条对著作权集体管理组织进行了限定，即“依法成立的”著作权集体管理组织。人民法院应当对著作权集体管理组织的资格进行审查，凡符合国务院或者国务院著作权主管部门法规规章规定条件的，应当赋予其原告的诉讼资格。最高人民法院民三庭正在就有关具体事宜与国家版权局协调，以使《著作权法》的该项规定正确、有效地实施。

二、著作权纠纷案件的管辖

人民法院对著作权民事纠纷案件的管辖分为级别管辖和地域管辖。级别管辖是对著作权案件上下级法院之间的管辖分工，地域管辖是同级人民法院对某一著作权案件的管辖分工。著作权案件属于知识产权纠纷案件的一部分，由于此类案件具有不同于其他民事纠纷案件的一些特点，因此，对著作权等知识产权案件的管辖会发生不同法院的管辖权争议，当事人也会对一些案件的管辖提出异议。为了避免在管辖上发生争议而影响当事人行使诉权和法院公正及时审判，针对著作权案件的特点，本解释明确规定了与以往知识产权案件管辖规定略有不同但更具有操作性的规定。

（一）著作权纠纷案件的级别管辖

1997年11月，最高人民法院在江苏省吴县市召开了全国部分法院知识产权审判工作座谈会，会议建议除少数已经成立知识产权审判庭的基层人民法院外，高级人民法院可以根据案件的具体情况，决定由中级人民法院作为知识产权民事纠纷案件的一审法院，并报最高人民法院备案。在此次会议前后的审判实践中，不少法院将包括著作权案件在内的知识产权一审案件集中由中级法院审理。几年下来，不但提高了办案质量，培训、锻炼了专业法官，还总结了很好的审判经验，为我国知识产权立法、司法解释的起草等积累了经验。当事人进行诉讼也不困难，得到了群众和社会的认同。在此次司法解释的起草中，我们总结了这方面的经验，依据《民事诉讼法》第十九条第（三）项的规定，由最高人民法院确定此类案件由中级人民法院管辖有法律依据，并符合实际情况。最高人民法院审判委员会在讨论通过解释稿时，认为鉴于一段时期内著作权纠纷案件相对收案不会有大的增长，此类案件在事实认定和适用法律方面又比一般民事案件更为复杂的实际情况，为切实保证著作权案件的审判质量，也便于总结、积累审判经验，进一步提高审判水平，贯彻实施好《著作权法》，参照已经公布的商标纠纷案件级别管辖司法解释的规定，在本解释第二条中规定著作权纠纷案件由中级以上人民法院管辖；同时，考虑到各地的实际情况和已有的法院管辖经验，又灵活规定了各高级人民法院可以确定若干基层人民法院管辖著作权纠纷案件。

（二）著作权纠纷案件的地域管辖

《民事诉讼法》第二十九条规定了侵权行为由侵权行为地或者被告住所地人民法院管辖。其中对侵权行为地，最高人民法院民事诉讼法司法解释又规定包括侵权行为实施地和侵权结果发生地。由于著作权案件的特殊性，实践中对侵权结果发生地的理解存在一定程度的混乱。司法实践中多数管辖权争议都发生在侵权案件的地域管辖问题上，争议的焦点在于如何理解和确定"侵权结果发生地"。有观点认为"原告受到了损害，原告住所地就是侵权结果发生地"，其结果则变成了"被告就原告"的管辖状况。这就违反了《民事诉讼法》确定管辖的基本原则。本解释采取了对侵权行为实施地具体解释为《著作权法》第四十六条、第四十七条规定的侵权行为的实施地，同时考虑到实践中新出现的涉及大量侵权复制品储藏或者海关等行政机关对侵权复制品查封、扣押的案件在管辖上不明确的情形，明确规定了侵权复制品储藏地或者海关、工商等行政机关查封、扣押侵权复制品的所在地可以作为确定管辖的依据，而对侵权结果地不再另行规定。

因著作权的侵权行为比较复杂，往往有不同的环节——有出版者的侵权行为，也有销售者的侵权行为等，而这些行为实施地又往往不在一地。司法实践中存在当事人将出版者拉到销售地起诉，但又由于种种原因不起诉销售者的情况。鉴于这些复杂情况，本解释第五条规定了对涉及不同侵权行为实施地的若干被告提起的共同诉讼，原告可以选择其中的侵权行为实施地人民法院管辖；仅对其中某一被告提起的诉讼，该被告侵权行为实施地人民法院有管辖权。这样规定强调了只有进行共同诉讼的著作权侵权案件，才能在同一个侵权行为实施地的法院起诉，否则仅仅对某一侵权行为提起诉讼，只能在该行为实施地的法院起诉。例如，针对侵权复制品出版行为提起诉讼，该出版地人民法院有管辖权，当事人不能到该侵权复制品销售地的人民法院起诉。

正确理解和适用本解释的上述规定，应当注意：（1）对侵犯著作权纠纷案件，在符合上述规定的情形下，不再依侵权结果发生地确定管辖。其他司法解释中有关依侵权结果发生地确定管辖的规定，不再适用于著作权侵权案件。（2）本解释规定的扣押地，仅指知识产权行政执法机关扣押侵权商品或者侵权复制品的地点。人民法院在诉前查封、扣押侵权商品和侵权复制品的地点，不属于本解释规定的扣押地。人民法院在审查当事人诉前申请采取临时措施时，首先应当确定自己有管辖权，不得因采取诉前临时措施而认为可以取得管辖权。（3）在侵权商品或者复制品储藏地或者扣押地，当事人可以起诉实施储存、保管、运输等行为的行为人，也可以起诉该部分商品或者复制品的经销商、制造商，或者同时起诉各行为人。（4）对于侵犯著作权人的信息网络传播权的案件，仍然按照最高人民法院关于网络著作权的有关司法解释确定管辖。

三、著作权民事诉讼的证据

证据在著作权审判中具有重要地位，往往数量多、种类繁杂、专业性强。证据的判断与采信也较一般民事诉讼更为复杂，不但要适用一般民事诉讼的证据规则，还要准确适用《著作权法》对有关证据问题的特殊规定。

（一）著作权与邻接权等的权利证明

根据《著作权法》的规定，著作权自作品完成时产生，著作权人可以自愿将其作品进行著作权权利登记。在侵权诉讼中，经过登记的著作权，权利人可以将登记文件及相应的作品提供给法庭作为权利证明；没有经过登记的著作权，其权利人应当提供何种证据来证明自己享有著作权，往往会发生争议。作品在境外发表或者出版，作品的著作权人提起诉讼，在录音、录像制作者等邻接权人起诉他人侵犯其与著作权有关权利等情形下，他们享有权利的证明问题更加复杂。实践中，法官想当然地要求著作权人一律提供其创作作品的原始手稿，要求图书出版者、录音、录像制作者提供著作权人许可其出版、录音、录像的原始证据，否则就不承认当事人享有相关的权利。这样做，不适当地加重了原告的负担，而未考虑被告是否对原告提交的有署名的图书、录音、录像制品、软件等合法出版物等权利证据提出异议，是否举证反驳原告享有权利等因素。有的音乐光盘，可能汇集成百上千的作品，要求光盘制作者逐一将许可合同提交法庭，进行质证，很不现实，合同涉及的价格等商业秘密也可能因此披露。考虑到《著作权法》关于“如无相反证据，在作品上署名的视为作者”的规定，本解释第七条规定，当事人提起诉讼所提供涉及作品的底稿、原件、合法出版物、著作权登记证书、认证机构出具的证明以及取得权利的合同等，可以作为证据。这条规定重点把“合法出版物”作为著作权以及与著作权有关的权利的证据形式予以承认，对解决著作权的证明问题具有重要的意义。当然可以作为证据与作为定案的依据是不同的，人民法院对案件的某一证据是否采信还应当经过庭审质证无误后方能作为认定案件事实的依据。在广东佛山召开的全国知识产权审判工作座谈会也肯定了这样的精神：当事人向人民法院提起著作权等侵权诉讼，所提供的作品底稿、原件、合法出版物、著作权登记证书、认证机构出具的证明等，查证属实的，应当作为当事人享有著作权或者与著作权有关权利的证据，对方不能提供相反证据反驳的，人民法院应当确认其享有权利。对图书出版者、录音录像制作者等提供合法出版物作为享有与著作权有关权利的证据的，法院不得以当事人未提供其取得著作权人授权的证据，直接否定其权利人身份。

（二）关于公证取证

司法实践中，权利人为证明侵犯著作权行为而进行取证工作比较困难，取得的证据还要防止难以证明来源于侵权人而被否定。因此，出现了对销售侵权复制品等侵权行为公证取证的取证方式。

所谓公证取证，是指权利人请公证处的公证人员现场取得证明侵权人实施发行、销售侵权物品证据的取证形式。由于计算机程序容易被复制和删除的特点，在计算机软件侵权案件中权利人经常采取这种取证形式。一般认为，公证人员在现场对当事人的取证活动进行公证，属于《公证暂行条例》规定的“保全证据”的情形。问题是，公证人员如果在公证过程中表明身份，则侵权人不可能现场销售侵权物品，不能取得侵权的证据；而如果不表明身份，则被告往往提出这种公证不具有保全证据的法律效力。对保全证据的程序和要求，《公证暂行条例》和其他有关公证的法律、法规乃至规章均无明确规定，《民事诉讼法》和最高人民法院的司法解释以往也没有明确的规定。考虑到著作权和其他知识产权案件取证的难度，以及目前知识产权保护力度仍有不足的实际情况，司法解释规定，当事人自行或者委托代人购买侵权复制品而取得的实物、发票等，可以作为证据。公证人员在未向涉嫌侵权的一方当事人表明身份的情况下，如实对另一方当事人按照前款规定的方式取得的证据和取证过程出具的公证书，应当作为证据。但有相反的证据除外。这样规定就解决了公证取证效力不明确的问题，对法院依法审查证据的合法性问题，将会发生积极的作用。对于欺诈、胁迫、利诱等不当方式取证无效问题，应当适用《最高人民法院关于民事诉讼证据的若干规定》第六十八条“以侵害他人合法权益或者违反法律禁止性规定的方法取得的证据，不能作为认定案件事实的依据”的规定不予采信。

（三）出版者、制作者、发行者、出租者的举证责任

《著作权法》第五十二条规定，复制品的出版者、制作者不能证明其出版、制作有合法授权的，复制品的发行者或者电影作品或者以类似摄制电影的方法创作的作品、计算机软件、录音录像制品的复制品的出租者不能证明其发行、出租的复制品有合法来源的，应当承担法律责任。《著作权法》的该条规定，与其说是对侵权行为追究法律责任的规定，倒不如说是对涉及出版等行为人关于举证责任的一项重要规定。出版、制作、出租等行为人对自己所经营的业务应当负有不侵犯他人著作权的比一般人更强的注意义务，应当保证经营中所涉及的复制品等的合法授权或者来源合法。如果在经营中出现了侵权行为、侵权复制品，他们应当对其所尽的注意义务如涉及的复制品有合法授权、合法来源等进行举证，举证不能的推定未尽到注意义务。虽然原始的侵权复制品并不是最初来源于这些行为人，但他们应当承担侵权的法律责任。根据《著作权法》的这一规定，最高人民法院的司法解释明确规定了出版者、制作者等的举证责任以及其举证不能应承担具体法律责任，以便于人民法院根据这一证据规则正确及时地确定当事人的法律责任。本解释第十九条规定，出版者、制作者应当对其出版、制作有合法授权承担举证责任，发行者、出租者应当对其发行或者出租的复制品有合法来源承担举证责任。举证不能的，依据《著作权法》第四十六条、第四十七条的相应规定承担法律责任。这一规定对遏制市场中涉及出版、制作等中间环节的盗版等侵犯著作权行为，具有重要意义。

四、对一些特殊作品作者著作权的保护

（一）由他人执笔，本人审阅定稿并以本人名义发表的报告、讲话等作品的著作权归属

由他人执笔，本人审阅定稿并以本人名义发表的报告、讲话等作品，是法人或者其他组织视为作者的作品中的一种情况。此种作品与法人或者其他组织的职能活动往往紧密联系，但从惯例上这些作品某些收益又不是归于法人、其他组织等单位，而是归于参与创作的个人。实践中此种财产关系并不清晰，参与创作的个人也常有纠纷发生。1988 年 6 月 9 日，最高人民法院作出了《关于由别人代为起草而以个人名义发表的会议讲话其著作权应归个人所有的批复》，较为合理地提出了解决此类纠纷的意见，起到了稳定相关权利义务关系的作用。本解释第十三条对最高人民法院前述批复精神予以肯定，明确规定了除构成《著作权法》第十一条第三款规定的视为法人或者其他组织作品的情形外，由他人执笔，本人审阅定稿并以本人名义发表的报告、讲话等作品，著作权归报告人或者讲话人享有，著作权人可以向执笔人支付适当的报酬。

（二）以特定人物经历为题材的自传作品著作权的权属

以特定人物经历为题材自传作品的著作权归属，是一个比较复杂的问题。此类作品著作权纠纷多发生在参与写作的特定人物本人与编辑、记者等执笔、整理人之间，纠纷或发生在特定人物在世时，或发生在特定人物过世后，给当事人和其亲属都带来烦恼，也影响了好作品的问世。为了减少纠纷和规范此种创作行为，本解释规定这类作品的著作权归属应当以当事人约定优先；没有约定的，著作权归该特定人物享有；执笔人、整理人对作品的完成付出劳动的，包括创作性和辅助性劳动，著作权人可以向执笔人或整理人支付适当的报酬。这个规定主要是考虑了无论该特定人物通过口述或者提供自己书面的文字素材，其对作品的创作完成都起到了实质性作用。口述，本身就是作品的形式；书面的文字素材，如特定人物自己保留的日记、其他记录等也是作品的表现形式，在最后作品的形成过程中，难以把这样的口述内容或者书面资料与作品截然分开，并且该特定人物的自传均以第一人称撰写，涉及特定人物的经历与生活，与他们的人身权密切相关，社会公众也只是对特定人物的经历感兴趣，要由该特定人物承担社会责任。因此，除了写作人员明确约定与特定人物著作权归属外，无约定的，应当认为该特定人物是作者，著作权由该特定人物享有。这样规定有利于历史资料的保存整理和传播，一方面化解了矛盾，对这

类纠纷有所规范，另一方面也使历史问题得到了公平合理的解决。司法实践中，如溥仪《我的前半生》一书的著作权问题，最高人民法院也是按此原则批复的。有人提出未与被传记人有任何沟通写出的作品著作权问题，其实冒用他人姓名的作品已经被《著作权法》扩大为侵权行为，不但作者的著作权涉嫌侵权，所涉及传主的人身权也可能受到侵害。考虑到本条规定仅是针对共同参与自传体作品完成工作的当事人发生的纠纷，不包括冒名出版他人自传的情形，最后定稿时改为当事人合意以特定人物经历为题材完成的自传体作品，对权属有约定的依其约定，没有约定的著作权归该特定人物享有，执笔人或者整理人付出劳动的，著作权人可以向其支付适当报酬。

确立约定优先的规则，对合理公正解决此类纠纷具有十分重要的意义。此条司法解释中规定的“合意”的情形，主要是执笔者或者整理者与作为传主的该特定人物，就完成作品没有任何意思表示的沟通。那些未经过特定人物许可假冒他们的名义撰写其“自传”的行为，应当按照《著作权法》第四十七条第（八）项的规定以“制作、出售假冒他人署名的作品”行为追究法律责任。条文中规定的对自传作品的“完成”的含义，不同于《著作权法》中的“创作”的含义，泛指一部作品的完成。也就是说参与完成作品人员中既涵盖了付出创作性劳动的，也包括付出辅助性劳动的；当事人完成作品的合意，以及执笔人或者整理人对作品完成付出的劳动，也涵盖了创作性和辅助性劳动的两种含义。只要是属于本条规定的自传作品，都要按照本条规定的原则调整当事人之间的权利义务关系。本解释条文规定的目的，是根据《著作权法》的规定规范一种秩序，“捉刀代笔者”在撰写人家自传未发生纠纷前，如果拟独占或者分享著作权，就应当通过事先约定的方式解决。否则，在不约定的情况下发生了纠纷就要按照本条规定“著作权归该特定人物享有”。

（三）传播报道他人时事新闻要注明出处与对新闻照片和独特编排的新闻消息的保护

《著作权法》第五条第（二）项规定了时事新闻不受《著作权法》保护；《著作权法实施条例》规定时事新闻，是指通过报纸、期刊、广播电台、电视台等媒体报道的单纯事实消息。但由于其定义比较笼统，对如何区别时事新闻和有独创性的新闻作品，在立法上缺乏可操作的法律依据，司法上没有统一的裁判标准，导致对新闻作品的保护力度不够，可能影响我国新闻事业的发展。基于以上考虑，本解释第十六条在送审稿的起草中曾有过“通过大众传播媒介传播的单纯事实消息不属于《著作权法》规定的作品，但新闻照片和其他有创作性独特编写的文字消息，人民法院应当予以保护”的表述。在最高人民法院审判委员会讨论通过此稿中，认为涉及新闻的各类作品，依据《著作权法》的规定就能得到保护，不必另行解释。因此仅对传播报道他人采编的时事新闻，应当注明出处作了规定。对不注明出处者，应当承担消除影响、赔礼道歉等民事责任。司法解释的规定对于规范新闻报道的正常秩序和国家新闻事业的发展有利。

（四）界定报刊转载含义规范转载行为

在实践中，假借转载名义行剽窃侵权之实的行为屡屡发生。在人民法院受理的著作权侵权案件中，也常常遇到当事人就剽窃抄袭还是转载行为的尖锐争议。为了准确适用《著作权法》在第三十二条第二款中规定的转载，本解释第十七条界定了转载的含义，并对涉嫌侵权不规范的转载行为追究一定民事责任。该条规定，《著作权法》第三十二条第二款规定的转载，是指报纸、期刊登载其他报刊已发表作品的行为。转载未注明被转载作品的作者和最初登载的报刊出处的，应当承担消除影响、赔礼道歉等民事责任。对于确实不属于剽窃他人作品行为的，仅为转载不按本条规定注明出处的，一般承担消除影响、赔礼道歉较轻的民事责任。对于实践中可能出现其他严重情节的，也可以承担其他民事责任。所以，本解释该条规定采用了“等民事责任”的表述。

（五）审理因作品署名顺序而发生纠纷的原则

近年来，因作品署名顺序发生的纠纷屡有出现。由于法律对此并无具体规定，随着我国出版事业的繁荣，已经成为困扰不少知识分子的难题。在审判实践中，对这样的纠纷多为驳回起诉或者诉讼请求，不予处理，起不到为群众排难解忧，稳定著作权民事关系的作用。此次在本解释第十一条中规定，因作品署名顺序发生纠纷，人民法院按照下列原则处理：有约定的按照约定确定署名顺序；没有约定的，可以按照创作作品付出的劳动、作品排列、作者姓氏笔画等确定署名顺序。本条规定实事求是地将署名顺序纠纷纳入了司法审判的范围，同时也昭示社会各界要正确合理地处理创作作品中的署名及其顺序问题，当事人应当事先就这些问题合理约定；也可以按照本解释规定的原则确定署名顺序、处理发生的纠纷，以达到减少纠纷和诉讼的目的。

（六）公平合理地调整委托作品中委托人与成为著作权人的受托人间的权益关系

按照《著作权法》第十七条的规定，受委托创作的作品，著作权的归属由委托人和受托人通过合同约定。合同未作明确约定或者没有订立合同的，著作权属于受托人。对于委托作品著作权属于受托人的情形，由于法律对委托人的权益未作明确规定，通常会产生委托人为特定使用目的委托受托人创作了作品，支付报酬后，由于忽略合同中约定著作权归属或者没有订立合同，导致原来委托目的不能实现和应当享有的权益得不到保障的后果，使受托人与委托人间的权利义务关系失衡。为此，本解释第十二条规定，按照《著作权法》第十七条的规定委托作品著作权属于受托人的情形，委托人在约定的使用范围内享有使用作品的权利；双方未约定使用作品范围的，委托人可以在委托创作的特定目的范围内免费使用该作品。按照上述原则处理此类纠纷，就正确调整了委托作品中委托人与成为著作权人的受托人间的权益关系，更公平合理地处理纠纷的问题。

（七）不同作者就同一题材分别独创作品著作权的归属

在实践中，不同作者就同一题材特别是重大历史或者社会题材创作的作品，常常会发生作品的某些内容和表达雷同的情形，当事人为构成抄袭剽窃还是合法独立创作发生争议。一般地说，对于体现重大社会、历史题材的作品都要使用一些客观历史史实，任何人都不可能凭空杜撰。因此，一些作品在记述人物、时间、事件等内容时所反映的客观史实和所利用的史料部分相同，不能作为构成剽窃的根据。而不同作品在创作风格、文学处理等表达形式上体现作者的创作特点，则突出地表现了作品的独创性。如果原告不能证明这些表达形式属其作品所独有，他所起诉他人抄袭剽窃自己作品的请求就不能成立。实际上，对于相同的主题任何人都可以享有充分的自由和空间进行创作。如果人为地对某些题材、史实、资料等进行垄断，会窒息作者的创作，并不是著作权立法的精髓和本意。本解释第十五条针对此种情形规定，由不同作者就同一题材创作的作品，作品的表达系独立完成并且有创作性的，应当认定作者各自享有独立著作权。这样就为依法公正合理处理这类纠纷确立了明确的司法原则。

五、出版者对出版侵权出版物的著作权法律责任

近年来，因出版物涉及盗版、剽窃、未经许可使用等侵权行为涉及出版者的纠纷越来越多，对出版侵权出版物的出版者要不要承担法律责任、承担何种法律责任以及以何种侵权归责原则承担法律责任等问题，不同观点争议较大，审判实践中适用法律也不统一。为了解决这一问题，根据《民法通则》《著作权法》等法律的规定，本解释第二十条明确、具体地规定了处理此类纠纷的审判原则。该条共四款，第一款规定出版物侵犯他人著作权的，出版者应当根据过错、侵权程度及损害后果等承担民事赔偿责任。这一款是处理此类纠纷中侵权人承担侵权损害赔偿责任的总

原则，即过错责任原则。同时，人民法院确定行为人应承担的民事赔偿责任时，还要考虑具体案件的侵权程度及侵权损害后果等其他因素。

既然规定追究出版侵权出版物的民事赔偿责任，需要认定出版者的主观过错，就存在如何判断其是否存在过错的问题。而在审判实践中，认定出版者的过错不但作为被侵权人的原告难于举证，人民法院也不易收集证据和作出判断。实际上，侵权行为人的过错与其是否对经营业务持遵守法律的谨慎态度，是否尽到了一定注意义务有关。我国法律、法规包括《著作权法》都规定对于民事主体不得为一定行为的规定，对于一些特殊行业更是作出了严格的要求。出版者不得出版盗版出版物，属于此种情况。出版者对于经过自己约稿、订立合同、编辑、出版发行的出版物，理应对不违法侵权负有比他人更强的注意义务；不尽到义务就表明其在经营中存在过错，造成他人损害的应当承担民事赔偿责任。近年来，有的出版者买卖书号、超范围印刷，本身就在实施侵权行为；还有的出版者不订合同、不审查授权、编辑粗心大意或者专业水平低、管理混乱等，使盗版侵权的出版物堂而皇之地从正式出版渠道出版。因此从出版者对其出版行为的授权、稿件来源和署名、所编辑出版物的内容等方面，能基本上判断出行为人对自己的出版经营行为，是否持法律要求的谨慎态度、是否尽到了基本的注意义务。所以，本解释该条第二款规定，出版者对其出版行为的授权、稿件来源和署名、所编辑出版物的内容等未尽到合理注意义务的，依据《著作权法》第四十八条的规定承担赔偿责任。

由于前述约稿、订合同和编辑等行为一般为出版者的单方行为，出版者应当保存涉及这些过程的资料，而他人则不易掌握这些有关出版者注意义务的证据。所以，司法解释第四款规定出版者所尽合理注意义务情况，由出版者承担举证责任，这是实事求是的。

实践中，有些出版者经过审查尽到了合理注意义务，著作权人也提不出其他证据证明出版者应当知道其出版涉及侵权的，还要不要追究赔偿责任，或者还要不要追究赔偿以外的其他民事责任，法律界和司法实践部门中认识并不一致。经过总结审判经验，并广泛征求意见和论证，本解释对此种情况规定要依据《民法通则》第一百一十七条第一款的规定，由出版者承担停止侵权、返还其侵权所得利润的民事责任，不是直接承担民事赔偿责任。这是与世界贸易组织的TRIPs协议的精神和我国民事法律的一贯规定相一致的，必将对依法规范出版行为和文化市场秩序十分有利。

六、对几类特殊纠纷的法律适用

审判实践中，对出版者将作者书稿丢失毁损、计算机软件最终用户商业使用软件、临摹等室外公共场所艺术作品成果的再使用、未采用书面形式的著作权转让合同等如何适用法律，由于法律未作规定或者规定得不够具体以及执法部门对法律的理解和实施等原因，造成适用法律不统一，各种意见争议很大，应当及时澄清。

（一）出版者将交付出版的书稿丢失毁损的法律适用

对于此种纠纷，审判实践中有的追究出版者的著作权侵权责任，有的追究书稿的物权（财产权）的责任，也有由出版者承担违反合同约定的责任。本解释第二十三条明确排除了此种情况追究侵犯著作权法律责任的法律适用，该条规定出版者将著作权人交付出版的作品丢失、毁损致使出版合同不能履行的，依据《著作权法》第五十三条、《民法通则》第一百一十七条以及《合同法》第一百二十二条的规定追究出版者的民事责任。《著作权法》第五十三条是关于当事人不履行合同义务或者履行合同义务不符合约定条件的，应当依照《民法通则》《合同法》等有关法律规定承担民事责任的规定。《民法通则》第一百一十七条是关于排除侵犯著作权等知识产权、人身权以外侵犯财产权承担赔偿责任的规定。《合同法》第一百二十二条是关于因当事人一方的违约行为，侵害对方人身、财产权益的，受损害方有权选择依照《合同法》要求其承担违约责任或者依照其他法律要求其承担侵权责任的规定。至此关于处理丢失书稿纠纷的法律适用原则终于确定，这是经过论证出版者的这种行为与侵犯著作权的剽窃、复制等行为确实属于不同类型的侵权行为，以违反《著作权法》追究民事责任不但从法理和适用法律上不够妥当，而且对遇到丢失毁损珍贵画稿、书稿等也不如追究其合同责任或者物权责任更能弥补权利人的损失。

（二）计算机软件最终用户商业使用软件的法律适用

近几年来，为计算机软件最终用户使用未经许可的软件（盗版软件）是否应当承担法律责任、承担何种法律责任争议很大。有观点认为，我国《计算机软件保护条例》并未规定最终用户的法律责任，因而要求最终用户使用盗版软件承担责任超过了国际条约和国内法保护标准。而另外观点认为，我国软件盗版活动的猖獗就在于最终用户使用计算机软件的法律责任不清，缺乏对使用盗版软件者给予法律制裁的规定。由于《著作权法》和《计算机软件保护条例》并没有最终用户和使用软件的概念，最终用户使用盗版软件适用何种法律规定，审判实践中也莫衷一是。应当指出，著作权的这个司法解释并不涉及全部的著作权法律适用问题，特别是计算机软件著作权保护中的问题还在调查研究中，计划在今后的著作权纠纷法律适用解释中逐步解决。本解释对适用《著作权法》和《计算机软件保护条例》中，就当前软件著作权保护最为重要的确定商业使用软件最终用户民事责任问题，进行了澄清，明确规定了人民法院对其追究民事责任的具体法律依据。这对加强计算机软件著作权的司法保护具有重要意义。本解释第二十一条规定，计算机软件用户未经许可或者超过许可范围商业使用计算机软件的，依据《著作权法》第四十七条第（一）项、《计算机软件保护条例》第二十四条第（一）项的规定承担民事责任。《著作权法》第四十七条第（一）项和《计算机软件保护条例》第二十四条第（一）项都是对未经许可的复制或者部分复制行为追究民事责任的规定。同时，众多法人或者其他组织等商业经营性地使用盗版软件，使权利人如鲠在喉，成为软件保护的心腹之患，也是人民法院追究民事责任的重点之一。所以该条司法解释的要点有两个，一是对软件的商业使用；二是要依据《著作权法》和《计算机软件保护条例》关于复制的侵权行为追究民事责任。当然对此条司法解释规定以外的侵犯软件著作权的行为，仍应当依据《著作权法》和《计算机软件保护条例》处理，本解释的规定并不是排除对其他软件侵权行为的依法追究。

（三）临摹等室外公共场所艺术作品成果的再使用

《著作权法》第二十二条第（十）项规定了对设置或者陈列在室外公共场所的艺术作品可以临摹、绘画、摄影和录像的合理使用，并不对这些艺术作品的著作权构成侵权。但对临摹等产生的成果如绘画、摄影、录像等能否再行使用，法律、法规并没有规定。国际上不少国家都明文规定这四种方式合理使用的成果也不再发生著作权保护问题。近年来，我国此类再使用的纠纷屡有发生，由于法律规定不明确清晰而难以处理。不少版权界专家和行政主管部门的同志建议最高人民法院有关司法解释将这一问题予以规定，这不但不会对著作权的保护带来影响，而且会促进作品的使用、传播和再创作，也避免了因为法律规定不清给当事人带来的种种烦恼。因此，本解释第十八条第一款规定，《著作权法》第二十二条第（十）项规定的室外公共场所的艺术作品，是指设置或者陈列在室外社会公众活动处所的雕塑、绘画、书法等艺术作品。这里对室外公共场所和艺术作品作了解释。该条第二款规定，对前款规定艺术作品的临摹、绘画、摄影、录像人，可以对其成果以合理的方式和范围再行使用，不构成侵权。此款规定对临摹等四种方式成果再使用，不受原来作品著作权限制，作出了明确规定。应当强调的是，首先，适用该条规定的前提是该作品属于《著作权法》合理使用范围的作品；其次，仅临摹、绘画、摄影、录像这四种使用作品的方式及产生的成果，不能扩大使用方式的范围；再次，这里的再行使用应当在合理的方式和范围中。应当说原则上前述成果的再使用都不应再受限制，但考虑到TRIPs协议和我国《著作权法》都规定，合理使用要遵循不得影响该作品的正常使用，也不得不合理地损害著作权人的合法利益的原则，在实践中也会遇到千差万别的情况。因此本解释在再行使用前规定了“以合理的方式和范围”的限制，以保护著作权依法得到充分、切实的保护。

（四）未采用书面形式的著作权转让合同的法律适用

《著作权法》第二十五条第一款规定，转让本法第十条第一款第（五）项至第（十七）项规定的权利，应当订立书面合同。《著作权法》对转让涉及著作权人重大利益的权利，要求订立书面合同是合理的。这对于减少纠纷、保障合同的履行和正当的文化市场交易，具有重要意义。但是在审判实践中，还会遇到一些特殊情况，虽然当事人间未订立书面合同，但是根据具体情况应当认定合同成立。我国《合同法》对此种情况作出了明确规定，应当说《合同法》的这些规定也可以适用于著作权转让合同纠纷中。因此，本解释明确规定，著作权转让合同未采取书面形式的，按《合同法》第三十六条、第三十七条的规定审查合同是否成立。《合同法》第三十六条规定，法律、行政法规规定或者当事人约定采用书面形式订立合同，当事人未采用书面形式但一方已经履行主要义务，对方接受的，该合同成立。《合同法》第三十七条规定，采用合同书形式订立合同，在签字或者盖章之前，当事人一方已经履行主要义务，对方接受的，该合同成立。依据《合同法》这两条规定审查未订立书面合同或者虽有合同书但未签字盖章前，当事人之间著作权合同行为是否成立，明确规定不一律认定合同行为不成立，对实事求是解决此类纠纷，保障正常版权交易和当事人各方权益很有意义，也满足了审判实践适用法律的需要。

七、侵犯著作权损害赔偿额的计算

《著作权法》第四十八条规定了侵犯著作权及与著作权有关的权利的，侵权人应当按照权利人的实际损失给予赔偿；实际损失难以计算的，可以按照侵权人的违法所得给予赔偿。但对于怎样计算权利人的实际损失和侵权人的违法所得，法律并没有具体的规定。本解释依据《著作权法》的规定，在总结人民法院审判著作权纠纷案件长期司法实践经验的基础上，借鉴国际通行的做法，对著作权损害赔偿额的计算作出了具体规定，充分体现了TRIPs协议规定的足以弥补被侵权人全部损失的原则。

（一）权利人实际损失的计算

为了更好地保护权利人的合法利益，同时便于下级法院操作，本解释第二十四条规定了权利人的实际损失，可以根据权利人因侵权所造成的复制品发行减少量或者侵权复制品销售量与权利人发行该复制品单位利润乘积计算。发行减少量难以确定的，按照侵权复制品市场销售量确定。所谓权利人发行该复制品的单位利润，是指权利人授权的正版复制品的每件平均利润，不能按照侵权盗版的平均利润计算。权利人发行减少量难以确定的，按照在案件中查获或者查明的侵权复制品市场销售量确定。

（二）法定赔偿额的计算

《著作权法》第四十八条第二款规定了权利人的实际损失或者侵权人的违法所得不能确定的，由人民法院根据侵权行为的情节，判决给予五十万元以下的赔偿。为便于下级法院在司法实践中操作，同时避免执法的随意性和不确定性，尊重当事人请求权，本解释第二十五条第一款规定人民法院要根据当事人的请求适用法定赔偿，同时也可以依职权适用法定赔偿。该条第二款规定了人民法院在确定法定赔偿数额时，应当考虑作品的类型，合理使用费，侵权行为的性质、后果等综合情况。这样就使法定赔偿的适用比较规范，有统一的适用标准。《著作权法》第四十八条仅规定了人民法院可根据侵权行为的情节，判决确定赔偿数额。在司法实践中，经常有在人民法院的主持下或当事人自行对赔偿问题达成调解协议的情况，我们认为在确定法定赔偿额时这样做，也是符合法律精神的。因此在本解释第二十五条第三款补充规定了当事人就法定赔偿数额达成协议的，人民法院应当准许的内容。

（三）制止侵权行为合理开支的计算

2000 年修改的《专利法》对制止侵权合理开支的赔偿并没有规定。《最高人民法院关于审理专利纠纷案件适用法律问题的若干规定》中第二十二条作出了补充解释，人民法院根据权利人的请求以及具体案情，可以将权利人因调查、制止侵权所支付的合理费用计算在赔偿数额范围之内。以后 2001 年修改的《商标法》《著作权法》都将专利司法解释的该规定上升为法律的规定，概括为“制止侵权行为所支付的合理开支”。

司法实践中，对什么样的开支属于合理的开支还不太明确具体，特别是鉴于著作权侵权案件取证困难，获取证据和为获取证据的支出关系到权利人的切身利益和对著作权的切实保护，因此本解释第二十六条对合理开支的含义予以明确，特别将权利人或者其委托代理人对侵权行为进行调查、取证的合理费用，规定包括在合理开支的范围中。这对于保护著作权、方便权利人举证和制裁侵权人都具有意义。该条司法解释也方便了下级法院在审判实践中具体适用《著作权法》的相关规定。

人民法院在确定赔偿额时，是否考虑当事人为诉讼支出的律师费问题，法律、法规和司法解释没有明确规定，是一个有争论的问题。TRIPs 协议第 45 条第 2 项明确规定了司法当局应有权责令侵权人向权利人支付其开支，其中可包括适当的律师费。为履行我国加入 WTO 的庄严承诺，根据 TRIPs 协议的精神，本解释第二十六条第二款规定了人民法院根据当事人的诉讼请求和具体案情，可以将符合国家有关部门规定（送审稿为“合理适当”）的律师费计算在赔偿范围内。这样规定一方面坚持了我国诉讼制度和最高人民法院的一贯做法，谨慎地对待这个问题，在整体诉讼制度上要有所协调；另一方面又符合 TRIPs 协议规定的精神，肯定在审判案件中，根据诉讼请求和具体案情可以将律师费计算在赔偿数额内，履行了我国在加入世贸组织谈判中的庄严承诺。司法解释在律师费前用了“符合国家有关部门规定”的表述，而未使用该解释送审稿中“合理适当”的表述，最高人民法院审判委员会多数委员认为这样规定更加稳妥，以避免在经验不足的情况下法官不好掌握或者自由裁量施之过宽的情形。

八、诉前临时措施与民事制裁的适用

当事人起诉前申请禁令和证据保全等临时措施，是《专利法》《商标法》《著作权法》修改新增加的法律制度，对于保护知识产权和及时制止侵权行为具有重要意义。由于最高人民法院已经先后公布了有关专利、商标案件的临时措施问题的司法解释，与《著作权法》相关规定的主要原则和操作方法都是一致的，完全无必要再另行制定此类的司法解释。所以本解释的第三十条第二款规定了人民法院在审判著作权纠纷案件中采取诉前措施，参照《最高人民法院关于诉前停止侵犯注册商标专用权行为和保全证据适用法律问题的解释》的规定办理。这样既解决了问题，也避免了重复。

为切实保护著作权人的合法权益，加大对包括盗版在内的著作权侵权行为的打击力度，人民法院在审理著作权民事纠纷案件中，对于未经著作权行政管理部门处理的著作权侵权行为，可以根据《著作权法》第五十一条和《民法通则》第一百三十四条第三款的规定给予民事制裁，本解释第二十九条对此问题予以明确规定，并具体规定了适用民事罚款数额可以参照《著作权法实施条例》的有关规定确定。但对于著作权行政管理部门对相同的侵权行为已经给予罚款等行政处罚的，人民法院不再予以民事制裁。这条规定主要是对那些既侵权又同时损害公共利益未受到行政处罚的行为人，人民法院可以在审判民事案件中，对其进行民事制裁，以保证法律实施的严肃性。

此外，本解释还对著作权纠纷案件中关于诉讼时效、法律适用的时间效力、作品保护期等分别在第十条、第二十七条、第二十八条、第三十条、第三十一条和第三十二条作出了规定。这些解释都严格依照法律，坚持有利于保护著作权人合法权益的原则进行了规定，条文的表述都很清楚，在此不再赘述。

最高人民法院
关于审理侵害信息网络传播权民事纠纷案件适用法律若干问题的规定

法释〔2012〕20号

（2012年11月26日最高人民法院审判委员会第1561次会议通过 2012年12月17日最高人民法院公告公布 自2013年1月1日起施行）

为正确审理侵害信息网络传播权民事纠纷案件，依法保护信息网络传播权，促进信息网络产业健康发展，维护公共利益，根据《中华人民共和国民法通则》《中华人民共和国侵权责任法》《中华人民共和国著作权法》《中华人民共和国民事诉讼法》等有关法律规定，结合审判实际，制定本规定。

第一条 人民法院审理侵害信息网络传播权民事纠纷案件，在依法行使裁量权时，应当兼顾权利人、网络服务提供者和社会公众的利益。

第二条 本规定所称信息网络，包括以计算机、电视机、固定电话机、移动电话机等电子设备为终端的计算机互联网、广播电视网、固定通信网、移动通信网等信息网络，以及向公众开放的局域网络。

第三条 网络用户、网络服务提供者未经许可，通过信息网络提供权利人享有信息网络传播权的作品、表演、录音录像制品，除法律、行政法规另有规定外，人民法院应当认定其构成侵害信息网络传播权行为。

通过上传到网络服务器、设置共享文件或者利用文件分享软件等方式，将作品、表演、录音录像制品置于信息网络中，使公众能够在个人选定的时间和地点以下载、浏览或者其他方式获得的，人民法院应当认定其实施了前款规定的提供行为。

第四条 有证据证明网络服务提供者与他人以分工合作等方式共同提供作品、表演、录音录像制品，构成共同侵权行为的，人民法院应当判令其承担连带责任。网络服务提供者能够证明其仅提供自动接入、自动传输、信息存储空间、搜索、链接、文件分享技术等网络服务，主张其不构成共同侵权行为的，人民法院应予支持。

第五条 网络服务提供者以提供网页快照、缩略图等方式实质替代其他网络服务提供者向公众提供相关作品的，人民法院应当认定其构成提供行为。

前款规定的提供行为不影响相关作品的正常使用，且未不合理损害权利人对该作品的合法权益，网络服务提供者主张其未侵害信息网络传播权的，人民法院应予支持。

第六条 原告有初步证据证明网络服务提供者提供了相关作品、表演、录音录像制品，但网络服务提供者能够证明其仅提供网络服务，且无过错的，人民法院不应认定为构成侵权。

第七条 网络服务提供者在提供网络服务时教唆或者帮助网络用户实施侵害信息网络传播权行为的，人民法院应当判令其承担侵权责任。

网络服务提供者以言语、推介技术支持、奖励积分等方式诱导、鼓励网络用户实施侵害信息网络传播权行为的，人民法院应当认定其构成教唆侵权行为。

网络服务提供者明知或者应知网络用户利用网络服务侵害信息网络传播权，未采取删除、屏蔽、断开链接等必要措施，或者提供技术支持等帮助行为的，人民法院应当认定其构成帮助侵权行为。

第八条 人民法院应当根据网络服务提供者的过错，确定其是否承担教唆、帮助侵权责任。网络服务提供者的过错包括对于网络用户侵害信息网络传播权行为的明知或者应知。

网络服务提供者未对网络用户侵害信息网络传播权的行为主动进行审查的，人民法院不应据此认定其具有过错。

网络服务提供者能够证明已采取合理、有效的技术措施，仍难以发现网络用户侵害信息网络传播权行为的，人民法院应当认定其不具有过错。

第九条 人民法院应当根据网络用户侵害信息网络传播权的具体事实是否明显，综合考虑以下因素，认定网络服务提供者是否构成应知：

（一）基于网络服务提供者提供服务的性质、方式及其引发侵权的可能性大小，应当具备的管理信息的能力；

（二）传播的作品、表演、录音录像制品的类型、知名度及侵权信息的明显程度；

（三）网络服务提供者是否主动对作品、表演、录音录像制品进行了选择、编辑、修改、推荐等；

（四）网络服务提供者是否积极采取了预防侵权的合理措施；

（五）网络服务提供者是否设置便捷程序接收侵权通知并及时对侵权通知作出合理的反应；

（六）网络服务提供者是否针对同一网络用户的重复侵权行为采取了相应的合理措施；

（七）其他相关因素。

第十条 网络服务提供者在提供网络服务时，对热播影视作品等以设置榜单、目录、索引、描述性段落、内容简介等方式进行推荐，且公众可以在其网页上直接以下载、浏览或者其他方式获得的，人民法院可以认定其应知网络用户侵害信息网络传播权。

第十一条 网络服务提供者从网络用户提供的作品、表演、录音录像制品中直接获得经济利益的，人民法院应当认定其对该网络用户侵害信息网络传播权的行为负有较高的注意义务。

网络服务提供者针对特定作品、表演、录音录像制品投放广告获取收益，或者获取与其传播的作品、表演、录音录像制品存在其他特定联系的经济利益，应当认定为前款规定的直接获得经济利益。网络服务提供者因提供网络服务而收取一般性广告费、服务费等，不属于本款规定的情形。

第十二条 有下列情形之一的，人民法院可以根据案件具体情况，认定提供信息存储空间服务的网络服务提供者应知网络用户侵害信息网络传播权：

（一）将热播影视作品等置于首页或者其他主要页面等能够为网络服务提供者明显感知的位置的；

（二）对热播影视作品等的主题、内容主动进行选择、编辑、整理、推荐，或者为其设立专门的排行榜的；

（三）其他可以明显感知相关作品、表演、录音录像制品为未经许可提供，仍未采取合理措施的情形。

第十三条 网络服务提供者接到权利人以书信、传真、电子邮件等方式提交的通知，未及时采取删除、屏蔽、断开链接等必要措施的，人民法院应当认定其明知相关侵害信息网络传播权行为。

第十四条 人民法院认定网络服务提供者采取的删除、屏蔽、断开链接等必要措施是否及时，应当根据权利人提交通知的形式，通知的准确程度，采取措施的难易程度，网络服务的性质，所涉作品、表演、录音录像制品的类型、知名度、数量等因素综合判断。

第十五条 侵害信息网络传播权民事纠纷案件由侵权行为地或者被告住所地人民法院管辖。侵权行为地包括实施被诉侵权行为的网络服务器、计算机终端等设备所在地。侵权行为地和被告住所地均难以确定或者在境外的，原告发现侵权内容的计算机终端等设备所在地可以视为侵权行为地。

第十六条 本规定施行之日起，《最高人民法院关于审理涉及计算机网络著作权纠纷案件适用法律若干问题的解释》（法释〔2006〕11号）同时废止。

本规定施行之后尚未终审的侵害信息网络传播权民事纠纷案件，适用本规定。本规定施行前已经终审，当事人申请再审或者按照审判监督程序决定再审的，不适用本规定。

《关于审理侵害信息网络传播权民事纠纷案件适用法律若干问题的规定》的理解与适用*

《最高人民法院关于审理侵害信息网络传播权民事纠纷案件适用法律若干问题的规定》（以下简称《信息网络传播权解释》）经最高人民法院审判委员会第1561次会议讨论通过，于2012年12月17日公布，自2013年1月1日起施行。该司法解释是最高人民法院在长期调研、总结审判经验的基础上，出台的一部对信息网络传播权进行系统保护的司法解释，对指导人民法院正确审理涉及信息网络传播权纠纷案件，依法保护权利人的信息网络传播权，保护和促进信息网络产业健康有序发展具有重要意义。本文对《信息网络传播权解释》的制定背景、起草原则和主要内容等进行简要介绍，希望有助于对该司法解释的正确理解和适用。

一、起草《信息网络传播权解释》坚持的基本原则

《信息网络传播权解释》是严格依据著作权法、侵权责任法和《信息网络传播权保护条例》等法律、行政法规的规定及其精神进行起草的。由于信息网络传播权保护的特殊性，最高人民法院在起草《信息网络传播权解释》时主要坚持了以下原则：一是遵循法律规定。首先以著作权法的相关规定为基础，结合侵权责任法、《信息网络传播权保护条例》等法律、行政法规，将信息网络传播行为划分为作品等内容提供行为和网络服务提供行为，在此基础上规定了直接侵权与间接侵权，重点规定了网络服务提供行为的责任形态、归责原则和责任要件，还对实践中需要规定的其他情形作出了规定。二是将司法成熟经验和保持适当的前瞻性相结合。在起草过程中，总结了人民法院审理信息网络传播权案件中认可度较高的审判实践，对于成熟的、没有争议的问题进行了规定以便于司法实践适用；对于实践中争议较大、一时还不明确或者实践需求不大等问题没有规定，留待审判实践中根据实际情

* 王艳芳，原载《人民司法·应用》2013年第9期。

况解决。同时，该司法解释通过对直接侵权与间接侵权的科学划分、各类侵权行为认定标准的具体设计等，为调整各种新出现的行为和法律问题提供依据。三是体现利益平衡精神。针对网络环境下著作权保护的实际，最高人民法院在起草《信息网络传播权解释》时，特别强调了人民法院在审理此类案件行使裁量权时，应当兼顾权利人、网络服务提供者和社会公众的利益，司法解释中关于网络服务提供者过错的认定、相关举证责任的分配等具体条文也充分体现了利益平衡精神。

二、《信息网络传播权解释》的主要内容

《信息网络传播权解释》共十六条，主要对人民法院审理信息网络传播权纠纷案件的原则、侵害信息网络传播权的行为构成、网络服务提供者的教唆侵权、帮助侵权行为及其判定标准、人民法院对此类案件的管辖等问题进行了规定。

（一）利益平衡原则

网络环境下的著作权保护是著作权保护在网络环境下的延伸，传统著作权保护主要涉及著作权人与社会公众之间的利益平衡，而网络著作权保护则涉及著作权人、网络服务提供者及社会公众三者利益之间的平衡。互联网环境下数字传播技术的运用和发达大大提升了网络用户传播侵权复制品的能力，但由于网络用户的侵权行为具有隐蔽性，又多数不具有赔偿能力，因此追究网络用户的法律责任不可行且不具有经济性，而网络服务提供者客观上为大量分散用户的网络传播行为提供了便利条件，使其侵权行为迅速传播，给权利人的利益带来更大的危害，并直接或者间接从网络用户的侵权行为中受益，因此转而追究网络服务提供者的法律责任成为相关国际公约及各国网络著作权保护的趋势，让网络服务提供者对于用户不正当利用其服务进行的侵权承担间接责任，也就成为一项重要的制度选择。

但是网络服务提供者对于促进信息网络技术创新和商业模式发展具有极其重要的作用，对其行为的控制也应当适可而止，防止不适当妨碍技术的发展创新并为相关互联网产业的发展留下空间。因此，既让网络服务提供者承担相应的责任，但又避免使其过重地承担责任，是网络环境下著作权保护中平衡著作权人与网络服务提供者之间利益的基本原则。因此，如何在网络环境下保护著作权人等相关权利人权利的同时，又不妨碍科学技术的发展及社会公众获取信息自由的权利，已成为世界各国网络著作权保护要解决的重要课题，如何划分网络用户的法律责任以及网络服务提供者的法律地位和责任承担如何设计，成为网络环境下著作权保护的重要问题。为此，包括欧美国家在内的许多国家均针对互联网环境下的特殊利益格局，设

定了信息网络环境下著作权保护的特殊规则，为网络服务提供者提供了“避风港”，规定了“通知”“删除”规则。我国著作权法及《信息网络传播权保护条例》、侵权责任法亦针对网络环境下的特殊利益格局，在借鉴欧美国家经验的基础上，设定了一系列体现特定利益平衡关系和价值取向的法律规则，如“通知与删除”规则、限制网络服务提供者侵权责任的“避风港”规则、有利于减轻网络服务提供者责任的过错标准等。这些具体规则的设立，体现了立法者针对互联网环境下的特殊利益格局，在权利人、网络服务提供者、社会公众之间所作的平衡。因此，利益平衡原则也是人民法院审理此类案件的基本原则。除此之外，当今时代，科学技术的发展速度已经远远超过了人们的想象，例如在 1998 年美国 DMCA 制定时尚未出现的 P2P 技术，现已成为广泛使用互联网文件分享工具。因此，针对以后有可能出现的新技术及其新的商业模式，与权利人的信息网络传播权的保护及社会公众利益之间发生冲突的情形，为了维护三者之间的利益平衡，司法解释的第一条即强调了“人民法院审理侵害信息网络传播权民事纠纷案件，在依法行使裁量权时，应当兼顾权利人、网络服务提供者和社会公众的利益”。需要注意的是，本条的规定仅在法律法规不明确，需要法官运用自由裁量权裁判案件时才适用。当著作权法、相关行政法规、相关司法解释已有明确规定时，人民法院审理案件应遵守著作权法及其实施条例和有关司法解释的相关规定，不能直接援引利益平衡原则进行裁判。

（二）关于信息网络的界定

传统的互联网主要指将两台计算机或者是两台以上的计算机终端通过计算机信息技术互相联系起来。现在随着科技的发展及“互联网、广播电视网、通信网”的三网融合，电视机、移动电话机甚至是固定电话机都成为终端而可以接入互联网。因此，在界定信息网络的范围时，司法解释采用了例式列举相关终端并同时将与相关终端对应的互联网、广播电视网、通信网一并予以列举的规定方式来界定信息网络。在司法解释起草过程中，局域网是否属于本司法解释规定的信息网络是一个饱受关注的问题。在征求意见稿曾表述为“向不特定公众开放的局域网络”属于本司法解释规定的局域网。在公开征求意见的过程中，很多意见提出由于大容量的数据服务器的广泛应用，使得盗版内容得以在局域网内传播，“信息网络”的范围应当包括在企业、机构、大学或其他社区内使用的局域网。如果仍以其是否向不特定公众开放为标准，会产生司法实践对特定公众如何界定的问题。经研究，最高人民法院取消了“不特定”的限定条件，规定了只要是向公众开放的局域网络，均属于本规定范围内的信息网络。

（三）直接侵害信息网络传播权行为

1. 提供行为

《著作权法》第十条第（十二）项规定了信息网络传播权的含义，即“以有线或者无线方式向公众提供作品，使公众可以在其个人选定的时间和地点获得作品的权利”。第四十八条第（一）项中规定了未经著作权人许可，“通过信息网络向公众传播其作品的”属于侵权行为。因此，在网络环境下的著作权保护中，信息网络传播行为的界定是一个基本问题。在我国司法实践中，对于信息网络传播行为有不同理解。曾有流行观点认为信息网络传播行为仅限于在信息网络环境下提供作品的行为，而“提供”则是将作品等上传至或者以其他方式置于向公众开放的网络服务器中。除此之外提供服务的行为均不属于信息网络传播行为。经过调研，我们认为，随着技术的发展，不经过服务器的存储或中转，[①] 通过文件分享技术等方式也可以使相关作品置于信息网络之中，以单纯的“服务器标准”界定信息网络传播行为不够准确，也难以应对网络技术的飞速发展。因此，应将信息网络传播行为作广义的理解，以是否直接提供权利人的作品的法律标准取代服务器标准来界定信息网络传播行为，将信息网络传播行为区分为作品的提供行为与其他信息网络传播行为，其他信息网络传播行为则是以其技术、设施提供网络中间性服务的行为，即是一种提供服务而非直接提供作品等的行为。将信息网络传播行为区分为作品提供行为和网络服务提供行为，对于构建网络环境下著作权保护的责任体系具有基础性意义。在这种区分的基础之上，产生了直接侵权责任与间接侵权责任的区分，直接侵权责任对应作品提供行为，而间接侵权责任对应网络服务提供行为。因此，司法解释规定了网络用户、网络服务提供者未经许可，将权利人享有信息网络传播权的作品、表演、录音录像制品置于信息网络之中，使公众能够在其个人选定的时间和地点以下载、浏览或者其他方式获得的，属于内容提供行为，直接侵害了权利人的信息网络传播权。

关于提供的具体方式，司法解释对其进行了列举，即将相关作品、表演、录音录像制品上传到网络服务器、在本地电脑或者网络服务器设置向公众共享文件以及通过文件分享软件等方式，将相关作品、表演、录音录像制品置于信息网络中，使公众能够在其个人选定的时间和地点以下载、浏览或者其他方式获得的，均属于提供行为。

---

① 当然也有观点认为，使用文件分享软件的计算机等终端在理论上可以视为一种服务器。

2. 网页快照提供行为

《信息网络传播权解释》第五条是关于实践中从事搜索服务的网络服务提供者在提供搜索链接等服务时提供的网页“快照”“缩略图”是否构成著作权法意义上的提供的问题。网页快照，英文 Web Cache，也称为网页缓存。其是指搜索引擎按照一定的技术将其他网站中的内容自动存储在自己的服务器中，以供网络用户直接访问的一种技术。其生成原理是搜索引擎在收录网页时，对网页进行备份，存在从事搜索引擎服务的网络服务提供者的服务器缓存里。当网络用户使用搜索引擎在互联网上搜索时，其实就在搜索引擎的网页数据库中搜索，并不一定是搜索引擎瞬间在互联网上找到了包含关键词的网页。一般情况下，当网络用户输入关键词进行搜索时，搜索引擎既提供正常的链接结果，也同时提供相关网页的“快照”。通过正常的链接，网络用户可以离开搜索引擎网页访问目标网站；网络用户也可以直接在搜索引擎网页上访问“快照”而直接浏览相关信息。当用户在搜索引擎中点击“网页快照”链接时，搜索引擎将蜘蛛系统（Spider）当时所抓取并保存的网页内容展现出来。由于网页快照是存储在搜索引擎服务器中，所以查看网页快照的速度往往比直接访问网页要快。网页快照中，搜索的关键词用亮色显示，用户可以点击呈现亮色的关键词直接找到关键词出现位置，便于快速找到所需信息，提高搜索效率。当搜索的网页被删除或连接失效时，可以使用网页快照来查看这个网页原始的内容。“快照”一般可以分为两类：一类是对网页的“快照”，即搜索引擎事先存储的网页；另一类是对网页的特定内容，如图片或歌词、短小文字作品等的“快照”，或称之为“缩略图”，代表网页上或计算机中图片经压缩方式处理后的小图，其中通常会包含指向完整大小的图片的超链接。缩略图用于在 Web 浏览器中更加迅速地装入图形或图片较多的网页。因其小巧，加载速度非常快，故用于快速浏览，相当于图片文件预览及目录的作用。网络用户点击“缩略图”，可以从图片所在的服务器中调取原始图片。

司法实践中，对搜索引擎提供“快照”或“缩略图”的行为是否侵犯了权利人的信息网络传播权有不同的认识。最高人民法院经过调研认为，由于网络服务涉及的“快照”“缩略图”的复杂性，不能一概地认为构成侵权也不能一概地认为不构成侵权，需结合具体案情分析网络服务提供者的此种行为是否替代了其他网络服务提供者向公众提供相关作品，如果已经实质上替代了其他网络服务提供者的作品提供，如在“音著协与百度公司”案中涉及的百度公司将其他网站中的歌词完整地提取出来，复制到自己的服务器中直接向网络用户提供，其后果是直接代替了该网络服务提供者向网络用户提供相关歌词，此时人民法院可以根据案件具体情况认定其构成提供行为。但是需要注意的是，并非所有的“网页快照”“缩略图”提供行为均构成侵害信息网络传播权，如果该提供行为未影响相关作品的正常使用，亦未不合理损害权利人对该作品的合法权益，考虑到权利人与网络服务提供者、社会公众之间的利益平衡，此时一般不认定搜索引擎的网络服务提供者提供“网页快照”“缩略图”的行为构成侵害信息网络传播权。

3. 提供行为的判定及相关举证责任

《信息网络传播权解释》第六条是关于权利人与网络服务提供者之间就是否提供相关作品的举证责任如何分配的规定。互联网的相关网页是由无数个链接互相进行链接联系在一起的。具体而言，链接一般是指从一个网页指向一个目标的连接关系。在一个网页中用来链接的对象，可以是一段文本或者是一个图片。当浏览者单击已经链接的文字或图片后，链接目标将显示在浏览器上，并且根据目标的类型来打开或运行。一般来说，链接有普通链接和深层链接等。普通链接是以被链接网站的整体为目标，如“友情链接”“网站导航”等，其主要表现网络上的一个站点、网页的完整路径。而深层链接是绕开被链网页的主页而使用户直接进入其某一个分页或者某个具体内容的链接方式。司法实践中产生的纠纷主要是深层链接是否构成侵害信息网络传播权。曾有判决认为，只要网络用户认为相关作品是在相关网站上直接可以获得的，如果相关作品是未经权利人许可而上传的，则该网站就构成了侵害信息网络传播权。例如北京市海淀区法院在审理中国三环音像社与北京衡准科技有限公司侵犯著作权纠纷中认为，“e准网直接向用户提供视频内容的浏览，只是该内容由e准网从其他多家网站获取。e准网通过上述方式，为用户提供《士》剧的分集视频，上述行为应定性为直接使用传播的行为”。最高人民法院经过调研认为，以此用户标准来界定相关网站提供了相关作品，实质上是将互联网中普遍存在的链接纳入了直接侵权的范畴，超出了侵权责任法及《信息网络传播权保护条例》的相关规定。但是，由于网络技术的复杂性，要求权利人来分辨相关网络服务提供者是具体从事了提供作品的侵权行为，还是仅为该提供行为提供网络服务，是不现实的，也超出了权利人的举证能力。考虑到对权利人信息网络传播权的保护，并在权利人和网络服务提供者举证能力之间作出平衡，司法解释规定了权利人（原告）承担证明网络服务提供者提供相关作品、表演、录音录像制品的初步证明责任；如网络服务提供者以其提供网络服务为由进行抗辩的，则由网络服务提供者承担其提供的是网络服务的举证责任。

（四）间接侵害信息网络传播权行为

由于网络服务提供者在客观上为侵权作品的传播提供了便利条件并使侵权行为

迅速传播，网络环境下的侵权行为较传统环境下的侵权行为致使权利人的利益受到更大的损害。此外，在当前环境下由于商业模式等原因，网络服务提供者在提供网络服务时有可能直接或者间接从侵害权利人信息网络传播权中受益，同时其又有能力迅速控制侵权行为的蔓延并知晓侵权行为的相关线索，因此在网络环境下保护著作权人的信息网络传播权，网络服务提供者的法律责任的确定是一个重要的课题，也是本司法解释要解决的核心问题。①

《侵权责任法》第九条、第三十六条是《信息网络传播权解释》关于网络服务提供者因其教唆、帮助行为而承担侵权责任的法律依据。根据这两条法律的规定，《信息网络传播权解释》第七条规定了网络服务提供者的两种间接侵权行为，其一是教唆侵权行为，即网络服务提供者以言语、推介技术支持、奖励积分等方式诱导、鼓励网络用户实施侵害信息网络传播权行为的，人民法院应当认定其构成教唆侵权行为；其二是帮助侵权行为，即网络服务提供者明知或者应知其服务的网络用户利用网络服务侵害信息网络传播权，未采取删除、屏蔽、断开链接等必要措施，或者提供技术支持等帮助行为的，人民法院应当认定其构成帮助侵权行为。

（五）网络服务提供者过错的认定

根据《侵权责任法》第六条第一款关于“行为人因过错侵害他人民事权益，应当承担侵权责任”的规定，对网络服务提供者在提供网络服务时侵害权利人信息网络传播权的行为，实行的是过错责任原则，只有其具有过错时才承担相应的侵权责任。对其过错具体如何认定，《侵权责任法》第三十六条第三款规定：“网络服务提供者知道网络用户利用其网络服务侵害他人民事权益，未采取必要措施的，与该网络用户承担连带责任。”从该条的规定可以看出，当网络服务提供者“知道”其网络用户利用其提供网络服务侵害他人信息网络传播权，仍不采取必要措施的，则与该网络用户构成共同侵权并需要承担连带责任。

但是，对于该款规定的“知道”如何解释，在学术界和实务中均存在不同看法。有观点认为《侵权责任法》该款规定的“知道”与《信息网络传播权保护条例》规定的“明知或者应知所链接的作品、表演、录音录像制品侵权”中的“明知或者应知”相同含义，即“知道”包括“明知或者应知”两种情形；也有人结

① 本文所指的网络服务提供者的法律责任特指网络服务提供者在提供网络服务时可能承担的侵权责任。网络服务提供者自行将权利人享有信息网络传播权的作品等置于信息网络之中的，承担的是直接侵权责任。

合侵权责任法相关审议稿认为，“知道”仅包括“明知”而不包括“应知”。[①] 的确，侵权责任法草案第一次审议稿和第二次审议稿均规定以“明知”作为主观要件。但此后的第三次审议稿及第四次审议稿均不再将明知作为主观要件，甚至在第四次审议稿中还明确规定了“知道或者应当知道”。[②] 虽然正式通过的《侵权责任法》第三十六条删除了“应当知道”的表述，将网络服务提供者的主观要求规定为“知道”，但根据立法机关的解释，其中的“知道”包括“明知”和“应知”两种主观状态。[③]

考虑到立法过程中对网络服务提供者主观要求的变化、司法实践及学术界对“知道”含义的争论，以及最高人民法院曾在2000年《关于审理涉及计算机网络著作权纠纷案件适用法律若干问题的解释》的第五条将提供内容服务的网络服务提供者的主观状态规定为“明知”等因素，为澄清《侵权责任法》该款“知道”的含义，从而在涉及信息网络传播权保护的相关著作权案件审理中正确适用侵权责任法，司法解释明确规定了网络服务提供者的过错包括对于网络用户侵害信息网络传播权行为的明知或者应知。明知一般是指有证据证明网络服务提供者明知其服务的网络用户可能利用其网络服务侵害权利人信息网络传播权，仍然积极鼓励网络用户实施侵权行为，以及在已经明知网络用户利用其提供网络服务实施侵害信息网络传播权行为的情况下，不采取相应的删除、断开链接、屏蔽等措施而仍然为其提供服务的行为。

在实践中，一般而言，权利人向网络服务提供者发送符合《信息网络传播权保护条例》及《信息网络传播权解释》规定的通知即可认定网络服务提供者明知其网络用户侵害信息网络传播权。至于应知，与明知的判断相比，相对难以有比较客

---

① 2002年12月17日九届全国人大常委会第三十一次会议审议的《中华人民共和国民法（草案）》侵权责任法编（第一次审议稿）在其第十章“有关侵权责任主体的特殊规定”中，对于网络侵权责任作出了专门规定，即第六十三条规定：“网站经营者明知网络用户通过该网站实施侵权行为，或者经权利人提出警告，仍不采取删除侵权内容等措施消除侵权后果的，网站经营者与该网络用户承担连带责任。”2008年12月22日十一届全国人大常委会第六次会议审议的《中华人民共和国侵权责任法（草案）》（第二次审议稿）第四章在“关于责任主体的特殊规定”中对于网络侵权责任作出如下专条（第三十四条）规定：“网络服务提供者明知网络用户利用其网络服务实施侵权行为，未采取必要措施的，与该网络用户承担连带责任。”

② 2009年10月27日全国人大常委会第十一次会议审议的《中华人民共和国侵权责任法（草案）》（第三次审议稿）第三十六条规定：“网络服务提供者知道网络用户利用其网络服务侵害他人民事权益，未采取必要措施的，与该网络用户承担连带责任。”此稿将“明知”改为“知道”。2009年12月22日十一届全国人大常委会第十二次会议审议的《中华人民共和国侵权责任法（草案）》（第四次审议稿）第三十六条规定：“网络服务提供者知道或者应当知道网络用户利用其网络服务侵害他人民事权益，未采取必要措施的，与该网络用户承担连带责任。”与第三次审议稿相比，此稿对于网络服务提供者的侵权责任增加了“应当知道”的表述。

③ 全国人大常委会法制工作委员会编、王胜明主编：《中华人民共和国侵权责任法释义》，法律出版社2010年版，第194~195页。

观化的标准。为此，《信息网络传播权解释》根据司法实践总结的经验，归纳了人民法院从网络服务提供者应当具备的管理信息的能力、其传播的作品、表演、录音录像制品的类型、知名度及侵权信息的明显程度、是否主动对作品、表演、录音录像制品进行了选择、编辑、修改、推荐等、是否积极采取了预防侵权的合理措施、是否设置便捷程序接收侵权通知并及时对侵权通知作出合理的反应、是否针对同一网络用户的重复侵权行为采取了相应的合理措施等方面的因素，来认定网络服务提供者对其网络用户侵害权利人信息网络传播权是否应知。需要注意的是，《信息网络传播权解释》规定的考虑因素是根据审判实践所总结归纳的指引性考虑因素。在根据该条规定认定网络服务提供者是否应知其网络用户侵害信息网络传播权时，《信息网络传播权解释》中规定的考虑因素并不需要机械地一一全部进行考虑，人民法院应当根据个案的具体情况进行认定。在某些情况下，《信息网络传播权解释》规定的考虑因素一个或几个的满足即可以认定网络服务提供者应知其网络用户侵害信息网络传播权。

（六）网络服务提供者的过错认定与主动审查的关系

《信息网络传播权解释》在制定过程中，关于网络服务提供者对其服务的网络用户侵害权利人信息网络传播权的行为是否有监控或者主动审查义务是一个比较受关注的问题。经过反复的调研论证，《信息网络传播权解释》明确规定了网络服务提供者未对网络用户侵害信息网络传播权的行为主动进行审查的，人民法院不据此认定其具有过错。其主要考虑是著作权是私权，一般应由权利人积极予以保护其私权。同时，由于网络技术发展的基本目标和价值趋向是便于信息的交流与传播，网络服务提供者对网络上的海量信息是否侵害权利人信息网络传播权没有主动监控的义务，已经成为国际上普遍的认识和做法。例如欧盟电子商务指令中规定了“成员国不得规定网络服务提供者负有监视其传输或存储信息的义务，以及积极发现相关侵权事实的义务”。美国司法实践也持这种态度。我国著作权法和《信息网络传播权保护条例》虽然没有明确写明网络服务提供者没有监控义务，但其采用的“通知删除”规则事实上是认可网络服务提供者没有主动监控义务的。鉴此，《信息网络传播权解释》也规定了人民法院在审理侵害信息网络传播权案件时，不能因网络服务提供者未对其服务对象的行为是否侵犯权利人的信息网络传播权予以主动审查就认定其具有过错。网络服务提供者是否具有过错应根据具体案情结合《信息网络传播权解释》第九条规定的因素及其他条款予以认定。

（七）直接经济利益与网络服务提供者责任承担的关系

《信息网络传播权解释》第十一条是关于网络服务提供者获取的经济利益与其

注意义务关系的规定。《信息网络传播权保护条例》第二十二条第（四）项规定了“未从服务对象提供作品、表演、录音录像制品中直接获得经济利益”为网络服务提供者免除赔偿责任的条件，但是如果网络服务提供者直接获取了经济利益，是否意味着网络服务提供者对传播该作品具有过错并应承担相应的民事责任，对此曾有不同的认识。《信息网络传播权解释》在征求意见稿中曾经采用了“提供信息存储空间服务的网络服务提供者从其网络用户提供的作品、表演、录音录像制品中直接获得经济利益的，人民法院可以推定其对该网络用户侵害信息网络传播权的行为具有过错”的意见。但后经过进一步的调研和征求意见，了解到实践中的情况复杂多样，且理论和实务界关于信息存储空间服务提供者直接获利是否能认定为过错存在较大争议。如不作区分即将获得直接经济利益推定为网络服务提供者具有过错，不符合实际，也将会对网络产业的商业模式产生较大的影响。经研究，考虑到权利与义务相适应及权利人与网络服务提供者之间的利益平衡，规定了“网络服务提供者从网络用户提供的作品、表演、录音录像制品中直接获得经济利益的，人民法院应当认定其对该网络用户侵害信息网络传播权的行为负有较高的注意义务”，从而将网络服务提供者是否具有过错，由审理具体案件的法院根据具体案情中网络服务提供者的具体商业模式或者直接获利情况等因素个案进行判定。

（八）信息存储空间网络服务提供者责任的判定

司法实践中，由于信息存储空间的网络服务提供者为网络用户上传的内容提供存储空间，与其他网络服务提供者提供的网络服务相比，引发的纠纷也相应较多。针对审判实践的需要，《信息网络传播权解释》将审判实践比较成熟的经验进行总结，对针对信息存储空间的网络服务提供者构成应知的情形进行了归纳，具体为：将热播影视作品等置于首页或者其他主要页面等能够为网络服务提供者明显感知的位置的；对热播影视作品等的主题、内容主动进行选择、编辑、整理、推荐，或者为其设立专门的排行榜的；其他可以明显感知相关作品、表演、录音录像制品为未经许可提供，仍未采取合理措施的情形。

在本条制定过程，对本条的意见主要集中在作品的种类。有意见认为，实践中发生纠纷较多的是热播影视作品被侵权的情况，因此仅规定热播影视作品即可；但也有意见认为知名度较高的文学作品、音乐作品被侵权的可能性也比较大，因此应一并规定。最高人民法院经研究认为，司法实践中发生纠纷较多的作品类型为热播影视作品，文字作品、音乐作品被侵权的情况亦有，但并不是非常突出。因此，在司法解释中仅明确列举了热播影视作品，并以“等”字概括规定留有余地，实践中可视情况将文字作品、音乐作品、表演、录音录像制品涵盖其中。之所以将热播影视作品特别列明，其主要考虑是影视作品制作成本较高，权利人投资较大，特别是正值热播期间的电影，权利人一般不会将其无偿置于信息网络中供社会公众免费使用。因此如果相关网络服务提供者经营管理的网站上显著位置出现了热播的影视作品，或者相关网络服务提供者在该网站对该作品进行了相关选择或者推荐，一般而言，该网络服务提供者应当知道该影视作品系未经权利人许可提供的，如其仍不采取相应的措施，可以认定其在提供存储服务时具有过错，应当承担相应的民事责任。

（九）通知删除规则的具体适用

根据《信息网络传播权保护条例》第十四条的规定，权利人认为相关网络服务提供者提供网络服务时所涉及的作品、表演、录音录像制品，侵犯自己的信息网络传播权可以向该网络服务提供者提交书面通知，要求网络服务提供者删除该作品、表演、录音录像制品，或者断开与该作品、表演、录音录像制品的链接。《信息网络传播权保护条例》仅规定了权利人应提交书面通知，但对通知的具体形式未做规定。司法实践中关于传真、电子邮件是否符合《信息网络传播权保护条例》规定的书面形式，认识不一。在《信息网络传播权解释》征求意见的过程中，绝大多数意见认为传真、特别电子邮件因方便快捷，已经成为普遍使用的通讯方式，以电子邮件方式发送的通知应当属于《信息网络传播权保护条例》规定的书面通知。同时，也有意见认为，电子邮件属于电子证据，与书面证据稍有不符。经研究认为，根据《电子签名法》第四条“能够有形地表现所载内容，并可以随时调取查用的数据电文，视为符合法律、法规要求的书面形式”的规定，电子邮件是符合法律、法规要求的书面形式的。因此在《信息网络传播权解释》中采用了“书面通知可以采取书信、传真、电子邮件等方式”的表述方式。

除了对书面形式的争论之外，由于《信息网络传播权保护条例》第十五条规定了网络服务提供者接到通知后，应立即采取相关措施，侵权责任法也规定了网络服务提供者接到通知未及时采取必要措施的，对损害的扩大部分承担连带责任。是否接到通知并及时采取措施，直接关系到网络服务提供者责任的承担，网络服务提供者收到通知后采取措施是否及时，如何判定是否及时也是实务界争论激烈的问题之一。

在《信息网络传播权解释》的起草过程中，相关互联网企业、权利人及地方法院纷纷提出，希望最高人民法院能够在《信息网络传播权解释》中确定一个关于“合理期限”的指引性方案。为此，在《信息网络传播权解释》的征求意见稿中曾规定了“除有正当理由外，涉及热播影视作品的，网络服务提供者应在收到符合法律、行政法规要求的通知一个工作日内采取必要措施；涉及其他作品的，采取必要措施的期限一般不应超过五个工作日”。但经后期论证，我们认为，虽然确立指引性期限有利于增强司法解释的可操作性，但实践中涉及的作品类型差别较大，删除的难易程度不一，且规定期限并无法律依据。最终在《信息网络传播权解释》中仅规定认定网络服务提供者是否及时采取了合理措施的具体考量因素即可，即“应当根据权利人提交通知的形式，通知的准确程度，采取措施的难易程度，网络服务的性质，所涉作品、表演、录音录像制品的类型、知名度、数量等因素综合判断。”至于具体多长时间为“及时”，由人民法院在审理具体案件中根据《信息网络传播权解释》中所列因素具体认定。

（十）侵害信息网络传播权民事案件的管辖

根据《民事诉讼法》的相关规定，侵权案件一般由被告住所地或者侵权行为地人民法院管辖，侵权行为地包括侵权行为实施地和侵权结果发生地。在最高人民法院2000年公布的《关于审理涉及计算机网络著作权纠纷案件适用法律若干问题的解释》中，规定了侵权行为地包括实施被诉侵权行为的网络服务器、计算机终端等设备所在地。当侵权行为地和被告住所地均难以确定时，规定了原告发现侵权内容的计算机终端等设备所在地可以视为侵权行为地。在本次司法解释的制定过程中，考虑到司法实践中发生的很多涉外案件，被告住所地和侵权行为实施地均在国外，而侵权结果发生在国内，如果人民法院对此类案件无法行使管辖权，则不能保护权利人的合法权利。为此，经研究，增加规定了如果侵权行为地和被告住所地均在国外的，人民法院对此类案件享有管辖权，便利权利人在我国提起诉讼，切实保护了权利人的合法权益。

（十一）新旧司法解释的衔接适用

在著作权法于2001年修改之前，最高人民法院考虑到在互联网环境下著作权人合法利益的保护问题，在法律规定非常原则的情况下，于2000年12月公布了《关于审理涉及计算机网络著作权纠纷案件适用法律若干问题的解释》，规定了“著作权法第十条对著作权各项权利的规定均适用于数字化作品的著作权”，对互联网环境下的著作权保护起到了重要的作用。但随着实践的发展，互联网经营者经营方式趋于复杂化和综合化，有的网络服务经营者既是内容服务的提供者，又是网络服务的提供者，如仍按照该解释规定的以互联网经营者的身份界定其归责原则，容易带来操作中的极大困难且产生逻辑上的混乱。此外，由于该司法解释的部分内容与侵权责任法及相关条例有不协调之处，加之最高人民法院已分别于2004年1月2日、2006年11月22日发布了对该司法解释的修改决定，对其不再有修改的必要，因此《信息网络传播权解释》在吸收了其合理规定的前提下将其废止。

同时，关于《信息网络传播权解释》与前解释衔接的问题，为给各级人民法院提供明确指引以便于其在审理此类案件中正确适用法律，《信息网络传播权解释》明确规定了在《信息网络传播权解释》施行之后尚未终审的侵害信息网络传播权民事纠纷案件，人民法院直接适用新解释审理。但是新解释施行前已经终审的案件，如果当事人申请再审或者按照审判监督程序决定再审的，则不适用《信息网络传播权解释》的相关规定。

第三部分　商标权

最高人民法院
关于人民法院对注册商标权进行财产保全的解释

法释〔2001〕1号

（2000年11月22日最高人民法院审判委员会第1144次会议通过 2001年1月2日最高人民法院公告公布 自2001年1月21日起施行）

为了正确实施对注册商标权的财产保全措施，避免重复保全，现就人民法院对注册商标权进行财产保全有关问题解释如下：

第一条 人民法院根据民事诉讼法有关规定采取财产保全措施时，需要对注册商标权进行保全的，应当向国家工商行政管理局商标局（以下简称商标局）发出协助执行通知书，载明要求商标局协助保全的注册商标的名称、注册人、注册证号码、保全期限以及协助执行保全的内容，包括禁止转让、注销注册商标、变更注册事项和办理商标权质押登记等事项。

第二条 对注册商标权保全的期限一次不得超过六个月，自商标局收到协助执行通知书之日起计算。如果仍然需要对该注册商标权继续采取保全措施的，人民法院应当在保全期限届满前向商标局重新发出协助执行通知书，要求继续保全。否则，视为自动解除对该注册商标权的财产保全。

第三条 人民法院对已经进行保全的注册商标权，不得重复进行保全。

《关于人民法院对注册商标权进行财产保全的解释》的理解与适用*

2001年1月2日，最高人民法院公布了《关于人民法院对注册商标权进行财产保全的解释》（以下简称本解释）。

根据《民事诉讼法》的规定，人民法院对于可能因当事人一方的行为或者其他原因，使判决不能执行或者难以执行的案件，可以根据对方当事人的申请，作出财产保全的裁定；当事人没有提出申请的，人民法院在必要时也可以采取财产保全措施。财产保全措施采取查封、扣押、冻结或者法律规定的其他方法。对注册商标进行财产保全措施，其条件和方法同样适用上述规定。但是，一方面，由于《民事诉讼法》对商标等无形资产进行查封、扣押、冻结的具体措施没有详尽规定；另一方面，《商标法》在商标注册人资格、商标权续展、转让的程序等方面的规定与法律对有形财产的规定相比，有特殊性，人民法院在审判实践中也遇到一些疑难问题。

首先，关于财产保全的内容问题。注册商标属于无形财产，对其采取保全措施的方式不同于其他有形财产，内容也较有形财产的保全更为复杂。商标注册人在其商标被保全期间仍然可以在核准使用的商品上使用，甚至可以以知识产权权利人的身份与他人签订商标使用许可合同。另外，由于国家工商行政管理局商标局具体负责注册商标审查核准和使用管理，人民法院对注册商标采取保全措施，要通过国家商标局予以协助执行。因此，明确对注册商标进行财产保全的方式和内容就显得十分必要。参照《民事诉讼法》有关财产保全和执行程序的规定，本解释第一条作出了明确规定。

其次，对注册商标进行财产保全的期限问题。根据《最高人民法院关于适用〈中华人民共和国民事诉讼法〉若干问题的意见》第一百零八条、第一百零九条规定，诉讼中的财产保全裁定的效力一般应维持到生效的法律文书执行时止。在诉讼过程中，需要解除保全措施的，人民法院应及时作出裁定，解除保全措施。同时，

---

* 段立红，原载《科技与法律》2001年第1期。

在财产保全期限内，任何单位都不得解除保全措施。

规定注册商标保全期限的必要性在于，商标局仅执行人民法院所要求执行的对注册商标禁止转让、注销、变更注册和办理商标权质押登记等事项，而注册商标的有效期、续展注册等都涉及期限问题。注册商标与有形财产的不同之处在于其民事权利的产生由国家有权机关经过法定程序依法授予，并有一定的期限。《商标法》第二十三条规定，注册商标的有效期为十年，自核准注册之日起计算。第二十四条规定，注册商标有效期满，需要继续使用的，应当在期满前六个月内申请续展注册，在此期间未能提出申请的，可以给予六个月的宽展期。宽展期满仍未提出申请的，注销其注册商标。每次续展注册的有效期为十年。若不明确规定保全的期限，不利于维持注册商标权利的稳定性和有效性，实践中还会出现两个法院对同一注册商标重复查封的情况。

1999 年 2 月 4 日，上海市第一中级人民法院请求商标局协助查封“登云”商标，协助执行通知书中写明期限为六个月。1999 年 8 月 4 日，在“登云”商标查封期满之日，河北省衡水市桃城区人民法院向商标局送达协助执行通知书，要求查封同一商标，禁止商标注册人——上海第一皮鞋厂使用该商标，同时送达的还有对“登云”商标依法拍卖、变卖的民事裁定书。1999 年 8 月 7 日，商标局又收到上海市第一中级人民法院要求继续查封“登云”商标的通知书。那么，上海市第一中级人民法院 1999 年 8 月 7 日送达的请求继续查封“登云”商标的通知书是否属于重复查封？商标局究竟应当执行哪一个人民法院的通知？1998 年 9 月 14 日，广东省南海市人民法院在审理中国农业银行南海市支行与被告南海南方铝搪瓷制品有限公司、南海市二轻五金家电工业总公司借款纠纷等 32 件民事纠纷案件中，请求国家商标局查封广东南方五金总厂的“南方”等 12 件注册商标，暂停办理有关注册商标的变更手续，并依法送达了协助执行通知书，但是没有写明保全的期限。1999 年 3 月 14 日，商标局以该查封期满、南海市人民法院未请求继续查封为由，于 3 月 15 日执行了深圳市南山区人民法院要求对上述注册商标进行保全的通知。两个法院对此产生争议。

过去，最高人民法院知识产权审判庭曾与国家商标局协商过对注册商标规定保全期限问题，但是没有形成正式文件。由于以往法律、司法解释没有对此作出明确规定，各地人民法院在要求商标局对注册商标查封的协助执行通知书中，有的没有保全期限，有的虽然写了期限，但是不同的人民法院写明的期限不一致，造成商标局在协助执行中的困难。明确规定对注册商标保全的期限，可以督促有关人民法院及时在法律规定的审限内审结案件，不能久拖不决。同时，也可以督促人民法院随时注意涉诉商标所处的法律状态，遇到注册商标处于续展期间的，要求有关当事人及时办理，以免由于未及时续展，造成无法挽回的损失。

明确规范诉讼保全的期限问题不仅涉及商标，而且涉及民商事纠纷案件的全面。目前，最高人民法院司法解释中对诉讼保全期限有明确规定的是《关于查询、冻结、扣划企业事业单位、机关、团体银行存款的通知》。该通知第二条规定，冻结单位存款的期限不超过六个月。

鉴于注册商标本身具有的无形财产的特殊性，以及在执行诉讼保全的具体过程中需要与有关行政部门协调配合，本解释第二条比照《民事诉讼法》关于一审案件的审限和生效法律文书的执行期限的规定，对注册商标保全的期限、期限起算时间和继续保全等问题作出了规定，即对注册商标保全的期限一次不得超过六个月，自商标局收到协助执行通知书之日起计算。如果仍然需要对注册商标继续采取保全措施的，人民法院应当在保全期限届满前向商标局重新发出协助执行通知书，要求继续保全。否则，视为自动解除对该注册商标权的财产保全。

最后，关于不得对已经进行保全的注册商标重复进行保全的问题。《民事诉讼法》第九十四条规定，财产保全采取查封、扣押、冻结或者法律规定的其他方法，财产已被查封、冻结的，不得重复查封、冻结。《最高人民法院关于适用〈中华人民共和国民事诉讼法〉若干问题的意见》和其他相关司法解释中也反复强调不得进行重复保全，但是，由于注册商标权本身所具有的无形财产的特性，在人民法院的审判实践中也多次发生对同一注册商标重复保全的情况，因此，在本解释中重申此规定，仍然具有一定的现实意义。

本解释第一条、第二条规定，人民法院在向商标局发出的协助执行通知中，明确具体地提出要求对注册商标进行财产保全的内容，载明保全的期限，这一规定为判断不同人民法院对同一注册商标进行保全是否属于重复查封提供了重要依据。

最高人民法院
关于审理商标案件有关管辖和法律适用范围问题的解释

法释〔2002〕1号

（2001年12月25日最高人民法院审判委员会
第1203次会议通过 2002年1月9日最高人民
法院公告公布 自2002年1月21日起施行）

《全国人民代表大会常务委员会关于修改〈中华人民共和国商标法〉的决定》（以下简称商标法修改决定）已由第九届全国人民代表大会常务委员会第二十四次会议通过，自2001年12月1日起施行。为了正确审理商标案件，根据《中华人民共和国商标法》（以下简称商标法）、《中华人民共和国民事诉讼法》和《中华人民共和国行政诉讼法》（以下简称行政诉讼法）的规定，现就人民法院审理商标案件有关管辖和法律适用范围等问题，作如下解释：

第一条 人民法院受理以下商标案件：

1. 不服国务院工商行政管理部门商标评审委员会（以下简称商标评审委员会）作出的复审决定或者裁定的案件；
2. 不服工商行政管理部门作出的有关商标的具体行政行为的案件；
3. 商标专用权权属纠纷案件；
4. 侵犯商标专用权纠纷案件；
5. 商标专用权转让合同纠纷案件；
6. 商标许可使用合同纠纷案件；
7. 申请诉前停止侵犯商标专用权案件；
8. 申请诉前财产保全案件；
9. 申请诉前证据保全案件；
10. 其他商标案件。

第二条 本解释第一条所列第1项第一审案件，由北京市高级人民法院根据最高人民法院的授权确定其辖区内有关中级人民法院管辖。

本解释第一条所列第2项第一审案件，根据行政诉讼法的有关规定确定管辖。

商标民事纠纷第一审案件，由中级以上人民法院管辖。

各高级人民法院根据本辖区的实际情况，经最高人民法院批准，可以在较大城市确定1~2个基层人民法院受理第一审商标民事纠纷案件。

第三条 商标注册人或者利害关系人向工商行政管理部门就侵犯商标专用权行为请求处理，又向人民法院提起侵犯商标专用权诉讼请求损害赔偿的，人民法院应当受理。

第四条 商标评审委员会在商标法修改决定施行前受理的案件，于该决定施行后作出复审决定或裁定，当事人对复审决定或裁定不服向人民法院起诉的，人民法院应当受理。

第五条 除本解释另行规定外，对商标法修改决定施行前发生，属于修改后商标法第四条、第五条、第八条、第九条第一款、第十条第一款第（二）、（三）、（四）项、第十条第二款、第十一条、第十二条、第十三条、第十五条、第十六条、第二十四条、第二十五条、第三十一条所列举的情形，商标评审委员会于商标法修改决定施行后作出复审决定或者裁定，当事人不服向人民法院起诉的行政案件，适用修改后商标法的相应规定进行审查；属于其他情形的，适用修改前商标法的相应规定进行审查。

第六条 当事人就商标法修改决定施行时已满1年的注册商标发生争议，不服商标评审委员会作出的裁定向人民法院起诉的，适用修改前商标法第二十七条第二款规定的提出申请的期限处理；商标法修改决定施行时商标注册不满1年的，适用修改后商标法第四十一条第二款、第三款规定的提出申请的期限处理。

第七条 对商标法修改决定施行前发生的侵犯商标专用权行为，商标注册人或者利害关系人于该决定施行后在起诉前向人民法院提出申请采取责令停止侵权行为或者保全证据措施的，适用修改后商标法第五十七条、第五十八条的规定。

第八条 对商标法修改决定施行前发生的侵犯商标专用权行为起诉的案件，人民法院于该决定施行时尚未作出生效判决的，参照修改后商标法第五十六条的规定处理。

第九条 除本解释另行规定外，商标法修改决定施行后人民法院受理的商标民事纠纷案件，涉及该决定施行前发生的民事行为的，适用修改前商标法的规定；涉及该决定施行后发生的民事行为的，适用修改后商标法的规定；涉及该决定施行前发生，持续到该决定施行后的民事行为的，分别适用修改前、后商标法的规定。

第十条 人民法院受理的侵犯商标专用权纠纷案件，已经过工商行政管理部门处理的，人民法院仍应当就当事人民事争议的事实进行审查。

解读《关于审理商标案件有关管辖和法律适用范围问题的解释》*

一、问题的提出

2001年10月27日，第九届全国人民代表大会常务委员会第二十四次会议通过了全国人民代表大会常务委员会《关于修改〈中华人民共和国商标法〉的决定》（以下简称《商标法修改决定》），该决定自2001年12月1日起施行。

《商标法修改决定》共四十七项，涉及立法目的、申请注册商标的主客体条件与注册种类、商标共同申请和权利共同享有、授予和撤销商标权行政程序的司法审查、驰名商标的特殊法律保护、诉讼前采取证据保全和停止有关行为的法律措施、侵权赔偿等诸多方面，内容十分丰富。《商标法修改决定》涉及人民法院审判工作的内容很多，有六项（第二十五条、第二十六条、第三十二条、第三十四条、第四十一条、第四十二条，分别为修改后的《商标法》第三十二条、第三十三条、第四十三条、第四十九条、第五十七条和第五十八条）涉及法院受理案件范围的拓宽，决定的其他内容绝大多数也都与法院审理案件时适用法律问题相关。由于2001年12月1日《商标法修改决定》正式施行，新旧法律适用衔接过渡中的一些问题摆到了最高人民法院面前，而最为急迫的问题是管辖和法律适用范围两大问题。最高人民法院经过认真调查研究，在征求地方法院、有关行政部门、研究机构及专家、研究人员意见的基础上，制定了《关于审理商标案件有关管辖和法律适用范围问题的解释》（以下简称本解释），以指导人民法院对相应问题的处理工作。

由于《商标法实施细则》尚未出台，本解释对有些问题，如确定申请日和优先权等问题有无复议或者复审程序等，尚未作出明确规定，内容不可能面面俱到。最高人民法院同时制定了《关于诉前停止侵犯注册商标专用权行为和保全证据适用法

---

* 撰稿人董天平、审稿人蒋志培：《解读〈关于审理商标案件有关管辖和法律适用范围问题的解释〉》，载陶凯元主编：《解读最高人民法院司法解释、指导性案例 知识产权卷》，人民法院出版社2016年版，第171～176页。

律问题的解释》，故本解释没有涉及它规定的内容。

二、理解与适用

（一）关于商标案件的收案范围问题

在《商标法》修改前，人民法院受理商标案件的类型虽然也比较明确，但并非绝无问题存在。如商标权权属纠纷是否属于人民法院民事诉讼收案范围，在一部分人甚至包括部分商标司法、执法人员中，就有不同的认识。《商标法》修改后，人民法院商标案件的收案范围扩大了，本解释对此予以明确，自有实践上的应用价值。在制定本解释的过程中，最高人民法院要考虑的问题主要包括如何依照法律的规定并结合商标案件级别管辖的规定，合理界定商标案件的收案范围，如何科学地进行案件类型的表述，排除虽涉及商标，但不宜作为商标案件提高级别管辖的一些民事纠纷，如商标设计合同费用纠纷等案件。本解释关于商标案件的收案范围问题的规定主要涉及：

1. 不服商标评审委员会复审决定或者裁定案件的受理问题

根据《商标法修改决定》的规定，2001 年 12 月 1 日以后商标评审委员会有权作出的四类复审决定或者裁定，当事人不服的，均可以向人民法院提起行政诉讼。这四类复审决定或者裁定是：关于维持商标局驳回商标注册申请、不予公告通知的复审决定（《商标法》第三十二条）；关于对初步审定、予以公告的商标提出异议作出的复审裁定（《商标法》第三十三条）；关于对注册商标争议作出的裁定（《商标法》第四十三条）；关于对商标局撤销商标权决定的复审决定（《商标法》第四十九条）。

以往行政案件的案由，习惯上按照被告性质确定。因此，本解释没有按照上述四类具体行为来确定案由，而是以被告是行政机关来确定案由。商标评审委员会虽然隶属于国务院工商行政管理部门，但该委员会是依法独立行使有关权力的机关，其职责不同于一般的工商行政管理部门。因此，本解释对商标行政案件中被告是商标评审委员会的案件作为一类案件予以明确。此外，对商标评审委员会 2001 年 12 月 1 日以后就该日以前受理的案件所作出的复审决定或者裁定，本解释第四条规定应当受理。这样前后衔接下来，就解决了人民法院受理以商标评审委员会为被告的案件的收案问题。需要注意的是，人民法院受理以商标评审委员会为被告的案件，应当依据作出决定的日期是 2001 年 12 月 1 日（含当日）以后，而不能以行政行为相对人收到决定的日期来确定。

2. 关于不服工商行政管理部门作出的有关商标的具体行政行为案件的受理问题

这一项规定涉及的具体行为有多种，包括国家工商行政管理总局及其商标局作出的具体行政行为和地方工商行政管理局作出的具体行政行为。实践中，这些具体行政行为主要是指工商行政管理部门对商标侵权行为的查处行为，当然也有其他的涉及商标的限制、指令等具体行政行为。本解释中提出的“有关商标的具体行政行为”的概念非常宽，涵盖了各类与商标有关的行为和各级工商行政管理部门的具体行政行为。需要指出的是，国家工商行政管理总局商标局在审查处理注册商标的申请、续展、权利转让等事务中作出的一些具体行政行为，修改后的《商标法》未明确规定属于商标评审委员会复审的范围，也未明确规定行政复议的程序及行政复议决定为最终裁决，故以商标局为被告的案件很有可能发生，本解释并未将这类案件排除在法院管辖之外。

3. 关于诉前申请采取有关措施案件的受理问题

诉前申请停止侵犯商标专用权案件、采取财产保全措施案件、采取证据保全措施案件，分别具有独立的意义，在本解释中分别单独作为一类案件进行分类，这与《专利法》的司法解释中所划分案件的类型有所不同。这三类措施，都与侵权行为的发生有关，但是由于尚未进入诉讼阶段，属于单方申请事项，故不能作为商标侵权纠纷案件考虑；如果将这三类措施总和作为一类案件列项，不明确申请采取的措施的性质，也就不能明确不同措施的不同法律意义和后果，从而在适用法律、有针对性地进行科学研究和司法统计等方面产生混乱。对这些申请，在人民法院采取有关措施后，申请人于法定期限内不起诉时，人民法院应当解除该措施，诉讼案件不会发生，因而从司法实践看，将诉前申请采取措施案件分别列项有其实际需要；即使申请人于法定期限内起诉，也不能排除就该申请已经发生或者将要发生的复议等情形，最终也可能导致解除该措施。因此，诉前申请措施案件，与随后发生（可能发生）的诉讼案件虽然有逻辑上的联系，但其独立意义仍然是非常明显的。

4. 关于对同一侵犯商标专用权行为，工商行政管理部门与法院可否同时立案受理的问题

《商标法修改决定》第三十七项（《商标法》第五十三条）规定，对侵犯商标专用权的案件，工商行政管理部门在查处中可以根据当事人的请求对赔偿数额进行调解；调解不成的，当事人可以向人民法院起诉。根据这一规定，工商行政管理部门的调解，不是必经程序，当事人完全可以在请求工商行政管理部门查处侵权的同时，向人民法院提起侵权诉讼，请求赔偿损失。因此，以商标民事侵权请求赔偿为

由向法院起诉的，无论工商行政管理部门就该侵权行为是否已经立案，人民法院均应予以受理。本解释对此予以明确。

（二）关于案件管辖问题

1. 关于商标授权程序司法审查案件的管辖

根据《行政诉讼法》的规定，商标授权程序司法审查案件，应当由商标评审委员会所在地的北京市相应的中级人民法院管辖。本解释在征求北京市高级人民法院和第一、第二中级人民法院意见的基础上，提出由“北京市高级人民法院根据最高人民法院的授权确定其辖区内的有关中级人民法院”管辖以商标评审委员会为被告案件的意见。这样将案件的管辖问题确定下来，既符合法律的规定，又符合实际要求，也为将来确定受理这类案件的法院留有一定的灵活性，有利于北京市法院系统根据实际情况，优化配置审判资源。

2. 商标民事案件的管辖问题

以往商标民事案件的管辖完全按照《民事诉讼法》的规定确定，最高人民法院没有作出特别规定。经过对近十年来商标民事案件情况和特点进行调研分析，可以看出商标民事案件的以下特点：一是案件数量很少，增长缓慢。由于不同地区的法院、不同级别的法院都有权受理商标案件，案件分散，难以积累审判经验，形成有效的审判原则和方法。二是简单的案件很少。到法院进行诉讼的商标案件，绝大多数都是控辩双方对抗比较激烈、案情复杂、处理难度较大的案件。简单的案件，当事人往往请求工商行政管理部门直接处理。根据商标案件的上述特点，再考虑到修改决定施行后有不少商标民事纠纷案件可能涉及对驰名商标的认定和保护问题，社会影响将会很大，不少高级人民法院，如北京、上海、江苏、广东、江西、福建等高级人民法院已经明确由中级以上的人民法院审理知识产权案件，实际效果很好，为保证统一商标司法标准，积累审判经验，妥善保护商标专用权人和其他当事人的合法权益，本解释规定商标民事案件由中级以上人民法院作为第一审法院。考虑到像北京市海淀区、朝阳区，上海市黄浦区、浦东新区等基层人民法院近年来审理了一定的商标案件，也积累了一定的经验，本解释对这种情况作了一定的保留，即授权高级人民法院有权指定少量基层人民法院审理商标案件。

需要指出的是，最高人民法院制定的本解释，具有法律的权威性，各地方人民法院必须严格执行。基层人民法院未经最高人民法院批准，不得再受理商标民事纠纷案件，各中级人民法院也不得将应当由自己审理的商标民事纠纷案件指定由下级基层人民法院审理，否则，属于违反法定程序。

（三）关于对商标评审委员会复审决定或者裁定的司法审查问题

《商标法》修改前后涉及对商标评审委员会复审决定或者裁定的司法审查的条文，在以下几方面存在比较明显的差别：

1. 申请注册商标的条件多数放宽，如第四条，第五条，第八条，第十条第一款第（一）、（二）、（三）项、第二款，第十一条第二款等。

2. 对部分申请商标注册的情形作了限制规定，如第九条第一款、第十二条、第十三条、第十五条、第十六条、第三十一条等，这些限制本质上也是保护社会公共利益或者他人合法利益所作出的新规定。

3. 明确给予申请人新的权利，如第二十四条、第二十五条等。

上述三方面的条文，是商标评审委员会在注册商标的申请、异议、争议、撤销等程序中直接适用的实体法律规定，其中第1、3方面的情形，是对申请人更加有利的规定；第2方面的情形，或者有利于驰名商标、有影响的商标，或者有利于一般公众利益。在《商标法修改决定》生效时，由于申请人或者请求人的申请或请求仍然处于审查阶段，其是否符合法律的规定，当然应当适用已经生效的法律规定来判断。如果仍然按照原法的规定处理，则一来在实体上使《商标法修改决定》的适用趋于不确定的地位；二来对当事人申请或者请求的驳回，不会产生最终结局，实际上当事人仍然可以重新提出申请或者请求，还是要按照修改后的《商标法》重新审查，浪费了程序资源。因此，不服商标评审委员会决定或裁定，于《商标法修改决定》生效后起诉到人民法院的，应当按照新规定进行司法审查。对此，最高人民法院与国家工商行政管理总局商标局、商标评审委员会取得了一致认识。

对商标评审委员会复审决定或者裁定不服起诉到人民法院的案件，根据本解释的规定，应当由北京市相应中级人民法院受理。因此，国务院工商行政管理部门商标局、商标评审委员会和北京市的相应中级人民法院、高级人民法院与这一问题关系最为密切，这类案件主要发生在这些行政、司法机关。其他案件，无论涉及民事行为、具体行政行为还是行政行为相对人的行为，根据《立法法》不溯及既往的原则，分别根据行为发生、延续的时间适用当时的实体法律规定。本解释第五条的其他内容和第九条的内容就是由此而来。

（四）关于修改后的《商标法》第四十一条第二款、第三款有关提出注册商标争议的期限规定的适用问题

根据修改前《商标法》第二十七条第二款的规定，对注册商标争议提出申请裁定的期限为自商标注册之日起一年（对属于禁止作商标使用的标志提出争议申请的

没有期限限制）。而在修改后的《商标法》第四十一条第二款、第三款的规定中，上述期限延长为五年。

《商标法修改决定》施行前商标注册未满一年的，适用修改后的《商标法》的规定，这一点没有分歧。分歧在于已满一年的，则根据原《商标法》的规定，他人申请注册商标争议裁定的权利已经丧失，在《商标法修改决定》施行后，其申请的权利是否恢复？如果对这类情形适用修改后的法律，是否会给商标权人造成不公平的损害？

有的同志认为，《商标法》第四十一条第三款，仅是期限的延长，争议的实质内容没有变化，此修改虽然使商标注册人的已注册商标被提出争议而撤销的风险加大，但也延长了此类注册人对近似于自己的商标提出争议的期限，利弊各半。在法律已经修改的情况下，适用修改后的法律，应当无不良后果。

但多数人认为，修改后的《商标法》给予申请争议裁定期限的延长，考虑的主要是商标注册人与他人利益的重新配置和平衡问题，其意义在于：商标被申请争议裁定而撤销的风险加大，商标注册人的利益缩小；他人（包括在先注册近似商标的在先权利人）的利益因此扩大。

无论怎样适用法律，都会对部分人有利，对部分人不利。我们现在解决的是法律过渡期间存在的矛盾，需要注意维护商品服务市场的正常秩序，平稳过渡，避免发生混乱。如果按第一种意见去做，可能会对法律修改以前注册超过一年的一批商标的稳定性造成不公平的损害，还可能会给已经在市场上使用这些注册商标稳定地提供商品和服务，又为消费者认可的经营者造成不公平的损失，平衡下来，弊大于利。对于那些确实危害了他人在先权利的注册商标，可以从商标使用环节上予以限制、制止，这样做也不存在于法无据的问题。因此，本解释采纳了这种意见。

（五）关于修改后的《商标法》第五十六条的适用问题

修改后的《商标法》第五十六条是关于损害赔偿问题的规定。在保留原《商标法》有关规定的基础上，该条新增加了三项内容：一是将被侵权人为制止侵权行为所支付的合理开支作为损失计算；二是对难以查明侵权人获利或者被侵权人损失的，规定由法院根据侵权行为的情节判决给予五十万元以下的赔偿，即法定赔偿；三是对销售不知道是侵权商品，又能够证明其商品是合法取得且能说明提供者的，规定不承担赔偿责任。

这一条规定，较以往《商标法》有关赔偿问题的规定更加明确、细致，具有很强的实用性和可操作性。以往人民法院对商标侵权行为的处理，除按照法律规定外，也考虑了多种方法，其中定额赔偿就是一种方法，最高人民法院的有关文件中对此也给予了肯定。但是，当时的做法都只是一种变通做法，在《民法通则》和民法理论上虽然有所依托，但毕竟在法律依据方面有不足，修改后的《商标法》解决了这方面的一些难题。这一条规定是解决当事人争议方面的法律条文，又符合《立法法》规定适用的情形，故本解释规定对《商标法修改决定》施行前的行为，法院在《商标法修改决定》施行后作出判决的，可以直接适用该条规定。

最高人民法院
关于诉前停止侵犯注册商标专用权行为和保全证据适用法律问题的解释

法释〔2002〕2号

（2001年12月25日最高人民法院审判委员会第1203次会议通过 2002年1月9日最高人民法院公告公布 自2002年1月22日起施行）

为切实保护商标注册人和利害关系人的合法权益，根据《中华人民共和国民法通则》《中华人民共和国商标法》（以下简称商标法）、《中华人民共和国民事诉讼法》（以下简称民事诉讼法）的有关规定，现就有关诉前停止侵犯注册商标专用权行为和保全证据适用法律问题解释如下：

第一条 根据商标法第五十七条、第五十八条的规定，商标注册人或者利害关系人可以向人民法院提出诉前责令停止侵犯注册商标专用权行为或者保全证据的申请。

提出申请的利害关系人，包括商标使用许可合同的被许可人、注册商标财产权利的合法继承人。注册商标使用许可合同被许可人中，独占使用许可合同的被许可人可以单独向人民法院提出申请；排他使用许可合同的被许可人在商标注册人不申请的情况下，可以提出申请。

第二条 诉前责令停止侵犯注册商标专用权行为或者保全证据的申请，应当向侵权行为地或者被申请人住所地对商标案件有管辖权的人民法院提出。

第三条 商标注册人或者利害关系人向人民法院提出诉前停止侵犯注册商标专用权行为的申请，应当递交书面申请状。申请状应当载明：

（一）当事人及其基本情况；

（二）申请的具体内容、范围；

（三）申请的理由，包括有关行为如不及时制止，将会使商标注册人或者利害关系人的合法权益受到难以弥补的损害的具体说明。

商标注册人或者利害关系人向人民法院提出诉前保全证据的申请，应当递交书面申请状。申请状应当载明：

（一）当事人及其基本情况；

（二）申请保全证据的具体内容、范围、所在地点；

（三）请求保全的证据能够证明的对象；

（四）申请的理由，包括证据可能灭失或者以后难以取得，且当事人及其诉讼代理人因客观原因不能自行收集的具体说明。

第四条 申请人提出诉前停止侵犯注册商标专用权行为的申请时，应当提交下列证据：

（一）商标注册人应当提交商标注册证，利害关系人应当提交商标使用许可合同、在商标局备案的材料及商标注册证复印件；排他使用许可合同的被许可人单独提出申请的，应当提交商标注册人放弃申请的证据材料；注册商标财产权利的继承人应当提交已经继承或者正在继承的证据材料。

（二）证明被申请人正在实施或者即将实施侵犯注册商标专用权的行为的证据，包括被控侵权商品。

第五条 人民法院作出诉前停止侵犯注册商标专用权行为或者保全证据的裁定事项，应当限于商标注册人或者利害关系人申请的范围。

第六条 申请人提出诉前停止侵犯注册商标专用权行为的申请时应当提供担保。

申请人申请诉前保全证据可能涉及被申请人财产损失的，人民法院可以责令申请人提供相应的担保。

申请人提供保证、抵押等形式的担保合理、有效的，人民法院应当准许。

申请人不提供担保的，驳回申请。

人民法院确定担保的范围时，应当考虑责令停止有关行为所涉及的商品销售收益，以及合理的仓储、保管等费用，停止有关行为可能造成的合理损失等。

第七条 在执行停止有关行为裁定过程中，被申请人可能因采取该项措施造成更大损失的，人民法院可以责令申请人追加相应的担保。申请人不追加担保的，可以解除有关停止措施。

第八条 停止侵犯注册商标专用权行为裁定所采取的措施，不因被申请人提供担保而解除，但申请人同意的除外。

第九条 人民法院接受商标注册人或者利害关系人提出责令停止侵犯注册商标专用权行为的申请后，经审查符合本规定第四条的，应当在四十八小时内作出书面裁定；裁定责令被申请人停止侵犯注册商标专用权行为的，应当立即开始执行。

人民法院作出诉前责令停止有关行为的裁定，应当及时通知被申请人，至迟不得超过五日。

第十条 当事人对诉前责令停止侵犯注册商标专用权行为裁定不服的，可以在收到裁定之日起十日内申请复议一次。复议期间不停止裁定的执行。

第十一条 人民法院对当事人提出的复议申请应当从以下方面进行审查：

（一）被申请人正在实施或者即将实施的行为是否侵犯注册商标专用权；

（二）不采取有关措施，是否会给申请人合法权益造成难以弥补的损害；

（三）申请人提供担保的情况；

（四）责令被申请人停止有关行为是否损害社会公共利益。

第十二条 商标注册人或者利害关系人在人民法院采取停止有关行为或者保全证据的措施后十五日内不起诉的，人民法院应当解除裁定采取的措施。

第十三条 申请人不起诉或者申请错误造成被申请人损失的，被申请人可以向有管辖权的人民法院起诉请求申请人赔偿，也可以在商标注册人或者利害关系人提起的侵犯注册商标专用权的诉讼中提出损害赔偿请求，人民法院可以一并处理。

第十四条 停止侵犯注册商标专用权行为裁定的效力，一般应维持到终审法律文书生效时止。

人民法院也可以根据案情，确定停止有关行为的具体期限；期限届满时，根据当事人的请求及追加担保的情况，可以作出继续停止有关行为的裁定。

第十五条 被申请人违反人民法院责令停止侵犯注册商标专用权行为或者保全证据裁定的，依照民事诉讼法第一百零二条规定处理。

第十六条 商标注册人或者利害关系人向人民法院提起商标侵权诉讼时或者诉讼中，提出先行停止侵犯注册商标专用权请求的，人民法院可以先行作出裁定。前款规定涉及的有关申请、证据提交、担保的确定、裁定的执行和复议等事项，参照本司法解释有关规定办理。

第十七条 诉前停止侵犯注册商标专用权行为和保全证据的案件，申请人应当按照《人民法院诉讼收费办法》及其补充规定缴纳费用。

解读《关于诉前停止侵犯注册商标专用权行为和保全证据适用法律问题的解释》*

一、问题的提出

2001年10月27日，第九届全国人民代表大会常务委员会第二十四次会议通过了全国人民代表大会常务委员会《关于修改〈中华人民共和国商标法〉的决定》，对《商标法》进行了第二次修正。这是《商标法》继1993年第一次修改后的再次修改，以更加适应改革开放的进一步发展和我国加入世界贸易组织的需要。新修订的《商标法》已于2001年12月1日起施行。这次《商标法》的修改，涉及受法律保护的商标权客体、商标专用权内容的扩充、驰名商标的认定及其标准、商标注册的司法审查、加大对注册商标专用权的保护力度等一系列重要内容，涉及条款共计四十七条，其中新增条款多达二十三条。

由于我国现行法律中缺乏实施诉前临时禁令和诉前保全证据措施的具体规定，同时包括TRIPs协议在内的世界贸易组织有关规则又不能直接适用于人民法院司法审判，因此，需要根据修改后的《商标法》的具体规定，结合审判实践需要，在吸收借鉴TRIPs协议有关内容的基础上，制定出标准明确、具有可操作性的司法解释，以便各地人民法院在审判实践中正确执行。2002年1月9日，最高人民法院公布了《关于诉前停止侵犯注册商标专用权行为和保全证据适用法律问题的解释》（以下简称本解释），对如何实施诉前临时禁令和保全证据的具体措施作出了规定。

---

* 撰稿人段立红、审稿人罗东川：《解读〈关于诉前停止侵犯注册商标专用权行为和保全证据适用法律问题的解释〉》，载陶凯元主编：《解读最高人民法院司法解释、指导性案例 知识产权卷》，人民法院出版社2016年版，第179～187页。

二、理解与适用

（一）有关临时禁令的背景情况

知识产权诉讼中的禁令从发布的时间上，可以划分为永久禁令（最终禁令）与临时禁令（中间禁令）。永久禁令最终判断诉讼的结果谁胜谁负，如果侵权构成则由侵权方承担停止侵权行为的民事责任。这是知识产权侵权诉讼中普遍适用的救济措施。临时禁令是知识产权权利人在其权利受到侵害时寻求的临时救济，在各国知识产权法律体系中均占有重要地位。诉前停止侵犯知识产权行为的措施，在英美法和大陆法中称为临时禁令或者中间禁令，其目的在于在诉讼的开始阶段就可以及时有效地制止侵权行为，抑或是保全侵权证据，为权利人在将来的诉讼中赢得有利地位。相对于其他救济手段，如赔偿损失，责令侵权人停止侵权行为的禁令（不论是临时禁令还是永久禁令），往往是知识产权权利人所希望获得的最有效的救济手段。

TRIPs 协议第五十条规定，如果认为适当，司法当局应有权在开庭前依照一方当事人的请求，采取临时措施，尤其是在一旦有任何迟误则很可能给权利人造成不可弥补的损害的情况下，或者在有关证据显然有被销毁的危险的情况下。司法当局应有权要求临时措施之请求的申请人提供任何可以合法获得的证据，以使该当局自己即足以确认该申请人系权利持有人，确认其权利正在被侵犯或侵权活动发生在即。

临时禁令被形象地称为战略伐谋。知识产权权利人申请临时禁令一旦获得成功，不仅可以及时制止侵权行为，保全对方财产和财务账册，使其在商业活动中运作不便，影响其商业声誉，而且可以获得诉讼中的优势地位，迫使对方投降，从而省去烦琐的诉讼。

过去，有观点认为，中国的实体法和程序法中缺乏类似国外临时禁令制度的规定，从而对中国知识产权司法保护力度颇有微词。实际上，根据我国法律规定，不仅判决停止侵权行为这样的永久禁令已有规定，而且当事人在提起侵权诉讼后申请先行裁定停止侵害的，人民法院也可以依法作出裁决。《民法通则》第一百三十四条规定了承担民事责任的方式有停止侵害、排除妨碍、消除危险、赔偿损失，等等。法院终审判决要求侵权人承担停止侵害的民事责任就属于永久禁令。《最高人民法院关于贯彻执行〈中华人民共和国民法通则〉若干问题的意见（试行）》第一百六十二条第一款规定，在诉讼中遇有需要停止侵害、排除妨碍、消除危险的情况时，人民法院可以根据当事人的申请或者依职权先行作出裁定。另外，自 2001 年 7

月1日起施行的《专利法》第六十一条规定了专利权人或者利害关系人在符合法律规定的条件下，可以在起诉前向人民法院申请责令停止侵犯专利权行为。这些在诉讼中或者诉前作出的要求侵权人停止侵害的裁定，即属于临时禁令。

新修改的《商标法》规定商标注册人或者利害关系人可以在诉前申请人民法院责令被申请人停止侵权行为和保全证据，为权利人通过民事诉讼程序及时有效地制止侵权行为提供了法律依据。

《商标法》第五十七条规定，商标注册人或者利害关系人有证据证明他人正在实施或者即将实施侵犯其注册商标专用权的行为，如不及时制止，将会使其合法权益受到难以弥补的损害的，可以在起诉前向人民法院申请采取责令停止有关行为和财产保全的措施。人民法院处理前款申请，适用《民事诉讼法》第九十三条至第九十六条和第九十九条的规定。《商标法》第五十八条规定，为制止侵权行为，在证据可能灭失或者以后难以取得的情况下，商标注册人或者利害关系人可以在诉前向人民法院申请保全证据。人民法院接受申请后，必须在四十八小时内作出裁定；裁定采取保全措施的，应当立即开始执行。人民法院可以责令申请人提供担保，申请人不提供担保的，驳回申请。申请人在人民法院采取保全措施后十五日内不起诉的，人民法院应当解除保全措施。

《商标法》的上述规定，与2001年7月1日起实施的《专利法》关于诉前临时禁令的规定相一致，并且增加了诉前保全证据的规定，丰富和完善了我国知识产权法律保护体系。

（二）申请临时禁令的条件

1. 利害关系人的范围

《商标法》第五十七条规定，商标注册人或者利害关系人可以在起诉前向人民法院申请采取责令停止有关行为和财产保全的措施。这里所说的申请人应当与商标侵权诉讼中原告的诉讼主体资格相一致。

修改前的《商标法》在对注册商标专用权的保护一章中，仅仅规定了被侵权人有权请求工商管理部门处理侵权行为和向人民法院起诉，而没有像《专利法》那样规定专利权人和利害关系人都享有诉权。如何确定知识产权侵权诉讼的利害关系人，属于人民法院依照《民事诉讼法》第一百零八条规定的审查“原告是与本案有直接利害关系的公民、法人和其他组织”的范畴。

有关商标侵权诉讼利害关系人范围的问题，最早见于最高人民法院1994年12月3日《关于西施兰注册商标侵权纠纷案有关问题请求的批复》。该批复对商标注册人以外的利害关系人是否有权提起商标侵权诉讼的问题作出了明确答复，并经审判委员会讨论通过，具有司法解释的法律效力。“西施兰”注册商标侵权纠纷案中，商标注册人与使用人签订了独占使用许可合同，并报商标局备案，该合同合法有效。所谓独占使用许可合同，是指在合同约定的时间和地域范围内，被许可人依据合同约定取得了“西施兰”注册商标的独占使用权，有权禁止包括许可人（商标注册人）在内的任何人使用该注册商标。最高人民法院的批复认为，在上述情况下，发生侵犯注册商标专用权的行为，直接受到侵害的是商标使用许可合同被许可人的权益。根据《商标法》及其实施细则关于保护注册商标专用权以及《民事诉讼法》关于起诉条件的有关规定，西施兰联合企业有限公司（被许可人）依据其享有的独占使用权，可以和商标注册人作为共同原告向人民法院起诉，也可以单独起诉。1998 年 7 月 20 日，最高人民法院发布了《全国部分法院知识产权审判工作座谈会纪要》（以下简称纪要），作为全国法院知识产权审判工作的指导性文件。纪要第一次明确了知识产权利害关系人的概念，即知识产权民事纠纷案件的起诉人，可以是合同当事人、权利人和利害关系人。利害关系人包括独占、排他许可合同的被许可人、依照法律规定已经继承或者正在发生继承的知识产权财产权利的继承人等。

上述司法解释和指导性文件规定了商标侵权案件中利害关系人的基本范围。本次修订的《商标法》在“注册商标专用权的保护”一章第五十三条、第五十七条、第五十八条中明确规定了利害关系人享有诉讼权利，即向人民法院提起侵权诉讼、向人民法院申请诉前停止侵犯注册商标专用权行为和保全证据。本解释第一条又进一步明确了利害关系人的范围和在申请诉前临时禁令案件中的法律地位，规定提出申请的利害关系人，包括商标使用许可合同的被许可人、注册商标财产权利的合法继承人。注册商标使用许可合同被许可人中，独占使用许可合同的被许可人可以单独提出申请；排他使用许可合同的被许可人在商标注册人不申请的情况下，可以提出申请。

2. 案件管辖

本解释第二条规定，诉前责令停止侵犯注册商标专用权行为或者保全证据的申请，应当向侵权行为地或者被申请人住所地对商标案件有管辖权的人民法院提出。过去，法律、司法解释没有对商标案件的级别管辖作过特别规定，与其他民商事纠纷一样，商标侵权纠纷案件依据争议的金额确定级别管辖。全国范围内数量不多的商标侵权案件分散在各个地方法院，甚至有的基层法院也受理商标案件。2002 年 1 月发布的《最高人民法院关于审理商标案件有关管辖和法律适用范围问题的解释》第二条规定，商标民事纠纷第一审案件，由中级以上人民法院管辖。各高级人民法院根据本辖区内的实际情况，经最高人民法院批准，可以在较大城市确定1~2个基层人民法院受理第一审商标民事纠纷案件。

诉前停止侵犯注册商标专用权案件与其他商标侵权案件在实体审理中存在许多共性问题，例如，判断被申请人的行为是否构成侵权、被申请人停止有关行为是否损害社会公共利益等，其案件复杂程度不亚于审理一件商标侵权案件。因此，本解释第二条规定，诉前责令停止侵犯注册商标专用权行为或者保全证据的申请，应当向侵权行为地或者被申请人住所地对商标案件有管辖权的人民法院提出。根据上述规定，申请人提出诉前临时禁令的申请，既要符合商标案件级别管辖的规定，又要符合《民事诉讼法》关于侵权纠纷地域管辖的规定。

3. 申请的形式要件

本解释第三条第一款规定，商标注册人或者利害关系人向人民法院提出诉前停止侵犯注册商标专用权行为的申请，应当递交书面申请状。申请状应当载明：（1）当事人及其基本情况；（2）申请的具体内容、范围；（3）申请的理由，包括有关行为如不及时制止，将会使商标注册人或者利害关系人的合法权益受到难以弥补的损害的具体说明。

由于人民法院作出责令停止侵权行为的裁定是在当事人向人民法院起诉之前，为确保裁定的正确执行，申请人有义务提供被申请人的姓名或者名称、住址，以方便人民法院审查其申请和执行裁定确定的法律责任。人民法院裁定被申请人停止侵权行为，不论是停止销售侵权商品还是停止使用注册商标，都会直接影响到被申请人的经济利益，还可能由于申请人的申请错误给被申请人造成损失，因此，人民法院裁定停止侵权行为的范围，将严格限定在申请人请求的范围内。《商标法》第五十七条规定，诉前责令停止侵权行为的裁定是在“如不及时制止，将会使其合法权益受到难以弥补的损害的”情况下作出，因此，申请人有义务提供有关“难以弥补的损害”的证据。鉴于在很多情况下，申请人提供证据证明“难以弥补的损害”已经实际发生有一定困难，特别是针对尚未实际发生的即发侵权行为，要求申请人提供证明“难以弥补的损害”的证明就显得过于苛刻，因此，本解释只要求申请人对具体情况作出说明即可，同时申请人也可以提交任何能够证明“难以弥补的损害”已经发生或者可能发生的证据。

本解释第四条规定了申请人在向人民法院申请临时禁令时，应当提交两方面证据，即证明其享有诉讼权利的证据和证明侵权行为正在实施或者即将实施的证据。关于证明申请人享有诉讼权利的证据包括：商标注册人应当提交商标注册证，利害关系人应当提交商标使用许可合同、在商标局备案的材料及商标注册证复印件；排他使用许可合同的被许可人单独提出申请的，还应当提交商标注册人放弃申请的证据材料。

注册商标专用权与专利权相比较，权利状态具有较强的稳定性，因此，与最高人民法院《关于对诉前停止侵犯专利权适用法律问题的若干规定》的要求不同，商标注册证（被许可人提交的商标注册证复印件）即是证明涉诉商标权利真实有效的证据。

与其他类型的知识产权权利不同，商标专用权的特点之一是，只要注册人在法律规定的续展、宽展期间内提出续展申请，经商标局核准，其商标专用权可以继续维持有效。在实践中，从商标注册人提出续展申请到商标局核准其申请需要一段时间。如果在注册商标有效期满后，续展申请被核准前，商标注册人或者利害关系人向人民法院申请诉前临时禁令或者保全证据，并提交了商标续展申请以及商标局受理该申请的文件的，人民法院应当予以受理，并依照本解释的规定，作出是否给予临时禁令的裁决。

（三）复议审查的标准

诉前临时禁令的特点是及时、快捷、有效地制止侵权行为，因此，临时禁令的裁定一经作出，应当立即开始执行。为了保证这项措施不被滥用，本解释规定了对临时禁令裁定的复议程序和审查标准。

由于临时禁令可应申请人的单方请求而采取，因此，在禁令申请和作出阶段，多数情况下，人民法院可以依据申请人单方提供的证据和事实作出判断，而在复议程序中，被申请人则有权针对是否构成侵权、不停止有关行为是否会造成难以弥补的损害进行抗辩。TRIPs 协议规定，应当为被告提供请求复审的权利，另外，从法律的正当程序角度考虑，为双方当事人提供对争议的焦点问题进行抗辩的复议程序也是非常必要的。

本解释第十一条规定，人民法院对当事人提出的复议申请应当从以下方面进行审查：（1）被申请人正在实施或者即将实施的行为是否侵犯注册商标专用权；（2）不采取有关措施，是否会给申请人合法权益造成难以弥补的损害；（3）申请人提供担保的情况；（4）责令被申请人停止有关行为是否损害社会公共利益。

我国《商标法》第五十二条列举了“未经商标注册人的许可，在同一种的商品或者类似商品上使用与其注册商标相同或者近似的商标的”等五种行为是侵犯注册商标专用权行为。判断注册商标与被控侵权商标是否近似、使用商标的商品是否类似仍然是审判实践中的难题。

关于是否准予临时禁令的第二个审查要点是“不采取有关措施，是否会给申请人合法权益造成难以弥补的损害”。TRIPs 协议第五十条将“任何迟误则可能给权利人造成不可弥补的损害”作为实施临时禁令的条件之一。

建立临时禁令法律制度的目的在于为知识产权权利人在遭遇侵权时提供初步救济，这对权利人来说是极为重要的。从诉讼开始到争议的最终解决期间，被控侵权人的行为可能给知识产权权利人造成重大损失，如销售和利润的减少、对商业信誉的损害以及对信息的其他利用造成的损失，侵权可能使得金钱赔偿成为不适当的补救措施。[①] 作为商标注册人，创一个品牌难，保住这个品牌更难。“山西假酒案”使得整个地区的白酒行业从此一蹶不振；著名的“派克”笔权利人由于肆虐的侵权行为被迫转让其在中国注册的商标，最终彻底放弃中国市场。在中国投资的跨国公司非常重视保护自身知识产权，遇有侵权行为发生，他们大多依赖行政执法手段查处侵权，或者要求对侵权人追究刑事责任，而很少通过民事诉讼获得救济。分析其中原因，虽有缴纳诉讼费、赔偿数额少、审理周期长等因素，但是，民事救济途径不能提供及时、有效的制止侵权行为的救济手段是重要原因，等待终审判决后侵权人停止侵权行为，这期间给权利人造成的损失可能是这个品牌的良好信誉的毁损，也可能是多年经营的整个市场销售渠道的丧失，这些损失是无法用金钱赔偿所能弥补的。

对当事人提出的复议申请进行审查的第三个方面是申请人提供担保的情况。TRIPs协议第五十条第（三）项规定，司法当局应有权要求临时措施之请求人提供任何可以合法获得的证据，以使该当局足以确认该申请人系权利持有人，确认其权利正在被侵犯或侵权活动发生在即，该当局还应有权责令申请人提供足以保护被告和防止申请人滥用权利的诉讼保证金，或提供与之相当的担保。

本解释第六条规定，申请人提出诉前停止侵犯注册商标专用权行为的申请时应当提供担保，目的在于防止商标注册人或者利害关系人滥用诉讼权利。关于申请人提供担保的具体数额，本解释第六条规定，应当考虑停止有关行为涉及的商品销售收益、合理的仓储、保管费用以及停止有关行为可能造成的合理损失等。与专利诉前临时禁令的审查标准略有不同，由于专利权权利状态不稳定，做技术特征对比也存在一定难度，法院在作出准予诉前临时禁令的裁定时应当特别慎重，要求申请人提供的担保范围包括停止有关行为所涉及产品的销售收入。[②] 注册商标具有较强的确定性，判断被控侵权的商标与注册商标是否相近似也比较直观，因此，本解释规定申请人提供担保的金额包括所涉及商品的“收益”。这里所说的收益，指所有商

① INTELLECTUAL PROPERTY READING MATERIAL，WIPO PUBLICATION，1998，second edition，P222.
② 《最高人民法院关于对诉前停止侵犯专利权行为适用法律问题的若干规定》第六条第三款。

品的销售利润，而不是指产品的销售收入，客观上减轻了申请人提供担保金额的负担。

对不服临时禁令裁定进行复议审查的第四个方面是“责令被申请人停止有关行为是否损害社会公共利益”。专利权、商标权经国家有权机关根据法律规定的条件对权利人的申请予以审查和批准，一经批准，权利人就享有在一定的期间独占地实施专利技术或者使用核准注册商标的权利。这种权利也被称为“独占权”。在是否授予专利权、商标专用权时，要考虑到划定权利人的独占权与公众可以自由使用公知技术或者商标标明其商品来源的权利。

审理侵犯注册商标专用权纠纷案件应当考虑公共利益因素，但是这里的“公共利益”与专利侵权纠纷案件中的“公共利益”略有不同。在判断是否构成侵犯专利权时，首先要确定专利的保护范围，明确哪些是受《专利法》保护的部分，是他人不得“进入”的范围，哪些属于公众可以自由利用的技术。美国联邦巡回上诉法院审理的 Sage Products，Inc. V. Devon Industries，Inc.[①]一案中，法院的判决对如何平衡专利权人与公共利益作出了精彩的阐述。判决认为，在专利审查中，专利权人有机会争取到宽泛的权利要求，但专利权人并没有这么做。相反，专利权人申请和获得了一个清楚地限定了的权利要求。而在侵权诉讼中，专利权人又试图依据等同物原则扩大其权利要求范围。专利权人未能得到对可预见的权利要求结构变更的保护，其代价应该由专利权人而并非公众承担。公众有权在明确的结构限制的基础上从事其业务活动。在审理侵犯商标专用权案件时，公共利益的因素与《专利法》中的稍有不同。商标的基本功能是区别商品的来源，商标权人可以阻止他人使用可能造成混淆的与之近似的商标，以防止相关消费者被误导。[②]因此，商标侵权诉讼中的公共利益，包括公众自由使用商标和消费者是否会被误导。某些情况下，公众使用与注册商标相同或者近似的文字、图形的行为不属于商标侵权行为，例如通过使用获得第二含义的商标核准注册后，他人对商品或者服务的质量、功能、用途等特点的善意的说明，以及对自己的名称或者地址的善意的使用或者说明，均不属于侵权行为。

（四）诉前证据保全

知识产权侵权诉讼中正确运用证据保全措施至关重要。德国资深专利法官介绍，临时禁令颁布以后，德国法院可以责令被告提供涉嫌侵权的证据材料和财务账册。多数情况下，案件即可由于被告承认侵权并与原告达成赔偿协议而和解。这种

① 126 F. 3d 1420，44U. S. P. Q. 2d 1130（Fed. Cir. 1997）.

② INTELLECTUAL PROPERTY READING MATERIAL，WIPO PUBLICATION，1998，second edition，P78.

临时禁令兼有证据保全的作用。

知识产权侵权诉讼涉及的证据种类繁多，内容复杂，权利人举证难度很大，特别是涉及各自商业秘密的技术数据、销售渠道和财务账册，权利人很难自行调查收集这些认定侵权成立和计算损失赔偿的关键证据。2002年4月1日起施行的《最高人民法院关于民事诉讼证据的若干规定》，其第十七条列举了当事人及其诉讼代理人可以申请人民法院调查收集证据的范围，即：(1) 申请调查收集的证据属于国家有关部门保存并须人民法院依职权调取的档案材料；(2) 涉及国家机密、商业秘密、个人隐私的材料；(3) 当事人及其诉讼代理人确因客观原因不能自行收集的其他材料。从上述规定可见，当事人及其代理人可以申请人民法院调查取证的范围还是十分有限的。在权利人自己调查取证存在困难的情况下，申请法院保全证据就成为最有效的手段。

《民事诉讼法》第七十四条规定，在证据可能灭失或者以后难以取得的情况下，诉讼参加人可以向人民法院申请保全证据，人民法院也可以主动采取保全措施。根据《民事诉讼法》的规定，保全证据的措施是当事人向法院提起民事诉讼之后才能执行，而在起诉前要求法院保全证据则没有法律依据。《商标法》第五十八条关于诉前证据保全的条款，突破了现行民事诉讼证据的有关规定，为知识产权权利人收集证据提供了有效途径。

根据《商标法》第五十八条的规定，商标注册人或者利害关系人向人民法院申请诉前保全证据也要符合一定条件，因此，本解释第三条第二款规定，提出诉前保全证据的申请，应当递交书面申请状。申请状应当载明：(1) 当事人及其基本情况；(2) 申请保全证据的具体内容、范围、所在地点；(3) 请求保全的证据能够证明的对象；(4) 申请的理由，包括证据可能灭失或者以后难以取得，且当事人及其诉讼代理人因客观原因不能自行收集的具体说明。

(五) 执行诉前临时禁令和保全证据应当注意的问题

2001年7月1日，新修改的《专利法》正式实施，同日，最高人民法院《关于对诉前停止侵犯专利权行为适用法律问题的若干规定》也开始施行。一年来，上海、南京等地法院陆续在一些案件中颁布了临时禁令，收到了很好的社会效果。

针对人民法院执行临时禁令时应当注意的问题，最高人民法院曹建明副院长在全国法院知识产权审判工作会议上指出：各级人民法院要积极慎重采取诉前停止侵犯专利权行为的措施。在适用停止有关行为的措施时，要注意专利侵权与假冒、盗版等侵犯商标权、著作权行为表现形式上的区别。假冒、盗版的行为一般比较明显，易于辨别认定。而专利侵权行为常常不易判断，需要对专利技术与被控侵权产品所使用的技术进行对比。同时在侵权情节与行为人的主观方面也有区别。由于侵犯专利权及其他知识产权案件本身具有的复杂性和专业性，人民法院在对侵犯专利权及其他知识产权案件进行证据保全时，要注意有熟悉知识产权审判业务的审判人员参加，以确保能把证明案件事实的关键证据保全下来，为案件的顺利审理打下坚实的证据基础。

最高人民法院
关于审理商标民事纠纷案件适用法律若干问题的解释

法释〔2002〕32 号

（2002 年 10 月 12 日最高人民法院审判委员会
第 1246 次会议通过　2002 年 10 月 12 日最高人民
法院公告公布　自 2002 年 10 月 16 日起施行）

为了正确审理商标纠纷案件，根据《中华人民共和国民法通则》《中华人民共和国合同法》《中华人民共和国商标法》《中华人民共和国民事诉讼法》等法律的规定，就适用法律若干问题解释如下：

第一条　下列行为属于商标法第五十二条第（五）项规定的给他人注册商标专用权造成其他损害的行为：

（一）将与他人注册商标相同或者相近似的文字作为企业的字号在相同或者类似商品上突出使用，容易使相关公众产生误认的；

（二）复制、摹仿、翻译他人注册的驰名商标或其主要部分在不相同或者不相类似商品上作为商标使用，误导公众，致使该驰名商标注册人的利益可能受到损害的；

（三）将与他人注册商标相同或者相近似的文字注册为域名，并且通过该域名进行相关商品交易的电子商务，容易使相关公众产生误认的。

第二条　依据商标法第十三条第一款的规定，复制、摹仿、翻译他人未在中国注册的驰名商标或其主要部分，在相同或者类似商品上作为商标使用，容易导致混淆的，应当承担停止侵害的民事法律责任。

第三条　商标法第四十条规定的商标使用许可包括以下三类：

（一）独占使用许可，是指商标注册人在约定的期间、地域和以约定的方式，将该注册商标仅许可一个被许可人使用，商标注册人依约定不得使用该注册商标；

（二）排他使用许可，是指商标注册人在约定的期间、地域和以约定的方式，将该注册商标仅许可一个被许可人使用，商标注册人依约定可以使用该注册商标但不得另行许可他人使用该注册商标；

（三）普通使用许可，是指商标注册人在约定的期间、地域和以约定的方式，许可他人使用其注册商标，并可自行使用该注册商标和许可他人使用其注册商标。

第四条 商标法第五十三条规定的利害关系人，包括注册商标使用许可合同的被许可人、注册商标财产权利的合法继承人等。

在发生注册商标专用权被侵害时，独占使用许可合同的被许可人可以向人民法院提起诉讼；排他使用许可合同的被许可人可以和商标注册人共同起诉，也可以在商标注册人不起诉的情况下，自行提起诉讼；普通使用许可合同的被许可人经商标注册人明确授权，可以提起诉讼。

第五条 商标注册人或者利害关系人在注册商标续展宽展期内提出续展申请，未获核准前，以他人侵犯其注册商标专用权提起诉讼的，人民法院应当受理。

第六条 因侵犯注册商标专用权行为提起的民事诉讼，由商标法第十三条、第五十二条所规定侵权行为的实施地、侵权商品的储藏地或者查封扣押地、被告住所地人民法院管辖。

前款规定的侵权商品的储藏地，是指大量或者经常性储存、隐匿侵权商品所在地；查封扣押地，是指海关、工商等行政机关依法查封、扣押侵权商品所在地。

第七条 对涉及不同侵权行为实施地的多个被告提起的共同诉讼，原告可以选择其中一个被告的侵权行为实施地人民法院管辖；仅对其中某一被告提起的诉讼，该被告侵权行为实施地的人民法院有管辖权。

第八条 商标法所称相关公众，是指与商标所标识的某类商品或者服务有关的消费者和与前述商品或者服务的营销有密切关系的其他经营者。

第九条 商标法第五十二条第（一）项规定的商标相同，是指被控侵权的商标与原告的注册商标相比较，二者在视觉上基本无差别。

商标法第五十二条第（一）项规定的商标近似，是指被控侵权的商标与原告的注册商标相比较，其文字的字形、读音、含义或者图形的构图及颜色，或者其各要素组合后的整体结构相似，或者其立体形状、颜色组合近似，易使相关公众对商品的来源产生误认或者认为其来源与原告注册商标的商品有特定的联系。

第十条 人民法院依据商标法第五十二条第（一）项的规定，认定商标相同或者近似按照以下原则进行：

（一）以相关公众的一般注意力为标准；

（二）既要进行对商标的整体比对，又要进行对商标主要部分的比对，比对应当在比对对象隔离的状态下分别进行；

（三）判断商标是否近似，应当考虑请求保护注册商标的显著性和知名度。

第十一条 商标法第五十二条第（一）项规定的类似商品，是指在功能、用途、生产部门、销售渠道、消费对象等方面相同，或者相关公众一般认为其存在特定联系、容易造成混淆的商品。

类似服务，是指在服务的目的、内容、方式、对象等方面相同，或者相关公众一般认为存在特定联系、容易造成混淆的服务。

商品与服务类似，是指商品和服务之间存在特定联系，容易使相关公众混淆。

第十二条 人民法院依据商标法第五十二条第（一）项的规定，认定商品或者服务是否类似，应当以相关公众对商品或者服务的一般认识综合判断；《商标注册用商品和服务国际分类表》《类似商品和服务区分表》可以作为判断类似商品或者服务的参考。

第十三条 人民法院依据商标法第五十六条第一款的规定确定侵权人的赔偿责任时，可以根据权利人选择的计算方法计算赔偿数额。

第十四条 商标法第五十六条第一款规定的侵权所获得的利益，可以根据侵权商品销售量与该商品单位利润乘积计算；该商品单位利润无法查明的，按照注册商标商品的单位利润计算。

第十五条 商标法第五十六条第一款规定的因被侵权所受到的损失，可以根据权利人因侵权所造成商品销售减少量或者侵权商品销售量与该注册商标商品的单位利润乘积计算。

第十六条 侵权人因侵权所获得的利益或者被侵权人因被侵权所受到的损失均难以确定的，人民法院可以根据当事人的请求或者依职权适用商标法第五十六条第二款的规定确定赔偿数额。

人民法院在确定赔偿数额时，应当考虑侵权行为的性质、期间、后果，商标的声誉，商标使用许可费的数额，商标使用许可的种类、时间、范围及制止侵权行为的合理开支等因素综合确定。

当事人按照本条第一款的规定就赔偿数额达成协议的，应当准许。

第十七条 商标法第五十六条第一款规定的制止侵权行为所支付的合理开支，包括权利人或者委托代理人对侵权行为进行调查、取证的合理费用。

人民法院根据当事人的诉讼请求和案件具体情况，可以将符合国家有关部门规定的律师费用计算在赔偿范围内。

第十八条 侵犯注册商标专用权的诉讼时效为二年，自商标注册人或者利害权利人知道或者应当知道侵权行为之日起计算。商标注册人或者利害关系人超过二年起诉的，如果侵权行为在起诉时仍在持续，在该注册商标专用权有效期限内，人民法院应当判决被告停止侵权行为，侵权损害赔偿数额应当自权利人向人民法院起诉之日起向前推算二年计算。

第十九条 商标使用许可合同未经备案的，不影响该许可合同的效力，但当事人另有约定的除外。

商标使用许可合同未在商标局备案的，不得对抗善意第三人。

第二十条 注册商标的转让不影响转让前已经生效的商标使用许可合同的效力，但商标使用许可合同另有约定的除外。

第二十一条 人民法院在审理侵犯注册商标专用权纠纷案件中，依据民法通则第一百三十四条、商标法第五十三条的规定和案件具体情况，可以判决侵权人承担停止侵害、排除妨碍、消除危险、赔偿损失、消除影响等民事责任，还可以作出罚款，收缴侵权商品、伪造的商标标识和专门用于生产侵权商品的材料、工具、设备等财物的民事制裁决定。罚款数额可以参照《中华人民共和国商标法实施条例》的有关规定确定。

工商行政管理部门对同一侵犯注册商标专用权行为已经给予行政处罚的，人民法院不再予以民事制裁。

第二十二条 人民法院在审理商标纠纷案件中，根据当事人的请求和案件的具体情况，可以对涉及的注册商标是否驰名依法作出认定。

认定驰名商标，应当依照商标法第十四条的规定进行。

当事人对曾经被行政主管机关或者人民法院认定的驰名商标请求保护的，对方当事人对涉及的商标驰名不持异议，人民法院不再审查。提出异议的，人民法院依照商标法第十四条的规定审查。

第二十三条 本解释有关商品商标的规定，适用于服务商标。

第二十四条 以前的有关规定与本解释不一致的，以本解释为准。

如何理解和适用《最高人民法院关于审理商标民事纠纷案件适用法律若干问题的解释》*

《商标法》于1982年8月23日由第五届全国人大常委会第二十四次会议通过，自1983年3月1日起施行。1993年2月22日第七届全国人大常委会第三十次会议对该法部分条文作出过修改。根据我国面临加入世界贸易组织的新形势，2001年10月27日第九届全国人大常委会第二十四次会议通过了全国人民代表大会常务委员会《关于修改〈中华人民共和国商标法〉的决定》，于当年12月1日生效施行。

面对修改后的新《商标法》，人民法院的商标案件审判工作面临一系列法律适用和具体实施程序问题亟待解决。2002年1月最高人民法院发布了《最高人民法院关于审理商标案件有关管辖和法律适用范围问题的解释》和《最高人民法院关于诉前停止侵犯注册商标专用权行为和保全证据适用法律问题的解释》两个司法解释，解决了适用《商标法》中关于商标纠纷案件管辖、法律适用范围和诉前临时措施等亟待解决的问题。但《商标法》关于对侵权行为认定等重要法律适用问题还有待进一步解释和明确。

2002年10月12日最高人民法院审判委员会第1246次会议通过了送审稿，《最高人民法院关于商标民事纠纷案件适用法律若干问题的解释》（以下简称本解释）自10月16日起施行。这样，涉及《商标法》实施和审判商标权纠纷案件法律适用就有了三个主要的司法解释。当前和今后一段时间，人民法院对商标权纠纷案件依法审判时，在依照《商标法》《商标法实施条例》的同时，也要适用这三个司法解释的各项规定，才能保证商标权纠纷案件审判的质量。

一、对注册商标权造成其他损害的三种侵犯商标权行为

本解释第一条对《商标法》第五十二条第（五）项进行了解释，规定了侵犯注册商标专有权的三种新的行为。《商标法》第五十二条规定了侵犯注册商标专有

---

* 蒋志培，原载《科技与法律》2002年第4期。

权行为的五种情形，其中第（五）项属于“兜底条款”，即“给他人的注册商标专用权造成其他损害的”。《商标法实施条例》第五十条对《商标法》第五十二条第（五）项作出了进一步的规定，列举了两种情形：在同一种或者类似商品上，将与他人注册商标相同或者近似的标志作为商品名称或者商品装潢使用，误导公众的；故意为侵犯他人注册商标专用权行为提供仓储、运输、邮寄、隐匿等便利条件的。

根据人民法院审理商标侵权案件的实践经验，还有某些比较突出的侵害商标权的行为应当明确规定出来，保证人民法院执法统一，更有效地对商标权进行保护。本解释第一条规定了三种侵犯注册商标专有权的行为，以作为适用《商标法》和《商标法实施条例》相关规定内容的补充。这三种情形包括：

（一）将与他人注册商标相同或者相近似的文字作为企业的字号在相同或者类似商品上突出使用，容易使相关公众产生误认的行为

任何民事主体在市场经营交易中都要使用自己的名称或者姓名，特别是自然人以外的民事主体，如企事业单位法人，它们的名称都要经过工商行政主管部门办理登记手续。个体工商户等在经营中也可以起字号。民事主体的在市场经营中的名称字号也成为重要的标识，起着区分民事主体和其商品或者服务来源的重要作用。由于名称字号有地域性的特点，又由各地方工商行政管理部门注册登记，因此，在不同地区可能存在相同或者相近似的名称字号。注册商标是（文字、图形或者它们的组合等）经过在北京的国家工商行政管理局商标局注册而授予的。不少商标注册人将自己企业的名称字号注册为商标。国家工商行政管理局对名称、字号的登记与商标注册分别由两个不同的部门办理。加之有些企业在登记自己名称字号时，出于种种动机使用了与他人注册商标相同或者相近似的文字的情形。在实践中常出现企业名称字号与注册商标文字“撞车”的情形，有的不法民事主体故意在相同或者近似商品上突出使用他人注册商标的文字，造成相关公众产生误认，搭他人注册商标的“便车”，侵害他人利益、淡化他人注册商标，从而破坏了诚实信用的市场竞争秩序。

过去对此种行为是否构成侵权，缺乏明确规定。近几年来此类纠纷呈上升趋势。不少驰名商标权人对他人在广告、招牌、成品介绍等上突出使用自己的注册商标文字叫苦不迭。对此种行为，虽然适用《商标法》第五十二条第（五）项的规定可以进行处理，但没有统一具体的执法标准，给各地法院办案带来困难。

认定此种侵犯注册商标权的行为，要注意构成的条件：一是使用了与他人注册商标相同或者相近似的文字；二是行为人将所使用的文字作为其企业的名称字号；三是将名称字号在与商标权人注册商标所标识的相同或者类似商品上突出醒目地使

用；四是造成了容易使相关公众产生误认的效果或者结果。

（二）复制、摹仿、翻译他人注册的驰名商标或其主要部分在不相同或者不相类似的商品上作为商标使用，误导公众，致使该驰名商标注册人的利益可能受到损害的

根据《商标法》第十三条第二款“就不相同或者不相类似商品申请注册的商标是复制、模仿或者翻译他人已经在中国注册的驰名商标，误导公众，致使该驰名商标注册人的利益可能受到损害的，不予注册并禁止使用”的规定，对复制、摹仿、翻译他人注册的驰名商标在不相同或者不相类似的商品上作为商标使用，误导公众，致使该驰名商标注册人的利益可能受到损害的行为，要承担不予注册和禁止使用的法律责任。但在实践中，此类行为不但发生在行为人违法注册或者开始违法使用阶段，还会发生行为人长期使用或者持续使用，并造成已经注册驰名商标权人民事权益损害的阶段。此时，行为人要不要承担赔偿等其他民事责任？

以往的工商执法实践，人民法院审判商标侵权纠纷案件实践，都有将此种行为作为侵权处理的先例和经验。在征求意见中，行政主管部门、专家学者等各方面都提出，应当明确将此种行为归类于侵犯商标权的行为，以加强对驰名商标的保护。本解释采纳了这一意见。另外，我国参加的《保护工业产权巴黎公约》（以下简称《巴黎公约》）第六条规定了“在商标的主要部分构成对上述驰名商标的复制或者仿制，易于产生混淆的”也应当适用前述的法律责任。因此，在本解释规定中使用了“驰名商标或其主要部分”的表述。

认定此种侵权行为，要注意：一是要掌握违法侵权行为的两个阶段，先是通过复制、摹仿、翻译等三种手段，后是作为三种手段的结果作为商标使用；二是复制、摹仿和翻译的对象是他人注册的驰名商标或该驰名商标的主要部分；三是将违法复制等的结果在不相同或者不相类似的商品上使用；四是造成误导公众，并且致使该驰名商标注册人的利益可能受到损害的后果。这些认定的条件，都需要法官在审理案件中根据具体案情来精心掌握、审慎判断。本解释此条规定的情形，注意要与未注册驰名商标保护的规定相区别。未注册驰名商标的保护，后文将专门提到。

（三）将与他人注册商标相同或者相近似的文字注册为域名，并且通过该域名进行相关商品交易的电子商务，容易使相关公众产生误认的

随着高新技术的飞速发展，计算机网络已经成为社会经济生活的重要组成部分。涉及计算机网络和电子商务的侵犯注册商标权行为也屡屡出现。如果不将商标权的法律保护延伸到网络世界，商标权的保护将是不全面的。但是也应当注意不能

夸大侵犯商标权行为的范围，特别注意不能将不正当竞争等行为，作为商标侵权来处理。实际上，在涉及计算机网络域名的民事纠纷中就已经遇到了侵犯商标权与不正当竞争行为的交叉与区分问题。

2001 年 6 月，最高人民法院公布实行的《关于审理涉及计算机网络域名民事纠纷案件适用法律若干问题的解释》第七条规定，人民法院在审理域名纠纷案件中，对符合本解释第四条规定的情形，依照有关法律规定构成侵权的，应当适用相应的法律规定；构成不正当竞争的，可以适用《民法通则》第四条、《反不正当竞争法》第二条第一款的规定。域名纠纷多有侵犯商标权行为存在，该条司法解释的目的之一，是划清侵犯商标权与不正当竞争行为的界限，认定侵权要依法，不能将不正当竞争行为也认定为侵犯商标权行为处理。

本解释第一条第（三）项从界定商标侵权行为的角度，明确规定了涉及网络域名和电子商务的侵犯商标权的情形。应当注意不是使用了他人注册商标的文字作为网络域名，并在该网页上提供了相关信息，就构成商标侵权。此种行为，有可能构成不正当竞争，但还不能构成侵犯商标权行为。只有具备前述条件，还要与相关商品交易的电子商务容易误认的，才构成侵犯注册商标权。这条规定为注册商标专用权在网络环境下提供了有效的法律保护。掌握此条规定，应当把握：一是要有将与他人注册商标相同或者相近似的文字注册为域名的行为；二是要有通过该域名进行相关商品交易的电子商务，所谓相关商品交易，即是指同一种商品或者类似商品的交易；三是存在造成容易使相关公众产生误认的效果或者后果。通过对以上这三种侵犯注册商标行为的解释，人民法院在审判商标权纠纷案件中对认定商标侵权行为，已经有了九种具体行为标准：《商标法》第五十二条规定的四种；《商标法实施细则》规定的两种；本条司法解释规定的三种。对这九种行为，都应当依法认定为侵犯商标权行为，追究行为人的民事责任和行政责任。

二、对驰名商标的保护

在修改前的《商标法》规定中，对驰名商标基本上未作出规定。司法实践中遇到对驰名商标的保护，不得不从我国承诺加入的《巴黎公约》中找依据。长期以来，对认定驰名商标的主体和方式在知识产权法律界和司法实践部门有争议。除对行政主管部门成批颁布驰名商标的做法有争论外，对人民法院能否认定驰名商标、如何认定驰名商标，法院内外也都有不同的声音。同时对驰名商标的不当炒作，从另外的角度又给驰名商标涂上些过分神圣的色彩。对驰名商标法律规定的不足和在社会上、舆论中对驰名商标过分的热度，形成鲜明的对照。人民法院对驰名商标的认定问题，在审理计算机网络域名纠纷案件中逐步凸显出来。

2001年7月17日，最高人民法院公布了《关于审理涉及计算机网络域名民事纠纷案件适用法律若干问题的解释》。在该解释的第六条明确规定，人民法院审理域名纠纷案件，根据当事人的请求以及案件的具体情况，可以对涉及的注册商标是否驰名依法作出认定。在该解释中还规定了对驰名商标认定的具体操作办法。比如，人民法院认定驰名商标要在具体案件的审理中，要根据当事人的请求以及案件的具体情况进行；原告未提出主张的，或者根据案情无需对商标是否驰名予以认定的，人民法院不予认定；等等。

其实，人民法院在审理域名、商标等案件中，所涉案的商标是否驰名，是一种变化中的待证客观事实。对驰名商标的认定，实质上是对变化中的案件事实的确认，也是人民法院行使审判权审判案件查明事实的组成部分。法院在个案中对驰名商标作出认定，也是国际通行的做法。近年来，我国知识产权法理论界和实践部门，逐渐对人民法院有权在个案中认定驰名商标取得了一致的倾向性意见。最高人民法院在具有法律拘束力的司法解释中对此予以明确，无疑对驰名商标的保护有利。《商标法》修改后，最高人民法院在本解释中，对商标权纠纷审判中进一步解决该问题，具有重要意义。

对驰名商标提供有效的法律保护，涉及的问题较多，包括认定驰名商标的主体，认定的标准、效力，以及对侵犯驰名商标权行为法律责任的追究等。这些内容涉及本解释的第二十二条、第一条第（二）项、第二条和第二十三条的规定。本解释第二十二条共有三款。第一款规定，人民法院在审理商标纠纷案件中，根据当事人的请求和案件的具体情况，可以对涉及的注册商标是否驰名依法作出认定。这就使人民法院在审理各类商标权纠纷案件中，都有权力和责任对驰名商标进行认定，为人民法院在审判中对驰名商标权进行有效保护奠定了基础。本解释第二十二条第二款规定，认定驰名商标，应当依照《商标法》第十四条的规定进行。《商标法》第十四条规定了认定驰名商标应当考虑的因素，或者称认定驰名商标的标准，共五项：（1）相关公众对该商标的知晓程度；（2）该商标使用的持续时间；（3）该商标的任何宣传工作的持续时间、程度和地理范围；（4）该商标作为驰名商标受保护的记录；（5）该商标驰名的其他因素。人民法院在审查认定商标是否驰名时，应当依照以上标准进行。

由于驰名商标的认定实行个案认定的原则，就有可能某一商标被认定为驰名后，以后权利人又再次起诉请求认定其商标驰名。近年来，人民法院已经通过判决的形式，认定了一部分注册商标为驰名商标，国家工商管理局商标局也公告认定了一大批驰名商标。对于已经为法院判决和行政机关认定为驰名商标的，人民法院在商标侵权诉讼中是否再次予以审查、再次认定，就成为不可回避的问题。考虑到商标是否驰名，是与商标注册人的经营和市场竞争密切相关，属于动态的事实，而不是一成不变的，所以存在着重新对商标是否驰名进行认定问题。但又要考虑方便当事人诉讼和人民法院审判，本解释规定对方当事人对涉及的商标驰名不持异议，人民法院不再审查；提出异议的，人民法院依照《商标法》第十四条的规定审查。这样规定，就实事求是地简化了一部分认定程序，避免了重复劳动，充分尊重了当事人的意志自由，对提高办案效率有利。该款规定也从另外的角度释明了对驰名商标司法、行政认定的效力，仅在个案中；行政与司法认定的效力相同；当事人提出异议的，法院仍然要依照《商标法》第十四条规定的标准进行审查。

对侵犯驰名商标权的法律责任，根据驰名商标在我国注册与否，分为两种情形。第一种情形是前文提到过的本解释第一条第（二）项的规定，作为一类侵犯商标权行为，应当承担包括赔偿在内的各项民事责任。第二种情形是司法解释的第二条规定，依据《商标法》第十三条第一款的规定，复制、摹仿、翻译他人未在中国注册的驰名商标或其主要部分，在相同或者类似商品上作为商标使用，容易导致混淆的，应当承担停止侵害的民事法律责任，并不存在承担其他民事责任问题。

概括起来说，掌握和适用有关对驰名商标保护司法解释的规定，应当掌握以下要点：

1. 人民法院依法享有权力认定商标是否驰名。纠正了过去认为只有国家工商管理局商标局才有权认定驰名商标，人民法院无权认定的不当认识。商标是否驰名，属于查明和认定案件事实问题，人民法院有权依法对此作出认定。

2. 人民法院依法为驰名商标提供较一般注册商标更特殊的某些法律保护，包括禁止在与已注册商标不相同或者不相类似的商品上作为商标使用，从而误导公众的行为，以及在未注册商标相同或者类似的商品上作为商标使用，从而容易导致混淆的行为。人民法院审理商标侵权纠纷案件，要根据案件的实际情况，如果依法可以认定被告侵权，原告的权益能够得到保护，就不必对注册商标是否驰名作出判断和认定。

3. 人民法院认定驰名商标采取个案认定原则，并应当依照《商标法》第十四条规定的各项因素进行审查。

4. 以驰名商标是否在我国注册为基准，复制、摹仿、翻译他人未在中国注册的驰名商标或其主要部分在相同或者类似商品上作为商标使用，容易导致混淆的，行为人承担停止侵害的民事法律责任。实施上述行为侵犯已注册驰名商标的，属于

《商标法》第五十二条规定的侵权行为，可以承担包括赔偿等在内的各种民事责任。这样规定符合 TRIPs 协议对驰名商标提供法律保护的基本要求和国际上的通行做法，也符合我国实际国情。

三、对商标侵权行为的认定

审判商标侵权纠纷案件最重要的环节，是对侵犯商标权行为的认定。根据《商标法》的规定，认定侵犯商标权行为主要涉及对相关公众、商标近似、类似商品等基本概念或者事实的界定，以及人民法院对商标侵权行为认定原则问题。这是当前审判实践中亟待解决的问题。本解释第八条至第十二条针对前述情况，对实践中长期使用但是一直没有明确规定的一些基本概念作出了解释。

（一）关于相关公众

根据《商标法》的规定，判断商标相同或者近似要以相关公众的一般注意力为准，因此，划定相关公众的范围就十分重要。本解释第八条对《商标法》中规定的“相关公众”作了规定：《商标法》所称相关公众，是指与商标所标识的某类商品或者服务有关的消费者和与前述商品或者服务的营销有密切关系的其他经营者。这就是说，《商标法》规定的相关公众包括两部分：一部分是与商标所标识的某类商品或者服务有关的消费者，也就是最终消费者；二是与商标所标识的某类商品或者服务的营销有密切关系的其他经营者。这两部分公众中，涉及任何一部分人都是法律规定的相关公众，不是两部分人都涉及才构成《商标法》所称的相关公众。本解释这样规定，不但符合我国商品、服务市场的实际情况，也与我国加入的国际公约规定的通行做法相一致。

（二）关于商标相同与商标近似

根据《商标法》的规定，对侵犯商标权行为的认定与判断商标的相同与近似密切相关。而对商标相同或者近似，法律、法规没有更具体的规定。因此，本解释第九条对商标相同和近似作出了具体规定。该条规定，《商标法》第五十二条第（一）项规定的商标相同，是指被控侵权的商标与原告的注册商标相比较，二者在视觉上基本无差别。其含义是指，从一般消费者的角度凭视觉，判断所对比的商标大体上不存在差别，就构成商标相同。

本解释第九条第二款规定，《商标法》第五十二条第（一）项规定的商标近似，是指被控侵权的商标与原告的注册商标相比较，其文字的字形、读音、含义或者图形的构图及颜色，或者其各要素组合后的整体结构相似，或者其立体形状、颜色组合近似，易使相关公众对商品的来源产生误认或者认为其来源与原告注册商标的商品有特定的联系。

实践中，因商标近似而构成侵权的情形更为普遍。所谓商标近似，是指构成注册商标的各个要素相近似。但哪些属于法官应当注意的商标比对的要素，过去实践中对其理解和适用并不统一。该款规定界定了这些要素：文字的字形、读音、含义；图形的构图、颜色；各要素组合后的整体结构。对立体商标，则存在立体形状、颜色组合等。商标相近似的效果，应当达到容易使相关公众对所标识商品的来源产生误认，或者来源与注册商标所标识的商品等有某种特定的联系。

这样，最高人民法院就以司法解释的方式第一次明确规定了审判中经常使用的这两个概念，这也是涉及认定商标侵权必备的两种情形的法律规格。

（三）关于类似商品、服务以及商品与服务的类似

在审判侵犯商标权案件中，对所涉及的商品或者服务是否为同种或者类似，是认定是否为侵权行为的又一重要事实。一般地说，同种商品和服务容易认定；类似商品和服务则要复杂得多。首先要解决的是判断类似的标准是什么，该标准都由哪些要素构成。

为了解决这一问题，本解释第十一条界定了类似商品、类似服务和商品与服务的类似，便于法官适用法律中运用。该条第一款规定，《商标法》第五十二条第（一）项规定的类似商品，是指在功能、用途、生产部门、销售渠道、消费对象等方面相同，或者相关公众一般认为其存在特定联系、容易造成混淆的商品。该条第二款规定，类似服务，是指在服务的目的、内容、方式、对象等方面相同，或者相关公众一般认为存在特定联系、容易造成混淆的服务。该条第三款规定，商品与服务类似，是指商品和服务之间存在特定联系，容易使相关公众混淆。

根据上述规定，判断类似商品的要素包括商品的功能、用途、生产部门、销售渠道、消费对象等；判断类似服务的要素包括服务目的、内容、方式、对象等。同时，相关公众一般认为这两者与相关对象存在特定联系、容易造成混淆的，也构成类似商品或者类似服务。

在起草本解释稿过程中，商标行政主管部门和一些专家提出实践中还存在商品与服务的混淆，本解释也应当对此进行规定。经过调查研究和论证，最高人民法院审判委员会最后通过的本解释，对商品与服务之间存在使相关公众认为存在特定联系，容易造成混淆的，规定为构成商品与服务的类似。

在审理商标侵权案件中，法官判断是否为类似商品时，是否受《商标注册用商品和服务国际分类表》《类似商品和服务区分表》商品服务分类的约束，是否以商

品国际分类表确定类似商品或者服务进而判断商标侵权，实务部门和知识产权学术界的认识已经趋于统一，并且取得的共识符合国际上相关问题判断的标准。本解释第十二条采纳了这种见解，此次明确规定，人民法院依据《商标法》第五十二条第（一）项的规定，认定商品或者服务是否类似，应当以相关公众对商品或者服务的一般认识综合判断；《商标注册用商品和服务国际分类表》《类似商品和服务区分表》可以作为判断类似商品或者服务的参考。所谓相关公众的一般认识，是指相关市场的一般消费者对商品的通常认知和一般交易观念，不受限于商品本身的自然特性；所谓综合判断，是指将相关公众在个案中的一般认识，与商品交易中的具体情形，以及司法解释规定的判断商品类似的各要素结合在一起从整体上进行考量。同时可以参照商品服务的分类表的分类。

一般地说，分类表和区分表最主要的功能是在商标注册时划分类别，方便注册审查与商标行政管理，与商品类似本来不尽一致。所以在判断商品是否类似时，不能以此作为依据，仅可以作为判断商品类似的参考。

（四）判定原则和比对方法

《商标法》第五十二条规定了侵犯商标注册专用权的各种行为，其中第一项规定未经商标注册人的许可，在同一种商品或者类似商品上使用与其注册商标相同或者近似的商标的行为，属于侵权。其中对商标相同或者近似的判断，是认定此类侵权行为的关键环节之一。本解释第十条对商标相同和近似作出了界定，但人民法院如何认定商标相同或者近似，遵循什么原则认定，仍然需要给予明确答案。一般来说，判断商标相同或者近似要涉及判断主体的主观标准，对注册商标与被控的侵权商标比对的具体方法等。判断商标近似还要涉及注册商标本身的一些特定情况。

为此，本解释第十条规定，人民法院依据《商标法》第五十二条第（一）项的规定，认定商标相同或者近似按照以下原则进行：（1）以相关公众的一般注意力为标准；（2）既要进行对商标的整体比对，又要进行对商标主要部分的比对，比对应当在比对对象隔离的状态下分别进行；（3）判断商标是否近似，应当考虑请求保护注册商标的显著性和知名度。

掌握上述原则依法判断商标相同或者近似，要注意把握以下几个要点：

第一，要以包括相关消费者和经营者的公众的一般注意力为标准判断。应当注意，商标的基本功能就在于使消费者在购买商品、服务时便于识别这些商品和服务以及它们的来源。商标相同或者近似也一般发生在市场中，受影响的主要是相关的消费者和特定经营者。所以事后法官审判案件在认定甄别商标相同、近似时，判断注意力也要回归到此种情景，也要以相关消费者和特定经营者的注意力为标准。这种注意力不是该领域相关专家所具有的注意力，专家的注意力过于专业可能出现判断标准过严的情况。但也不是一个与一般消费者有别的粗心大意的消费者的注意力，以他们的注意力判断又可能失之过宽，可能出现漏掉已经构成商标相同或者近似的情形。要以前边所提两者中间大多数相关公众通常的、普通的、一般的注意力为标准。这就涉及行为主体的一种行为能力的判断，审判实践中也称为认定商标相同或近似的主观标准。法官在分析判断和采纳有关证据作为定案依据和产生心证过程中，都要坚持相关公众一般注意力的标准。

第二，准确地掌握对商标相同或者近似的整体、要部和隔离的比对方法。按照消费者在市场中对商标的感知规律，审判和行政执法实践中常常运用商标整体、要部比对和将商标隔离开比对的方法，来判断商标的相同，特别是商标的类似。

整体比对，又称为商标整体观察比较，是指将商标作为一个整体来进行观察，而不是仅仅将商标的各个构成要素抽出来分别进行比对。这是因为商标作为商品或者服务的识别标志，是由整个商标构成的，在消费者的记忆中留下的是该商标的整体印象，而不是构成该商标的某些单个要素。因此，当两个商标在各自具体的构成要素上存在区别，但只要将它们集合起来作为一个整体，因此而产生的整体视觉，仍有可能使消费者产生误认，就应当认定为近似商标。反之，如果两个商标的部分组成要素可能相同，但是它们作为一个整体并不会使消费者产生误认，即整体视觉不同，就不能认定为近似商标。

要部比对，又称为商标主要部分观察比较，是指将商标中发挥主要识别作用的部分抽出来进行重点比较和对照，是对整体比对的补充。此种比对方法也是根据消费者在市场中对商标与商品的具体感受和记忆而采用的一种方法。一般地说，消费者对商标的感受和留下最深的记忆，是商标的主要部分或者称要部，即商标中起主要识别作用的部分。当两个商标的主要部分相同或者近似，就容易造成消费者的误认，就可以判断为商标近似。

隔离比对，又称为对商标的隔离观察比较，是指将注册商标与被控侵权的商标放置于不同的地点在不同的时间进行观察比对，不是把要比对的两个商标摆放在一起进行对比观察。这是一种基本的商标比对方法，无论在进行整体比对还是要部比对时，都应当采用隔离比对的方式。一般地说，消费者寻找自己所要的商品，总是凭着以往头脑中对某种商品或者服务的广告宣传所遗留的商标印象，在市场中寻找所感知的某种品牌的商品或者服务。在市场中，不同商标的商品一般也不是同时摆放在同一个柜台中。在消费者的思维中，多数情况下不是两种要比对的商标同时存在，而是存在以前见到过在头脑中记忆的商标，与当前见到的商标的比较。

在事后的侵权判定中，利用消费者的此种思维模式采用隔离观察比对的方法，更能够真实地反映出被控商标所造成混淆的可能性和程度。将两个商标放在一起进行比对，不同于消费者在市场中实际购买交易的情况，有可能使法官更关注两个商标的不同点，不能准确地判断消费者实际交易中可能产生的混淆。

所以，本解释该条规定的基本内容，是要求法官在认定商标相同或者相近时，应当综合采用上述比对方法，关注商标的整体给消费者的感受，要比对商标的主要部分，并将被控侵权商标与注册商标隔离比对。采用这样方法，可以使法官更科学准确地判断侵权行为，从而保障办案的质量。

第三，判断商标近似中的注册商标显著性和知名度要素。根据《商标法》第九条的规定，注册商标应当具有显著特征，便于识别。显著性，又称为识别性，是指将商标使用于商品或其包装以及服务上时，能够引起一般消费者的注意，并凭此与其他商品或者服务相区别。商标的显著性，是注册商标的构成要件，是对申请商标进行实质审查的重要方面。对于注册商标来说，应当都具有显著性，但实践中，其显著性仍旧存在大小程度不同之分。有的商标设计独创性很强，如用文字、拼音字母等，可以组合成并未实际存在的文字字义，属于生造的文字，被控商标的“搭车”近似，很容易认定。对于显著性弱的商标，指控他人商标与自己商标近似就相对难以判断。

除了显著性外，对商标近似的认定与某一商标的知名度也密切相关。依据商标对社会影响的大小强弱，可以将商标分为驰名商标和非驰名商标。在驰名商标或者非驰名商标中，商标的知名度也有不同的等级和程度。一些违法行为人为自己的私利往往设计与他人知名度高的商标，甚至驰名商标近似的商标，此种行为会造成淡化他人驰名商标、损害他人合法权益的后果。所以，显著性强、知名度高的商标，容易被当成目标受到不法侵害，应当提供更加充分的保护。在判断认定商标近似时，应当考虑商标的显著性与知名度要素。

四、商标侵权案件的地域管辖

商标侵权纠纷案件的诉讼管辖，分为级别管辖和地域管辖。关于级别管辖，最高人民法院于2002年1月公布的《关于审理商标案件有关管辖和法律适用范围问题的解释》第二条第三、四款作出了明确规定。商标民事纠纷一审案件，由中级以上人民法院管辖。各高级人民法院根据本辖区的实际情况，经最高人民法院批准，可以在较大城市确定1~2个基层人民法院受理第一审商标民事纠纷案件。目前全国400余个中级人民法院都可以依法受理商标民事纠纷案件。由于级别管辖的规定明确具体，实践中一般不会因级别管辖发生争议。但商标侵权纠纷案件的地域管辖，常常成为诉讼管辖权争议的焦点。

《民事诉讼法》第二十九条规定了因侵权行为提起的诉讼，由侵权行为地或者被告住所地人民法院管辖。《最高人民法院关于适用〈中华人民共和国民事诉讼法〉若干问题的意见》第二十八条规定，《民事诉讼法》第二十九条规定的侵权行为地，包括侵权行为实施地、侵权结果发生地。多年的审判实践说明，侵权行为实施地比较容易确定和判断，不易发生争议。商标权等知识产权案件涉及无形财产的保护，具有不同于一般民事纠纷案件的特殊性；商品商标附着于商品上，而商品又具有在全国范围的可流通性。这些情况使得实践中对《民事诉讼法》司法解释的侵权结果发生地的理解，存在一定程度的混乱。多数管辖权争议都发生在侵权案件的地域管辖上，争议的焦点在于如何理解和确定“侵权结果发生地”。有的观点认为“原告受到了损害，原告住所地就是侵权结果发生地”，其结果则变成了“被告就原告”的管辖状况。这就违反了《民事诉讼法》确定的“原告就被告”的管辖基本原则。

本解释第六条的规定，对侵权行为实施地具体解释为《商标法》第十三条、第五十二条所规定的侵权行为的实施地。同时考虑实践中新出现的涉及大量侵权商品储存、隐匿，以及海关等行政机关对侵权复制品查封扣押的案件管辖上尚不明确的情形，明确规定侵权商品的储藏地，或者海关、工商等行政机关依法查封、扣押侵权商品的所在地，被告的住所地，可以作为确定管辖的依据，而对侵权结果地不再另行规定。

地域管辖的另一个重要问题，是涉及共同诉讼的商标侵权纠纷案件的管辖问题。因侵犯商标权的行为构成复杂，往往有不同的过程与环节。根据《商标法》及其实施条例的规定，侵犯商标专用权行为的表现形式包括使用的侵权行为，销售的侵权行为，以及伪造、擅自制造他人注册商标标识，销售伪造、擅自制造的商标标识，仓储等侵权行为。而这些行为实施地又往往不在一地。司法实践中存在当事人将使用者拉到销售地起诉，但又由于种种原因不起诉销售者的情况。当事人选择有利于己方利益的法院进行诉讼，本无可非议。但是一些人利用法律规定和司法解释不完善的情况大行“地方保护主义”，为了打赢官司将外地的被告强拉到本地诉讼，为不公正司法开方便之门。

鉴于这些法律适用于实践中出现的复杂情况，本解释第七条规定了对涉及不同侵权行为实施地的若干被告提起的共同诉讼，原告可以选择其中一个被告的侵权行为实施地人民法院管辖；仅对其中某一被告提起的诉讼，该被告侵权行为实施地人民法院有管辖权。这样规定强调了只有进行共同诉讼的商标权侵权案件，才能在同一个侵权行为实施地的法院起诉，传唤多名被告到该法院应诉。仅仅对某一侵权行为提起诉讼，只能在该行为实施地的法院起诉，而不能选择在不被起诉的其他行为人的侵权行为实施地起诉。例如仅针对侵权商标使用行为提起的诉讼，该商标使用地人民法院有管辖权，当事人不能到该侵权商品销售地的人民法院起诉。

正确理解和适用本解释的上述规定，应当注意：（1）对侵犯商标权民事纠纷案件，在符合上述规定的情形下，不再依侵权结果发生地确定管辖。其他司法解释中有关依侵权结果发生地确定管辖的规定，不再适用于商标权侵权纠纷案件。（2）上述司法解释规定的查封扣押地，仅指海关、工商等行政机关查封、扣押侵权商品的地点。人民法院在诉前查封、扣押侵权商品的地点，不属于上述司法解释规定的查封扣押地。人民法院在审查当事人诉前申请采取临时措施时，首先应当确定自己有管辖权，不得因采取诉前临时措施而认为可以取得管辖权。（3）在侵权商品储藏地或者扣押地，当事人可以起诉实施储存、保管、运输等行为的行为人，也可以起诉该部分商品的经销商、制造商，或者同时起诉各行为人。

五、侵犯注册商标专用权的损害赔偿

根据《商标法》第五十六条的规定，对侵犯注册商标专用权的民事赔偿，涉及赔偿额计算方法的选择，具体计算方法，制止侵权行为的合理开支、法定赔偿额的计算等方面问题。立法和司法的宗旨，是通过对侵犯商标权损害赔偿数额计算的法律界定，达到对权利人因被侵权所受到的实际损失获得全面赔偿的目的。

（一）侵权损害赔偿额计算方法的选择性

《商标法》第五十六条第一款规定了两种商标侵权损害赔偿数额的计算方法，即侵犯商标专用权的赔偿数额，为侵权人在侵权期间因侵权所获得的利益，或者被侵权人在被侵权期间因被侵权所受到的损失。这是根据我国多年审判实践经验和借鉴国际做法制定出的可行法律规定。但是这两种计算方法是可以选择的，还是要有先后顺序？《商标法》修改前最高人民法院有关的司法解释的规定和审判实践中的做法是可以选择，但也有不同观点的讨论。此次《商标法》和《著作权法》修改后，两法关于侵权损害赔偿额计算规定的表述不尽一致，使赔偿计算方法的选择性问题又被提到议事日程上来。

最高人民法院审判委员会在讨论本解释送审稿时，注意到《商标法》在赔偿数额计算方法的可选择性上与《著作权法》的规定[①]有所不同。因此，本解释第十三条明确规定了权利人可以请求受诉的人民法院，选择适用上述两种方法中的任何一种方法，计算赔偿数额。一般情况下，人民法院对当事人的选择，应当准许。该项司法解释的规定，引进了当事人意思自治的原则。赔偿额的计算不但人民法院在审判中可以根据案情依法予以选择，而且当事人（这里主要是指作为原告的权利人）也有权选择，并且人民法院的选择一般应当基于当事人选择请求之上。对当事人之间就上述两种计算方法以外的损害赔偿额计算方法，计算本案赔偿额达成一致协议，不违反国家法律和损害社会公共利益及他人合法权益的，人民法院也应当准许。

（二）侵犯注册商标权损害赔偿的计算方法

参照《专利法》、著作权法司法解释关于如何计算权利人损失和侵权人获利的规定，本解释第十四条、第十五条对《商标法》第五十六条第一款规定侵权所获得的利益与因侵权所受到的损失的计算作出了明确规定，以便于人民法院在审判实践中具体操作。

本解释第十四条规定，《商标法》第五十六条第一款规定的侵权所获得的利益，可以根据侵权商品销售量与该商品单位利润乘积计算；该商品单位利润无法查明的，按照注册商标商品的单位利润计算。该条所规定的“该商品单位利润”，是指每件商品的平均利润；所规定的“注册商标商品的单位利润”，是指权利人享有注册商标权的每件正牌商品的平均利润。实践中，一些制假贩假者故意隐瞒证据，作虚假不实陈述，没有或者隐匿账册单据，使假冒商品的利润无法查明。即使查明了，假冒商品的价格极低，如果按照该价格考虑对权利人的赔偿数额很不公平。因此，本解释第十四条规定了按照注册商标商品的单位利润即按权利人正牌商品利润计算的方式，澄清了以往规定不甚明确的问题。这是加强对注册商标权保护的一项重要司法措施。有的同志对修改后的《商标法》将原《商标法》规定的赔偿“所获得的利润”改为“所获得的利益”不理解，其实选用“利益”一词包含“利润”的含义，并且其外延更宽，适用也更加灵活。

本解释第十五条规定，《商标法》第五十六条第一款规定的因被侵权所受到的损失，可以根据权利人因侵权所造成商品销售减少量或者侵权商品销售量与该注册商标商品的单位利润乘积计算。该条规定是对《商标法》规定的因侵权所受到损失

① 《著作权法》第四十八条第一款规定，侵犯著作权或者与著作权有关的权利的，侵权人应当按照权利人的实际损失给予赔偿；实际损失难以计算的，可以按照侵权人的违法所得给予赔偿。赔偿数额还应当包括权利人为制止侵权行为所支付的合理开支。

计算方法的解释。一般地说，被侵权人的损失应当由其负担举证责任，需证明因侵权所造成商品销售量的减少额和商品的单位利润，然后计算出应当赔偿的数额。但在实践中，由于某种商品市场需求等原因，往往也会出现侵权事实已经发生但被侵权人的商品销售量并没有减少，甚至还呈现上升趋势的情形。但对权利人合法商品潜在销售市场毕竟造成了损害。同时，被侵权人的损失还体现在侵权人使用被侵权人的注册商标的非法获利上。因此，根据查明的侵权商品销售量和正牌商品利润来计算被侵权人所受到的损失，就成为可以选择的另一种赔偿额计算方法。有的同志提出本解释第十四条与第十五条规定的适用注册商标商品单位利润的协调问题。第十四条的规定是在侵权商品单位利润无法查明的限定下，再适用正牌商品单位利润；而第十五条在计算被侵权所受到损失按照侵权商品销售量计算时，可以直接适用正牌商品的单位利润，没有前述限制。两条司法解释规定的主旨思想，是体现充分、公平地保护注册商标权人的正当权益，由于侵权行为人的原因其商品单位利润不实的，力求以注册商标正牌商品的单位利润为标准计算。这样计算的结果，更接近于商标权人的实际损失。但是说到侵权所获得的利益，还应当以侵权行为人的经营为基础，以其有据可查的该商品单位利润来计算赔偿额更为真实，不宜直接使用注册商标商品的单位利润计算。一旦该商品利润无法查明，即使用注册商标正牌商品单位利润计算，是对侵权行为人获益的一种推定，不利于侵权行为人而有利于商标权人。实践中大量案例显示，运用两种赔偿额计算方法的结果就可能不尽一致，甚至很不一致。所以，根据不同的案件情况，选择有利于自己的损失赔偿额计算方法，是进行知识产权诉讼必备的诉讼技巧之一。

（三）关于制止侵权行为的合理开支

在通常情况下，权利人为制止侵权行为都要支付一定的费用。这些费用只要是合理的支出，都应当属于权利人因侵权行为而受到的损失，应当判令侵权人给予权利人赔偿。但是过去对此没有明确的法律规定，使各地人民法院在适用法律时出现困难，做法也很不统一。

在2000年修改的新《专利法》中，并没有赔偿权利人为制止侵权而支付合理开支的规定。随后公布施行的《最高人民法院关于审理专利纠纷案件适用法律问题的若干规定》总结了多年的审判实践经验，在该解释的第二十二条作出补充解释："人民法院根据权利人的请求以及具体案情，可以将权利人因调查、制止侵权所支付的合理费用计算在赔偿数额范围之内。"2001年修改的《商标法》《著作权法》，将专利法司法解释的前述规定上升为法律的条款，概括为"制止侵权行为所支付的合理开支"。这样，我国加强和完善对知识产权侵权损害赔偿制度的一项重要措施正式出台了。

在司法实践中，对什么样的开支属于制止侵权的合理的开支，还是不够明确具体。特别是鉴于假冒等商标权侵权案件取证比较困难，获取证据和为获取证据支出的赔偿，关系到权利人的切身利益和对商标权的切实保护。因而取证支出赔偿的问题突出出来。为了解决这一问题，本解释第十七条对合理开支的含义进一步予以明确，特别是将权利人或者其委托代理人对侵权行为进行调查、取证的合理费用，规定在合理开支的范围中。这对于保护注册商标权、方便权利人举证和制裁侵权行为都具有意义。本解释的该条规定，也方便了下级法院在审判实践中具体适用《商标法》的相关规定。

人民法院在确定赔偿额时，是否考虑当事人为诉讼支出的律师费，法律、法规和司法解释都没有明确规定，是一个有争论的问题。TRIPs 协议第四十五条第二项明确规定了司法当局应有权责令侵权人向权利人支付其开支，其中可包括适当的律师费。为履行我国加入世贸组织的庄严承诺，根据 TRIPs 协议的精神，本解释第十七条第二款规定，人民法院根据当事人的诉讼请求和具体案情，可以将符合国家有关部门规定（原送审稿此处为"合理适当"）的律师费计算在赔偿范围内。这样规定，一方面坚持了我国诉讼制度和最高人民法院强调的一贯做法，谨慎地对待这个问题，与整体诉讼制度上要有所协调；另一方面又符合 TRIPs 协议规定的精神，肯定在审判案件中，根据诉讼请求和具体案情可以将律师费计算在赔偿数额内，履行了我国在加入世贸组织时的庄严承诺。本解释第十七条第二款在律师费前用了"符合国家有关部门规定"的表述，而未使用送审稿中"合理适当"的表述。最高人民法院审判委员会多数委员认为这样规定更加稳妥，以避免在经验不足的情况下法官不好掌握或者自由裁量失之过宽的情形。

（四）侵犯商标权的法定赔偿

《商标法》第五十六条第二款规定，侵权人因侵权所获得的利益或者被侵权人因被侵权所受到的损失均难以确定的，由人民法院根据侵权行为的情节判决给予50万元以下的法定赔偿。《商标法》的此条规定，是在总结人民法院审判经验的基础上制定的，对解决侵犯知识产权损害赔偿额不好计算问题具有重要意义。为了适用好这一规定，本解释第十六条对法定赔偿作出了进一步具体规定："侵权人因侵权所获得的利益或者被侵权人因被侵权所受到的损失均难以确定的，人民法院可以根据当事人的请求或者依职权适用商标法第五十六条第二款的规定确定赔偿数额。人民法院在确定赔偿数额时，应当考虑侵权行为的性质、期间、后果，商标的声誉，商标使用许可费的数额，商标使用许可的种类、时间、范围及制止侵权行为的合理开支等因素综合确定。当事人按照本条第一款的规定就赔偿数额达成协议的，应当准许。”

理解和适用好本解释该条规定，应当注意把握以下要点：（1）适用法定赔偿，应当在侵权获利和侵权损失均难以确定的情形下。能够通过证据的采信确定赔偿数额的，不适用法定赔偿。防止对法定赔偿的轻易适用，造成商标权人的经济损失不能得到充分赔偿。（2）在条件成就的情况下，人民法院对法定赔偿的适用，可以根据当事人的请求，也可以根据案情依职权进行。（3）法定赔偿额的计算，要根据侵权行为的性质、期间、后果，商标的声誉，商标使用许可费的数额，商标使用许可的种类、时间、范围及制止侵权行为的合理开支等因素综合确定。所谓综合确定，是指法官根据前述各项因素和全案的情况进行综合判断确定。（4）制止侵权行为的合理开支包括律师费，都在50万元的法定赔偿额范围内确定，而不是超出该范围。（5）人民法院确定法定赔偿数额，既可以适用判决方式，也可以适用调解方式。

六、对注册商标的使用许可

《商标法》第五十三条规定了除商标注册人可以依法对侵犯商标权行为向人民法院提起诉讼外，利害关系人也可以向人民法院提起诉讼。何谓利害关系人？《商标法》并没有作出具体规定。本解释第四条总结多年的审判经验和根据具体的司法实践，并参考专利法司法解释的规定，明确规定利害关系人包括注册商标使用许可合同的被许可人、注册商标财产权利的合法继承人等。应当说，利害关系人主要是被许可人和继承人，但实践中也可能还会有其他利害关系人出现的情况。所以，本解释第四条规定用了“等”的表述。既然规定了注册商标使用许可合同的被许可人，本解释就必然对商标使用许可合同的种类和不同种类的被许可人提起诉讼的权利作出具体规定。同时本解释还对商标使用许可的相关问题作出了规定，现分述如下。

（一）商标使用许可的种类

《商标法》第四十条对商标使用许可作出了规定，但未具体规定使用许可合同的种类，本解释第三条解决了这个问题。该条司法解释的目的，在于规范实践中的商标许可合同形式，解决诉讼中利害关系人作为原告的主体资格问题，为适用侵权损害赔偿应当考虑有关许可合同的要素奠定基础。该条规定，《商标法》第四十条规定的商标使用许可包括以下三类：（1）独占使用许可，是指商标注册人在约定的期间、地域和以约定的方式，将该注册商标仅许可一个被许可人使用，商标注册人依约定不得使用该注册商标；（2）排他使用许可，是指商标注册人在约定的期间、地域和以约定的方式，将该注册商标仅许可一个被许可人使用，商标注册人依约定可以使用该注册商标但不得另行许可他人使用该注册商标；（3）普通使用许可，是指商标注册人在约定的期间、地域和以约定的方式，许可他人使用其注册商标，并可自行使用该注册商标和许可他人使用其注册商标。

根据上述规定，商标使用许可分为独占使用许可、排他使用许可和普通使用许可三种类型。这三种许可的情形在实践中大量存在，它们之间在许可人与被许可人民事权利、义务的内容上有所差别。各民事主体在订立涉及商标使用许可的合同时，应当对许可的种类、期间、地域和方式等作出具体审慎的约定，以避免日后合同履行中的纠纷。本解释明确规定了三种许可的具体表现形式，对于规范和促进商标使用许可行为具有重要的指导意义。

（二）商标权使用许可人的诉讼地位

本解释第四条规定："商标法第五十三条规定的利害关系人，包括注册商标使用许可合同的被许可人、注册商标财产权利的合法继承人等。在发生注册商标专用权被侵害时，独占使用许可合同的被许可人可以向人民法院提起诉讼；排他使用许可合同的被许可人可以和商标注册人共同起诉，也可以在商标注册人不起诉的情况下，自行提起诉讼；普通使用许可合同的被许可人经商标注册人明确授权，可以提起诉讼。"

由于三类不同的商标权许可方式中合同双方的权利义务不同，被许可人在商标侵权诉讼中提起诉讼的条件和诉讼地位也有所不同。本解释第四条明确规定了商标侵权诉讼中的利害关系人范围和被许可人的起诉条件，对于统一执法尺度具有指导意义。独占使用许可的被许可人，由于其对被许可使用的注册商标独家使用，商标注册人也因约定不得使用，侵犯该商标权的行为直接、主要地侵害了独占被许可人的利益。所以，独占被许可人依法可以作为原告向法院提起侵权之诉。在排他使用许可合同中，商标注册人与被许可人都可以使用该注册商标，都是商标侵权行为的直接受害人。所以，在发生注册商标专用权被侵害时，他们可以作为共同原告提起诉讼；如果商标注册人由于某种原因不提起诉讼，应当允许排他使用许可合同被许可人自行提起诉讼。前述规定与专利法司法解释的规定和做法基本一致。情况比较特殊的是商标普通使用许可合同被许可人的诉权问题，起草中就其能否单独提起诉讼，争议较大。根据商标主管部门以及商标法专家学者、律师和商标代理人的意见，本解释第四条采纳了"普通使用许可合同的被许可人经商标注册人明确授权，可以提起诉讼"的表述意见。这主要是考虑，一些商标注册人特别是国外的一些在中国注册的商标权人，在国内一般只授权普通许可，遇到侵权行为，国外的商标权人采取法律措施会有比较多的手续，会发生某种延误。这样就有可能损害了被许可人的合法权益。应当为他们提供司法救济手段。但是普通使用许可人的诉权以及在多个普通许可被许可人存在的情况下，如何在诉讼中依法公平合理追究侵权人的民事责任，遇到数个普通被许可人分先后起诉，有的被许可人在法院对先起诉的被许可人判决保护权利后，又对同一被告同一侵权行为起诉等，应当如何处理？在理论上、实践上还没有研究得十分清楚。本解释第四条规定在注册商标权人“明确授权”的情况下，普通使用许可的被许可人可以提起诉讼。这已经与《专利法》利害关系人的起诉规定不同，这无疑对注册商标权和相关的注册人、利害关系人合法权益加大了保护，便于商标使用许可的被许可人运用司法手段制止侵犯商标权行为。但是实行后还会有类似前述的许多实际问题有待于解决。各地的知识产权法官应当加强调研工作，不断解决审判实践中发生的新情况、新问题。

（三）商标使用许可合同的备案与合同的效力

《商标法》第四十条第三款规定，商标使用许可合同应当报商标局备案。这主要是从便于国家商标局对全国商标使用许可情况管理的目的出发，规范商标使用市场，做到及时发现问题，及时纠正解决，更好地维护双方当事人的合法权益。同时商标使用许可合同备案情况，还要通过商标公告向社会公布，使社会便于了解商标使用的情况，也便于消费者选购各类商品。但是实践中仍然存在商标使用许可合同不备案情况，并且不在少数。一旦出现纠纷，一些当事人根据自己的利益，往往以许可合同未经备案主张该合同无效。针对这种情况，本解释第十九条第一款规定，商标使用许可合同未经备案的，不影响该许可合同的效力，但当事人另有约定的除外。这也就是说，人民法院在确认商标使用许可合同的效力时，不因未办理备案手续，而确认该使用许可合同无效；但当事人双方在合同中约定办理备案手续方能生效的，应当依照约定处理。

然而商标使用许可的备案手续，对社会公众，特别是对那些需要与该商标权人进行交易的善意第三人来说，十分重要，是一种了解该商标许可状况、保障交易安全的有效手段。因此，本解释第十九条第二款作出了“商标使用许可合同未在商标局备案的，不得对抗善意第三人”的规定，这就为保护商标许可等合同双方当事人的合法权益，保证交易安全，同时为规范商标许可行为和完善商标许可合同的形式要件，奠定了基础、创造了条件。

所谓善意第三人，是指该商标使用许可合同当事人以外的与商标权人就涉及该商标进行交易的没有过错的当事人。没有过错特别是指，对该项未备案商标使用许可不知情（不知道及不应当知道）的情况。不得对抗，是指在先订立未经备案的商标使用许可合同的效力，不能对抗善意第三人与注册商标人之间就该商标在后所订立合同的效力。也就是说，善意第三人的合法权益应当依法受到保护。例如，在先的商标使用许可合同当事人约定为独占的使用许可合同，但未经备案。在后又订立的商标许可使用合同的被许可人对前一个合同并不知情，属于善意的第三人。在先使用许可合同的被许可人不得因为自己为独占被许可人，而请求确认在后许可合同的被许可人的商标使用无效。

（四）注册商标转让前有关商标使用许可合同的效力

《商标法》第三十九条规定了注册商标的转让和转让的法定手续。这些法定手续主要是：首先，转让人和受让人应当签订转让协议；其次，当事人双方共同向商标局提出申请，受让人应当保证使用该注册商标的商品质量；再次，转让注册商标要经过商标局核准；最后，对转让注册商标情况进行公告，受让人自公告之日起享有商标专用权。注册商标转让公告后，受让人就成为该注册商标的新的注册人或者称新的商标权人。实践中，有的新的商标权人不承认原商标注册人以前曾与他人订立的商标使用许可合同，向法院起诉主张原商标注册人与他人签订的商标使用许可合同无效。这显然不利于已有的商标使用许可合同关系的稳定，可能损害被许可人的合法权益。为此，本解释第二十条规定，注册商标的转让不影响转让前已经生效的商标使用许可合同的效力，但商标使用许可合同另有约定的除外。该条司法解释的规定，肯定了注册商标转让前合法订立的使用许可合同的效力，不能因为注册商标权人的变更而否定其效力，应当依照合同的约定继续履行。该条司法解释也规定了除外的情况，即商标使用许可合同对此另有约定的，依照该约定执行。也就是说，原来的商标使用许可合同约定商标转让终结商标使用合同等条款的，应当按照该约定处理。这充分体现了当事人约定优先的原则。

七、对民事制裁措施的适用

为切实保护注册商标专用权，加大对商标侵权行为的打击力度，规范市场竞争，保护消费者的合法权益，人民法院在审理商标侵权纠纷案件中，可以根据《民法通则》第一百三十四条、《商标法》第五十三条的规定给予民事制裁。

《商标法》第五十三条规定了对侵犯商标权纠纷的处理，其中对由工商行政管理机关认定侵权行为成立的，责令立即停止侵权行为，没收、销毁侵权商品和专门用于制造侵权商品、伪造注册商标标识的工具，并可处以罚款。实践中，一些侵权纠纷直接起诉到人民法院，未依法受到行政制裁，特别是人民法院在依法追究侵权人民事责任外，面对涉案的侵权商品、工具材料等应当采取司法措施进行处理，以保障国家法律的严肃性。鉴于《商标法》对此未作出具体规定，本解释援引了《民法通则》第一百三十四条第三款关于民事制裁的法定规定，即“人民法院审理民事案件，除适用上述规定外，还可以予以训诫、责令具结悔过、收缴进行非法活动的财物和非法所得，并可以依照法律的规定处以罚款、拘留”。本解释第二十一条对此进一步作出解释：“人民法院在审理侵犯注册商标专用权纠纷案件中，依据民法通则第一百三十四条、商标法第五十三条的规定和案件具体情况，可以判决侵权人承担停止侵害、排除妨碍、消除危险、赔偿损失、消除影响等民事责任，还可以作出罚款，收缴侵权商品、伪造的商标标识和专门用于生产侵权商品的材料、工具、设备等财物的民事制裁决定。罚款数额可以参照《中华人民共和国商标法实施条例》的有关规定确定。工商行政管理部门对同一侵犯注册商标专用权行为已经给予行政处罚的，人民法院不再予以民事制裁。”本解释第二十一条不但规定了人民法院对侵犯商标权行为的民事制裁权，还规定了对侵权行为进行民事制裁的具体形式。适用本解释第二十一条的规定，应当把握以下几点：

1. 人民法院依法给予侵权人的民事制裁，应当在审判侵权纠纷的具体案件中。这就是说，法院不对非讼的违法行为实施制裁，而是在审判侵犯商标权民事案件中，行使对侵权人的民事制裁权。

2. 人民法院对侵权人实施民事制裁，要严格依照《民法通则》第一百三十四条、《商标法》第五十三条的规定，这是法院对侵权行为人进行民事制裁的法律依据。同时，还要依照所审判民事案件的具体情况，特别是行为人侵犯商标权行为的具体情况。要根据侵权行为的不同情况，单独或者并用轻重程度不同民事制裁形式。

3. 民事制裁的具体形式包括罚款，收缴侵权商品、伪造的商标标识，专门用于生产侵权商品的材料、工具、设备等财物。

4. 适用民事制裁罚款形式的，罚款数额可以参照《商标法实施条例》的有关规定确定。

5. 工商行政管理部门对同一侵犯注册商标专用权行为已经给予行政处罚的，人民法院不再予以民事制裁。

6. 人民法院对收缴、罚款民事制裁措施的适用，必须经受诉法院院长批准，另行制作民事制裁决定书。被制裁人对决定不服的，在收到决定书的次日起十日内可以向上一级人民法院申请复议一次。复议期间，决定暂不执行。

八、侵犯注册商标专用权的诉讼时效

《民法通则》第一百三十五条规定，向人民法院请求保护民事权利的诉讼时效期间为两年，法律另有规定的除外。《商标法》对保护注册商标专用权的诉讼时效未作特别规定，因此，侵犯注册商标专用权的诉讼时效应当适用《民法通则》前述规定的两年的诉讼时效期间。这一般没有争议。但对两年的诉讼时效规定如何适用，特别是对持续侵权行为诉讼时效期间的适用，多年来一直存在争议。

一种观点认为，已知或者应知侵权行为超过两年不起诉的，不再受法院保护，对此种侵权行为的行为人不能再追究停止侵权、赔偿等民事责任。另一种观点认为，在商标等知识产权有效期间内，权利人已知或者应知的侵权行为超过两年权利人再提起诉讼的，包括侵权行为一直持续进行的和超过两年中断后又实施侵权行为的情形，只要权利人提起诉讼时，所指控的侵权行为正在进行或者不超过两年，受诉法院就应当保护。侵权行为正在实施的，应当判令停止侵权；自起诉时起向前推算两年的权利人损失应当赔偿；超过两年的损失不再受保护。最高人民法院在《专利法》《著作权法》的司法解释中都采纳了第二种观点，本解释也采纳了此种观点。本解释的第十八条规定，侵犯注册商标专用权的诉讼时效为两年，自商标注册人或者利害权利人知道或者应当知道侵权行为之日起计算。商标注册人或者利害关系人超过两年起诉的，如果侵权行为在起诉时仍在持续，在该注册商标专用权有效期限内，人民法院应当判决被告停止侵权行为，侵权损害赔偿数额应当自权利人向人民法院起诉之日起向前推算两年计算。最高人民法院之所以采纳第二种观点，首先是充分考虑了知识产权作为知识财产不同于一般财产的特点，它保护客体的无形性、权利的依法授予或登记性和时间性等，在商标权等知识产权法律规定的有效期间内，都应当受到保护。而其他财产并没有法定的时间性，无须经过国家授权或者登记，权利与物质载体相统一。在适用民法的诉讼时效时不能不顾及知识产权的特点。其次是考虑如果按照第一种观点，会出现许多不合逻辑甚至荒谬结果，当未经许可使用了某项注册商标后，过了两年侵权人也成为商标权人；真正的注册商标权人不但丧失了两年的商标使用费，还要丧失整个商标权。如同未经许可白住他人所有的房屋超过两年，房主不但丧失了两年的房租，整个房产也要归侵权人一样荒谬。这样只能导致鼓励侵权、对知识产权人极不公平。再次是考虑坚持《民法通则》关于诉讼时效的基本规定，对那些放任他人侵权行为，对自己知识产权疏于管理的，超过两年诉讼时效期间，该项知识产权的收益不再保护。坚持上述原则，既能督促知识产权权利人及时行使自己的权利，又不失公平，加强了对知识产权的保护。

九、其他规定

除前述各部分的规定外，本解释还有其他一些规定。本解释第五条规定了对商标注册人办理商标续展的特殊情况下对他人提起侵权诉讼，人民法院的受理问题。根据《商标法》第三十七条和第三十八条的规定，注册商标的有效期为十年。注册商标有效期满，需要继续使用的，应当在期满前六个月内申请续展注册；在此期间未能提出申请的，可以给予六个月的宽展期。从理论上说，宽展期内注册商标权已经超过有效期，商标注册人或者利害关系人在这段时间内提出续展申请、未获核准前，遇有侵犯其商标权行为，向人民法院提起诉讼的，是否应当受理？本解释第五条从有利于保护权利人的实体权利与诉讼权利出发，明确规定商标注册人或者利害关系人在注册商标续展宽展期内提出续展申请，未获核准前，以他人侵犯其注册商标专用权提起诉讼的，人民法院应当受理。这体现了对知识产权给予充分司法保护的立法精神。

本解释的最后两条，第二十三条规定本解释有关商品商标的规定，适用于服务商标。第二十四条规定以前最高人民法院的有关规定与本解释不一致的，以本解释为准。

此外还应当说明，在审判商标权纠纷案件中还有许多法律适用的新问题未作出解释，比如在先权利的问题，因商标授权行政程序可能造成民事纠纷案件诉讼中止等，还要在实践中总结经验、调查研究，留待在今后的法律适用实践中不断总结、解决。

最高人民法院
关于审理注册商标、企业名称与在先权利冲突的民事纠纷案件若干问题的规定

法释〔2008〕3号

(2008年2月18日最高人民法院审判委员会第1444次会议通过 2008年2月18日最高人民法院公告公布 自2008年3月1日起施行)

为正确审理注册商标、企业名称与在先权利冲突的民事纠纷案件，根据《中华人民共和国民事诉讼法》《中华人民共和国民法通则》《中华人民共和国商标法》和《中华人民共和国反不正当竞争法》等法律的规定，结合审判实践，制定本规定。

第一条 原告以他人注册商标使用的文字、图形等侵犯其著作权、外观设计专利权、企业名称权等在先权利为由提起诉讼，符合民事诉讼法第一百零八条规定的，人民法院应当受理。

原告以他人使用在核定商品上的注册商标与其在先的注册商标相同或者近似为由提起诉讼的，人民法院应当根据民事诉讼法第一百一十一条第（三）项的规定，告知原告向有关行政主管机关申请解决。但原告以他人超出核定商品的范围或者以改变显著特征、拆分、组合等方式使用的注册商标，与其注册商标相同或者近似为由提起诉讼的，人民法院应当受理。

第二条 原告以他人企业名称与其在先的企业名称相同或者近似，足以使相关公众对其商品的来源产生混淆，违反反不正当竞争法第五条第（三）项的规定为由提起诉讼，符合民事诉讼法第一百零八条规定的，人民法院应当受理。

第三条 人民法院应当根据原告的诉讼请求和争议民事法律关系的性质，按照民事案件案由规定，确定注册商标或者企业名称与在先权利冲突的民事纠纷案件的案由，并适用相应的法律。

第四条 被诉企业名称侵犯注册商标专用权或者构成不正当竞争的，人民法院可以根据原告的诉讼请求和案件具体情况，确定被告承担停止使用、规范使用等民事责任。

对《最高人民法院关于审理注册商标、企业名称与在先权利冲突的民事纠纷案件若干问题的规定》的理解与适用*

一、问题的提出

《最高人民法院关于审理注册商标、企业名称与在先权利冲突的民事纠纷案件若干问题的规定》（法释〔2008〕3号，以下简称本规定）经最高人民法院审判委员会第1444次会议通过，于2008年2月18日公布，自2008年3月1日起施行。

近年来，涉及商业标识的各类知识产权权利冲突民事纠纷增多，不仅在经济生活中受到广泛的关注，也因为这类案件涉及的一些法律适用问题不明确，成为知识产权审判中的难点和热点。

虽然《商标法》《专利法》有申请注册的商标和授予专利权的外观设计不得与他人在先取得的合法权利相冲突的原则性规定，但在民事诉讼中如何解决有关权利冲突，并没有具体的法律适用标准。知识产权权利冲突既涉及不同知识产权权利主体行使权利的范围和界限，也涉及授权机关有关职能的划分和衔接；不仅涉及各类知识产权纠纷案件的实体审理标准，法律适用的程序性问题也较为突出。在起草本规定的过程中，最高人民法院致力于从实际出发，以解决司法实践中的突出问题为目标，并注意妥善处理好行政权和司法权的关系。

（一）在现行法律规定和适用标准的框架下，解决实践中遇到的突出问题

本规定从当初致力于全面解决所有知识产权的权利冲突，到现在集中关注注册商标、企业名称与其他在先权利之间的冲突；从当初试图在实体上对权利冲突的法律适用予以指引，到如今聚焦注册商标或者企业名称与其他在先权利冲突的程序性问题，反映了本规定不求全面和系统，而只是在现行法律规定和适用标准的框架下，解决实践中遇到的突出问题的指导思想。

---

* 蒋志培、夏君丽，原载《工商行政管理》2008年第8~9期。

在权利冲突专项调研和起草规定的初期，关于“权利冲突”命题的真伪、司法程序和行政程序的衔接等有关问题都曾存在过争议和分歧。关于“权利冲突”的含义、原因及类型，最高人民法院曾在《关于全国部分法院知识产权审判工作座谈会纪要》（法〔1998〕65号）文件中提及：“知识产权权利冲突是反映对争议的智力成果或者标记，原、被告双方均拥有知识产权。造成权利冲突的原因，主要是因为我国对知识产权审查授权的部门不同，这些知识产权授权的最终审查权不在人民法院。”鉴于“权利冲突”的提法已在理论界和司法实践中约定俗成，且有相应的法律规定支撑，如《商标法》第九条就有“申请注册的商标，应当具有显著性，便于识别，不得与他人在先取得的权利相冲突”的规定，因此，本规定沿用了“权利冲突”的提法。本规定的内容之所以没有面面俱到，没有系统地对权利冲突的含义、类型、处理原则、法律适用标准等做全面的规定，除在起草过程中许多问题已形成共识外，还由于其争议的具体的民事法律关系都有相应的法律规范予以调整，最高人民法院也已有一些相应的司法解释，如商标、著作权、专利、不正当竞争、网络著作权、网络域名、植物新品种等司法解释对于有些权利冲突的处理已作明确的规定，没必要再予重复。考虑到各类知识产权各具特点以及我国企业名称登记与商标注册制度的差异，涉及注册商标、企业名称与在先权利冲突的情形较为常见，特别是将他人作品或者企业名称字号注册为商标，或者将他人有一定影响的商标或者企业名称字号作为自己的企业名称和字号，“傍名牌”“搭便车”的行为较为突出，分歧较大，本规定将内容集中在这些权利冲突问题的解决上。

（二）准确把握民事司法处理的定位，妥善处理民事司法与行政处理的关系

在依法审理知识产权权利冲突的案件中，如何处理好司法程序和行政程序的衔接和协调，一直是本规定起草过程中需要解决的重要问题之一。

当不同的权利构成冲突时，人民法院能否直接受理和判定某一经行政程序确认的权利构成对其他权利的侵犯？对此问题曾有三种主要做法和观点：一是行政程序排斥民事诉讼程序。理由是经行政程序获得的民事权利，只能经过行政程序以及与其相对应的行政司法程序才能消灭，法院不宜以民事诉讼解决此类纠纷。例如，原告蜜雪儿开发股份有限公司诉被告蜜雪儿服饰（北京）有限公司侵犯商标专用权、不正当竞争纠纷案中，法院认为：“被告的企业名称是经工商行政管理机关登记和批准，虽该企业名称中的蜜雪儿与原告的注册商标相同，也确实会给普通消费者造成混淆，但如何调整这种关系，目前法无规定，且对企业名称登记的异议不属于人民法院案件管辖的范围，原告可向工商行政管理机关请求。”该案二审法院也认为，当事人双方各自拥有的注册商标专用权和企业名称权理应受到法律的保护。任何一

方当事人在没有启动行政撤销程序的情况下，即以自己享有的民事权利作为诉权基础控告对方当事人享有的民事权利的内容侵犯其权利均是缺少法律依据和有悖法理的。当事人对这类权利冲突的异议应先到有关行政管理部门申请解决。二是行政程序前置，即有条件地维护行政程序的优先性，在一定的期限内行政程序未能解决的，由司法程序依据诚信原则和保护在先权利原则作出裁决。最高人民法院法《关于全国部分法院知识产权审判工作座谈会纪要》（〔1998〕65号）曾指出："人民法院受理的知识产权纠纷案件或者其他民事纠纷案件中，凡涉及权利冲突的，一般应当由当事人按照有关知识产权的撤销或者无效程序，请求有关授权部门先解决权利冲突问题后，再处理知识产权侵权纠纷或者其他民事纠纷案件。经过撤销或者无效程序未能解决权利冲突的，或者自当事人请求之日起三个月内有关授权部门未作出处理结果且又无正当理由的，人民法院应当按照《民法通则》规定的诚实信用原则和保护公民、法人合法的民事权益原则，依法保护在先授予的权利人或者在先使用人享有继续使用的合法的民事权益。"三是民事诉讼程序不受行政程序的影响，即不考虑涉及冲突的权利是否经行政程序取得以及是否提请行政程序解决争议，而是将其直接纳入民事诉讼的范畴，不再设置行政程序优先的限制。如2002年北京市高级人民法院《关于商标与使用企业名称冲突纠纷案件审理中若干问题的解答》（京高法〔2002〕357号）指出："当事人因注册商标与使用企业名称发生冲突引起纠纷向人民法院起诉的，经审查符合民事诉讼法第一百零八条规定的，人民法院应予受理。"

最高人民法院在不同时期针对此类案件所提出的司法政策和进行的业务指导，大体上也反映了这种认识深化和实践变化的过程。例如，除上述《关于全国部分法院知识产权审判工作座谈会纪要》采取了行政程序有条件的优先政策外，2005年2月17日，最高人民法院〔2004〕民三他字第10号函指出，对涉及注册商标授权争议的注册商标专用权权利冲突纠纷，人民法院不予受理，告知原告向有关行政主管机关申请解决。本规定则根据当前的审判实际和理论研究成果，将涉及商业标识的权利冲突纠纷，除注册商标之间的冲突外，均纳入民事诉讼的范围，"不需要以行政处理为前置条件"。[①]

① 转引自原最高人民法院副院长曹建明2008年2月19日在第二次全国法院知识产权审判工作会议上的《求真务实，锐意进取，努力建设公正高效权威的知识产权审判制度》讲话。曹副院长在讲话中指出："有工商登记的合法形式，但实体上构成商标侵权或者不正当竞争的，既不需要以行政处理为前置条件，也不应当因行政处理而中止诉讼。"

（三）兼顾程序与实体问题

本规定条文不多，但内容丰富。它既涉及此类权利冲突案件的受理问题，又涉及实体法的适用问题。它以多部法律为制定依据，并指引多部法律的具体适用。它综合考虑了企业名称与在先权利冲突争议的受理，以及如何确定“注册商标、企业名称与在先权利冲突的民事纠纷案件”的案由等程序性问题，又考虑了此类权利冲突涉及不同的侵权或者不正当竞争行为，应按照相应的实体法进行调整，还考虑了此类案件既适用有关法律对民事责任的一般规定，又具有特殊情况和具体问题等诸多情形。

二、理解

（一）关于注册商标与在先权利冲突民事纠纷的受理

1. 注册商标与注册商标以外的其他在先权利冲突的受理问题

本规定第一条第一款以例示的方式，规定了注册商标与在先权利冲突民事纠纷的受理问题，此类在先权利除条文中列举的著作权、外观设计专利权、企业名称权外，还包括《反不正当竞争法》规定的知名商品的特有名称、包装、装潢、域名以及其他在先权利，未予全部列举，实践中可根据案件具体情况进行把握。

本规定第一条第一款之所以将注册商标与他人在先的著作权、外观设计专利权、企业名称权等相冲突的民事纠纷纳入民事诉讼的范围，且不受行政程序的影响，主要是因为知识产权无论是否经过行政程序取得，其相互之间的冲突都可以归为民事争议的范畴，人民法院原则上都可以依法受理。特别是有的行政程序的启动还需要以司法程序的结论作为前提条件。例如，《专利法实施细则》第六十五条第（三）项规定：“以授予专利权的外观设计与他人取得的合法权利相冲突为理由请求宣告外观设计专利权无效，但是未提交生效的能够证明权利冲突的处理决定或者判决的，专利复审委员会不予受理。”

该条款规定的侵权行为，只针对已注册的商标使用了他人在先作品、外观设计专利、企业名称字号等而侵犯在先权利的行为，不包括将他人在先的作品、外观设计、企业名称字号等作为商标提出注册申请，但尚未经核准注册的申请行为。这种单纯的申请注册行为不属于民事侵权行为，由此产生的争议不属于民事诉讼的范围。对此，最高人民法院〔2005〕民三监字第2号函曾指出：“在商标授权程序中，当事人仅因他人申请注册商标时使用其作品而主张保护著作权的，应通过商标法规定的异议等救济程序解决。在已提出异议的情况下，当事人又以他人使用其作品申请注册商标并获初审公告的行为构成侵权为由，提起民事诉讼的，人民法院不宜受理。”这主要是考虑，注册商标申请行为虽然使用了他人作品等，但注册商标是依申请而启动的行政行为，构成行政行为的一部分，该申请行为在法律性质上属于启动行政程序的行为，纯粹为启动行政程序而使用他人作品等的行为，不同于通常的商业使用，不属于民法意义上的使用行为。倘若将该行为纳入民事诉讼范围，民事诉讼所审理的必然是行政程序启动行为的合法性，必将使行政程序无法进行，且其审理的结果也将直接预决行政程序的结论，使商标注册程序形同虚设。此外，对于申请注册商标侵犯在先权利的情形，商标法设置了异议、评审和司法审查的救济程序，在先权利可据此获得保护。

2. 关于两个注册商标之间的权利冲突不予受理问题

本规定第一条第二款前段规定对于注册商标之间的权利冲突民事纠纷不予受理，是“考虑到现行商标法设置了较为完善的法律救济程序，且为维护现行的商标全国集中授权制度”。[①] 根据《商标法》第四十一条的规定，对已经注册的商标有争议的，当事人可通过商标争议程序获得相应的救济。如果商标行政评审发生失当，还可以依法进行行政诉讼。当前，司法实践中基本上采取不以民事侵权纠纷受理的做法，如最高人民法院于 2005 年 2 月在给江苏省高级人民法院请示的答复（〔2004〕民三他字第 10 号函）中也曾明确：“根据民事诉讼法第一百一十一条第（三）项、商标法第三十条、第四十一条的规定，对涉及注册商标授权争议的注册商标专用权权利冲突纠纷，告知原告向有关行政主管机关申请处理，人民法院不予受理。”

在适用该条款的规定时，应注意以下问题：

（1）准确把握本款规定适用的对象和范围。按照本款规定，人民法院不予受理的只是两个注册商标之间产生的冲突争议，即被控侵权商标已经核准注册（领取商标注册证），且被控侵权行为是在核定使用的商品或者服务上使用该核准注册的商标。如果超越授权使用的范围，则不在此限。例如，江苏省高级人民法院在二审审理江苏振泰机械织造公司诉泰兴市同心纺织机械有限公司商标侵权和不正当竞争案件中，认为振泰公司与同心公司均各自拥有一个合法注册的商标，且并未发现两者有超越授权范围使用商标的行为。振泰公司若主张权利，根据我国《商标法》的规定，应向有关行政主管机关申请处理，人民法院对此类纠纷不应受理，一审法院受

---

① 转引自原最高人民法院副院长曹建明 2008 年 2 月 19 日在第二次全国法院知识产权审判工作会议上的《求真务实，锐意进取，努力建设公正高效权威的知识产权审判制度》讲话。

理两个注册商标之间的民事纠纷不当。裁定撤销一审判决，驳回振泰公司就同心公司使用“真泰 ZT”商标侵犯其“振泰 ZT”注册商标专用权的起诉。

（2）本条款的规定不适用于尚在注册程序当中的商标的商业使用行为。当事人虽已提出商标的注册申请，但该商标并未由商标行政主管机关核准注册，他人对该使用行为可以提起民事诉讼。例如，2006 年 8 月，最高人民法院二审审理了中国粮油食品（集团）有限公司与北京嘉裕东方葡萄酒有限公司、开心公司商标侵权纠纷一案，该案争议的被控侵权商标“嘉裕长城”系被告开心公司已向商标局提出注册申请、尚未获准注册的商标。该商标已经初审公告，中粮公司也已针对该商标向国家商标局提出异议，但开心公司已许可嘉裕公司在葡萄酒产品上实际使用。在此，法院审理的不是商标注册过程中的行政争议，而是因实际使用行为而产生的民事争议，该民事争议是基于商标侵权行为而产生的，所依据的是侵权行为产生的民事法律关系，并不因被控侵权商标处于异议阶段而受到影响。

3. 滥用注册商标专用权行为的受理问题

本规定第一条第二款但书部分规定：“原告以他人超出核定商品的范围或者以改变显著特征、拆分、组合等方式使用的注册商标，与其注册商标相同或者近似为由提起诉讼的，人民法院应当受理。”这是指对于超出注册商标专用权范围使用的注册商标之间的冲突，人民法院可以作为民事案件予以受理。《商标法》第五十一条规定：“注册商标的专用权，以核准注册的商标和核定使用的商品为限。”商标专用权范围既是商标注册人行使权利的根据，也是对其进行保护的界限。超出注册商标专用权的范围，本质上是滥用注册商标专用权。滥用注册商标专用权的行为，不再是正当行使专用权的行为，不能阻却侵权行为的构成。特别是，实践中一些当事人正是通过恶意的滥用行为，投机取巧和鱼目混珠，侵犯他人在先注册商标专用权。例如，天津市法院审理的侵犯商标专用权纠纷一案中，被告分别申请注册了竖排的“王宫”“朝臣”两个文字注册商标，同时将其并列使用在葡萄酒的瓶贴上。按照汉字的阅读习惯，两个注册商标从左至右就阅读成了“王朝”，使消费者对产品提供者产生误认。在另一起上海市法院审理的博内特里塞文奥勒有限公司诉上海梅蒸服饰有限公司等侵犯注册商标专用权和不正当竞争纠纷一案中，被告核准注册使用在第 25 类上的商标由“梅蒸”中文文字、拼音字母“Meizheng”和花瓣图形组成，花瓣图形和“梅蒸”中文文字分别位于连体的“梅蒸”拼音字母的“Mei”和“zheng”之上。被告在生产销售的上装的衣领标、衬内标有“梦特娇·梅蒸”标志，上装的左胸标有“梅蒸”拼音字母与花瓣图形标志，且将“梅蒸”拼音字母的颜色选择为服装衣料的颜色，将花瓣的颜色突出。被告的这种实际使用方式已改变了其注册商标的显著特征，与原告注册在同类服装上的“梦特娇”文字注册商标和“花图形”商标相比，“梅蒸”商标中的花瓣图形与“花图形”中的花瓣相同，仅缺少了花瓣下面的叶和茎。这些将注册商标超出核定使用的范围用于其他类别的商品或者服务，或者在同一商品上组合使用两个注册商标，或者将注册商标的图形等变形使用，改变其显著特征的使用方式，已不属于《商标法》保护的商标专用权的范围，造成与他人的注册商标相同或者近似，具有明显的攀附他人商标声誉的主观意图。因此，本规定第一条第二款的“但书”部分，规定了由此引发的纠纷，人民法院应当受理。

（二）关于企业名称之间冲突纠纷的解决

将他人的注册商标中的文字或者将他人知名的企业名称字号登记注册企业名称，是俗称的“傍名牌”的主要形式。本规定第二条的规定，主要针对擅自登记使用他人具有一定知名度的企业名称（包括字号）行为，解决了企业名称之间的权利冲突纠纷的受理问题。

对该条的规定可从以下几个方面理解：

1. 企业名称包括“字号”

根据《企业名称登记管理规定》，国内的企业名称必须经企业名称登记主管部门核准注册。企业名称由行政区划、字号、行业或者经营特点、组织形式构成，其中字号最具识别意义，使用具有一定知名度的企业名称字号与使用企业名称产生同样的结果，且经济生活中涉及企业名称的仿冒行为或者权利冲突，通常都是因为使用企业名称中的字号而引起。因为最高人民法院在2007年1月公布的《关于审理不正当竞争民事案件应用法律若干问题的解释》已规定“具有一定市场知名度，为相关公众所知悉的企业名称中的字号，可以认定为反不正当竞争法第五条第（三）项规定的企业名称”，本规定第二条所称的企业名称包括这种字号，只是为避免重复，未再将“字号”单列于企业名称之外。

2. 企业名称的反不正当竞争保护与知名度直接相关

由于企业名称实行分级登记管理，《企业名称登记管理规定》只要求登记的企业名称在登记主管机关辖区内不得与已登记注册的同行业企业名称相同或者近似，并不涉及辖区外的企业名称。因此，在这种情况下，在辖区不同的工商行政管理机关登记的企业名称出现字号相同或者近似的情形在所难免。但是当某一企业名称字号的知名度超出登记注册机关的辖区时，对其名称的反不正当竞争保护就应超出登记注册的辖区范围，在其知名度的区域内给予保护，以制止擅自登记使用他人具有知名度的企业名称字号，造成市场混淆和利用他人声誉的不正当竞争行为。换言之，知名度超出登记机关辖区的，在其知名地域内受《反不正当竞争法》的保护。

3. 本条的程序规定中蕴含了实体规定

本条虽然是关于两个企业名称之间的冲突案件的受理的规定，但条文中引用了《反不正当竞争法》第五条第（三）项的规定，主要目的有两个，一是对于企业名称受到他人侵害而寻求司法保护的当事人提供提起诉讼的实体法指引；二是指明人民法院对此类纠纷的审理，在实体法上应适用《反不正当竞争法》第五条第（三）项的规定，从而为两个企业名称之间冲突纠纷提供了适用的法律依据。

4. 此类纠纷应统一作为知识产权纠纷案件受理

对于企业名称权纠纷按照一般的民事案件受理，还是按照不正当竞争纠纷受理，以前曾有过不同认识。虽然《民法通则》对于企业名称的保护作出了基本规定，但这是基于法人人身权的保护，而在市场经营活动中，企业名称更是市场主体的营业标识，可以起到识别商品或者服务来源的作用，具有商号权意义。《反不正当竞争法》第五条第（三）项将"擅自使用他人的企业名称或者姓名，引人误认为是他人的商品"规定为不正当竞争行为，就是从营业标识（商号）保护的角度，制止造成市场混淆的行为。在国际上，商号权是一种重要的知识产权，国外也是普遍将商号权冲突的纠纷纳入知识产权纠纷案件的范围。鉴此，最高人民法院2008年公布的《民事案件案由规定》将"侵犯企业名称（字号）权纠纷""擅自使用他人企业名称、姓名纠纷"分别作为第三级和第四级案由予以规定，纳入"知识产权纠纷"当中，为将此类案件统一作为知识产权案件受理提供了依据。

（三）关于权利冲突民事案件案由的确定

案由的确定实质是对争议的法律关系的定性。审理知识产权权利冲突的民事纠纷案件，涉及不同的法律规范，法律关系相对较为复杂。准确界定争议的法律关系的性质，概括诉讼争议所包含的法律关系，是正确适用法律的前提。本规定中提及的"注册商标、企业名称与在先权利冲突的民事纠纷案件"只是对于此类纠纷共同特征的描述，并未反映出其所涉及具体法律关系的属性，不能作为案由。因此，本规定第三条规定："人民法院应当根据原告的诉讼请求和争议民事法律关系的性质，按照民事案件案由规定，确定注册商标或者企业名称与在先权利冲突的民事纠纷案件的案由，并适用相应的法律。"

例如，在涉及注册商标专用权与企业名称权相冲突的案件中，如果原告起诉被告将与原告注册商标相同或者相近似的文字作为企业的字号在相同或者类似的商品上使用时，要根据其构成侵犯注册商标专用权还是不正当竞争，将其案由确定为"侵犯注册商标专用权纠纷"或者"不正当竞争纠纷"。又如，涉及企业名称之间的权利冲突的案件，原告请求依据《反不正当竞争法》第五条规定保护其企业名称权的，案由可以确定为“擅自使用他人企业名称纠纷”。

2008年2月4日，最高人民法院公布了《民事案件案由规定》，并于2008年4月1日起施行。[①] 该民事案由规定对各类知识产权民事纠纷案件的案由作出了全面的规定，将“知识产权纠纷”作为一级案由，将与知识产权有关的“知识产权合同纠纷”“知识产权权属、侵权纠纷”“不正当竞争、垄断纠纷”作为3个二级案由，并相应设置了33个三级案由和86个四级案由。与原来试行的民事案由相比，现行案由规定法律关系更为清晰、准确，体系更为完整，为准确确定知识产权民事案件，特别是涉及知识产权权利冲突的民事纠纷案件提供了依据。

（四）关于被诉企业名称构成侵权应承担民事责任的方式

《民法通则》和有关知识产权法律对侵权行为应承担民事责任的方式作出了规定，在审理注册商标、企业名称与在先权利冲突的民事纠纷案件时，可以根据案件具体情况，确定相应的民事责任。考虑被诉企业名称构成侵犯商标专用权或者不正当竞争行为时需要纠正不当使用的企业名称或字号，因此，依据法律规定的“停止侵害”的责任方式，本规定第四条规定：“被诉企业名称侵犯注册商标专用权或者构成不正当竞争的，人民法院可以根据原告的诉讼请求和案件具体情况，确定被告承担停止使用、规范使用等民事责任。”这里的“规范使用”，主要是针对突出使用企业名称中的字号，侵犯他人注册商标专用权的行为，人民法院可以责令行为人以规范的方式使用、不得突出使用等。本规定中的“等”还包括了承担民事责任的其他方式。

审判实践中，对于企业名称构成侵权的，有的法院判令侵权行为人变更字号。如2006年2月，上海市第一中级人民法院对原告宁波欧琳厨具有限公司与被告上海欧琳电器有限公司等商标侵权及不正当竞争一案作出判决，由于被告将与原告注册商标相同的文字“欧琳”登记为企业名称中的字号，并在相同或者类似商品上使用，其行为足以使相关公众误认为被告与原告存在特定的联系，进而将两者的产品混为来源于同一市场主体，据此判令被告变更企业名称，变更后的企业名称中不得包含有“欧琳”文字。这些探索是有益的，在有些案件中采用这种责任方式也是必要的。特别是一些法院对这种民事责任的强制执行方式也作出了明确规定，进行了有效的探索，甚至一些地方性法规也作出相应规定。2005年9月1日起施行的《上

---

① 该规定已于2011年2月18日由最高人民法院法〔2011〕41号《关于修改〈民事案件案由规定〉的决定》修正。——编者注。

海市企业名称登记管理规定》第十四条、第十六条规定："人民法院判决企业停止使用登记注册的企业名称，并向登记机关发出《协助执行通知书》的，登记机关应当通知该企业在三个月内申请办理企业名称变更登记。""企业未按照本规定第十四条申请办理企业名称变更登记的，登记机关可以对该企业处以五千元以上五万元以下的罚款。"在本规定调研起草过程中，国家工商行政管理总局支持法院可以直接判令当事人申请变更企业名称。

无论适用哪一种承担民事责任的方式，对于判决停止使用而当事人拒不执行的，人民法院要加大强制执行和相应的损害赔偿救济力度。

三、适用

（一）审理注册商标、企业名称与在先权利冲突民事案件的基本原则

经过多年的审判实践，人民法院逐步确立了审理知识产权权利冲突案件所应遵循的诚实信用、维护公平竞争和保护在先权利等基本原则，并运用这些原则较好地审理了一大批涉及知识产权权利冲突的案件。这些原则已被广泛接受和普遍适用。原最高人民法院副院长曹建明在第二次全国法院知识产权审判工作会议上明确要求："审理这类知识产权权利冲突案件，要遵循诚实信用、维护公平竞争和保护在先权利等原则。"本规定没有将这些原则再作专门规定，各级人民法院要在审理此类案件中继续坚持和贯彻。

（二）形式合法与侵权认定的关系

涉及商业标识冲突的知识产权权利，一般都经过依法登记、注册，具有合法的形式，因此，在判决此类纠纷案件是否构成侵权时，就需要处理好权利的形式合法与侵权认定的关系。即使相关权利都有合法的形式，但是在权利行使过程中产生冲突，就要透过形式看本质，依据冲突本质对是否构成侵权作出认定，不能使形式合法成为侵权行为可以产生或者继续的依据。原最高人民法院副院长曹建明在第二次全国法院知识产权审判工作会议的讲话中指出："有工商登记的合法形式，但实体上构成商标侵权或者不正当竞争的，依法认定构成商标侵权或者不当竞争。"

（三）商标侵权与不正当竞争行为的认定问题

本规定着重解决了注册商标与在先权利之间、注册商标之间、企业名称之间的权利冲突纠纷的受理，除此之外，权利冲突还多发生在企业名称与在先注册商标之间。本规定未对此专门予以规定，主要是因为对此类纠纷的处理已形成共识。2002年10月，最高人民法院公布了《关于审理商标民事纠纷案件适用法律若干问题的

解释》，该解释第一条第（一）项将“将与他人注册商标相同或者相近似的文字作为企业的字号在相同或者类似商品上突出使用，容易使相关公众产生误认的”行为解释为《商标法》第五十二条第（五）项规定的“给他人的注册商标专用权造成其他损害的行为”。2005 年 2 月，最高人民法院〔2004〕民三他字第 10 号函又明确指出：“对违反诚实信用原则，使用与他人注册商标中的文字相同或者近似的企业字号，足以使相关公众对其商品或者服务的来源产生混淆的，根据当事人的诉讼请求可以依照《民法通则》有关规定以及《反不正当竞争法》第二条第一、二款规定，审查是否构成不正当竞争行为，追究行为人的民事责任。”上述司法解释和批复分别针对将他人注册商标相同或者近似的文字作为企业名称突出使用、正常使用的行为作出了规定。实践中，要根据侵权行为的具体表现和相关规定，对这类侵权行为的性质作出认定，并适用相应的法律。原最高人民法院副院长曹建明在第二次全国法院知识产权审判工作会议的讲话中指出：“企业名称因突出使用而侵犯在先注册商标专用权的，依法按照商标侵权行为处理；企业名称未突出使用但其使用产生市场混淆，违反公平竞争的，依法按照不正当竞争处理。”

（四）关于是否需要中止案件的审理

对于注册商标、企业名称与在先权利冲突纠纷案件受理后是否中止诉讼，本规定并未涉及。原最高人民法院副院长曹建明在第二次全国法院知识产权审判工作会议的讲话中指出：“审理权利冲突案件，要遵循诚实信用、维护公平竞争和保护在先权利等原则，有工商登记的合法形式，但实体上构成商标侵权或者不正当竞争的，既不需要以行政处理为前置条件，也不应当因行政处理而中止诉讼。”各级法院应根据讲话要求，受理权利冲突案件后，在查明案件事实的基础上，适用相关法律，依法作出裁判，不需要中止诉讼。

（五）境外注册的企业名称侵权认定的问题

依法登记注册的企业名称即使有合法形式，但构成侵权，应依法认定并作出处理。这既针对国内登记注册的企业名称，也针对在中国境外取得的企业名称。“在中国境外取得的企业名称等，即使其取得程序符合境外的法律规定，但在中国境内的使用行为违反我国法律和扰乱我国市场经济秩序的，按照知识产权的独立性和地域性原则，依照我国法律认定其使用行为是否构成商标侵权或者不正当竞争。”①

---

① 原最高人民法院副院长曹建明 2008 年 2 月 19 日在第二次全国法院知识产权审判工作会议上的《求真务实，锐意进取，努力建设公正高效权威的知识产权审判制度》讲话。

（六）关于历史原因形成的权利冲突的审理问题

对于一些具有复杂历史因素的知识产权权利冲突案件，在坚持诚实信用、维护公平竞争和保护在先权利等原则的基础上，不能脱离历史简单裁判。原最高人民法院副院长曹建明在第二次全国法院知识产权审判工作会议上指出："对于因历史原因造成的注册商标与企业名称的权利冲突，当事人不具有恶意的，应当视案件具体情况，在考虑历史因素和使用现状的基础上，公平合理地解决冲突，不宜简单地认定构成商标侵权或者不正当竞争。"

这些原则和因素，在一些案件的审判中得到了较好的体现。例如，上海市第二中级人民法院审理的原告杭州张小泉集团诉上海张小泉刀剪总店、上海张小泉刀剪制造公司商标侵权及不正当竞争案。原告杭州张小泉集团拥有"张小泉牌"和"张小泉"注册商标，其"张小泉牌"商标被认定为驰名商标。被告之一刀剪总店成立于1956年，其名称"上海张小泉刀剪总店"1993年被授予"中华老字号"，被告刀剪总店与他人投资开设被告之二刀剪制造公司，并占90%的股份。一审法院经审理认为，原告注册商标的取得晚于被告刀剪总店企业名称的使用。根据保护在先权利的原则，刀剪总店使用企业名称不构成对原告注册商标的侵犯。同样根据诚实信用原则，原告不能以在后取得驰名商标对抗使用在先的企业名称。刀剪总店突出使用"张小泉"或者"上海张小泉"，与其企业名称一同发生，有历史演变的过程。结合特定的历史背景，从公平和诚实信用原则出发，不认定突出使用构成商标侵权和不正当竞争。但为了规范市场，避免混淆，应在商品、服务上规范使用经核准登记的企业名称。被告刀剪制造公司是刀剪总店的延伸和发展，其使用"张小泉"字号属合理使用，不构成侵权，但股东不得在企业转让、投资等行为中再扩展使用，不持股份时，刀剪公司不得再使用"张小泉"文字。上海市高级人民法院也认为，"本案形式上是张小泉牌、张小泉商标与张小泉字号的权利冲突案件，实质上是在计划经济体制下取得的民族传统品牌及老字号在市场经济条件下应当如何规范使用和公平竞争的案件。由于本案涉及众多历史因素，因此，应当在充分考虑和尊重相关历史因素的前提下，根据公平、诚实信用、保护在先权利的法律原则，公平合理地解决本案争议，以促进张小泉这一民族传统品牌和老字号的健康发展。"上海法院对该案的处理并未简单地根据使用和注册登记的时间先后而认定哪一方构成商标侵权或者不正当竞争，也未简单地根据现行司法解释规定而认定商标权侵权，而是充分考虑了历史、现状和公平合理三要素，既使当事人双方相安无事继续使用，又按照现状提出了规范使用的要求。

再如，在另一起金华火腿商标侵权案中，对涉及的注册商标与原产地域产品名称冲突，法院同样认为，应按照诚实信用、尊重历史以及权利与义务平衡的原则予以解决。“金华火腿”有着悠久的历史，品牌的形成凝聚着金华地区几十代人的心血和大量工作。在我国，权利人的注册商标专用权与原产地域产品均受法律保护，只要权利人依照相关规定使用均属合法、合理。法院判决原告不能禁止被告合理使用“金华火腿”原产地域产品名称及其专用标志；被告也必须严格依照国家的规定，规范使用原产地域产品名称及其专用标志，尊重原告的商标专用权，避免与原告的注册商标发生冲突。

最高人民法院
关于审理涉及驰名商标保护的民事纠纷案件应用法律若干问题的解释

法释〔2009〕3号

（2009年4月22日最高人民法院审判委员会第1467次会议通过　2009年4月23日最高人民法院公告公布　自2009年5月1日起施行）

为在审理侵犯商标权等民事纠纷案件中依法保护驰名商标，根据《中华人民共和国商标法》《中华人民共和国反不正当竞争法》《中华人民共和国民事诉讼法》等有关法律规定，结合审判实际，制定本解释。

第一条　本解释所称驰名商标，是指在中国境内为相关公众广为知晓的商标。

第二条　在下列民事纠纷案件中，当事人以商标驰名作为事实根据，人民法院根据案件具体情况，认为确有必要的，对所涉商标是否驰名作出认定：

（一）以违反商标法第十三条的规定为由，提起的侵犯商标权诉讼；

（二）以企业名称与其驰名商标相同或者近似为由，提起的侵犯商标权或者不正当竞争诉讼；

（三）符合本解释第六条规定的抗辩或者反诉的诉讼。

第三条　在下列民事纠纷案件中，人民法院对于所涉商标是否驰名不予审查：

（一）被诉侵犯商标权或者不正当竞争行为的成立不以商标驰名为事实根据的；

（二）被诉侵犯商标权或者不正当竞争行为因不具备法律规定的其他要件而不成立的。

原告以被告注册、使用的域名与其注册商标相同或者近似，并通过该域名进行相关商品交易的电子商务，足以造成相关公众误认为由，提起的侵权诉讼，按照前款第（一）项的规定处理。

第四条　人民法院认定商标是否驰名，应当以证明其驰名的事实为依据，综合考虑商标法第十四条规定的各项因素，但是根据案件具体情况无需考虑该条规定的全部因素即足以认定商标驰名的情形除外。

第五条 当事人主张商标驰名的，应当根据案件具体情况，提供下列证据，证明被诉侵犯商标权或者不正当竞争行为发生时，其商标已属驰名：

（一）使用该商标的商品的市场份额、销售区域、利税等；

（二）该商标的持续使用时间；

（三）该商标的宣传或者促销活动的方式、持续时间、程度、资金投入和地域范围；

（四）该商标曾被作为驰名商标受保护的记录；

（五）该商标享有的市场声誉；

（六）证明该商标已属驰名的其他事实。

前款所涉及的商标使用的时间、范围、方式等，包括其核准注册前持续使用的情形。

对于商标使用时间长短、行业排名、市场调查报告、市场价值评估报告、是否曾被认定为著名商标等证据，人民法院应当结合认定商标驰名的其他证据，客观、全面地进行审查。

第六条 原告以被诉商标的使用侵犯其注册商标专用权为由提起民事诉讼，被告以原告的注册商标复制、摹仿或者翻译其在先未注册驰名商标为由提出抗辩或者提起反诉的，应当对其在先未注册商标驰名的事实负举证责任。

第七条 被诉侵犯商标权或者不正当竞争行为发生前，曾被人民法院或者国务院工商行政管理部门认定驰名的商标，被告对该商标驰名的事实不持异议的，人民法院应当予以认定。被告提出异议的，原告仍应当对该商标驰名的事实负举证责任。

除本解释另有规定外，人民法院对于商标驰名的事实，不适用民事诉讼证据的自认规则。

第八条 对于在中国境内为社会公众广为知晓的商标，原告已提供其商标驰名的基本证据，或者被告不持异议的，人民法院对该商标驰名的事实予以认定。

第九条 足以使相关公众对使用驰名商标和被诉商标的商品来源产生误认，或者足以使相关公众认为使用驰名商标和被诉商标的经营者之间具有许可使用、关联企业关系等特定联系的，属于商标法第十三条第一款规定的“容易导致混淆”。

足以使相关公众认为被诉商标与驰名商标具有相当程度的联系，而减弱驰名商标的显著性、贬损驰名商标的市场声誉，或者不正当利用驰名商标的市场声誉的，属于商标法第十三条第二款规定的“误导公众，致使该驰名商标注册人的利益可能受到损害”。

第十条 原告请求禁止被告在不相类似商品上使用与原告驰名的注册商标相同或者近似的商标或者企业名称的，人民法院应当根据案件具体情况，综合考虑以下因素后作出裁判：

（一）该驰名商标的显著程度；

（二）该驰名商标在使用被诉商标或者企业名称的商品的相关公众中的知晓程度；

（三）使用驰名商标的商品与使用被诉商标或者企业名称的商品之间的关联程度；

（四）其他相关因素。

第十一条 被告使用的注册商标违反商标法第十三条的规定，复制、摹仿或者翻译原告驰名商标，构成侵犯商标权的，人民法院应当根据原告的请求，依法判决禁止被告使用该商标，但被告的注册商标有下列情形之一的，人民法院对原告的请求不予支持：

（一）已经超过商标法第四十一条第二款规定的请求撤销期限的；

（二）被告提出注册申请时，原告的商标并不驰名的。

第十二条 当事人请求保护的未注册驰名商标，属于商标法第十条、第十一条、第十二条规定不得作为商标使用或者注册情形的，人民法院不予支持。

第十三条 在涉及驰名商标保护的民事纠纷案件中，人民法院对于商标驰名的认定，仅作为案件事实和判决理由，不写入判决主文；以调解方式审结的，在调解书中对商标驰名的事实不予认定。

第十四条 本院以前有关司法解释与本解释不一致的，以本解释为准。

《关于审理涉及驰名商标保护的民事纠纷案件应用法律若干问题的解释》的理解与适用*

一、问题的提出

《最高人民法院关于审理涉及驰名商标保护的民事纠纷案件应用法律若干问题的解释》（法释〔2009〕3号，以下简称本解释）经最高人民法院审判委员会第1467次会议通过，于2009年4月23日公布，自2009年5月1日起施行。

2001年修改的《商标法》明确规定了对驰名商标的保护。经过近七年的司法实践，驰名商标的司法保护积累了丰富的经验，取得了显著的成效，但也存在一些新情况和新问题。特别是由于各种经济因素、社会环境和思想观念的影响，"神化"和"异化"驰名商标的现象时有发生，一些当事人试图通过司法认定驰名商标达到其不适当的商业目的，使驰名商标司法保护非正常地承载了其他的意义。对司法保护中的一些问题，当事人、社会公众和一些审判人员还存在一些模糊甚至错误的认识，如对驰名商标法律制度设立的目的认识不清、驰名商标司法认定的范围模糊、驰名商标司法认定和保护范围的标准和尺度不统一等。如何依法加强保护符合法定条件的驰名商标，同时防止不正当地将驰名商标认定当作单纯追逐荣誉称号等消极现象的发生，已成为当前司法认定驰名商标面对的迫切任务。

最高人民法院一直非常重视驰名商标的司法保护，分别在《关于审理涉及计算机网络域名民事纠纷案件适用法律若干问题的解释》（2001年7月17日发布）和《关于审理商标民事纠纷案件适用法律若干问题的解释》（2002年10月16日起施行）中，对在审理计算机网络域名和商标民事纠纷案件中认定和保护驰名商标问题作出了一些规定：通过多年坚持不懈的努力，逐步建立了驰名商标个案认定、因需认定，事实认定等基本制度。通过采取一系列司法政策，明确了认定的条件、适用范围、认定标准等，并不断加强对下级法院司法认定和保护驰名商标的指导和监督，如建立了驰名商标生效法律文书的备案制度等。为进一步总结审判经验，完善

---

* 夏君丽，原载《人民司法·应用》2009年第13期。

人民法院对驰名商标的司法保护制度，增强司法保护的权威性和公信力，维护公平竞争的市场经济秩序，积极服务国家经济发展大局，最高人民法院启动了本解释的起草工作。

二、理解

（一）驰名商标的概念

《商标法》未对驰名商标的内涵作出规定，只是对驰名商标认定应考虑的因素作了列举。对于驰名商标的界定，存在着两种思路：一是仅考虑商标本身的知名度，而不考虑其声誉情况；二是不仅考虑商标本身的知名度，还要考虑其市场声誉，即应当具有良好的市场声誉（美誉）。从我国已往的实际情况来看，基本上采取的是后一种思路。本解释第一条根据我国执法实际，并参考《巴黎公约》和《与贸易有关的知识产权协定》中使用的 well-known trademark 的概念，对驰名商标的地域范围、知晓程度作出界定，规定“本解释所称驰名商标，是指在中国境内为相关公众广为知晓的商标”。该条规定虽未将市场声誉明确地纳入驰名商标的定义之内，但将其作为认定商标驰名的事实之一，在本解释第五条第一款第（五）项中作出了规定，更符合驰名商标的立法本意。

按照商标权的地域性原则，认定驰名商标必须以商标在中国境内驰名为必要，在中国境外驰名而在中国境内不驰名的商标，不能仅仅根据其在境外的驰名情况而在中国境内受到驰名商标保护。条文中的“中国境内”是司法辖区概念，而不是主权区域概念，是指中国的司法区域范围，也即中国的司法管辖权地域范围。

商标是否驰名，应以相关公众的知晓程度作为判断标准。相关公众的知晓程度不仅与商标的显著性有关，还与商标使用的商品种类、商品使用方式，如销售区域、销售方式等相关，不能简单地以地域范围的大小来确定商标的知晓程度，故本解释没有再对相关公众知晓的地域范围作出规定。

（二）认定商标是否驰名的适用条件

驰名商标的认定只是制止他人抢注、制止侵权和不正当竞争的手段，而不是目的。商标是否驰名仅是客观事实，并不经过认定而产生。认定驰名商标，是对商标驰名的客观事实在个案中的法律确认，只有在商标驰名是构成被诉侵犯商标权或者不正当竞争行为的法律要件事实时，才有必要认定驰名商标。鉴于此，为遵循按需认定原则以及规范和统一司法认定范围，同时，为防止当事人单纯地获取驰名商标的司法认定，不正当地追求法律保护以外的其他意义，在总结审判经验的基础上，本解释第二条对于需要认定驰名商标的民事纠纷案件类型作出了规定，即只有在审理涉及驰名的注册商标跨类保护、请求停止侵害驰名的未注册商标以及有关企业名称与驰名商标冲突的侵犯商标权和不正当竞争民事纠纷案件中，才可以认定驰名商标。本解释在第三条中规定了不需要认定驰名商标的情形，从不同角度对驰名商标司法认定的适用范围作出限定。

1. 关于商标是否驰名予以认定的规定

本解释第二条规定了三类认定商标是否驰名的民事纠纷案件。其中第（一）项规定的“以违反商标法第十三条的规定为由，提起的侵犯商标权诉讼”，是指原告以被告使用的商标构成对其驰名商标的复制、模仿或者翻译为由，提起的侵犯商标权诉讼。原告请求保护的，既包括驰名的未注册商标，也包括驰名的注册商标。第（二）项规定的“以企业名称与其驰名商标相同或者近似为由，提起的侵犯商标权或者不正当竞争诉讼”，是指原告以被告使用的企业名称构成对其驰名商标的侵犯为由，提起的侵犯商标权或者不正当竞争诉讼。第（三）项是指本解释第六条规定的“原告以被诉商标的使用侵犯其注册商标专用权为由提起民事诉讼，被告以原告的注册商标复制、摹仿或者翻译其在先未注册驰名商标为由提出抗辩或者反诉”纠纷。此种情形本质上属于第（一）项规定的情形，只是以抗辩或者反诉的形式出现。

2. 关于对商标是否驰名不予审查的规定

本解释第三条规定了对于商标是否驰名不予审查的民事纠纷案件，其第一款第（一）项规定：“被诉侵犯商标权或者不正当竞争行为的成立不以商标驰名为事实根据的。”此种情形是指商标驰名不是被诉侵犯商标权或者不正当竞争行为法律要件事实的情形。如原告认为被告在不相类似的商品上使用了与其驰名商标相同或者近似的商标，向法院提起诉讼，请求保护其驰名商标，但经审查，原告、被告的商品属于类似商品的；或者即使不属驰名商标，也可以主张被诉企业名称的使用行为构成不正当竞争的。在这些情况下，被诉侵犯商标权的成立不以商标驰名为事实根据，即使不审查和认定原告主张保护的商标是否驰名，亦不影响对原告权利的保护。第一款第（二）项规定的“被诉侵犯商标权或者不正当竞争行为因不具备法律规定的其他要件而不成立的”，是指商标驰名虽系被诉侵犯商标权或者不正当竞争行为成立的要件事实之一，但因不具有其他法律要件事实，该被诉侵权行为不成立，故无须审查商标是否驰名。如人民法院在审理过程中，认为被告使用的商标与原告的商标不相同或者近似，侵犯商标权或者不正当竞争行为不成立，也不需要再审查原告主张保护的商标是否驰名。

关于驰名商标与域名的冲突，最高人民法院曾明确过在审理相关类型的案件时，可以对商标是否驰名作出认定。在本解释的制定过程中，也曾在草稿中规定过“以注册、使用的域名与驰名商标相同或者近似为由提起的诉讼”也可以认定驰名商标，并公开征求过意见，而公布施行的本解释删除了相关规定。主要是考虑，只要原告的注册商标具有一定的知名度，被告注册、使用与其相同或者近似的域名，足以误导相关公众，即可以认定构成侵犯商标权或者不正当竞争，原告的权利就可以获得保护和救济，无须再以认定驰名商标为前提条件。由于域名的申请、注册较为容易，如以认定商标驰名作为对抗此类域名注册或者使用的前提条件，易于使当事人自行注册域名并据此提起诉讼寻求认定驰名商标，达到故意“设局”认定驰名商标的目的。此类现象已多为有关方面所诟病。鉴于此，继续沿用域名司法解释的做法，在此类案件中认定驰名商标既无必要，又易于被滥用。而且，按照《最高人民法院关于审理商标民事纠纷案件适用法律若干问题的解释》第一条第（三）项的规定，“将与他人注册商标相同或者相近似的文字注册为域名，并且通过该域名进行相关商品交易的电子商务，容易使相关公众产生误认的”，构成《商标法》第五十二条第（五）项规定的“给他人注册商标专用权造成其他损害的”行为，该条规定已对于注册商标的知名度不再作特别要求。为统筹解决上述两个司法解释与本解释的协调适用，并切实有效地遏制滥用驰名商标认定制度的现象，本解释第三条第二款规定：“原告以被告注册、使用的域名与其注册商标相同或者近似，并通过该域名进行相关商品交易的电子商务，足以造成相关公众误认为由，提起的侵权诉讼，按照前款第（一）项的规定处理”，将此类案件作为不予审查驰名商标的情形予以规范，并统一了此类案件的认定标准。

3. 关于商标驰名在裁判文书中的表述

驰名商标司法认定是在个案中为保护驰名商标权利的需要而进行的法律要件事实的认定，属于认定事实的范畴。为尽量减少当事人利用驰名商标认定追逐其他不正当利益的机会，本解释第十三条规定：“在涉及驰名商标保护的民事纠纷案件中，人民法院对于驰名商标的认定，仅作为案件事实和判决理由，不写入判决主文；以调解方式审结的，在调解书中对商标驰名的事实不予认定。”这里的“判决主文”是指法院裁判文书中的判项，即裁判文书中“判决或者裁定如下”的部分。

（三）驰名商标认定的因素

《商标法》第十四条规定了认定驰名商标应当考虑的五项因素，司法实践中对于这些因素的具体把握进行了较多的探索，积累了一些经验，但也存在一些问题，如有的法院要求各项因素全部具备，也有的法院将商标使用的具体年限、曾获取省级著名商标、行业排名的名次等作为认定驰名商标的必要条件。这种做法有些简单化和绝对化，也会给企业增加一些不必要的负担，因而有必要给予适当限制。

在总结实践经验的基础上，本解释从以下几个方面作出了规定：

1. 关于各因素之间的相互关系

在认定驰名商标时，对于《商标法》第十四条规定的因素通常要进行综合考虑，但在一些特殊情况下，考虑部分因素即足以认定所涉商标驰名，而无须机械地一一考虑全部因素。而且，《商标法》第十四条规定的一些因素之间也是相互重合的，如其第（一）项规定的“知晓程度”，恰恰需要通过其他各项规定的持续使用时间、宣传情况、受保护的记录等因素加以证明。因此，本解释第四条规定，“人民法院认定商标是否驰名，应当以证明其驰名的事实为依据，综合考虑商标法第十四条规定的各项因素，但是根据案件具体情况无须考虑该条规定的全部因素即足以认定商标驰名的情形除外”，对如何处理这些因素之间的关系进行了规定。

2. 认定驰名商标的具体考虑因素

为便于审判实践中具体把握这些因素，本解释第五条从举证的角度，对于认定驰名商标的具体考虑因素进行了细化规定。特别是考虑到我国商标注册程序较为复杂和注册时间较长，该条第二款将注册前的持续使用时间纳入了考虑范围。而且，考虑司法认定的实际和特点，对于实践中经常遇到的反映驰名程度的一些情形，需要具体情况具体分析和全面客观地对待，不能机械和简单化地处理。该条第三款规定：“对于商标使用时间长短、行业排名、市场调查报告、市场价值评估报告、是否曾被认定为著名商标等证据，人民法院应当结合认定商标驰名的其他证据，客观、全面地进行审查。”

3. 如何正确处理曾被人民法院和商标行政主管机关认定过的驰名商标

驰名商标是被诉侵犯商标权或者不正当竞争行为是否成立的法律要件事实，一般按照“谁主张，谁举证”的原则，原告对其主张的商标驰名事实应负举证责任。但是，考虑到认定驰名商标的举证一般较为复杂，对于曾被认定过的驰名商标等特殊情形，从有利于保护权利人的权利出发，本解释第七条规定：“被诉侵犯商标权或者不正当竞争行为发生前，曾被人民法院或者国务院工商行政管理部门认定驰名的商标，被告对该商标驰名的事实不持异议的，人民法院应当予以认定。被告提出异议的，原告仍应当对该商标驰名的事实负举证责任。”这样规定的原因，主要是考虑商标驰名情况具有动态性，可能因时间和市场等情况的变化而变化，不同于其他经法定程序确认过的案件事实，且无论行政认定还是司法认定，均一直坚持个案认定、个案有效原则，故对于在其他案件中曾被法院认定过的驰名商标，或者曾被商标局、商标评审委员会认定的驰名商标，本解释第七条第一款规定，在对方当事人不持异议的情况下，可以直接认定，对于对方当事人提出异议的，原告仍要对商标驰名的事实负举证责任。最高人民法院于2002年10月公布实施的《关于审理商标民事纠纷案件适用法律若干问题的解释》第二十二条第三款规定："当事人对曾经被行政主管机关或者人民法院认定的驰名商标请求保护的，对方当事人对涉及的商标驰名不持异议，人民法院不再审查。提出异议的，人民法院依照商标法第十四条的规定审查。"该条实际上沿用了此规定。

4. 关于不适用自认规则的规定

虽然最高人民法院《关于适用〈中华人民共和国民事诉讼法〉若干问题的意见》第七十五条、最高人民法院《关于民事诉讼证据的若干规定》第八条规定了一方当事人对另一方当事人陈述的案件事实和提出的诉讼请求明确表示承认的，当事人无须举证，但基于商标驰名属于动态事实的考虑，以及为防止当事人在驰名商标认定中串通造假，本解释第七条第二款规定："除本解释另有规定外，人民法院对于商标驰名的事实，不适用民事诉讼证据的自认规则。"对方当事人对于驰名商标的认可，并不免除原告的举证责任。

5. 对社会公众广为知晓商标的减轻举证责任

不同的驰名商标的驰名程度是有差别的，有些驰名商标可能达到了家喻户晓、众所周知的程度，对于这些众所周知的商标，不应再要求进行烦琐的举证，应当有限度地引入司法认知，减轻权利人的举证责任。故本解释第八条规定："对于在中国境内为社会公众广为知晓的商标，原告已提供其商标驰名的基本证据，或者被告不持异议的，人民法院对该商标驰名的事实予以认定。"这里的"基本"证据，是指初步证据。

（四）如何认定《商标法》第十三条规定的损害后果

《商标法》第十三条第一款规定："就相同或者类似商品申请注册的商标是复制、摹仿或者翻译他人未在中国注册的驰名商标，容易导致混淆的，不予注册并禁止使用。"容易导致混淆，一般包括以下三种情形：一是将原被告的商品完全误认，鱼目混珠；二是认为原被告的商品来源相同，为同一经营者；三是误认为原被告之间具有商业标识许可使用、参股控股、关联企业等特定的联系。本解释第九条第一款根据未注册驰名商标在相同或者类似商品上予以保护的规定，将"足以使相关公众对使用驰名商标和被诉商标的商品来源产生误认，或者足以使相关公众认为使用驰名商标和被诉商标的经营者之间具有许可使用、关联企业关系等特定联系"三种情形界定为容易导致混淆的法律要件。

按照《商标法》第十三条第二款的规定，对于驰名的注册商标可给予在不相同或者不相类似商品上的跨类保护。其中规定的“误导公众，致使该驰名商标注册人的利益可能受到损害”，不应简单地从一般商标侵权的市场混淆意义上进行理解，通常都涉及因误导相关公众而减弱驰名商标的显著性或者贬损其声誉，因此本解释第九条第二款将此规定为：“足以使相关公众认为被诉商标与驰名商标具有相当程度的联系，而减弱驰名商标的显著性、贬损驰名商标的市场声誉，或者不正当利用驰名商标的市场声誉。”这种界定更符合此类驰名商标的司法保护实际，更利于加强驰名商标的保护。当然，这种界定直接涉及跨类保护的范围，故本条第二款要求“使相关公众对商品或者其经营者产生相当程度的联系”，而不能是程度不高的“联想”。

（五）驰名商标跨类保护的标准

针对不同驰名商标驰名程度差异的情况，驰名的注册商标在不相同或者不相类似的商品上依法获得跨类保护的范围不是整齐划一和固定不变的。为了更准确地规范人民法院对驰名商标跨类保护的适用标准，本解释第十条规定：“原告请求禁止被告在不相类似商品上使用与原告驰名的注册商标相同或者近似的商标或者企业名称的，人民法院应当根据案件具体情况，综合考虑以下因素后作出裁判：（一）该驰名商标的显著程度；（二）该驰名商标在使用被诉商标或者企业名称的商品的相关公众中的知晓程度；（三）使用驰名商标的商品与使用被诉商标或者企业名称的商品之间的关联程度；（四）其他相关因素。”这样规定，便于审判实践中准确把握跨类保护的范围，使其保护范围宽窄适度，避免使跨类保护成为全类保护，从而使跨类保护更符合立法意图。

（六）驰名商标对抗在后相同或者近似商标的有关规定

对于两个注册商标之间的冲突，2008 年 3 月实施的《最高人民法院关于审理注册商标、企业名称与在先权利冲突的民事纠纷案件若干问题的规定》曾规定，原告以他人使用在核定商品上的注册商标与其在先的注册商标相同或者近似为由提起诉讼的，人民法院应当根据《民事诉讼法》第一百一十一条第（三）项的规定，告知原告向有关行政主管机关申请解决。本解释第十一条规定，除两项例外情形外，“被告使用的注册商标违反商标法第十三条的规定，复制、摹仿或者翻译原告驰名商标，构成侵犯商标权的，人民法院应当根据原告的请求，依法判决禁止被告使用该商标”。这样规定的主要原因在于，根据《商标法》第十三条的规定，对驰名商标的保护，一是禁止在相同或者类似商品上申请注册和使用复制、摹仿或者翻译他人驰名的未注册商标；二是禁止在不相同或者不相类似商品上申请注册、使用复制、摹仿或者翻译他人驰名的已注册商标。对于构成侵犯他人在先驰名商标的在后注册商标，人民法院给予驰名商标所有人禁止在后注册商标使用的民事救济，既符合《商标法》第十三条关于禁止使用的规定精神，符合驰名商标保护的实际，也有利于加强驰名商标保护。

依据本解释的该条规定，人民法院不仅可以受理涉及在后注册商标与在先驰名商标相冲突的民事纠纷案件，对于复制、模仿或者翻译在先驰名商标，构成侵犯商标权的，人民法院还可以判决禁止在后注册商标的使用。由于《商标法》第十三条规定既涉及驰名的未注册商标，也涉及驰名的已注册商标，故该条文中使用了“侵犯商标权”，而未用“侵犯商标专用权”。

本解释第十一条同时规定了两项例外情形：一是“已经超过《商标法》第四十一条第二款规定的请求撤销期限的”；二是“被告提出注册申请时，原告的商标并不驰名的”。《商标法》第四十一条第二款规定：“已经注册的商标，违反本法第十三条、第十五条、第十六条、第三十一条规定的，自商标注册之日起五年内，商标所有人或者利害关系人可以请求商标评审委员会裁定撤销该注册商标。对恶意注册的，不受五年的限制。”超过该条规定的请求撤销期限的，该争议的注册商标即不可撤销。对于此种情况，人民法院不能禁止使用该注册商标，故本解释第十一条将此作为第（一）项例外情形予以规定。第（二）项规定的例外情形，是指给予驰名的未注册商标对抗在后注册商标的保护，必须以在后注册商标申请注册时原告的未注册商标已经驰名为必要。在被告提出商标的注册申请时，原告的商标尚未驰名，就不能获得禁止被告在后注册商标使用的特殊保护。

基于同样的精神，本解释第六条还规定，原告以被告商标侵犯其注册商标专用权为由提起诉讼，倘若被诉商标系被告在先使用而被原告抢注了的驰名的未注册商标，被告应当有权以此为由进行抗辩，并可以提出禁止原告使用其注册商标的反诉。当然，被告应当对其在先未注册商标驰名的事实负举证责任。

对于驰名的未注册商标的保护，首先应当审查当事人申请保护的商标是否属于《商标法》第十条、第十一条、第十二条规定的不得作为商标注册和使用的情形。本解释第十二条因此规定：“当事人请求保护的未注册驰名商标，属于商标法第十条、第十一条、第十二条规定不得作为商标使用或者注册情形的，人民法院不予支持。”

三、适用

(一) 严格掌握立法原意和适用标准

人民法院在适用本解释的规定认定驰名商标时，应严格把握驰名商标适用的条件。本解释第二条明确了以企业名称与驰名商标相同或者近似为由提起的侵犯商标权或者不正当竞争诉讼，法院可以根据案件具体情况，对所涉及商标是否驰名作出认定。但在案件审理过程中，仍要根据案件的具体情况，在认为确有必要时，才予以认定。

根据《最高人民法院关于审理商标民事纠纷案件适用法律若干问题的解释》第一条第（一）项的规定，“将与他人注册商标相同或者相近似的文字作为企业的字号在相同或者类似商品上突出使用，容易使相关公众产生误认”的行为，属于《商标法》第五十二条第（五）项“给他人注册商标专用权造成其他损害的行为”。2005年2月，最高人民法院〔2004〕民三他字第10号函也曾明确指出：“对违反诚实信用原则，使用与他人注册商标中的文字相同或者近似的企业字号，足以使相关公众对其商品或者服务的来源产生混淆的，根据当事人的诉讼请求，可以依照《民法通则》有关规定以及《反不正当竞争法》第二条第一、二款规定，审查是否构成不正当竞争行为，追究行为人的民事责任。”上述司法解释和批复分别针对将他人注册商标相同或者近似的文字作为企业名称突出使用、正常使用的行为作出了规定。此种情形下，对于在相同或者类似商品上突出使用字号，构成与他人注册商标相同或者近似的，或者不突出使用，但足以使相关公众对商品和服务来源产生混淆的，不认定驰名商标，也能够依法保护商标权人的权益。因此，对涉及驰名商标与企业名称冲突的民事纠纷案件，只有在不相同或者不相类似的商品上突出使用企业名称字号，或者使用的企业字号足以使相关公众认为使用被诉企业名称的字号与驰名商标具有相当程度的联系，而减弱驰名商标的显著性、贬损驰名商标的市场声誉，或者不正当利用驰名商标的市场声誉的情形下，才有认定商标驰名的必要。

(二) 准确理解和适用各相关司法解释涉及驰名商标保护的规定

最高人民法院《关于审理涉及计算机网络域名民事纠纷案件适用法律若干问题的解释》第四条第（二）项、《关于审理商标民事纠纷案件适用法律若干问题的解释》第一条第（三）项规定域名或其主要部分构成对驰名商标的复制、模仿、翻译或音译应认定为侵权；以及将与他人注册商标相同或者相近似的文字注册为域名，并且通过该域名进行相关商品交易的电子商务，容易使相关公众产生误认的，属《商标法》第五十二条第（五）项规定的商标侵权行为。由于域名解释的公布实施在《商标法》修改之前，在以往的司法实践中，对于涉及域名与驰名商标冲突的案件，是否需要认定驰名商标有时有不同的理解。根据本解释第三条的规定，如果能够认定构成不正当竞争，将不再认定商标驰名；如果依据审理商标民事纠纷案件的司法解释能够认定构成商标侵权的，也无须认定驰名商标。本解释的规定，统筹解决了与上述两个司法解释的协调适用，并切实有效地遏制滥用驰名商标认定制度的现象。因此。除本解释第三条第二款的规定外，该本解释第十四条还规定："本院以前有关司法解释与本解释不一致的，以本解释为准。"

（三）管辖问题

根据2001年公布实施的《最高人民法院关于审理商标案件有关管辖和法律适用范围问题的解释》（法释〔2002〕1号）第二条第二款、第三款的规定，商标民事纠纷第一审案件，由中级以上人民法院管辖；各高级人民法院根据本辖区的实际情况，经最高人民法院批准，可以在较大城市确定1～2个基层人民法院受理第一审商标民事纠纷案件。驰名商标的认定只是事实因素的考虑，只是审理涉及侵犯商标权和不正当竞争民事纠纷案件中的一个环节，因此在2009年1月前，涉及驰名商标的民事纠纷案件一般由全国400多个中级人民法院审理。

鉴于当前社会生活中驰名商标认定被异化的现象较为严重，而法律规定的认定标准又不可能非常具体，在具体把握上具有较大的弹性，容易导致执行尺度不一，为尽量统一司法尺度和纠正一些不规范的做法，最高人民法院已经在《关于涉及驰名商标认定的民事纠纷案件管辖问题的通知》（2009年1月6日，法〔2009〕1号）中要求："从通知下发之日起，涉及驰名商标认定的民事纠纷案件，由省、自治区人民政府所在地的市、计划单列市中级人民法院，以及直辖市辖区内的中级人民法院管辖。其他中级人民法院管辖此类民事纠纷案件，需报经最高人民法院批准，未经批准的中级人民法院不再受理此类案件。"将驰名商标司法认定的管辖权集中到40个左右中级人民法院，从而大幅度缩减了管辖法院的数量。这样有利于排除各种干扰，有利于标准的统一，也有利于维护司法认定驰名商标的公信力和权威。

根据法〔2009〕1号管辖通知的规定，直辖市辖区内的中级人民法院对涉及驰名商标保护的案件具有管辖权。由于重庆市的情况特殊，重庆市高级人民法院已下发通知，指定辖区内的5个中级人民法院中的第一中级人民法院和第五中级人民法院管辖涉及驰名商标保护的民事纠纷案件。鉴于管辖问题已由通知予以解决，故此类案件的管辖仍按照通知的规定执行。

根据本解释第一条第（三）项、第六条的有关规定，原告以被诉商标的使用侵犯其注册商标专用权为由提起民事诉讼，被告以原告的注册商标复制、摹仿或者翻译其在先未注册驰名商标为由提出抗辩或者提起反诉的，会涉及案件的移送管辖。当被告以原告的行为构成对其在先未注册商标的侵犯，针对原告的诉讼提出抗辩或者提起反诉时，如果受理原告本诉的人民法院没有涉及驰名商标保护案件的管辖权，应在被告提出抗辩或者提起反诉后，将案件移送至有管辖权的人民法院进行审理。

最高人民法院
关于商标法修改决定施行后商标案件管辖和法律适用问题的解释

法释〔2014〕4号

（2014年2月10日由最高人民法院审判委员会第1606次会议通过
2014年3月25日最高人民法院公告公布 自2014年5月1日起施行）

为正确审理商标案件，根据2013年8月30日第十二届全国人民代表大会常务委员会第四次会议《关于修改〈中华人民共和国商标法〉的决定》和重新公布的《中华人民共和国商标法》《中华人民共和国民事诉讼法》和《中华人民共和国行政诉讼法》等法律的规定，就人民法院审理商标案件有关管辖和法律适用等问题，制定本解释。

第一条 人民法院受理以下商标案件：

1. 不服国务院工商行政管理部门商标评审委员会（以下简称商标评审委员会）作出的复审决定或者裁定的行政案件；
2. 不服工商行政管理部门作出的有关商标的其他具体行政行为的案件；
3. 商标权权属纠纷案件；
4. 侵害商标专用权纠纷案件；
5. 确认不侵害商标专用权纠纷案件；
6. 商标权转让合同纠纷案件；
7. 商标使用许可合同纠纷案件；
8. 商标代理合同纠纷案件；
9. 申请诉前停止侵害商标专用权案件；
10. 因申请停止侵害商标专用权损害责任案件；
11. 因商标纠纷申请诉前财产保全案件；
12. 因商标纠纷申请诉前证据保全案件；
13. 其他商标案件。

第二条 不服商标评审委员会作出的复审决定或者裁定的行政案件及国家工商行政管理总局商标局（以下简称商标局）作出的有关商标的具体行政行为案件，由北京市有关中级人民法院管辖。

第三条 第一审商标民事案件，由中级以上人民法院及最高人民法院指定的基层人民法院管辖。

涉及对驰名商标保护的民事、行政案件，由省、自治区人民政府所在地市、计划单列市、直辖市辖区中级人民法院及最高人民法院指定的其他中级人民法院管辖。

第四条 在工商行政管理部门查处侵害商标权行为过程中，当事人就相关商标提起商标权权属或者侵害商标专用权民事诉讼的，人民法院应当受理。

第五条 对于在商标法修改决定施行前提出的商标注册及续展申请，商标局于决定施行后作出对该商标申请不予受理或者不予续展的决定，当事人提起行政诉讼的，人民法院审查时适用修改后的商标法。

对于在商标法修改决定施行前提出的商标异议申请，商标局于决定施行后作出对该异议不予受理的决定，当事人提起行政诉讼的，人民法院审查时适用修改前的商标法。

第六条 对于在商标法修改决定施行前当事人就尚未核准注册的商标申请复审，商标评审委员会于决定施行后作出复审决定或者裁定，当事人提起行政诉讼的，人民法院审查时适用修改后的商标法。

对于在商标法修改决定施行前受理的商标复审申请，商标评审委员会于决定施行后作出核准注册决定，当事人提起行政诉讼的，人民法院不予受理；商标评审委员会于决定施行后作出不予核准注册决定，当事人提起行政诉讼的，人民法院审查相关诉权和主体资格问题时，适用修改前的商标法。

第七条 对于在商标法修改决定施行前已经核准注册的商标，商标评审委员会于决定施行前受理、在决定施行后作出复审决定或者裁定，当事人提起行政诉讼的，人民法院审查相关程序问题适用修改后的商标法，审查实体问题适用修改前的商标法。

第八条 对于在商标法修改决定施行前受理的相关商标案件，商标局、商标评审委员会于决定施行后作出决定或者裁定，当事人提起行政诉讼的，人民法院认定该决定或者裁定是否符合商标法有关审查时限规定时，应当从修改决定施行之日起计算该审查时限。

第九条 除本解释另行规定外，商标法修改决定施行后人民法院受理的商标民事案件，涉及该决定施行前发生的行为的，适用修改前商标法的规定；涉及该决定施行前发生，持续到该决定施行后的行为的，适用修改后商标法的规定。

《关于商标法修改决定施行后商标案件管辖和法律适用问题的解释》的理解与适用*

一、问题的提出

《最高人民法院关于商标法修改决定施行后商标案件管辖和法律适用问题的解释》（以下简称《商标案件管辖和法律适用司法解释》）于2014年2月10经最高人民法院审判委员会第1606次会议讨论通过，已于2014年3月25日公布，自2014年5月1日起施行。该司法解释是最高人民法院在对《最高人民法院关于审理商标案件有关管辖和法律适用范围问题的解释》（法释〔2002〕1号，以下简称《2002年商标管辖和法律适用解释》）实施十一年经验总结的基础上，结合第三次修改后的《商标法》相关内容，对相关商标案件管辖和法律适用问题进行的规定。

我国现行《商标法》是由第五届全国人民代表大会常务委员会（以下简称人大常委会）于1982年8月23日通过，自1983年3月1日开始实施的。此后，第七届人大常委会第三十次会议于1993年2月22日、第九届人大常委会第二十四次会议于2001年10月27日分别通过了《关于修改〈中华人民共和国商标法〉的决定》，对《商标法》进行了两次修改。第二次修改后的《商标法》经过十余年的施行后，全国人大常委会及相关部门启动了对《商标法》的第三次修订，并于2013年8月30日经第十二届人大常委会第四次会议讨论通过了《关于修改〈中华人民共和国商标法〉的决定》，该决定于2014年5月1日起施行。本次修改决定对现行《商标法》作了一系列修改，其中与人民法院商标行政审判、民事审判工作相关部分主要体现在：（1）增加关于商标审查时限的规定，规范行政行为，提高行政效率；（2）增加可以注册的商标要素，优化商标申请方式，方便当事人注册商标；（3）完善驰名商标保护规定，对驰名商标认定机关、认定环节等作出明确限定；

* 王艳芳，原载《人民司法·应用》2014年第23期。

（4）完善商标注册异议制度，简化程序；（5）加大对侵权行为的打击力度，加强对商标专用权的保护。《2002年商标管辖和法律适用解释》系《商标法》第二次修改时制定的，至今已经实施十一年，其部分内容已经与审判实际及《商标法》第三次修改不相适应而亟需调整；同时，《商标法》第三次修改涉及的大量内容系对现行《商标法》进行的重大调整，很多法律适用问题需要明确。因此，为切实指导审判实践，需要对其进行调整并对新旧《商标法》的过渡衔接等法律适用问题进行明确，最高人民法院进行了相关解释的起草工作。

二、理解与适用

《商标案件管辖和法律适用司法解释》共九条，可以分为三大部分，分别规定了人民法院受理的商标案件的类型、管辖及《商标法》修改决定施行前后相关商标案件的法律适用问题。第一条、第二条、第三条为第一部分，其中第一条规定了人民法院受理的商标案件类型；第二条规定了商标授权确权等案件的管辖问题；第三条对商标民事案件的管辖进行了规定。第四条为第二部分，该部分规定了人民法院受理的商标民事案件和工商行政管理部门查处商标侵权案件的关系。第五条、第六条、第七条、第八条、第九条为第三部分，主要对《商标法》修改决定施行前后的衔接适用问题进行了规定。其中第五条规定了人民法院对商标局审理的商标案件进行司法复审时新旧《商标法》衔接适用问题；第六条、第七条规定了人民法院对商标评审委员会审理的商标授权确权案件进行司法复审时新旧《商标法》衔接适用问题；第八条规定了新旧《商标法》过渡期间案件审理期限的问题；第九条规定了人民法院受理的商标民事案件新旧《商标法》过渡适用问题。

（一）人民法院受理的商标案件类型

《商标案件管辖和法律适用司法解释》第一条对人民法院受理的商标案件类型进行了规定。与《2002年商标管辖和法律适用解释》相比，根据司法实践的需要及《民事案件案由规定》的规定，本条除用语及案件类型与《民事案件案由规定》保持一致外，还增加了确认不侵害商标专用权纠纷案件、商标代理合同纠纷案件、因申请停止侵害商标专用权损害责任案件三种案件类型。在司法实践中，这三种案件并不像其他商标纠纷案件多发，但也时有发生。审理此类案件需要注意的问题主要是确认不侵害商标专用权纠纷案件的受理条件、商标代理合同纠纷区别于其他一般合同纠纷而应由审理知识产权纠纷的审判庭进行审理等。将商标代理合同纠纷纳入知识产权庭受案范围的主要考虑是，此次《商标法》修订强调了对商标代理活动的规范，除《商标法》第十五条涉及的内容外，还在《商标法》第十九条中特别强调了商标代理机构应当遵循诚实信用原则，遵守法律、行政法规，按照被代理人的委托办理商标注册申请和其他商标事宜；对在代理过程中知悉的被代理人的商业秘密负有保密义务。如果委托申请注册的商标可能存在《商标法》规定不得注册情形的，商标代理机构应当明确告知委托人。商标代理机构知道或者应当知道委托人申请注册的商标属于《商标法》第十五条和第三十二条规定情形的，不得接受其委托。商标代理机构除对其代理服务申请商标注册外，不得申请注册其他商标。如果当事人因履行商标代理合同而产生纠纷涉及前述《商标法》规定时，必将涉及大量的商标专业知识的判定，交由专门审理知识产权纠纷的审判庭审理更为适宜。

对于确认不侵害商标专用权纠纷案件而言，需要注意的问题是该种案件的受理条件以及与侵害商标专用权案件的关系。此种案件的受理条件可参照《最高人民法院关于审理侵犯专利权纠纷案件应用法律若干问题的解释》（法释〔2009〕21号）第十八条的规定，即权利人向他人发出侵犯商标权的警告，被警告人或者利害关系人经书面催告权利人行使诉权，自权利人收到该书面催告之日起一个月内或者自书面催告发出之日起两个月内，权利人不撤回警告也不提起诉讼，被警告人或者利害关系人向人民法院提起请求确认其行为不侵犯商标权的诉讼的，人民法院应当受理。根据该条的规定，此类诉讼的受理有两个要件：（1）有证据证明商标权人以书面形式或者其他方式发出警告；（2）被警告人或者利害关系人书面催告商标权人行使诉权，商标权人接到通知后一个月内或者自该书面催告发出两个月内不撤回警告也不提起诉讼。值得研究的问题是，权利人如果在《商标案件管辖和法律适用司法解释》规定的期限内向行政机关申请查处，能否理解为权利人不行使诉权而认为符合确认不侵权诉讼的受理条件。有观点认为，《商标案件管辖和法律适用司法解释》规定的受理条件仅仅是权利人在法定期限内既不撤回警告又不起诉，向行政机关申请查处不属于《商标案件管辖和法律适用司法解释》规定的限制条件，因此不能阻却被警告人或者利害关系人提起确认不侵权之诉。另一种观点则认为，在一定条件下，权利人在法定期限内向行政机关请求处理能够阻却被警告人或者利害关系人提起确认不侵权诉讼，笔者赞同此种观点。其理由主要是：允许被警告人或者利害关系人提起确认不侵权之诉的法理基础是在权利人不及时行使诉权的情况下，被警告人或者利害关系人的正常生产经营受到威胁而处于一种不安定状态，为促使正常生产经营秩序早日安定，允许被警告人或者利害关系人排除权利人对其生产经营秩序的妨碍而赋予其提起确认不侵权诉讼之诉权。在知识产权领域，我国实行的是比较有特色的司法和行政双轨制，权利人或者利害关系人可以向人民法院起诉，也可以请求相关行政机关处理。如修订后的《商标法》第六十条规定，因侵犯注册商标专用权行为引起纠纷的，商标注册人或者利害关系人可以向人民法院起诉，也可以请求工商行政管理部门处理。第六十二条第三款规定，“在查处商标侵权案件过程中，对商标权属存在争议或者权利人同时向人民法院提起商标侵权诉讼的，工商行政管理部门可以中止案件的查处。中止原因消除后，应当恢复或者终结案件查处程序。”由于提起民事诉讼和向行政机关请求处理均是相关权利人救济权利的重要措施，权利人在法定期限内向行政机关请求处理法律效果上应当等同于向人民法院起诉。当然，由于实践中情形各异，如果行政机关未在一定期限内（可参照《商标案件管辖和法律适用司法解释》规定的二个月期限）正式立案受理，权利人又不向人民法院起诉，应当允许被警告人或者利害关系人提起确认不侵权之诉。此外，有条件地将权利人向行政机关请求查处的情形视为产生阻却启动确认不侵权诉讼，在客观上也会有利于有效利用司法资源和行政执法资源并避免行政机关案件处理结果和司法机关对同一案件审查结果的冲突。

确认不侵权之诉是一种新型的诉讼类型，由于其与侵害商标专用权诉讼的关联性和争议实质统一性，在司法实践中还应该注意其和侵害商标专用权诉讼的衔接与协调，避免出现重复受理、矛盾判决的情形。具体而言，如果被警告人或者利害关系人已经提起确认不侵权之诉，权利人又就同一事由提起侵害商标专用权诉讼的，受诉法院应该将两案合并审理；不是同一法院受理的，应该由先立案的法院合并审理两案。

（二）商标授权确权类案件的地域管辖

《商标案件管辖和法律适用司法解释》第二条是在《2002 年商标管辖和法律适用解释》第二条第一款、第二款的基础上，根据行政诉讼法及向商标局、商标评审委员会及北京市法院征求意见情况并考虑到十八届三中全会“探索建立知识产权法院”的决定，对商标授权确权案件及不服商标局作出的有关商标的具体行政行为案件管辖法院的确定。按照《行政诉讼法》第十七条的规定，行政案件由最初作出具体行政行为的行政机关所在地人民法院管辖。由于之前商标局及商标评审委员会均位于北京市第一中级人民法院地域管辖范围内，此类案件一直是由北京市第一中级人民法院审理的。但随着北京市第三中级人民法院的设立及北京市高级人民法院对其辖区三个中级人民法院地域管辖范围的调整，如果按照商标局、商标评审委员会所处地域，则此类案件则可能属于北京市第二中级人民法院的收案范围，那么由北京市第二中级人民法院审理此类案件是否会影响案件的审理标准？此外，如果考虑到十八届三中全会关于探索建立知识产权法院的决议，是否此类案件由知识产权法院受理更为合适？但在《商标案件管辖和法律适用司法解释》起草时及颁布前，关于知识产权法院的建立尚未有明确的方案和日程表，对其设立进度不可预知。由于商标授权确权类案件是人民法院受理的商标案件的重要组成部分，特别是该类案件的审理关系着商标授权确权的标准，因此在确定此类案件的管辖法院时，既要考虑到遵循行政诉讼法的规定，又要考虑北京市相关中级人民法院职能划分及知识产权法院建立的有关事宜，在保证案件质量、执法标准统一的前提下，适当保持审判机关及审判队伍的稳定性，《商标案件管辖和法律适用司法解释》最终采取了“由北京市有关中级人民法院管辖”的灵活性表述。

（三）商标民事案件的管辖

商标民事案件是知识产权案件的重要组成部分，近年来收案数量逐年上升，约占全部知识产权案件的四分之一。本次《商标案件管辖和法律适用司法解释》起草时根据司法实践的需要，在第一款对商标民事案件的级别管辖进行了调整，由原来的普遍由中级人民法院作为一审法院修改为由中级人民法院及最高人民法院指定的基层人民法院管辖，取消法释〔2002〕1号中关于基层人民法院数量的限制，只要具备审理商标民事案件条件的基层人民法院，经最高人民法院指定，均可以受理第一审商标民事案件。这样修改，既适应了案件大量增多对审判资源的需求，有利于基层人民法院积累审判经验，又能够保证最高人民法院、高级人民法院对此类案件的指导，确保审判标准的统一。

《商标案件管辖和法律适用司法解释》第三条第二款规定了涉及驰名商标保护案件的管辖。《商标法》第十四条第四款规定：在商标民事、行政案件审理过程中，当事人依照《商标法》第十三条规定主张权利的，最高人民法院指定的人民法院根据审理案件的需要，可以对商标驰名情况作出认定。司法认定驰名商标，是人民法院在审理具体案件的过程中，为确定商标专用权的保护范围和力度而对某一商标在某一时间内的影响力大小的事实的评价，其实质上与其他案件事实并无本质不同。对其作出特别规定的原因是：由于近年来对驰名商标认定的种种误解，相关权利人和有关机构更多地将其作为一种荣誉称号，为追求该称号而追求“认定”，获得认定（所谓的“认驰”）成为主要目的。行政机关的批量认定和公布、司法中的当事人串通造假等，都存在不从个案中的实际保护的真正意图追求驰名商标认定的现象，导致“神化”和“异化”驰名商标的现象时有发生，使驰名商标承载了超出其法律本意的商业意义。

为制止驰名商标制度异化，最高人民法院先后出台了一系列司法解释和司法政策，规定司法认定驰名商标的应当按照《商标法》及相关法律法规的规定按需认定。即只有商标驰名认定是为保护当事人合法权益并为案件审理需要，才有必要认定驰名商标。虽然最高人民法院非常重视对驰名商标司法认定的监督和指导，并多次强调了驰名商标的司法认定原则，但由于地域经济发展的不平衡，相关中级人民法院和基层人民法院审理此类案件的经验亦不均衡，而且由于法律规定的认定标准不可能非常具体，在具体把握上亦有较大的弹性，客观上容易导致执行尺度不一。上述种种因素结合在一起，导致了少数地方人民法院在审理涉及驰名商标民事案件中执法标准不统一，在社会上产生了一定的不良影响，对人民法院的司法形象也产生了一定的不利影响。为切实解决驰名商标司法认定中存在的突出问题，尽量统一司法尺度和纠正一些不规范的做法，在目前的国情下，对涉及驰名商标的民事案件实行集中管辖，便于最高人民法院和各高级人民法院对此类案件的监督和指导工作，确保执法标准的统一，因此最高人民法院在决定此类案件的管辖权时，仍采用了相对保守的集中管辖做法，目前不允许基层法院审理涉及驰名商标的案件。

审理此类案件时，需要注意的问题是严格认定驰名商标并不等于不能认定驰名商标，针对司法实践中某些地区对于驰名商标认定过于谨慎或者保守的做法，最高人民法院有关负责人在第三次全国法院知识产权审判工作会议中指出："要加强商标权保护，最大限度地划清商业标志之间的边界，促进品牌创新和形成品牌竞争新优势。要以净化市场环境、鼓励正当竞争为指引，坚决制止假冒商标、恶意抢注、搭车模仿等商业标识侵权行为，为知名品牌的培育和成长提供良好的法律环境。要加大驰名商标保护力度，有效制止各类傍名牌行为，推动品牌竞争新优势的加速形成。凡属审理涉驰名商标案件中必须认定的事实，人民法院均可对商标驰名的事实作出认定。"此外，2014 年最高人民法院颁布的知识产权十大案件中，人民法院依法对"圣象"驰名商标予以保护的案件名列其中，笔者认为从某种程度上也反映了对驰名商标认定应当持理性态度，依照审理案件需要认定，既不能过于激进，亦不能因噎废食、矫枉过正。

（四）商标民事案件和商标行政执法的协调

在知识产权领域施行司法和行政双轨制是我国知识产权执法的一大特色。在我国，权利人权利被侵害时，既可以向行政机关请求处理也可以向人民法院提起民事诉讼，但对于侵犯商标专用权的赔偿数额的争议，当事人可以请求进行处理的工商行政管理部门调解，也可以向人民法院起诉。经工商行政部门调解、当事人未达成协议或者调解书生效后不履行的，当事人可以向人民法院起诉，由此就产生了司法和行政处理的衔接和协调问题。修订后的《商标法》第六十二条第三款明确规定："在查处商标侵权案件过程中，对商标权属存在争议或者权利人同时向人民法院提起商标侵权诉讼的，工商行政管理部门可以中止案件的查处……”为解决司法和行政处理的衔接和协调问题，《商标案件管辖和法律适用司法解释》第四条规定了“在工商行政管理部门查处侵害商标权行为的过程中，当事人就商标提起商标权权属或者侵害商标专用权民事诉讼的，人民法院应该受理。”

那么，对于人民法院受理侵害商标专用权纠纷案件，如果其中涉及的侵害商标专用权行为已经经过工商行政管理部门处理的，人民法院应当如何处理呢？《2002年商标管辖和法律适用解释》第十条明确规定了人民法院仍应当就当事人民事争议的事实进行审查。《商标案件管辖和法律适用司法解释》删除了该条的规定，删除的原因主要是司法实践中情况较复杂，仅有“仍就当事人民事争议的事实进行审查”之规定不足以阐明所有之情形。对于民事诉讼，人民法院对当事人民事争议的事实进行审查是人民法院行使审判权的核心，也是职责所在。此外，由于《2002年商标管辖和法律适用解释》已经颁布实施十余年，对于受理的侵害商标专用权行为已经经过工商行政管理部门处理的，仍应当就当事人民事争议的事实进行审查已经成为人民法院审理此类商标案件的惯常做法，因此无须在《商标案件管辖和法律适用司法解释》中再行重复规定。

（五）不服商标局作出的相关具体行政行为提起的行政诉讼的法律适用

针对此类案件，《商标案件管辖和法律适用司法解释》第五条规定了“对于在《商标法》修改决定施行前提出的商标注册及续展申请，商标局于决定施行后作出对该商标申请不予受理或者不予续展的决定，当事人提起行政诉讼的，人民法院审查时适用修改后的商标法。对于在商标法修改决定施行前提出的商标异议申请，商标局于决定施行后作出对该异议不予受理的决定，当事人提起行政诉讼的，人民法院审查时适用修改前的商标法”。本条为新增加的条款，第一款对应的是《商标法》第八条、第四十条。其中《商标法》第八条增加了声音商标的注册，第四十条将商标续展期由修改前的六个月修改为十二个月。该两条的修改目的系为了更好地保护当事人的利益。根据《中华人民共和国立法法》（以下简称《立法法》）第八十四条关于“但为了更好地保护公民、法人和其他组织的权利和利益而作的特别规定除外”的规定，本条规定了人民法院审查商标局不予受理和续展决定时适用修订后的《商标法》进行审查。

《商标案件管辖和法律适用司法解释》第五条第二款对应的《商标法》条文是《商标法》第三十三条。《商标法》第三十三条是体现此次《商标法》修改立法目的的重要条款之一。完善商标异议制度、缩短商标授权确权周期，遏制恶意异议行为是本次《商标法》修改的目的之一。为实现此立法目的，该条将以相对理由提出异议的异议人主体资格限定为在先权利人和利害关系人。修改前的《商标法》对异议人主体资格没有限定，修改前的《商标法》第三十条规定“任何人均可以提出异议”。在《商标法》修改决定实施前依据修改前的《商标法》相关当事人具有异议主体资格的，对其在《商标法》修改决定实施前已经提起的异议，商标局在《商标法》修改决定施行后对其异议是否受理作出决定时，如果依据新《商标法》则可能有部分异议人不再具有异议主体资格，此时会出现一个悖论，一个正在进行的行政程序或诉讼程序因法的修改而使相关当事人不再适格，这难以为社会公众所接受。此外，《立法法》第八十四条亦规定：“法律、行政法规、地方性法规、自治条例和单行条例、规章不溯及既往，但为了更好地保护公民、法人和其他组织的权利和利益而作的特别规定除外。”很明显，此处限制当事人主体资格的情形不属于为了更好地保护公民、法人和其他组织的权利和利益的特别规定，故对此情形应当适用行为时法，对于依据修改前的《商标法》已经提起的异议申请，仍应当认为相关异议人具有异议主体资格，因此《商标案件管辖和法律适用司法解释》规定了人民法院对此类决定的审查，应当适用修改前的《商标法》。

（六）《商标法》修改前尚未核准注册的商标案件的法律适用

《商标案件管辖和法律适用司法解释》第六条规定了《商标法》修改前尚未核准的商标案件的法律适用问题，即：“对于在商标法修改决定施行前当事人就尚未核准注册的商标申请复审，商标评审委员会于决定施行后作出复审决定或者裁定，当事人提起行政诉讼的，人民法院审查时适用修改后的商标法。对于在商标法修改决定施行前受理的商标复审申请，商标评审委员会于决定施行后作出核准注册决定，当事人提起行政诉讼的，人民法院不予受理；商标评审委员会于决定施行后作出不予核准注册决定，当事人提起行政诉讼的，人民法院审查相关诉权和主体资格问题时，适用修改前的商标法。”这采取了与《2002 年商标管辖和法律适用解释》不同的起草思路。

《2002 年商标管辖和法律适用解释》对修改前后《商标法》的适用采取了根据具体条文规定内容的不同，以是否属于立法法规定的“更好地保护当事人权益”[①]为标准，判定应当适用修改前的《商标法》还是修改后的《商标法》。在《商标案件管辖和法律适用司法解释》施行期间，曾有观点认为，由于商标授权确权案件既涉及公共利益也涉及双方当事人的利益，如果以更好地保护当事人权益为标准，涉

① 《最高人民法院民三庭负责人就〈关于审理商标案件有关管辖和法律适用范围问题的解释〉答记者问》，载最高人民法院民事审判第三庭编著：《知识产权审判指导》2003 年第 1 辑，人民法院出版社 2003 年版。

及双方当事人时，如何判定某条款是否属于更好地保护当事人权益，从不同的当事人出发会有不同的结论。我们认为“更好地保护当事人权益”应当结合《商标法》立法目的及社会公共利益来理解，对相关《商标法》修改内容是否属于更好地保护当事人权益应当从是否符合《商标法》立法目的及社会公共利益来判定，《2002年商标管辖和法律适用解释》第五条规定了修改后《商标法》（2001年修订）第四条、第五条、第八条、第九条第一款、第十条第一款第（二）、（三）、（四）项、第十条第二款、第十一条、第十二条、第十三条、第十五条、第十六条、第二十四条、第二十五条、第三十一条属于更好地保护当事人权益的情形，并无不妥。但考虑到列举性的规定可能挂一漏万，在判断标准上的确会产生不必要的分歧，为增进科学性，《商标案件管辖和法律适用司法解释》起草时没有采取列举哪些修改内容属于“更好地保护当事人权益”条文的思路，而是根据《商标法》立法目的结合某一商标是否已经被核准注册等因素规定分别适用修改前《商标法》还是修改后《商标法》。

修改后的《商标法》关于商标是否应当核准注册的新规定为《商标法》第八条、第十条、第十五条。该三条的修改系对商标授权条件的进一步完善，具体为：第八条增加了声音商标可以作为商标注册；第十条增加规定同中国国歌、军徽、军歌等相同或者近似的标识不能作为商标使用；第十五条第二款规定了就同一种或者类似商品申请注册的商标与他人在先使用的未注册商标相同或者近似，申请人与该他人具有前款（代理人或者代表人）规定以外的合同、业务往来关系或者其他关系而明知该他人商标存在，该他人提出异议的，不予注册。对于前述情形，第八条关于声音商标的注册扩充了可注册商标的范围；第十条关于中国国歌、军徽、军歌等相同或者近似的标识不能作为商标的规定体现了对社会公共利益的保护；第十五条第二款体现了对在先权利的保护及诚实信用原则的适用。由于商标权亦是立法机关在社会公共利益和商标权人利益之间利益衡平的体现，商标权的授予应当体现社会公共利益及相关商标权人利益的保护，《商标法》的前述修改正是体现了立法机关关于授予商标权的价值取向，为此《商标案件管辖和法律适用司法解释》规定了对于尚未核准注册的商标，对其能否核准注册，应当适用修改后的《商标法》进行审查。

《商标案件管辖和法律适用司法解释》第六条第二款规定：“对于在商标法修改决定施行前受理的商标复审申请，商标评审委员会于决定施行后作出核准注册决定，当事人提起行政诉讼的，人民法院不予受理……”该条的法律依据是《商标法》第三十五条。该条规定，对初步审定公告的商标提出异议的，“商标局做出准予注册决定的，发给商标注册证，并予公告。异议人不服的，可以依照本法第四十四条、第四十五条的规定向商标评审委员会请求宣告该注册商标无效”“商标局作出不予注册决定，被异议人不服的，可以自收到通知之日起十五日内向商标评审委员会申请复审”“被异议人对商标评审委员会的决定不服的，可以自收到通知之日起三十日内向人民法院起诉。人民法院应当通知异议人作为第三人参加诉讼。”

修改、完善异议制度是此次《商标法》修改的目的之一。根据统计，本次《商标法》修改前商标局完成异议审查、作出裁定大约需要二十个月，商标评审委员会对异议裁定不服完成复审大约需要十八个月，加上后续的行政诉讼程序，最终确定是否予以注册的时间一般需要五年左右，有的甚至长达七八年。[①] 笔者随机选取了2013年审理的一起商标异议复审案件［新东阳企业（集团）有限公司与新东阳股份有限公司、商标评审委员会商标异议行政纠纷案，最高人民法院〔2013〕知行字第97号］，在该案中，经历所有的行政、司法程序后，涉案商标授权确权周期竟然为十三年。因此，缩短商标授权周期是本次《商标法》修改的重要目标，为此《商标法》对异议制度进行了重大的调整。《商标法》修改之前，对初步审定予以公告的商标提出异议的，首先由商标局作出裁定。当事人不服的，在法定期限内向商标评审委员会申请复审。当事人对商标评审委员会作出的裁定不服的，在法定期限内向法院起诉。待这些行政、诉讼程序结束后，如果结论是认定异议不成立，核准该商标予以注册，如果当事人仍然认为该商标不应予以注册的，除修订前的《商标法》实施条例第三十五条规定的情形外（商标评审委员会对商标评审申请已经作出裁定或者决定的，任何人不得以相同的事实和理由再次提出评审申请，即一事不再理原则），仍可以在法定期限内按照《商标法》第四十一条的规定向商标评审委员会申请撤销该注册商标。虽然《商标法》实施条例规定了“一事不再理原则”，但在实践中，对于“相同的事实和理由”的界定有一定不确定性，且把握宽严不一，因此在实践中可能出现对同一商标以相同理由进行两次评审、两次行政诉讼的情形。为解决以上问题，此次《商标法》取消了部分异议复审和诉讼程序，即对于商标局认为异议不成立而作出准予注册决定的，则直接发给商标注册证，不再给予当事人向商标评审委员会申请复审及后续行政诉讼的救济程序。同时，规定了对于商标局作出不予注册决定，如果商标评审委员会作出准予注册复审决定的，亦是转由商标局发给商标注册证，不再给异议人对该准予注册复审决定提起行政诉讼的救济程序，对当事人权利的救济统一通过后续的宣告无效程序来予以保障。同时，由

① 袁曙宏编：《商标法与商标法实施条例修改条文释义》，中国法制出版社2014年版，第38页。

于修改后的《商标法》第三十五条第三款针对商标评审委员会作出的不予核准注册决定，仅规定被异议人可以提起行政诉讼，较《商标法》修改之前，对异议人的诉权有所限制，且商标评审委员会不可能在《商标法》修改施行前将所有积压的案件全部审理完毕，如果人民法院对商标评审委员于《商标法》修改决定施行之前已经受理的商标异议复审案件，进行司法审查时都适用修改后的《商标法》，则会或者剥夺当事人的提起异议的主体资格或者剥夺当事人向法院提起行政诉讼的权利，因此《商标案件管辖和法律适用司法解释》针对此特殊情况：规定了人民法院审查此类案件时，区分商标评审委员会作出的决定内容，如果作出的是核准注册决定，当事人提起行政诉讼的，人民法院不予受理；如果作出的不予核准注册决定，当事人提起行政诉讼的，人民法院在审查相关诉权和主体资格问题时，适用修改前的《商标法》。这既实现了《商标法》减少诉讼环节的立法目的，又保障了过渡期间的相关案件当事人的诉讼权利。

（七）《商标法》修改前已经核准注册的商标争议案件的法律适用

《商标案件管辖和法律适用司法解释》第七条规定：对于在《商标法》修改决定施行前已经核准注册的商标，商标评审委员会于决定施行前受理、在决定施行后作出复审决定或者裁定，当事人提起行政诉讼的，人民法院审查相关程序问题适用修改后的《商标法》，审查实体问题适用修改前的《商标法》。本条为新增加条款，主要目的是解决依据修改前的《商标法》已经核准注册的商标，在新旧《商标法》过渡期间及在《商标法》修改决定施行后被申请撤销或者宣告无效的法律适用问题。根据"程序从新、实体从旧"的原则，本条规定了对于此种情形的程序问题适用修改后的《商标法》，实体问题适用修改前的《商标法》进行审查。其法律适用依据是立法法第八十四条规定的"法律、行政法规、地方性法规、自治条例和单行条例、规章不溯及既往"的法不溯及既往原则。其主要考虑是依据修改前的《商标法》已经注册的商标，对其审查应否撤销或者无效时，应当适用行为时法，不应该依据修改后的《商标法》判定其应否撤销或者无效。

（八）相关审限的司法审查

《商标案件管辖和法律适用司法解释》第八条规定了对于在《商标法》修改决定施行前受理的相关商标案件，商标局、商标评审委员会于决定施行后作出决定或者裁定，当事人提起行政诉讼的，人民法院认定该决定或者裁定是否符合《商标法》有关审查时限规定时，应当从修改决定施行之日起计算该审查时限。修改后的《商标法》增加了商标审查时限的规定。据了解，目前商标行政机关仍有大量积压案件，这些行政案件难以在《商标法》修改决定施行前审结，对于商标行政机关在《商标法》修改决定施行后作出相关决定、裁定的案件，如果人民法院在对其进行司法审查时对其审限问题适用修改后的《商标法》，则所有这些案件将面临程序不合法如何处理的问题；同时由于修改前的《商标法》并无审查时限的规定，如此要求客观上对商标行政机关也不公平。因此本《商标案件管辖和法律适用司法解释》明确了对于此类案件审限应当从《商标法》修改决定施行之日起计算。

（九）其他衔接适用问题

《商标案件管辖和法律适用司法解释》第九条规定："除本解释另行规定外，《商标法》修改决定施行后人民法院受理的商标民事案件，涉及该决定施行前发生的行为的，适用修改前商标法的规定；涉及该决定施行前发生，持续到该决定施行后的行为的，适用修改后商标法的规定。"本条是在《2002 年商标管辖和法律适用解释》第九条的基础上修订的，其修改之处是关于持续侵犯注册商标专用权行为的法律适用问题，其法律依据是《立法法》第八十四条规定的不溯及既往原则。不溯及既往原则的基本内涵是人们不能为追溯既往的法律所束缚，绝大多数法律都具有指向未来的效力，即适用于法律施行以后发生的事项和争议。本次《商标法》的另一重大修改是加强了对商标权的保护，特别是对赔偿问题作出了较大的调整，体现在增加许可使用费为计算赔偿额的方法、引入惩罚性赔偿、减轻权利人举证责任、提高法定赔偿额上限为 300 万元等。如何适用前述修改条文，对人民法院受理的商标民事案件有重大的影响。《2002 年商标管辖和法律适用解释》第九条规定了"商标法修改决定施行后人民法院受理的商标民事纠纷案件，涉及该决定施行前发生的民事行为的，适用修改前商标法的规定；涉及该决定施行后发生的民事行为，适用修改后商标法的规定；涉及该决定施行前发生，持续到该决定施行后的民事行为的，分别适用修改前、后商标法的规定。"因《商标法》修改决定施行后发生的民事行为引起的民事纠纷适用修改后的《商标法》是无须赘言，《商标案件管辖和法律适用司法解释》删除了"涉及该决定施行后发生的民事行为，适用修改后的商标法的规定"的表述，使《商标案件管辖和法律适用司法解释》表述更加简洁。同时，针对司法实践中反映的持续侵权行为分别适用修改前和修改后的《商标法》问题，经征求各高级人民法院及国务院法制办、人大法工委意见，均认为适用修改后的《商标法》便于实践操作亦不违反不溯及既往原则，且针对持续侵犯商标专用权行为适用修改后的《商标法》，加大了对商标权人的保护力度，符合《商标法》立法目的，因此，《商标案件管辖和法律适用司法解释》规定了对持续侵权行为，适用修改后的《商标法》。

此外，由于《商标案件管辖和法律适用司法解释》仅规定了《商标法》修改决定施行后人民法院受理的商标民事案件的法律适用问题，针对未审结的商标民事案件，如果其中涉及的侵犯商标权行为仍在持续的，由于其与《商标法》修改决定施行后人民法院新受理的持续侵权案件并无本质不同，笔者认为可以参照《商标案件管辖和法律适用司法解释》第九条的规定，适用修改后的《商标法》审理并确定赔偿数额。

第四部分　专利权　技术合同

最高人民法院
关于对诉前停止侵犯专利权行为适用法律问题的若干规定

法释〔2001〕20号

（2001年6月5日最高人民法院审判委员会第1179次会议通过 2001年6月7日最高人民法院公告公布 自2001年7月1日起施行）

为切实保护专利权人和其他利害关系人的合法权益，根据《中华人民共和国民法通则》《中华人民共和国专利法》（以下简称专利法）、《中华人民共和国民事诉讼法》（以下简称民事诉讼法）的有关规定，现就有关诉前停止侵犯专利权行为适用法律若干问题规定如下：

第一条 根据专利法第六十一条的规定，专利权人或者利害关系人可以向人民法院提出诉前责令被申请人停止侵犯专利权行为的申请。

提出申请的利害关系人，包括专利实施许可合同的被许可人、专利财产权利的合法继承人等。专利实施许可合同被许可人中，独占实施许可合同的被许可人可以单独向人民法院提出申请；排他实施许可合同的被许可人在专利权人不申请的情况下，可以提出申请。

第二条 诉前责令停止侵犯专利权行为的申请，应当向有专利侵权案件管辖权的人民法院提出。

第三条 专利权人或者利害关系人向人民法院提出申请，应当递交书面申请状；申请状应当载明当事人及其基本情况、申请的具体内容、范围和理由等事项。申请的理由包括有关行为如不及时制止会使申请人合法权益受到难以弥补的损害的具体说明。

第四条 申请人提出申请时，应当提交下列证据：

（一）专利权人应当提交证明其专利权真实有效的文件，包括专利证书、权利要求书、说明书、专利年费交纳凭证。提出的申请涉及实用新型专利的，申请人应当提交国务院专利行政部门出具的检索报告。

（二）利害关系人应当提供有关专利实施许可合同及其在国务院专利行政部门备案的证明材料，未经备案的应当提交专利权人的证明，或者证明其享有权利的其他证据。

排他实施许可合同的被许可人单独提出申请的，应当提交专利权人放弃申请的证明材料。

专利财产权利的继承人应当提交已经继承或者正在继承的证据材料。

（三）提交证明被申请人正在实施或者即将实施侵犯其专利权的行为的证据，包括被控侵权产品以及专利技术与被控侵权产品技术特征对比材料等。

第五条 人民法院作出诉前停止侵犯专利权行为的裁定事项，应当限于专利权人或者利害关系人申请的范围。

第六条 申请人提出申请时应当提供担保，申请人不提供担保的，驳回申请。

当事人提供保证、抵押等形式的担保合理、有效的，人民法院应当准予。

人民法院确定担保范围时，应当考虑责令停止有关行为所涉及产品的销售收入，以及合理的仓储、保管等费用；被申请人停止有关行为可能造成的损失，以及人员工资等合理费用支出；其他因素。

第七条 在执行停止有关行为裁定过程中，被申请人可能因采取该项措施造成更大损失的，人民法院可以责令申请人追加相应的担保。申请人不追加担保的，解除有关停止措施。

第八条 停止侵犯专利权行为裁定所采取的措施，不因被申请人提出反担保而解除。

第九条 人民法院接受专利权人或者利害关系人提出责令停止侵犯专利权行为的申请后，经审查符合本规定第四条的，应当在四十八小时内作出书面裁定；裁定责令被申请人停止侵犯专利权行为的，应当立即开始执行。

人民法院在前述期限内，需要对有关事实进行核对的，可以传唤单方或双方当事人进行询问，然后再及时作出裁定。

人民法院作出诉前责令被申请人停止有关行为的裁定，应当及时通知被申请人，至迟不得超过五日。

第十条 当事人对裁定不服的，可以在收到裁定之日起十日内申请复议一次。复议期间不停止裁定的执行。

第十一条 人民法院对当事人提出的复议申请应当从以下方面进行审查：

（一）被申请人正在实施或即将实施的行为是否构成侵犯专利权；

（二）不采取有关措施，是否会给申请人合法权益造成难以弥补的损害；

（三）申请人提供担保的情况；

（四）责令被申请人停止有关行为是否损害社会公共利益。

第十二条 专利权人或者利害关系人在人民法院采取停止有关行为的措施后十五日内不起诉的，人民法院解除裁定采取的措施。

第十三条 申请人不起诉或者申请错误造成被申请人损失的，被申请人可以向有管辖权的人民法院起诉请求申请人赔偿，也可以在专利权人或者利害关系人提起的专利权侵权诉讼中提出损害赔偿的请求，人民法院可以一并处理。

第十四条 停止侵犯专利权行为裁定的效力，一般应维持到终审法律文书生效时止。人民法院也可以根据案情，确定具体期限；期限届满时，根据当事人的请求仍可作出继续停止有关行为的裁定。

第十五条 被申请人违反人民法院责令停止有关行为裁定的，依照民事诉讼法第一百零二条规定处理。

第十六条 人民法院执行诉前停止侵犯专利权行为的措施时，可以根据当事人的申请，参照民事诉讼法第七十四条的规定，同时进行证据保全。

人民法院可以根据当事人的申请，依照民事诉讼法第九十二条、第九十三条的规定进行财产保全。

第十七条 专利权人或者利害关系人向人民法院提起专利侵权诉讼时，同时提出先行停止侵犯专利权行为请求的，人民法院可以先行作出裁定。

第十八条 诉前停止侵犯专利权行为的案件，申请人应当按照《人民法院诉讼收费办法》及其补充规定交纳费用。

一项制止专利侵权的有力措施

——《最高人民法院关于对诉前停止侵犯专利权行为适用法律问题的若干规定》的理解与适用*

新修改的《专利法》于2002年7月1日正式生效。该法第六十一条规定，专利权人或者利害关系人有证据证明他人正在实施或者即将实施侵犯其专利权的行为，如不及时制止将会使其合法权益受到难以弥补的损害的，可以在起诉前向人民法院申请采取责令停止有关行为和财产保全的措施。人民法院处理前款申请，适用我国《民事诉讼法》第九十三条至九十六条和第九十九条的规定。这是根据世贸组织TRIPs协议的要求新增设的条款，属于知识产权权利人在其权利受到侵害时获得的临时救济。而这一制度在我国现行的诉讼法律体系中没有相应的规定。《专利法》第六十一条以实体法的形式，在民事诉讼程序法中增设了这一法律制度，并指出了适用《民事诉讼法》的相应条款，但是，该条所列举的条款均为包括诉前财产保全在内的财产保全措施，而没有针对如何执行诉前停止侵犯专利权行为作出规定。那么，人民法院如何正确执行《专利法》这条新规定，特别是如何确定该措施申请人的范围、管辖、申请的条件以及法院审查的标准、解除的条件等，是必须予以明确的问题。为此，最高人民法院民事审判第三庭起草了《关于对诉前停止侵犯专利权行为适用法律问题的若干规定》（以下简称本规定）。该司法解释于2001年6月5日经最高人民法院审判委员会第1179次会议通过，定于2001年7月1日起施行。

一、哪些人有权向人民法院提出诉前停止侵犯专利权行为的申请

《专利法》第六十一条第一款规定，专利权人或者利害关系人可以在起诉前向人民法院申请采取责令停止侵犯其专利权行为和财产保全措施。

通常情况下，对专利权人有权申请诉前停止侵犯专利权行为和提起专利侵权诉

---

* 段立红，原载《人民法院报》2001年6月30日，第3版。

讼的主体资格问题不会产生歧义，审判实践中的分歧意见在于如何理解利害关系人，特别是专利实施许可合同被许可人中，哪些人有权向人民法院申请这项措施。从申请诉前停止侵犯专利权行为和专利侵权案件的性质看，这两类案件的申请人和原告的范围应当是相同的。关于知识产权侵权诉讼原告主体资格问题，属于人民法院依照《民事诉讼法》第一百零八条的规定，审查"原告是否是与本案有直接利害关系的公民、法人和其他组织"的范畴。鉴于以往的司法解释没有明确规定"利害关系人"的范围，而这又是审判实践中需要予以明确和统一执法标准的问题，最高人民法院 1997 年在江苏召开全国部分法院知识产权审判工作座谈会时，对这一问题达成一致意见，并由最高人民法院下发了《关于全国部分法院知识产权审判工作座谈会纪要》(1998 年 7 月 20 日)，作为人民法院审理知识产权案件的指导性文件。会议纪要指出，知识产权民事纠纷案件的起诉人，可以是合同当事人、权利人和利害关系人。利害关系人包括独占、排他许可合同的被许可人、依照法律规定已经继承或者正在发生继承的知识产权财产权利的继承人等。

参照上述会议纪要的意见，本规定第一次明确规定了《专利法》中所称的"利害关系人"的范围，即包括专利实施许可合同中的被许可人、专利财产权利的合法继承人等。通常来讲，专利实施许可合同可以分为三类，即独占实施许可合同、排他实施许可合同和普通实施许可合同。独占实施许可合同的被许可人依据合同，享有在一定的期间和地域范围内独家实施该专利技术的权利，包括专利权人在内的任何人不得实施该专利技术，因此，发生侵犯专利权的行为，直接受到侵害的是独占实施许可合同被许可人的民事权益。这类合同的被许可人可以以自己的名义单独向人民法院提起侵权诉讼，也可以单独向人民法院提出诉前停止侵犯专利权行为的申请。排他实施许可合同的被许可人依据与专利权人的合同，取得的实施许可权并不排除专利权人的实施权，发生侵犯专利权的情况时，其可以和专利权人共同提起专利侵权诉讼。因此，在本规定第一条第二款中规定，排他实施许可合同的被许可人在专利权人不申请的情况下，可以提出申请。至于普通实施许可合同被许可人是否有权提出申请的问题，情况比较复杂，需要人民法院根据个案的具体情况作出决定。如果普通实施许可合同的被许可人与专利权人就发生侵犯专利权行为的诉权问题在合同中特别约定，并且这一约定真实有效且不损害其他许可合同的被许可人的利益，经过法院的审查符合法律规定的条件的，也可以予以准许。

二、当事人向人民法院提出申请应当符合哪些条件

鉴于诉前停止侵犯专利权行为的措施涉及双方当事人的重大民事权益，因此，

人民法院采取这项措施应当非常慎重。本规定对申请人的申请规定了较为详细而严格的条件，同时也规定，执行这项措施不能妨碍、拖延权利人行使权利。

本规定第三条、第四条主要从提出申请的形式要件角度出发，规定当事人应当提交的文件和证据。之所以要求当事人提交书面申请状，是因为这项措施是在当事人提起专利侵权诉讼之前，是否准予这项措施所依据的证据也仅仅是单方证据，而且这项措施一旦作出，将对双方当事人的民事权益产生重大影响。为保证人民法院正确执行这项措施，参照《最高人民法院关于适用〈中华人民共和国民事诉讼法〉若干问题的意见》第一百零六条对先予执行条件的规定，将人民法院执行诉前停止侵犯专利权行为的范围，严格限定在当事人请求的范围内。关于要求申请人提交“有关行为如不及时制止会使申请人合法权益受到难以弥补的损害的具体说明”，一方面，源于《专利法》第六十一条中对此的明确规定；另一方面，也是要求受理申请的人民法院要对是否会产生“难以弥补的损害”作出判断。

本规定第四条规定了申请人应当提交的证据。专利权人应当提交证明其专利权真实有效的文件，包括专利证书、权利要求书、说明书、专利年费交纳凭证。提出的申请涉及实用新型专利的，申请人应当提交国务院专利行政部门出具的检索报告。专利权人或者利害关系人在诉前提出停止侵犯专利权行为的申请，其前提条件是专利权应当是真实有效的。由于我国的专利法律制度规定，国务院专利行政部门对实用新型专利和外观设计专利的申请不进行实质审查，而且人民法院在受理专利侵权诉讼中，不能对涉诉专利是否有效作出决定，因此，人民法院在受理这两类专利权人或者利害关系人提出的申请时，更应当慎重审查。《专利法》第五十七条第二款中，新增了关于提交检索报告的规定，即专利侵权纠纷涉及实用新型专利的，人民法院可以要求当事人出具国务院专利行政部门出具的检索报告。本规定参照了上述规定，将“可以要求”规定为“提出的申请涉及实用新型专利的，申请人应当提交检索报告”。这样规定，可以在一定程度上限制部分专利权人依据不具备专利性的实用新型专利滥用诉讼权利，同时起到鼓励发明人将符合法律规定条件的发明创造申请发明专利、提高我国专利的整体水平的作用。

本规定第四条第（二）项规定，利害关系人除提供证明专利权真实有效的文件以外，还应当提供其有权提出申请的证据，包括有关专利实施许可合同在国务院专利行政部门备案的证明材料，未经备案的应当提交专利权人的证明，或者证明其享有权利的其他证据。另外，本规定第四条第（三）项要求申请人提交被控侵权产品以及专利技术与被控侵权产品技术特征对比材料等，这些证据材料将对判断是否构成侵犯专利权起到重要作用。

三、人民法院对诉前停止侵犯专利权行为申请的审查

本规定第十条、第十一条从人民法院对申请进行审查的角度，规定了对停止侵权行为裁定的复议程序。

在讨论本规定的过程中，有同志提出：人民法院作出是否准予临时措施的裁定和当事人不服这一裁定进行复议，其审查的标准应当是一致的，不能作出裁定时一个标准，而对复议程序规定另一个审查标准。从规定第三条、第四条的文字内容看，与第十一条规定的复议审查标准稍有不同，但是，从规定的整体内容看，人民法院作出是否准予临时措施的裁定和对裁定的复议程序，所审查的基本要点应当是一致的，即申请人的申请应当符合《专利法》第六十一条第一款规定的情形，包括被停止的行为应当是侵犯专利权的行为，如不停止侵权行为将给申请人造成难以弥补的损害等。但是，由于该项措施大部分情况下是依据单方申请和提供的证据材料作出，重在体现及时、快捷、有效地制止侵权行为的特点，体现加大对知识产权司法保护的力度，同时也要结合我国国情，防止专利权人滥用诉讼权利，在人民法院对已经作出的裁定进行复议程序中，规定更加详细的审查内容，特别是考虑被申请人的抗辩理由和社会公共利益因素，也符合 TRIPs 协议的要求，并且与其他国家对该项临时措施的执行标准是一致的。

本规定第十一条规定了人民法院对当事人提出的复议申请应当从以下方面进行审查：（1）被申请人正在实施或即将实施的行为是否构成侵犯专利权；（2）不采取有关措施，是否会给申请人合法权益造成难以弥补的损害；（3）申请人提供担保的情况；（4）责令被申请人停止有关行为是否损害社会公共利益。

关于审查被申请人正在实施的或者即将实施的行为是否构成侵犯专利权，并不是在实体审理前就对在此之后提起的专利侵权案件的最终结果作出判断，而是要求人民法院依据双方当事人提供的指控侵权和提出抗辩的证据进行审查，作出专利侵权胜诉可能性的初步判断。由于我国《专利法》规定对实用新型专利和外观设计专利不进行实质审查，人民法院在受理这两类专利权人提出的申请时，更应当特别慎重，不仅要求实用新型专利权人提交检索报告，而且法院要对专利技术与被控侵权产品的技术特征对比文件和被申请人使用公知技术抗辩的理由予以审查。

四、如何确定申请诉前停止侵权行为措施的担保

TRIPs 协议第三节第五十条中规定：司法当局应有权要求临时措施之请求的申

请人提供任何可以合法获得的证据，以使该当局自己即足以确认给申请人系权利持有人，确认其权利正在被侵犯或侵权活动发生在即，该当局还应有权责令申请人提供足以保护被告和防止申请人滥用权利的诉讼保证金，或提供与之相当的担保。其他国家在执行临时禁令措施时，也要求申请人提供符合条件的担保。可见，申请人申请临时措施，提供担保是必需的。

《专利法》第六十一条第二款规定，处理该项申请，适用《民事诉讼法》第九十三条至第九十六条的规定。但是上述条款都是针对财产保全措施，没有对停止有关行为如何确定担保数额和方式作出规定。与财产保全不同，法院责令被申请人停止有关行为，没有可以直接援引的担保数额计算标准。申请人针对制造、使用、许诺销售、销售、进口等不同性质的侵犯专利权行为提出申请，人民法院也应当从不同角度考虑责令申请人提供担保的数额计算方法。如果申请人要求停止许诺销售、销售或者进口行为，则应当考虑所涉及产品的销售收入以及合理的仓储、保管费用；如果申请人要求停止使用、制造行为，则应当考虑一旦申请错误可能给被申请人造成的损失以及人员工资等合理费用支出。

考虑到审判实践中采取停止侵犯专利权的措施会发生造成被申请人更大损失的情形，因此，本规定第七条规定了追加相应担保的内容，即在执行停止有关行为裁定过程中，被申请人可能因采取该项措施造成更大损失的，人民法院可以责令申请人追加相应的担保。申请人不追加担保的，解除有关停止措施。此外，对担保的方式和金额的具体数额的确定，赋予受理该项申请的法院适当的裁量权。

由于停止侵权行为临时措施与财产保全措施在内容和适用条件上都不同，不采取停止侵权的措施所造成的难以弥补的损害是不能简单用金钱赔偿就能够解决的，所以，该项措施的解除不能因被申请人的反担保而作出。否则，这项措施就失去了意义。这是这项措施在适用中，就担保而言，与财产保全措施的重大区别点。

五、如何实施责令停止侵犯专利权行为的措施

参照《民事诉讼法》第九十三条第二款的规定，本规定第九条规定了人民法院接受专利权人或者利害关系人提出责令停止侵犯专利权行为的申请后，经审查符合本规定第四条的，即符合形式要件的情况下，应当在四十八小时内作出书面裁定。由于专利侵权案件在涉及是否构成侵权的判断时，与盗版、假冒等侵犯知识产权案件有所不同，后两者的侵权行为一般比较明显，易于判断，因此，在需要将专利技术与被控侵权产品技术特征作进一步对比的情况下，如果在很短的时间内难以判断，人民法院可以传唤单方或者双方当事人进行询问，并针对双方提供的指控侵权

和抗辩的证据作出初步判断，然后再及时作出裁定。本规定第九条的规定，既保证了这项措施的快捷、及时、有效，又为人民法院慎重行使裁量权留有一定的余地，防止申请人滥用申请权损害公共利益。

诉前裁定被申请人停止侵犯专利权行为，毕竟是一项诉讼程序中的临时措施，目的是为了给权利人提供一项临时救济，使其在以后的专利侵权诉讼中处于有利的地位。根据 TRIPs 协议的规定并参考其他国家的相关规定，申请人在申请临时措施后一定期间内不起诉或者起诉失当的，所采取的临时措施应当解除，因不起诉或者申请错误造成被申请人实际损失的，申请人应当适当赔偿。因此，本规定第十二条规定，专利权人或者利害关系人在人民法院采取停止有关行为的措施后十五日内不起诉的，人民法院解除裁定采取的措施。本规定第十三条规定，申请人不起诉或者申请错误造成被申请人损失的，被申请人可以向有管辖权的人民法院起诉请求申请人赔偿，也可以在专利权人或者利害关系人提起的专利侵权诉讼中提出损害赔偿的请求，人民法院可以一并处理。

本规定第十四条规定，停止侵犯专利权行为裁定的效力，一般应维持到终审法律文书生效时止。根据《最高人民法院关于适用〈中华人民共和国民事诉讼法〉若干问题的意见》第一百零九条的规定，诉讼中的财产保全裁定的效力一般应维持到生效的法律文书执行时止。与财产保全裁定不同，如果专利侵权诉讼终审判决认定被告行为构成侵权，则首先应当判决其承担停止侵权的民事责任，也就是说，诉前临时措施的效力最长维持到终审法律文书生效时止，即具有了判决法律效力的连贯性。另外，人民法院根据申请人的申请作出诉前责令被申请人停止侵犯专利权行为的裁定，涉及停止该行为的期间，期间的长短要结合申请人提供担保和案件的具体情况确定，因此，本规定第十四条规定，人民法院也可以根据案情，确定具体期限；期限届满时，根据当事人的请求仍可作出继续停止有关行为的裁定。这样规定给予了法官一定的自由裁量权，决定被申请人停止侵权行为的期限。

六、专利侵权诉讼中的证据保全和先予执行

《民事诉讼法》第七十四条规定，在证据可能灭失或者以后难以取得的情况下，诉讼参加人可以向人民法院申请证据保全。人民法院也可以主动采取保全措施。证据保全对于知识产权案件的审理至关重要，人民法院及时保全到证明被告侵权的证据或者侵权获利的真实的财务账册，将促使专利侵权案件顺利解决。

《专利法》第六十一条仅规定了诉前停止侵犯专利权行为的措施和财产保全，没有规定诉前证据保全的内容。《民事诉讼法》中也没有对诉前证据保全的规定，

原因之一是人民法院不能完全替代当事人在起诉前收集证据。鉴于证据保全在知识产权侵权诉讼中的主要作用，本规定第十六条对此问题有了明确规定，即人民法院执行诉前停止侵犯专利权行为的措施时，可以根据当事人的申请，参照《民事诉讼法》第七十四条的规定，同时进行证据保全。

在一些专利侵权案件比较集中的地区，人民法院积累和总结了许多很好的经验。例如，在当事人提起诉讼时，及时进行证据保全，并由审理该侵权案件的合议庭和执行人员共同进行，实践证明收到了良好的效果。广东省佛山市中级人民法院知识产权审判庭在对侵权案件适用财产保全措施的基础上以证据保全为主，实施这两项措施后，被告主动提出调解结案的比例高、结案快、执行效果好。

过去很多人认为，我国的实体法和程序法中缺乏类似国外临时禁令的规定，因而对我国知识产权司法保护力度颇有微词。实际上，从现行法律规定看，人民法院可以在当事人起诉后终审判决前，依法作出责令被控侵权人停止侵犯专利权行为的先行裁定。我国《民法通则》第一百三十四条规定，承担民事责任的方式主要有停止侵害、排除妨碍、消除危险等。最高人民法院《关于贯彻执行〈中华人民共和国民法通则〉若干问题的意见（试行）》第一百六十二条规定，在诉讼中遇有需要停止侵害、排除妨碍、消除危险的情况时，人民法院可以根据当事人的申请或者依职权先行作出裁定。因此，诉讼中人民法院作出责令被告停止侵权的先予执行裁定属于已有规定，但是，过去由于人们认识上的不一致，审判实践中并没有对此加以充分利用。为澄清司法实践中的模糊认识，也为使本规定内容更加完整，在第十七条中明确此项内容，即专利权人或者利害关系人向人民法院提起专利侵权诉讼时，同时提出先行停止侵犯专利权行为请求的，人民法院可以先行作出裁定。人民法院据以作出先予执行的裁定的判断标准与是否准予诉前临时措施的标准也应当是相同的。

最高人民法院
关于审理专利纠纷案件适用法律问题的若干规定

法释〔2001〕21号

（2001年6月19日最高人民法院审判委员会
第1180次会议通过 2001年6月22日公布
自2001年7月1日起施行）

为了正确审理专利纠纷案件，根据《中华人民共和国民法通则》（以下简称民法通则）、《中华人民共和国专利法》（以下简称专利法）、《中华人民共和国民事诉讼法》和《中华人民共和国行政诉讼法》等法律的规定，作如下规定：

第一条 人民法院受理下列专利纠纷案件：

1. 专利申请权纠纷案件；
2. 专利权权属纠纷案件；
3. 专利权、专利申请权转让合同纠纷案件；
4. 侵犯专利权纠纷案件；
5. 假冒他人专利纠纷案件；
6. 发明专利申请公布后、专利权授予前使用费纠纷案件；
7. 职务发明创造发明人、设计人奖励、报酬纠纷案件；
8. 诉前申请停止侵权、财产保全案件；
9. 发明人、设计人资格纠纷案件；
10. 不服专利复审委员会维持驳回申请复审决定案件；
11. 不服专利复审委员会专利权无效宣告请求决定案件；
12. 不服国务院专利行政部门实施强制许可决定案件；
13. 不服国务院专利行政部门实施强制许可使用费裁决案件；
14. 不服国务院专利行政部门行政复议决定案件；
15. 不服管理专利工作的部门行政决定案件；

16. 其他专利纠纷案件。

第二条 专利纠纷第一审案件，由各省、自治区、直辖市人民政府所在地的中级人民法院和最高人民法院指定的中级人民法院管辖。

第三条 当事人对专利复审委员会于2001年7月1日以后作出的关于实用新型、外观设计专利权撤销请求复审决定不服向人民法院起诉的，人民法院不予受理。

第四条 当事人对专利复审委员会于2001年7月1日以后作出的关于维持驳回实用新型、外观设计专利申请的复审决定，或者关于实用新型、外观设计专利权无效宣告请求的决定不服向人民法院起诉的，人民法院应当受理。

第五条 因侵犯专利权行为提起的诉讼，由侵权行为地或者被告住所地人民法院管辖。

侵权行为地包括：被控侵犯发明、实用新型专利权的产品的制造、使用、许诺销售、销售、进口等行为的实施地；专利方法使用行为的实施地，依照该专利方法直接获得的产品的使用、许诺销售、销售、进口等行为的实施地；外观设计专利产品的制造、销售、进口等行为的实施地；假冒他人专利的行为实施地。上述侵权行为的侵权结果发生地。

第六条 原告仅对侵权产品制造者提起诉讼，未起诉销售者，侵权产品制造地与销售地不一致的，制造地人民法院有管辖权；以制造者与销售者为共同被告起诉的，销售地人民法院有管辖权。

销售者是制造者分支机构，原告在销售地起诉侵权产品制造者制造、销售行为的，销售地人民法院有管辖权。

第七条 原告根据1993年1月1日以前提出的专利申请和根据该申请授予的方法发明专利权提起的侵权诉讼，参照本规定第五条、第六条的规定确定管辖。

人民法院在上述案件实体审理中依法适用方法发明专利权不延及产品的规定。

第八条 提起侵犯实用新型专利权诉讼的原告，应当在起诉时出具由国务院专利行政部门作出的检索报告。

侵犯实用新型、外观设计专利权纠纷案件的被告请求中止诉讼的，应当在答辩期内对原告的专利权提出宣告无效的请求。

第九条 人民法院受理的侵犯实用新型、外观设计专利权纠纷案件，被告在答辩期间内请求宣告该项专利权无效的，人民法院应当中止诉讼，但具备下列情形之一的，可以不中止诉讼：

（一）原告出具的检索报告未发现导致实用新型专利丧失新颖性、创造性的技术文献的；

（二）被告提供的证据足以证明其使用的技术已经公知的；

（三）被告请求宣告该项专利权无效所提供的证据或者依据的理由明显不充分的；

（四）人民法院认为不应当中止诉讼的其他情形。

第十条 人民法院受理的侵犯实用新型、外观设计专利权纠纷案件，被告在答辩期间届满后请求宣告该项专利权无效的，人民法院不应当中止诉讼，但经审查认为有必要中止诉讼的除外。

第十一条 人民法院受理的侵犯发明专利权纠纷案件或者经专利复审委员会审查维持专利权的侵犯实用新型、外观设计专利权纠纷案件，被告在答辩期间内请求宣告该项专利权无效的，人民法院可以不中止诉讼。

第十二条 人民法院决定中止诉讼，专利权人或者利害关系人请求责令被告停止有关行为或者采取其他制止侵权损害继续扩大的措施，并提供了担保，人民法院经审查符合有关法律规定的，可以在裁定中止诉讼的同时一并作出有关裁定。

第十三条 人民法院对专利权进行财产保全，应当向国务院专利行政部门发出协助执行通知书，载明要求协助执行的事项，以及对专利权保全的期限，并附人民法院作出的裁定书。

对专利权保全的期限一次不得超过六个月，自国务院专利行政部门收到协助执行通知书之日起计算。如果仍然需要对该专利权继续采取保全措施的，人民法院应当在保全期限届满前向国务院专利行政部门另行送达继续保全的协助执行通知书。保全期限届满前未送达的，视为自动解除对该专利权的财产保全。

人民法院对出质的专利权可以采取财产保全措施，质权人的优先受偿权不受保全措施的影响；专利权人与被许可人已经签订的独占实施许可合同，不影响人民法院对该专利权进行财产保全。

人民法院对已经进行保全的专利权，不得重复进行保全。

第十四条 2001 年 7 月 1 日以前利用本单位的物质技术条件所完成的发明创造，单位与发明人或者设计人订有合同，对申请专利的权利和专利权的归属作出约定的，从其约定。

第十五条 人民法院受理的侵犯专利权纠纷案件，涉及权利冲突的，应当保护在先依法享有权利的当事人的合法权益。

第十六条 专利法第二十三条所称的在先取得的合法权利包括：商标权、著作权、企业名称权、肖像权、知名商品特有包装或者装潢使用权等。

第十七条 专利法第五十六条第一款所称的“发明或者实用新型专利权的保护范围以其权利要求的内容为准，说明书及附图可以用于解释权利要求”，是指专利权的保护范围应当以权利要求书中明确记载的必要技术特征所确定的范围为准，也包括与该必要技术特征相等同的特征所确定的范围。

等同特征是指与所记载的技术特征以基本相同的手段，实现基本相同的功能，达到基本相同的效果，并且本领域的普通技术人员无需经过创造性劳动就能够联想到的特征。

第十八条 侵犯专利权行为发生在2001年7月1日以前的，适用修改前专利法的规定追究民事责任；发生在2001年7月1日以后的，适用修改后专利法的规定追究民事责任。

第十九条 假冒他人专利的，人民法院可以依照专利法第五十八条的规定追究其民事责任。管理专利工作的部门未给予行政处罚的，人民法院可以依照民法通则第一百三十四条第三款的规定给予民事制裁，适用民事罚款数额可以参照专利法第五十八条的规定确定。

第二十条 人民法院依照专利法第五十七条第一款的规定追究侵权人的赔偿责任时，可以根据权利人的请求，按照权利人因被侵权所受到的损失或者侵权人因侵权所获得的利益确定赔偿数额。

权利人因被侵权所受到的损失可以根据专利权人的专利产品因侵权所造成销售量减少的总数乘以每件专利产品的合理利润所得之积计算。权利人销售量减少的总数难以确定的，侵权产品在市场上销售的总数乘以每件专利产品的合理利润所得之积可以视为权利人因被侵权所受到的损失。

侵权人因侵权所获得的利益可以根据该侵权产品在市场上销售的总数乘以每件侵权产品的合理利润所得之积计算。侵权人因侵权所获得的利益一般按照侵权人的营业利润计算，对于完全以侵权为业的侵权人，可以按照销售利润计算。

第二十一条 被侵权人的损失或者侵权人获得的利益难以确定，有专利许可使用费可以参照的，人民法院可以根据专利权的类别、侵权人侵权的性质和情节、专利许可使用费的数额、该专利许可的性质、范围、时间等因素，参照该专利许可使用费的1至3倍合理确定赔偿数额；没有专利许可使用费可以参照或者专利许可使用费明显不合理的，人民法院可以根据专利权的类别、侵权人侵权的性质和情节等因素，一般在人民币5000元以上30万元以下确定赔偿数额，最多不得超过人民币50万元。

第二十二条 人民法院根据权利人的请求以及具体案情，可以将权利人因调查、制止侵权所支付的合理费用计算在赔偿数额范围之内。

第二十三条 侵犯专利权的诉讼时效为二年，自专利权人或者利害关系人知道或者应当知道侵权行为之日起计算。权利人超过二年起诉的，如果侵权行为在起诉时仍在继续，在该项专利权有效期内，人民法院应当判决被告停止侵权行为，侵权损害赔偿数额应当自权利人向人民法院起诉之日起向前推算二年计算。

第二十四条 专利法第十一条、第六十三条所称的许诺销售，是指以做广告、在商店橱窗中陈列或者在展销会上展出等方式作出销售商品的意思表示。

第二十五条 人民法院受理的侵犯专利权纠纷案件，已经过管理专利工作的部门作出侵权或者不侵权认定的，人民法院仍应当就当事人的诉讼请求进行全面审查。

第二十六条 以前的有关司法解释与本规定不一致的，以本规定为准。

认真贯彻实施专利法 依法公正审理专利案件*

——对专利法适用方面两个司法解释的理解与适用（节录）

一、问题的提出

全国人民代表大会第九届常务委员会第十七次会议通过的《关于修改〈中华人民共和国专利法〉的决定》，已于2001年7月1日开始实施，国务院批准修订的《专利法实施细则》也于同日施行。为了指导全国法院更加准确、统一地理解和贯彻实施修改后的《专利法》，最高人民法院于2001年6月公布了最高人民法院《关于审理专利纠纷案件适用法律问题的若干规定》（以下简称本规定）。

我国《专利法》自1985年生效实施以来，于1992年作出第一次修改，2000年的这次为第二次修改。本次修改涉及的条文多达35条，其中不少内容与人民法院的专利审判工作直接相关。

本规定对专利审判工作中的相关问题作出了比较全面的规定。为了体现人民法院专利审判工作的连续性，本规定不仅对前述《专利法》此次修改的一些新规定，以及新旧法的过渡衔接问题作出了规定，还综合了多年来最高人民法院关于审理专利纠纷案件所作的多个司法解释中行之有效的内容，并且对一些以往司法解释中没有规定，但已经基本成熟的司法原则、审判方法等也予以了确认。

自我国第一部《专利法》实施十多年来，各级人民法院通过审理大量专利纠纷案件，总结了不少有益的审判经验，也创造了一些成功的司法原则。自1985年以来，最高人民法院陆续以“通知”“批复”“解答”“答复意见”等形式对这些审判成果予以肯定。本规定对上述内容进行了归纳和整理，对其中某些因法律修订、现实情况变化等原因需要调整的内容进行了适当调整。此外，本规定还对等同原则、保护在先权利原则、民事制裁措施的运用、定额赔偿方法以及连续侵权中赔偿数额的起算等以往规范性文件未作规定的司法原则、审判方法等作出了规定。

---

* 蒋志培、张辉，原载《法律适用》（国家法官学院学报）2001年第8期。

二、理解与适用

（一）关于《专利法》的过渡问题

1. 不服专利复审委员会决定案件的受理问题

国家知识产权局近期发布的《施行修改后专利法及其实施细则的过渡办法》（以下简称《过渡办法》），主要从专利审查、复审、行政执法等角度对施行《专利法》及其实施细则的过渡问题作出了规定。根据该《过渡办法》，所有专利申请（包括2001年7月1日以前提出的专利申请）和根据该申请授予的专利权，自2001年7月1日起，除另有规定的以外，均适用修改后的《专利法》及其实施细则规定。《过渡办法》规定，国家知识产权局对7月1日以前已经受理、尚未作出审查决定的撤销请求，依照修改前《专利法》及其实施细则的规定继续进行审查并作出决定。对于实用新型、外观设计专利而言，《过渡办法》还规定，专利复审委员会2001年7月1日之后作出的专利权撤销请求复审决定仍为终局决定，专利复审委员会2001年7月1日以前作出的关于专利申请的复审决定或者专利权无效宣告请求审查决定为终局决定。

就法院的司法程序而言，《专利法》的过渡问题主要是指对不服专利复审委员会决定案件的受理问题，即2001年7月1日以后当事人对专利复审委员会关于实用新型、外观设计专利权所作决定不服向人民法院提起诉讼，人民法院对哪些应当受理，哪些不予受理？本规定第三条、第四条对该问题作出了回答，并与《过渡办法》的相关规定相吻合。具体如下：（1）当事人对专利复审委员会于2001年7月1日以后（含7月1日，下同）作出的关于实用新型、外观设计专利权撤销请求复审决定不服向人民法院起诉的，人民法院不予受理。这样规定是考虑到撤销请求审查决定和复审决定是依照修改前《专利法》的规定作出的，根据该法的规定，复审决定是终局决定，法律未赋予当事人起诉的权利。但这并不意味着撤销请求复审决定的当事人在7月1日后得不到司法救济。根据国家知识产权局《过渡办法》的规定，自2001年7月1日起，任何人对国家知识产权局2001年7月1日之前已经受理撤销请求、但尚未作出审查决定的专利权，可以提出宣告该专利权无效的请求。此外，对于当事人不服发明专利权撤销请求复审决定向人民法院起诉的案件，只要未过法律规定的起诉期限的，人民法院应当受理。由于不存在理解上的歧义，本规定对此未作规定。（2）当事人对专利复审委员会作出的关于实用新型、外观设计专利的维持驳回申请复审决定、专利权无效宣告请求决定不服向人民法院起诉的，以专利复审委员会作出决定的时间为界，7月1日以后作出的，人民法院应当受理；7月1日之前作出的，不予受理。这样规定也是考虑到7月1日以前的决定是依照修改前《专利法》作出的，该法未赋予当事人起诉的权利，故应依照当时的法律规定办理。在适用时需要注意的是，专利复审委员会作出决定的时间，是指决定书上注明的日期，而非当事人收到决定书的时间。专利复审委员会于7月1日以后作出的决定，增加了告知当事人有权起诉以及起诉期限等有关内容。

2. 专利侵权诉讼的法律适用问题

《专利法》的修改与专利侵权有关的主要有两方面内容：一是增加规定未经许可的发明和实用新型专利产品或使用方法专利直接获得的产品的许诺销售构成侵权；二是规定使用或销售不知道是未经许可而制造并售出专利产品行为的一定民事责任的追究。对当事人于2001年7月1日以后提起的专利侵权诉讼，人民法院应当适用修改前还是修改后的《专利法》追究侵权人的民事责任？这是司法审判中涉及的另一个《专利法》过渡问题。

根据法律适用从旧兼从轻的一般原则，本规定第十八条对该问题作出了司法解释，即以侵权行为发生的时间为界，2001年7月1日以前发生的侵权行为适用修改前《专利法》，以后的适用现行《专利法》。根据该规定，对于7月1日以前发生，一直持续到7月1日以后的持续侵权行为，也应当以7月1日为界分别适用修改前后的《专利法》追究两个时间段内侵权人的侵权责任。这就是说，被控侵权人对其2001年7月1日以前未经许可的许诺销售行为不应受到《专利法》的追究。

（二）关于专利纠纷案件的类别和管辖问题

1. 专利纠纷案件的类别

根据本规定第一条的规定，人民法院审判的专利纠纷案件包括两大类：一类为专利民事纠纷案件，具体包括：专利申请权纠纷案件，专利权权属纠纷案件，专利权、专利申请权转让合同纠纷案件，侵犯专利权纠纷案件，假冒他人专利纠纷案件，发明专利申请公布后、专利权授予前使用费纠纷案件，职务发明创造发明人、设计人奖励、报酬纠纷案件，诉前申请停止侵权、财产保全案件，发明人、设计人资格纠纷案件等。值得注意的是，根据《专利法》第五十八条的规定，假冒他人专利行为不同于该法所称的侵犯专利权行为，追究法律责任所适用的条款也不相同，因此，假冒他人专利纠纷案件与侵犯专利权纠纷案件属于两种不同的民事纠纷案件。此外，设计人奖励、报酬纠纷案件、诉前申请停止侵权、财产保全案件以及发明人、设计人资格纠纷案件是应《专利法》的修改或根据审判实践的要求增加规定的三种案件。另一大类是专利行政案件，主要包括：不服专利复审委员会维持驳回申请复审决定案件、不服专利复审委员会专利权无效宣告请求决定案件、不服国务院专利行政部门实施强制许可决定案件、不服国务院专利行政部门实施强制许可使用费裁决案件、不服国务院专利行政部门行政复议决定案件、不服管理专利工作的部门行政决定案件等。这类案件一般与专利权的授权有关，在案件审理中往往需要对诉案专利是否具有专利性作出判断，因此具有较高的专业技术性。

2. 指定管辖和地域管辖的一般规定

根据《民事诉讼法》和最高人民法院关于适用该法司法解释的规定，专利纠纷案件由最高人民法院确定的中级人民法院管辖。1985 年 2 月 16 日，最高人民法院在《关于开展专利审判工作的几个问题的通知》中规定，不服国务院专利行政部门、专利复审委员会决定的专利案件，由北京市中级人民法院（现为北京一中院）作为一审法院，其余专利纠纷案件，由各省级政府所在地、经济特区等中级人民法院作为一审法院。本规定在上述“通知”的基础上进行了归纳和简化，规定：专利纠纷第一审案件，由各省、自治区、直辖市人民政府所在地的中级人民法院和最高人民法院指定的中级人民法院管辖。这就是说，各省级政府所在地中级人民法院和最高人民法院已经指定的中级人民法院，继续作为专利纠纷案件的一审法院，因本地区实际情况需要取得专利纠纷案件管辖权的其他中级人民法院，应当经过最高人民法院指定。

《民事诉讼法》实施前，由于没有法律的明文规定，最高人民法院于 1987 年 6 月专门就专利侵权纠纷案件的地域管辖问题作出司法解释，[①] 较为详细地规定了六类侵犯专利权行为（包括假冒他人专利行为）的地域管辖问题，对全国法院的专利审判工作起到了很好的指导作用。1991 年《民事诉讼法》颁布后，明确规定因侵权行为提起的诉讼由侵权行为地或者被告住所地人民法院管辖。侵犯专利权案件同样应当适用该项规定。因此，本规定未继续沿用上述司法解释的做法，而是对《专利法》第十一条所规定的各类侵犯专利权行为以及第五十八条规定的假冒他人专利行为的侵权行为地进行解释。该规定首先明确侵权行为地包括侵权行为实施地和侵权结果发生地，[②] 进而对行为实施地具体解释为：侵犯发明、实用新型专利权产品的制造、使用、许诺销售、销售、进口等行为实施地，专利方法使用行为的实施地，依照该专利方法直接获得的产品的使用、许诺销售、销售、进口等行为的实施

① 1987 年 6 月 29 日《最高人民法院关于专利侵权纠纷案件地域管辖问题的通知》。

② 与《最高人民法院关于适用〈中华人民共和国民事诉讼法〉若干问题的意见》第二十八条的规定相一致。

地，外观设计专利产品的制造、销售、进口等行为的实施地，假冒他人专利的行为实施地。

3. 有关管辖问题的具体规定

在司法实践中，经常引起当事人之间发生争议、各地法院认识上亦不统一的是被控侵权产品制造地、销售地法院的管辖权问题。1998 年 7 月，最高人民法院在江苏省吴县召开“全国部分法院知识产权审判工作座谈会”，该问题在会上经热烈讨论取得了一致性意见，并在会议纪要①中载明。本规定对会议纪要的内容作出进一步归纳后规定如下：原告仅对侵权产品制造者提起诉讼，未起诉销售者，侵权产品制造地与销售地不一致的，制造地人民法院有管辖权；以制造者与销售者为共同被告起诉的，销售地人民法院有管辖权。销售者是制造者分支机构，原告在销售地起诉侵权产品制造者制造、销售行为的，销售地人民法院有管辖权。近三年的审判实践表明，上述做法较为有效地解决了当事人争议较大的侵权产品销售地法院的管辖权问题，有利于切实保护专利权人的合法权益，应当继续予以贯彻。但在适用中也应当注意到，对于原告在侵权产品销售地以制造者与销售者为共同被告起诉的，销售地法院应当根据《民事诉讼法》的有关规定，审查其是否符合共同诉讼的条件。

此外，《专利法》于 1992 年 9 月第一次修订时，增加了方法发明专利权延及产品的规定，即未经专利权人许可使用、销售、进口依照其专利方法直接获得的产品的行为，构成侵犯专利权。同时，全国人民代表大会常务委员会关于此次修改《专利法》的决定中明确规定，1993 年 1 月 1 日以前提出的专利申请和根据该申请授予的专利权，适用修改前《专利法》的规定。对于方法发明专利权而言，应理解为对 1993 年 1 月 1 日以前提出申请的方法专利权的保护范围不延及依照该专利方法直接获得的产品，即只有未经许可使用该专利方法的行为才构成侵权。在实践中，方法专利的使用地往往非常隐蔽，法律关于侵权行为地法院管辖的规定难以付诸实施，而权利人在被告住所地起诉又可能受地方保护主义的影响，因此当事人对此争议很大。鉴于这类案件已为数不少，从切实保护权利人的合法权益，以及方便当事人起诉、方便法院查清案情的两便原则出发，本规定第七条对这类案件的管辖作出了适当的变通规定，即可以参照 1993 年 1 月 1 日以后提出申请并获得授权的方法发明专利确定管辖。根据该规定，侵犯方法发明专利权纠纷案件的管辖均按照上述一般规定确定，方法专利权所涉及产品的销售、进口等地法院都有管辖权。值得注意的是，管辖问题的变通规定，并不涉及案件的实体审理问题。该规定明确指

① 详见 1998 年 7 月 20 日《最高人民法院关于全国部分法院知识产权审判工作座谈会纪要》。

出，法院在实体审理中仍应当适用原《专利法》关于方法发明专利适用不延及产品的规定。

（三）关于中止审理问题

专利侵权纠纷案件受理后，被告经常采用的一种抗辩手段是向专利复审委员会提出宣告原告专利权无效的请求。此时，人民法院是中止诉讼，等待专利复审委员会作出有关确权的决定后再行恢复审理，还是根据案件事实和证据径行作出判决，需要有统一的标准。1992 年 12 月 29 日《最高人民法院关于审理专利纠纷案件若干问题的解答》（以下简称解答）针对发明专利和实用新型、外观设计专利权利稳定性程度的不同以及被告提出无效宣告请求时间的不同，分别几种情况对中止审理问题作出规定，大致原则是：对于实用新型、外观设计专利，被告在答辩期内提出无效请求的，法院应当中止诉讼，在答辩期后提出的，可以不中止诉讼；对于发明专利和经复审委审查维持专利权的实用新型专利，被告在答辩期内提出无效请求的，法院一般不中止诉讼。

不少法院的同志提出，上述司法解释的总体原则应予肯定，在今后的审判实践中可继续实行；但对中止的规定也应当具有相对的灵活性，有特殊情况的，可由受理法院根据案件具体情况决定是否中止审理。针对上述情况，结合《专利法》增加规定的实用新型专利检索报告制度，本规定在原司法解释的基础上，对中止审理问题作出了较为灵活的规定。

1. 为了尽量避免中止诉讼，维护原告的合法权益，本规定第八条鼓励专利权人充分运用检索报告作为证明其权利稳定性的手段，要求其在起诉时即出具检索报告；就被告而言，如欲请求中止诉讼，则应当在答辩期内提出宣告无效请求。该两项规定与第九条、第十条相呼应。应当指出的是，第八条的两款规定是从维护原、被告的诉讼权利，减少诉讼环节、减轻讼累出发，对当事人参加诉讼所作的鼓励和引导，并不意味着出具检索报告是原告起诉的条件，或者被告在答辩期内未提出宣告无效请求的就不能请求中止诉讼。

2. 根据第九条的规定，对于侵犯实用新型、外观设计专利权纠纷案件，被告在答辩期间内提出无效请求的，原则上应当中止诉讼，但在某些情况下可以不中止诉讼，由受理法院根据原告出具的检索报告对专利性所作出评价的情况，或者被告所提供证据的有关情况作出是否中止审理的决定。该规定列举了可以不中止诉讼的三种情况：（1）原告出具的检索报告未发现导致实用新型专利丧失新颖性、创造性的技术文献的；（2）被告提供的证据足以证明其使用的技术已经公知的；（3）被告请求宣告该项专利权无效所提供的证据或者依据的理由明显不充分的。第一种情况仅限于实用新型专利权侵权纠纷案件。国家知识产权局的检索报告，一般是通过检索大量技术文献，对被检索专利是否丧失专利性进行评价，并不对该专利是否具有专利性作出肯定性评价。因此，如果检索报告未作出否定性评价，则说明原告的实用新型专利权具有相当的稳定性，即使被告在答辩期内提出了无效宣告请求，法院也可以不中止审理。就被告而言，如果其以公知技术进行抗辩，并且提供了足够证据足以证明该抗辩成立的，则无论原告的专利权是否有效，法院都可以直接对被告是否侵犯专利权作出认定；如果被告请求宣告原告专利权无效所提供的证据或理由明显不充分，一方面，说明其请求难以得到专利复审委员会的支持；另一方面，也说明被告很可能是为了拖延诉讼，此时，法院也可以径行对侵权诉讼作出判决。

3. 在上述案件的被告于答辩期届满后提出无效宣告请求的情况，本规定也赋予受理法院更多的选择余地。第十条指出，被告在答辩期后提出无效宣告请求的，原则上不中止诉讼，但受理法院经审查认为有必要中止诉讼的，可以中止诉讼。在具体适用时，受理法院应当严格掌握审查标准，将中止诉讼控制在个别情况下，即只有在案件情况特殊、确实有必要中止诉讼时，才可以中止。此外，关于涉及发明专利及经复审委维持专利权的实用新型专利案件的中止审理问题，本规定沿用了原司法解释的规定，即被告在答辩期间内提出无效宣告请求的，人民法院可以不中止诉讼。

（四）关于等同原则

在审判实践中，真正的“字面”侵权即完全仿制他人专利产品或者照搬他人专利方法的专利侵权行为并不多见，常见的是构成等同的侵权行为。不少不法行为人对他人的产品和方法专利及专利文件加以研究，对权利要求中的某些技术特征，以该技术领域普通技术人员未经创造性智力劳动能够联想到的技术手段，对专利技术方案加以简单的替换或者变换，即以生产经营为目的，制造、销售侵权产品等或者使用侵权方法，以达到只有专利方能达到的发明目的、优点或者积极效果。由此在国际、国内的司法对策中，专利侵权行为认定的等同原则应运而生。

最高人民法院为了使专利权人的合法权益得到全面、切实的保护，使人民法院在认定等同侵权行为时有明确依据，在本规定第十七条中规定了专利侵权判断的等同原则，第一次以规范性文件的形式将等同原则明确为专利侵权判定的一项司法原则。该规定对《专利法》第五十六条第一款进行了解释，提出该条所称的“发明或者实用新型专利权的保护范围以其权利要求的内容为准，说明书及附图可以用于解释权利要求”，是指专利权的保护范围应当以权利要求书中明确记载的必要技术特征所确定的范围为准，也包括与该必要技术特征相等同的特征所确定的范围。根据上述解释，所谓等同是指与必要技术特征相等同的技术特征，而非该专利权利要求的等同物。此外，本规定还对等同特征的含义作了说明，即等同特征必须同时具备两个条件：一是与权利要求中的技术特征以基本相同的手段、实现基本相同的功能、达到基本相同的效果；二是本领域的普通技术人员无须经过创造性劳动就能够联想到，也就是对本领域普通技术人员来讲是显而易见的。该两项条件的规定，与其他国家以及国际条约的相关规定是一致的。①

应当指出，等同原则的适用与案件所涉及的具体技术方案等实际情况直接相关，难以划定统一的标准，因此该规定对等同原则只作出了原则性规定，专利等同侵权行为还必须由受诉人民法院的法官依照程序精心判断。这正像一位资深的德国专利法官在与我国同行讨论相关问题时说的“重要的不在于条文表述上的完美，而是每位法官根据这一原则对每一个等同侵权行为的准确判断”。当然，最高人民法院将在今后总结实践经验的基础上，加强指导与监督，并不断对该项规定进行充实和完善。

（五）关于赔偿问题

《专利法》第六十条是本次修改的新增条款，该条分两个层次规定了侵权损害赔偿数额的三种计算方法，首先按照权利人损失或者侵权人获利计算，该两项难以确定的，则参照专利许可使用费的倍数合理确定赔偿数额。该条规定除了与专利审判实践中经常采用的赔偿额计算方法基本一致外，又增加了参照专利许可使用费倍数的新规定，而且没有将实践中经常采用的定额赔偿方法规定进去。为此，本规定第二十条至第二十二条以全部赔偿为原则，结合《专利法》第六十条、最高人民法院 1992 年解答的有关规定以及吴县会议纪要等文件的相关内容，对赔偿问题作了较为具体的规定。

1. 该规定第二十条规定，人民法院可以根据权利人的请求，按照权利人损失或者侵权人获利计算赔偿数额。人民法院不宜依职权自行确定计算赔偿额的方法。

权利人损失一般可以通过专利产品销售量减少的数量乘以每件专利产品的利润计算得到。权利人销售量减少的总数难以确定的，侵权产品在市场上销售的总数乘以每件专利产品的利润所得之积可以视为权利人因被侵权所受到的损失。之所以这样规定，是因为原告往往难以举证证明其专利产品销售量因被告侵权而减少的数量，虽然证明侵权产品的销售量相对容易，但侵权产品的销售价格又远远低于专利

① 2001 年 5 月，世界知识产权组织常务委员会日内瓦会议产生的《实体专利法条约草案》（Draft Substantive Patent Law Treaty）也有类似规定。

产品的正常价格，如果将被告获利确定为赔偿额，不能弥补权利人的实际损失。事实上，这种变通的计算赔偿额的办法早已在审判实践中为许多法院所采用，司法实践结果表明其符合大多数案件的实际情况，既切实保护了原告的合法权益，对被告也不失公平。

侵权人获利一般根据侵权产品的销售量乘以每件侵权产品的利润确定。侵权人因侵权所获得的利益一般按照侵权人的营业利润计算，对于完全以侵权为业的侵权人，可以按照产品销售利润计算。考虑到财务费用、管理费用一般在企业支出中占有相当大的比例，而正常情况下这些费用确实为被告的实际支出，因此应当将其从被告侵权所获利润中相应减掉，即按照营业利润计算。在许多案件中，被告除生产侵权产品外还有其他产品，但其财务账册中反映的费用是企业支出的总费用，这就需要法院根据实际情况从中划分出应当合理分摊到侵权产品上的费用，有时还需要委托审计部门进行审计。对于完全以侵权为业的被告，一方面，由于其财务账册一般很不规范；另一方面，也为了体现对故意侵权的惩治力度，因此可以按照产品销售利润计算赔偿额。另外，在以被告获利确定赔偿额时，还应当注意原告专利在侵权产品中所起作用或所占位置，原告专利只在侵权产品的某一小部分上被实施的，例如原告的外观设计专利只在被告产品包装的某一部分上被使用，则不宜将被告销售该产品的所有利润都确定为侵权赔偿额。

2. 该规定第二十一条对《专利法》第六十条专利许可使用费的"倍数"进行了解释，并对定额赔偿的适用予以明确规定。该条规定，在上述两种计算方法均难以确定的情况下，有专利许可使用费可以参照的，人民法院可以根据专利权的类别、侵权人侵权的性质和情节、专利许可使用费数额以及该专利许可的性质、范围、时间等因素，参照该许可使用费的1至3倍确定赔偿数额。其中"有专利许可使用费可以参照"是指原告能够提供在相同行业或技术领域中同类相关专利的许可使用费情况的证据，并不必须是原告在诉讼前就涉案专利与他人签订专利许可合同中的许可使用费。关于倍数问题，有一种观点认为，许可使用费一般是正常利润的50%～60%，按照民事赔偿的公平原则，1倍的许可使用费并不足以赔偿权利人的损失，以1.5～2倍确定权利人的实际损失较为合理。由于《专利法》刚刚开始实施，该问题还有待司法实践的进一步探索和总结。

第二十一条还规定，没有专利许可使用费可以参照或者专利许可使用费明显不合理的，人民法院可以根据专利权的类别、侵权人侵权的性质和情节等因素，一般在人民币5000元以上30万元以下确定赔偿数额，最多不得超过人民币50万元。根据该规定，在原告未提供专利许可使用费的有关证据，或者其提供的许可使用费与涉案专利明显没有可类比性时，则可以适用定额赔偿的规定。需要强调的是，定额赔偿方法的适用是在前述三种方法均无法确定赔偿数额的情况下才考虑适用的，是在被告的侵权事实清楚，但原告不能举证证明其实际损失或者被告侵权获利，也不能提供可以参照的许可使用费的情况下，责令被告给予原告的一定经济赔偿。这是针对知识产权侵权损害的特点，借鉴 TRIPs 协议“预先确定的赔偿额”或者一些国家实行的“法定赔偿额”的做法，设定的一种赔偿方法。最高人民法院为了便于各地法院在适用时掌握尺度，根据多年审判实践的经验将其幅度确定为人民币 5000 元至 50 万元。

3. 为了贯彻对知识产权侵权损害的全面赔偿原则，第二十二条规定，人民法院根据权利人的请求以及具体案情，可以将权利人因调查、制止侵权所支付的合理费用计算在赔偿数额范围之内。有两点需要注意，一是将调查等费用计算在赔偿数额范围之内的前提是权利人提出请求，而且法院根据案件的具体情况认为可以支持；二是调查、制止侵权的合理费用不包括诉讼律师费。TRIPs 协议关于损害赔偿的规定是“可以包括适当的律师费”，给予了成员国根据本国情况自行决定的较大余地。考虑到我国的实际情况以及反不正当竞争法对该问题的类似规定，本规定没有将诉讼律师费一律归入上述合理费用范围之内，但在案件审理中，人民法院可以根据案件具体情况决定是否责令被告赔偿原告所支付的适当合理的诉讼律师费。

（六）关于专利审判与行政执法的协调问题

除了人民法院严格依照《专利法》等法律的规定对专利行政行为进行司法复审外，本规定还对两项在侵犯专利权民事诉讼中涉及专利司法审判与行政执法的协调配合问题作出规定。一是人民法院民事制裁措施的运用问题；二是行政停止侵权决定与审判中赔偿民事责任追究的关系问题。

1. 为了加大对知识产权的保护力度，依法制裁侵权者，人民法院在审理侵犯知识产权纠纷案件中，对情节严重的侵权行为，根据《民法通则》第一百三十四条第三款的规定给予收缴、罚款等民事制裁是十分必要的。假冒他人专利的行为，不仅侵犯专利权人的合法权益，而且扰乱了正常的社会经济秩序，应当受到法律制裁，情节严重的，还要追究刑事责任。该规定第十九条规定，人民法院在审理假冒他人专利民事纠纷案件中，发现专利管理机关未给予行为人行政处罚的，可以依照《民法通则》第一百三十四条第三款的规定给予民事制裁；作出罚款处理的，罚款数额参照修改后《专利法》第五十八条关于罚款的数额标准确定。

2. 根据《专利法》第五十七条的规定，专利管理机关可以就停止侵权作出行政决定，但对赔偿数额只能进行调解，调解不成的，当事人可以提起民事侵权诉讼，人民法院应当受理。对于已经过专利管理机关作出侵权或者不侵权认定，当事人就赔偿问题提出民事侵权诉讼的，法院是否可以根据行政决定所作出的侵权认定，仅就赔偿数额问题进行审理，有不同认识。本规定第二十五条对此作出了规定，即在上述情况下，人民法院仍应当就当事人的诉讼请求进行全面审查，依法进行审判。该规定与《宪法》《人民法院组织法》等法律关于人民法院独立审判案件，不受个人、行政机关干涉的审判原则是一致的。

（七）其他问题

本规定对中止诉讼时责令被告停止有关行为问题也作出规定。本规定第十二条规定，人民法院决定中止诉讼，专利权人或者利害关系人请求责令被告停止有关行为或者采取其他制止侵权损害继续扩大的措施，并提供了担保，人民法院经审查符合有关法律规定的，可以在裁定中止诉讼的同时一并作出有关裁定。

本规定还对专利权的财产保全作出了如下规定：人民法院对专利权进行财产保全，应当向国务院专利行政部门发出协助执行通知书，载明要求协助执行的事项以及对专利权保全的期限，并附人民法院作出的裁定书。对专利权保全的期限一次不得超过六个月，自国务院专利行政部门收到协助执行通知书之日起计算。如果仍然需要对该专利权继续采取保全措施的，人民法院应当在保全期限届满前向国务院专利行政部门另行送达继续保全的协助执行通知书。保全期限届满前未送达的，视为自动解除对该专利权的财产保全。人民法院对出质的专利权可以采取财产保全措施，质权人的优先受偿权不受保全措施的影响；专利权人与被许可人已经签订的独占实施许可合同，不影响人民法院对该专利权进行财产保全。人民法院对已经进行保全的专利权，不得重复进行保全。

根据《专利法》第六条第三款的规定，利用本单位的物质技术条件所完成的发明创造，单位与发明人或者设计人订有合同，对申请专利的权利和专利权的归属作出约定的，应当从其约定。根据我国职务发明创造的实际情况以及《合同法》关于合同自愿的基本原则，最高人民法院在本规定第十四条规定，上述《专利法》的规定适用于2001年7月1日以前的发明创造。

本规定还对《专利法》第二十三条所称的在先取得的合法权利的范围作出了列举，包括：商标权、著作权、企业名称权、肖像权、知名商品特有包装或者装潢使用权等。对于人民法院受理的侵犯专利权纠纷案件，涉及权利冲突的，第十五条明确规定，应当保护在先依法享有权利的当事人的合法权益。

对于连续侵权行为的损害赔偿问题，本规定第二十三条规定，侵犯专利权的诉讼时效为两年，自专利权人或者利害关系人知道或者应当知道侵权行为之日起计算。权利人超过两年起诉的，如果侵权行为在起诉时仍在继续，在该项专利权有效期内，人民法院应当判决被告停止侵权行为，侵权损害赔偿数额应当自权利人向人民法院起诉之日起向前推算两年计算。

最后，本规定还对《专利法》第十一条、第六十三条所称的许诺销售进行了解释，即许诺销售是指以做广告、在商店橱窗中陈列或者在展销会上展出等方式作出销售商品的意思表示。

最高人民法院
关于审理技术合同纠纷案件适用法律若干问题的解释

法释〔2004〕20号

（2004年11月30日最高人民法院审判委员会第1335次会议通过　2004年12月16日最高人民法院公告公布　自2005年1月1日起施行）

为了正确审理技术合同纠纷案件，根据《中华人民共和国合同法》《中华人民共和国专利法》和《中华人民共和国民事诉讼法》等法律的有关规定，结合审判实践，现就有关问题作出以下解释。

一、一般规定

第一条　技术成果，是指利用科学技术知识、信息和经验作出的涉及产品、工艺、材料及其改进等的技术方案，包括专利、专利申请、技术秘密、计算机软件、集成电路布图设计、植物新品种等。

技术秘密，是指不为公众所知悉、具有商业价值并经权利人采取保密措施的技术信息。

第二条　合同法第三百二十六条第二款所称“执行法人或者其他组织的工作任务”，包括：

（一）履行法人或者其他组织的岗位职责或者承担其交付的其他技术开发任务；

（二）离职后一年内继续从事与其原所在法人或者其他组织的岗位职责或者交付的任务有关的技术开发工作，但法律、行政法规另有规定的除外。

法人或者其他组织与其职工就职工在职期间或者离职以后所完成的技术成果的权益有约定的，人民法院应当依约定确认。

第三条　合同法第三百二十六条第二款所称“物质技术条件”，包括资金、设备、器材、原材料、未公开的技术信息和资料等。

第四条　合同法第三百二十六条第二款所称“主要利用法人或者其他组织的物质技术条件”，包括职工在技术成果的研究开发过程中，全部或者大部分利用了法人或者其他组织的资金、设备、器材或者原材料等物质条件，并且这些物质条件对形成该技术成果具有实质性的影响；还包括该技术成果实质性内容是在法人或者其他组织尚未公开的技术成果、阶段性技术成果基础上完成的情形。但下列情况除外：

（一）对利用法人或者其他组织提供的物质技术条件，约定返还资金或者交纳使用费的；

（二）在技术成果完成后利用法人或者其他组织的物质技术条件对技术方案进行验证、测试的。

第五条　个人完成的技术成果，属于执行原所在法人或者其他组织的工作任务，又主要利用了现所在法人或者其他组织的物质技术条件的，应当按照该自然人原所在和现所在法人或者其他组织达成的协议确认权益。不能达成协议的，根据对完成该项技术成果的贡献大小由双方合理分享。

第六条　合同法第三百二十六条、第三百二十七条所称完成技术成果的“个人”，包括对技术成果单独或者共同作出创造性贡献的人，也即技术成果的发明人或者设计人。人民法院在对创造性贡献进行认定时，应当分解所涉及技术成果的实质性技术构成。提出实质性技术构成并由此实现技术方案的人，是作出创造性贡献的人。

提供资金、设备、材料、试验条件，进行组织管理，协助绘制图纸、整理资料、翻译文献等人员，不属于完成技术成果的个人。

第七条　不具有民事主体资格的科研组织订立的技术合同，经法人或者其他组织授权或者认可的，视为法人或者其他组织订立的合同，由法人或者其他组织承担责任；未经法人或者其他组织授权或者认可的，由该科研组织成员共同承担责任，但法人或者其他组织因该合同受益的，应当在其受益范围内承担相应责任。

前款所称不具有民事主体资格的科研组织，包括法人或者其他组织设立的从事技术研究开发、转让等活动的课题组、工作室等。

第八条　生产产品或者提供服务依法须经有关部门审批或者取得行政许可，而未经审批或者许可的，不影响当事人订立的相关技术合同的效力。

当事人对办理前款所称审批或者许可的义务没有约定或者约定不明确的，人民法院应当判令由实施技术的一方负责办理，但法律、行政法规另有规定的除外。

第九条　当事人一方采取欺诈手段，就其现有技术成果作为研究开发标的与他人订立委托开发合同收取研究开发费用，或者就同一研究开发课题先后与两个或者两个以上的委托人分别订立委托开发合同重复收取研究开发费用的，受损害方依照合同法第五十四条第二款规定请求变更或者撤销合同的，人民法院应当予以支持。

第十条 下列情形，属于合同法第三百二十九条所称的“非法垄断技术、妨碍技术进步”：

（一）限制当事人一方在合同标的技术基础上进行新的研究开发或者限制其使用所改进的技术，或者双方交换改进技术的条件不对等，包括要求一方将其自行改进的技术无偿提供给对方、非互惠性转让给对方、无偿独占或者共享该改进技术的知识产权；

（二）限制当事人一方从其他来源获得与技术提供方类似技术或者与其竞争的技术；

（三）阻碍当事人一方根据市场需求，按照合理方式充分实施合同标的技术，包括明显不合理地限制技术接受方实施合同标的技术生产产品或者提供服务的数量、品种、价格、销售渠道和出口市场；

（四）要求技术接受方接受并非实施技术必不可少的附带条件，包括购买非必需的技术、原材料、产品、设备、服务以及接收非必需的人员等；

（五）不合理地限制技术接受方购买原材料、零部件、产品或者设备等的渠道或者来源；

（六）禁止技术接受方对合同标的技术知识产权的有效性提出异议或者对提出异议附加条件。

第十一条 技术合同无效或者被撤销后，技术开发合同研究开发人、技术转让合同让与人、技术咨询合同和技术服务合同的受托人已经履行或者部分履行了约定的义务，并且造成合同无效或者被撤销的过错在对方的，对其已履行部分应当收取的研究开发经费、技术使用费、提供咨询服务的报酬，人民法院可以认定为因对方原因导致合同无效或者被撤销给其造成的损失。

技术合同无效或者被撤销后，因履行合同所完成新的技术成果或者在他人技术成果基础上完成后续改进技术成果的权利归属和利益分享，当事人不能重新协议确定的，人民法院可以判决由完成技术成果的一方享有。

第十二条 根据合同法第三百二十九条的规定，侵害他人技术秘密的技术合同被确认无效后，除法律、行政法规另有规定的以外，善意取得该技术秘密的一方当事人可以在其取得时的范围内继续使用该技术秘密，但应当向权利人支付合理的使用费并承担保密义务。

当事人双方恶意串通或者一方知道或者应当知道另一方侵权仍与其订立或者履行合同的，属于共同侵权，人民法院应当判令侵权人承担连带赔偿责任和保密义务，因此取得技术秘密的当事人不得继续使用该技术秘密。

第十三条 依照前条第一款规定可以继续使用技术秘密的人与权利人就使用费支付发生纠纷的，当事人任何一方都可以请求人民法院予以处理。继续使用技术秘密但又拒不支付使用费的，人民法院可以根据权利人的请求判令使用人停止使用。

人民法院在确定使用费时，可以根据权利人通常对外许可该技术秘密的使用费或者使用人取得该技术秘密所支付的使用费，并考虑该技术秘密的研究开发成本、成果转化和应用程度以及使用人的使用规模、经济效益等因素合理确定。

不论使用人是否继续使用技术秘密，人民法院均应当判令其向权利人支付已使用期间的使用费。使用人已向无效合同的让与人支付的使用费应当由让与人负责返还。

第十四条 对技术合同的价款、报酬和使用费，当事人没有约定或者约定不明确的，人民法院可以按照以下原则处理：

（一）对于技术开发合同和技术转让合同，根据有关技术成果的研究开发成本、先进性、实施转化和应用的程度，当事人享有的权益和承担的责任，以及技术成果的经济效益等合理确定；

（二）对于技术咨询合同和技术服务合同，根据有关咨询服务工作的技术含量、质量和数量，以及已经产生和预期产生的经济效益等合理确定。

技术合同价款、报酬、使用费中包含非技术性款项的，应当分项计算。

第十五条 技术合同当事人一方迟延履行主要债务，经催告后在 30 日内仍未履行，另一方依据合同法第九十四条第（三）项的规定主张解除合同的，人民法院应当予以支持。

当事人在催告通知中附有履行期限且该期限超过 30 日的，人民法院应当认定该履行期限为合同法第九十四条第（三）项规定的合理期限。

第十六条 当事人以技术成果向企业出资但未明确约定权属，接受出资的企业主张该技术成果归其享有的，人民法院一般应当予以支持，但是该技术成果价值与该技术成果所占出资额比例明显不合理损害出资人利益的除外。

当事人对技术成果的权属约定有比例的，视为共同所有，其权利使用和利益分配，按共有技术成果的有关规定处理，但当事人另有约定的，从其约定。

当事人对技术成果的使用权约定有比例的，人民法院可以视为当事人对实施该项技术成果所获收益的分配比例，但当事人另有约定的，从其约定。

二、技术开发合同

第十七条 合同法第三百三十条所称“新技术、新产品、新工艺、新材料及其系统”，包括当事人在订立技术合同时尚未掌握的产品、工艺、材料及其系统等技术方案，但对技术上没有创新的现有产品的改型、工艺变更、材料配方调整以及对技术成果的验证、测试和使用除外。

第十八条 合同法第三百三十条第四款规定的“当事人之间就具有产业应用价值的科技成果实施转化订立的”技术转化合同，是指当事人之间就具有实用价值但尚未实现工业化应用的科技成果包括阶段性技术成果，以实现该科技成果工业化应用为目标，约定后续试验、开发和应用等内容的合同。

第十九条 合同法第三百三十五条所称“分工参与研究开发工作”，包括当事人按照约定的计划和分工，共同或者分别承担设计、工艺、试验、试制等工作。

技术开发合同当事人一方仅提供资金、设备、材料等物质条件或者承担辅助协作事项，另一方进行研究开发工作的，属于委托开发合同。

第二十条 合同法第三百四十一条所称“当事人均有使用和转让的权利”，包括当事人均有不经对方同意而自己使用或者以普通使用许可的方式许可他人使用技术秘密，并独占由此所获利益的权利。当事人一方将技术秘密成果的转让权让与他人，或者以独占或者排他使用许可的方式许可他人使用技术秘密，未经对方当事人同意或者追认的，应当认定该让与或者许可行为无效。

第二十一条 技术开发合同当事人依照合同法的规定或者约定自行实施专利或使用技术秘密，但因其不具备独立实施专利或者使用技术秘密的条件，以一个普通许可方式许可他人实施或者使用的，可以准许。

三、技术转让合同

第二十二条 合同法第三百四十二条规定的“技术转让合同”，是指合法拥有技术的权利人，包括其他有权对外转让技术的人，将现有特定的专利、专利申请、技术秘密的相关权利让与他人，或者许可他人实施、使用所订立的合同。但就尚待研究开发的技术成果或者不涉及专利、专利申请或者技术秘密的知识、技术、经验和信息所订立的合同除外。

技术转让合同中关于让与人向受让人提供实施技术的专用设备、原材料或者提供有关的技术咨询、技术服务的约定，属于技术转让合同的组成部分。因此发生的纠纷，按照技术转让合同处理。

当事人以技术入股方式订立联营合同，但技术入股人不参与联营体的经营管理，并且以保底条款形式约定联营体或者联营对方支付其技术价款或者使用费的，视为技术转让合同。

第二十三条 专利申请权转让合同当事人以专利申请被驳回或者被视为撤回为由请求解除合同，该事实发生在依照专利法第十条第三款的规定办理专利申请权转让登记之前的，人民法院应当予以支持；发生在转让登记之后的，不予支持，但当事人另有约定的除外。

专利申请因专利申请权转让合同成立时即存在尚未公开的同样发明创造的在先专利申请被驳回，当事人依据合同法第五十四条第一款第（二）项的规定请求予以变更或者撤销合同的，人民法院应当予以支持。

第二十四条 订立专利权转让合同或者专利申请权转让合同前，让与人自己已经实施发明创造，在合同生效后，受让人要求让与人停止实施的，人民法院应当予以支持，但当事人另有约定的除外。

让与人与受让人订立的专利权、专利申请权转让合同，不影响在合同成立前让与人与他人订立的相关专利实施许可合同或者技术秘密转让合同的效力。

第二十五条 专利实施许可包括以下方式：

（一）独占实施许可，是指让与人在约定许可实施专利的范围内，将该专利仅许可一个受让人实施，让与人依约定不得实施该专利；

（二）排他实施许可，是指让与人在约定许可实施专利的范围内，将该专利仅许可一个受让人实施，但让与人依约定可以自行实施该专利；

（三）普通实施许可，是指让与人在约定许可实施专利的范围内许可他人实施该专利，并且可以自行实施该专利。

当事人对专利实施许可方式没有约定或者约定不明确的，认定为普通实施许可。专利实施许可合同约定受让人可以再许可他人实施专利的，认定该再许可为普通实施许可，但当事人另有约定的除外。

技术秘密的许可使用方式，参照本条第一、二款的规定确定。

第二十六条 专利实施许可合同让与人负有在合同有效期内维持专利权有效的义务，包括依法缴纳专利年费和积极应对他人提出宣告专利权无效的请求，但当事人另有约定的除外。

第二十七条 排他实施许可合同让与人不具备独立实施其专利的条件，以一个普通许可的方式许可他人实施专利的，人民法院可以认定为让与人自己实施专利，但当事人另有约定的除外。

第二十八条 合同法第三百四十三条所称“实施专利或者使用技术秘密的范围”，包括实施专利或者使用技术秘密的期限、地域、方式以及接触技术秘密的人员等。

当事人对实施专利或者使用技术秘密的期限没有约定或者约定不明确的，受让人实施专利或者使用技术秘密不受期限限制。

第二十九条 合同法第三百四十七条规定技术秘密转让合同让与人承担的“保密义务”，不限制其申请专利，但当事人约定让与人不得申请专利的除外。

当事人之间就申请专利的技术成果所订立的许可使用合同，专利申请公开以前，适用技术秘密转让合同的有关规定；发明专利申请公开以后、授权以前，参照适用专利实施许可合同的有关规定；授权以后，原合同即为专利实施许可合同，适用专利实施许可合同的有关规定。

人民法院不以当事人就已经申请专利但尚未授权的技术订立专利实施许可合同为由，认定合同无效。

四、技术咨询合同和技术服务合同

第三十条 合同法第三百五十六条第一款所称“特定技术项目”，包括有关科学技术与经济社会协调发展的软科学研究项目，促进科技进步和管理现代化、提高经济效益和社会效益等运用科学知识和技术手段进行调查、分析、论证、评价、预测的专业性技术项目。

第三十一条 当事人对技术咨询合同受托人进行调查研究、分析论证、试验测定等所需费用的负担没有约定或者约定不明确的，由受托人承担。

当事人对技术咨询合同委托人提供的技术资料和数据或者受托人提出的咨询报告和意见未约定保密义务，当事人一方引用、发表或者向第三人提供的，不认定为违约行为，但侵害对方当事人对此享有的合法权益的，应当依法承担民事责任。

第三十二条 技术咨询合同受托人发现委托人提供的资料、数据等有明显错误或者缺陷，未在合理期限内通知委托人的，视为其对委托人提供的技术资料、数据等予以认可。委托人在接到受托人的补正通知后未在合理期限内答复并予补正的，发生的损失由委托人承担。

第三十三条 合同法第三百五十六条第二款所称“特定技术问题”，包括需要运用专业技术知识、经验和信息解决的有关改进产品结构、改良工艺流程、提高产品质量、降低产品成本、节约资源能耗、保护资源环境、实现安全操作、提高经济效益和社会效益等专业技术问题。

第三十四条 当事人一方以技术转让的名义提供已进入公有领域的技术，或者在技术转让合同履行过程中合同标的技术进入公有领域，但是技术提供方进行技术指导、传授技术知识，为对方解决特定技术问题符合约定条件的，按照技术服务合同处理，约定的技术转让费可以视为提供技术服务的报酬和费用，但是法律、行政法规另有规定的除外。

依照前款规定，技术转让费视为提供技术服务的报酬和费用明显不合理的，人民法院可以根据当事人的请求合理确定。

第三十五条 当事人对技术服务合同受托人提供服务所需费用的负担没有约定或者约定不明确的，由受托人承担。

技术服务合同受托人发现委托人提供的资料、数据、样品、材料、场地等工作条件不符合约定，未在合理期限内通知委托人的，视为其对委托人提供的工作条件予以认可。委托人在接到受托人的补正通知后未在合理期限内答复并予补正的，发生的损失由委托人承担。

第三十六条 合同法第三百六十四条规定的“技术培训合同”，是指当事人一方委托另一方对指定的学员进行特定项目的专业技术训练和技术指导所订立的合同，不包括职业培训、文化学习和按照行业、法人或者其他组织的计划进行的职工业余教育。

第三十七条 当事人对技术培训必需的场地、设施和试验条件等工作条件的提供和管理责任没有约定或者约定不明确的，由委托人负责提供和管理。

技术培训合同委托人派出的学员不符合约定条件，影响培训质量的，由委托人按照约定支付报酬。

受托人配备的教员不符合约定条件，影响培训质量，或者受托人未按照计划和项目进行培训，导致不能实现约定培训目标的，应当减收或者免收报酬。

受托人发现学员不符合约定条件或者委托人发现教员不符合约定条件，未在合理期限内通知对方，或者接到通知的一方未在合理期限内按约定改派的，应当由负有履行义务的当事人承担相应的民事责任。

第三十八条 合同法第三百六十四条规定的“技术中介合同”，是指当事人一方以知识、技术、经验和信息为另一方与第三人订立技术合同进行联系、介绍以及对履行合同提供专门服务所订立的合同。

第三十九条 中介人从事中介活动的费用，是指中介人在委托人和第三人订立技术合同前，进行联系、介绍活动所支出的通信、交通和必要的调查研究等费用。

中介人的报酬，是指中介人为委托人与第三人订立技术合同以及对履行该合同提供服务应当得到的收益。

当事人对中介人从事中介活动的费用负担没有约定或者约定不明确的，由中介人承担。当事人约定该费用由委托人承担但未约定具体数额或者计算方法的，由委托人支付中介人从事中介活动支出的必要费用。

当事人对中介人的报酬数额没有约定或者约定不明确的，应当根据中介人所进行的劳务合理确定，并由委托人承担。仅在委托人与第三人订立的技术合同中约定中介条款，但未约定给付中介人报酬或者约定不明确的，应当支付的报酬由委托人和第三人平均承担。

第四十条 中介人未促成委托人与第三人之间的技术合同成立的，其要求支付报酬的请求，人民法院不予支持；其要求委托人支付其从事中介活动必要费用的请求，应当予以支持，但当事人另有约定的除外。

中介人隐瞒与订立技术合同有关的重要事实或者提供虚假情况，侵害委托人利益的，应当根据情况免收报酬并承担赔偿责任。

第四十一条 中介人对造成委托人与第三人之间的技术合同的无效或者被撤销没有过错，并且该技术合同的无效或者被撤销不影响有关中介条款或者技术中介合同继续有效，中介人要求按照约定或者本解释的有关规定给付从事中介活动的费用和报酬的，人民法院应当予以支持。

中介人收取从事中介活动的费用和报酬不应当被视为委托人与第三人之间的技术合同纠纷中一方当事人的损失。

五、与审理技术合同纠纷有关的程序问题

第四十二条 当事人将技术合同和其他合同内容或者将不同类型的技术合同内容订立在一个合同中的，应当根据当事人争议的权利义务内容，确定案件的性质和案由。

技术合同名称与约定的权利义务关系不一致的，应当按照约定的权利义务内容，确定合同的类型和案由。

技术转让合同中约定让与人负责包销或者回购受让人实施合同标的技术制造的产品，仅因让与人不履行或者不能全部履行包销或者回购义务引起纠纷，不涉及技术问题的，应当按照包销或者回购条款约定的权利义务内容确定案由。

第四十三条 技术合同纠纷案件一般由中级以上人民法院管辖。

各高级人民法院根据本辖区的实际情况并报经最高人民法院批准，可以指定若

干基层人民法院管辖第一审技术合同纠纷案件。

其他司法解释对技术合同纠纷案件管辖另有规定的，从其规定。

合同中既有技术合同内容，又有其他合同内容，当事人就技术合同内容和其他合同内容均发生争议的，由具有技术合同纠纷案件管辖权的人民法院受理。

第四十四条　一方当事人以诉讼争议的技术合同侵害他人技术成果为由请求确认合同无效，或者人民法院在审理技术合同纠纷中发现可能存在该无效事由的，人民法院应当依法通知有关利害关系人，其可以作为有独立请求权的第三人参加诉讼或者依法向有管辖权的人民法院另行起诉。

利害关系人在接到通知后 15 日内不提起诉讼的，不影响人民法院对案件的审理。

第四十五条　第三人向受理技术合同纠纷案件的人民法院就合同标的技术提出权属或者侵权请求时，受诉人民法院对此也有管辖权的，可以将权属或者侵权纠纷与合同纠纷合并审理；受诉人民法院对此没有管辖权的，应当告知其向有管辖权的人民法院另行起诉或者将已经受理的权属或者侵权纠纷案件移送有管辖权的人民法院。权属或者侵权纠纷另案受理后，合同纠纷应当中止诉讼。

专利实施许可合同诉讼中，受让人或者第三人向专利复审委员会请求宣告专利权无效的，人民法院可以不中止诉讼。在案件审理过程中专利权被宣告无效的，按照专利法第四十七条第二款和第三款的规定处理。

六、其他

第四十六条　集成电路布图设计、植物新品种许可使用和转让等合同争议，相关行政法规另有规定的，适用其规定；没有规定的，适用合同法总则的规定，并可以参照合同法第十八章和本解释的有关规定处理。

计算机软件开发、许可使用和转让等合同争议，著作权法以及其他法律、行政法规另有规定的，依照其规定；没有规定的，适用合同法总则的规定，并可以参照合同法第十八章和本解释的有关规定处理。

第四十七条　本解释自 2005 年 1 月 1 日起施行。

最高人民法院
技术合同司法解释的理解与适用*

《合同法》施行之后，为重构和完善人民法院技术合同审判法律适用体系，最高人民法院于2004年12月24日出台了最高人民法院《关于审理技术合同纠纷案件适用法律若干问题的解释》（以下简称《解释》），已于2005年1月1日起施行。本文对《解释》的全文逐条作了解读，对条文的指导思想、起草意图、概念和规定的内涵、具体适用及适用中应注意的问题作了阐述。

为了正确审理技术合同纠纷案件，根据《中华人民共和国合同法》《中华人民共和国专利法》和《中华人民共和国民事诉讼法》等法律的有关规定，结合审判实践，现就有关问题作出以下解释。

释　义

这是关于《解释》的法律依据的说明。

1999年3月15日九届全国人大二次会议通过的《合同法》于1999年10月1日起施行。《合同法》施行后，1987年6月23日六届全国人大二十一次会议通过并于同年11月1日起施行的《技术合同法》同时废止。该《技术合同法》的内容基本已被《合同法》总则和分则第十八章"技术合同"所取代或者涵盖。《技术合同法》废止后，1989年2月15日国务院批准、同年3月15日原国家科学技术委员会令第四号令发布并施行的《技术合同法实施条例》相应废止，但该条例的有关内容基本没有被新的法律或者行政法规予以承继。依据原《技术合同法》及其实施条例等制定并于1995年4月2日发布的最高人民法院《关于正确处理科技纠纷案件的若干问题的意见》（法发〔1995〕6号），也于2000年7月25日被正式废止。

《合同法》一个突出的特点就是结束了我国《经济合同法》《涉外经济合同

---

* 蒋志培主编，蒋志培、王永昌、郃中林、李剑编著，最高人民法院知识产权审判庭编：《技术合同司法解释的理解与适用》，科学技术文献出版社2007年版，第1～97页。

法》和《技术合同法》三法并存的格局，将各种民事合同法律关系统一纳入《合同法》的调整范围。这种新的立法格局是对原有技术合同法制体系的重大调整，如何使技术合同法制体系既保持其延续性，又能够顺利地融入统一的合同法体制，特别是如何使已开展近 20 年的技术合同审判工作在合同法所确立的裁判规则下健康开展，则成为司法实践和技术交易市场中要解决的突出问题。同时，技术合同审判实践中也反映出一些新的亟待明确和解决的问题。为重构和完善人民法院技术合同审判法律适用体系，最高人民法院起草了有关技术合同部分的司法解释（即《解释》）。

《解释》虽然主要是贯彻《合同法》关于技术合同的规定，但在涉及以专利或者专利申请为技术标的的技术合同的处理上，还需要遵循《专利法》的有关规定，而且技术合同审判实践除了有实体法适用的问题之外，也存在一些程序法适用的问题，需要一并作出规定。因此，《解释》起草的基本做法就是：根据《合同法》《专利法》和《民事诉讼法》等法律的有关规定，针对审判实践中反映出来的需要解释的问题，包括在适用《合同法》时存有疑义和容易歧解的问题作出规定。《解释》对《专利法》的援引有的是直接指引向《专利法》的具体条款。例如，《解释》第四十五条第二款规定："专利实施许可合同诉讼中，受让人或者第三人向专利复审委员会请求宣告专利权无效的，人民法院可以不中止诉讼。在案件审理过程中该专利权被宣告无效的，按照专利法第四十七条第二款和第三款的规定处理。"有的条款内容虽然未直接指引向《专利法》的具体条款，但在处理涉及专利和专利申请的技术成果的合同或者权属争议时，也要同时适用《专利法》的有关规定，比如对职务发明创造和非职务发明创造的界定、专利权和专利申请权转让的程序要求等。《解释》对有关技术合同纠纷处理的程序性规定，均是依据《民事诉讼法》及其司法解释的规定，结合技术合同案件的具体情况所作出的特殊规定，《解释》未规定的其他有关程序问题，应当直接适用《民事诉讼法》及其司法解释的相关规定。

《解释》稿的行文体例在前四部分按照《合同法》第十八章第一至四节的顺序列为四部分，即"一般规定""技术开发合同""技术转让合同""技术咨询合同和技术服务合同"，另将"与审理技术合同纠纷有关的程序问题"单列为第五部分，在第六"其他"部分则规定了不适于纳入前几部分的特殊标的技术合同的法律适用和《解释》的效力问题。在"一般规定"部分，除对《合同法》第十八章第一节"一般规定"的有关条文（主要是技术成果和技术秘密的概念、职务技术成果与非职务技术成果的认定）内容进行解释外，还包括与《合同法》总则内容有关的技术合同的主体、效力及合同无效的后果、履行内容的确定、解除等问题。

第一条 [技术成果及技术秘密概念]

技术成果，是指利用科学技术知识、信息和经验作出的涉及产品、工艺、材料及其改进等的技术方案，包括专利、专利申请、技术秘密、计算机软件、集成电路布图设计、植物新品种等。

技术秘密，是指不为公众所知悉、具有商业价值并经权利人采取保密措施的技术信息。

释 义

本条是对技术成果概念、主要类型以及对技术秘密概念的解释。

技术成果作为一种无形财产，是技术合同的标的，在现代社会发挥着越来越重要的作用。技术合同是技术成果商品化的基本法律形式，实践中因技术合同引起的技术成果权属争议比较多见。如何准确界定技术成果的概念，直接涉及技术合同法律规范的适用范围。

所谓技术，按照《辞海》的解释，"是指根据生产实践经验和自然科学原理而发展成的各种工艺操作方法和技能。"在合同法上，技术成果与技术实际上是同一概念。技术成果不同于科学发现，不是对自然现象、特性或者规律的发现或者揭示。合同法上的技术成果，是指利用科学技术知识、信息和经验作出的产品、工艺、材料及其改进等技术方案。它是有关产品、工艺、材料及其改进等技术方案或者技术构思。就本质而言，作为技术合同标的技术的技术成果应当是一种技术方案，不包含技术内容的其他劳动成果，不能够成为技术合同标的内容。不包含技术转让或者许可实施内容的有形物的流转订立的合同一般属于买卖合同或者租赁合同，不包含技术研究开发内容的有形物的制造订立的合同往往属于承揽合同或者建设工程合同，不包含技术内容的其他无形财产订立的合同则可能是借款合同等。技术成果具有实用性和可重复再现性，即技术成果应当实用可靠，在一定条件下能重复再现。也就是说，技术成果能够解决特定的技术问题，能够制造或者使用，并且可以产生实际效果；技术成果在一定条件下重复试验可以得到预期的效果。不能以是否通过了有关部门或者机构组织的技术鉴定为依据来认定是否属于技术成果。

技术合同与知识产权关系非常密切，技术成果与知识产权是两个既有交叉而又不能等同的概念。技术成果权利化之后，就是知识产权的问题。对技术成果的权利包含财产权和人身权两方面的内容。财产权主要是指技术成果的使用权和转让权以及职务技术成果完成人的奖励权和获酬权。人身权则一般是指技术成果完成人的荣誉权和署名权。从一定意义上讲，技术合同是就与知识产权有关的债权债务关系订立的合同。但是，享有知识产权的智力成果内容不一定必然可以作为技术合同的标的内容，只有专利、技术秘密等与技术成果有关的技术性知识产权才与合同法上的技术合同有关，商标和一般作品（不包括计算机软件）等知识产权客体一般与技术无关。就商标和一般作品（不包括计算机软件）等的创作和许可、转让等达成的协议，虽也属于知识产权合同，但不是技术合同。许多技术成果享有知识产权，但并不要求技术成果必须能够或者已经取得知识产权，已经进入公有领域的技术成果在一定条件下也可以成为技术合同的交易内容，如技术服务合同的标的就可能是自由公知技术。

对于技术成果的类型，《合同法》仅提到了专利和技术秘密这两种技术成果（原《技术合同法》也只是笼统地将技术分为专利技术和非专利技术两大类）。对于新出现的一些知识产权类型，如植物新品种、计算机软件、集成电路布图设计等，显然也应属于技术成果范畴，而且不排除将来再出现新的可以作为技术成果的知识产权类型。为此，本条司法解释在第一款以开放式的规定列举了6种技术成果，即专利、专利申请、技术秘密、计算机软件、集成电路布图设计和植物新品种。但应当注意，本条司法解释在这里的“等”字用语表明技术成果不仅限于这6种列举的类型，如动物新品种和一些进入公有领域的技术内容也属于技术成果范畴。

除技术秘密的概念以外，对于本条司法解释列举的其他5种技术成果的具体概念和内涵，应当依照有关专门法律、行政法规的规定来界定。其中，专利、专利申请和技术秘密所涵盖的主要是传统技术领域的技术成果，计算机软件是近几十年来才出现但在现代信息社会的作用越来越重要的一种技术成果类型，而集成电路布图设计和植物新品种则是新近纳入知识产权保护范畴的两种特殊类型的技术成果。

所谓专利，根据我国《专利法》及其实施细则的有关规定，是指依法获得专利权的发明创造，包括发明、实用新型和外观设计3种。所谓发明，是指对产品、方法或者其改进所提出的新的技术方案。所谓实用新型，是指对产品的形状、构造或者其结合所提出的适于实用的新的技术方案。所谓外观设计，是指对产品的形状、图案或者其结合以及色彩与形状、图案的结合所作出的富有美感并适于工业应用的新设计。授予专利权的发明和实用新型，应当具备新颖性、创造性和实用性。新颖性是指在申请日之前没有同样的发明或者实用新型在国内外出版物上公开发表过、在国内公开使用过或者以其他方式为公众所知，也没有同样的发明或者实用新型由他人向国务院专利行政部门提出过申请并且记载在申请日之后公布的专利申请文件中。创造性是指同申请日之前已有的技术相比，该发明有突出的实质性特点和显著的进步，该实用新型有实质性特点和进步。实用性是指该发明或者实用新型能够制造或者使用，并且能够产生积极效果。授予专利权的外观设计，也应当具备新颖性，既应当同申请日之前在国内外出版物上公开发表过或者国内公开使用过的外观设计不相同和不相近似，并不得与他人在先取得的合法权利相冲突。所谓专利都是已有的技术成果，当事人可以就专利技术订立专利权转让合同或者专利实施许可合同。

所谓专利申请，结合我国《专利法》及其实施细则、合同法、反不正当竞争法等的有关规定，是指对于已经申请专利但尚未获得授权的技术，特别是处于发明专利临时保护期的技术。它既不属于一般意义上的技术秘密又不是专利，是一种处于特定阶段的有特殊法律意义的技术成果。对于专利申请或者专利申请技术，权利人即申请人可以与他人签订技术合同转让该申请，也可以许可他人实施。其中，对于实用新型和外观设计的专利申请而言，在获得专利证书（技术方案被公开）之前，实际上仍属于技术秘密，就其转让或者许可使用签订的合同，合同法上分别作为专利申请权转让合同和技术秘密转让合同来对待。对于发明专利申请而言，在提出申请后经过初步审查申请文件被公开之前，也应当作为技术秘密来对待，就其转让或者许可使用签订的合同，也应当分别以专利申请权转让合同和技术秘密转让合同来对待；在申请文件公开后获得专利证书之前，即发明专利的临时保护期，就不再是技术秘密，就其转让签订的合同，合同法上作为专利申请权转让合同来对待，就其许可使用签订的合同，依照《解释》的规定将其视为专利实施许可合同来对待。所谓的发明专利临时保护期，是指根据专利法的规定发明专利申请公布后至授权前的这一特定时期，专利申请人可以要求在此期间实施其发明的单位或者个人支付适当的费用，但是在实施人拒绝付费的情况下，申请人只能在该专利申请最终获得授权成为专利权人后方可依照法定程序主张权利。

所谓计算机软件，根据我国《计算机软件保护条例》的规定，是指计算机程序及其有关文档。其中，计算机程序是指为了得到某种结果而可以由计算机等具有信息处理能力的装置执行的代码化指令序列，或者可以被自动转换成代码化指令序列的符号化指令序列或者符号化语句序列。同一计算机程序包括源程序和目标程序，但在著作权法上作为同一作品。有关文档是指用来描述程序的内容、组成、设计、功能规格、开发情况、测试结果及使用方法的文字资料和图表等，如程序设计说明书、流程图、用户手册等。应当说，作为技术成果的计算机软件，其核心是计算机程序，但有关文档作为相关技术内容的载体，在技术合同中也不应当被忽视。当事人可以就计算机软件签订委托开发或者合作开发合同、许可使用合同或者转让合同。

所谓集成电路布图设计，根据我国《集成电路布图设计保护条例》，是指集成电路中至少有一个是有源元件的两个以上元件和部分或者全部互连线路的三维配置，或者为制造集成电路而准备的上述三维配置。其中所称集成电路，是指半导体集成电路，即以半导体材料为基片，将至少有一个是有源元件的两个以上元件和部分或者全部互连线路集成在基片之中或者基片之上，以执行某种电子功能的中间产品或者最终产品。当事人可以就集成电路布图设计签订委托创作或者合作创作合同、转让合同或者许可使用合同。

所谓植物新品种，根据我国《植物新品种保护条例》，是指经过人工培育的或者对发现的野生植物加以开发，具备新颖性、特异性、一致性和稳定性并有适当命名的植物品种。当事人可以就植物新品种签订委托育种或者合作育种合同（即技术开发合同），也可以签订品种权转让合同或者许可实施合同。

何谓技术秘密，是《解释》起草过程中一个有较大争议的问题。我国《反不正当竞争法》第十条第三款和《刑法》第二百一十九条第三款均规定："……所称的商业秘密，是指不为公众所知悉、能为权利人带来经济利益、具有实用性并经权利人采取保密措施的技术信息和经营信息。"《反不正当竞争法》和《刑法》规定的商业秘密实际上是要求四个要件，即秘密性、价值性、实用性和保密性。世界贸易组织《与贸易有关的知识产权协议》（即 TRIPs 协定）第三十九条之二规定："自然人和法人应有可能防止其合法控制的信息在未经其同意的情况下以违反诚实商业行为的方式[①]向他人披露，或被他人取得或使用，只要此类信息：（a）属秘密，即作为一个整体或就其各部分的精确排列和组合而言，该信息尚不为通常处理所涉信息范围内的人所普遍知道，或不易被他们获得；（b）因属秘密而具有商业价值；并且（c）由该信息的合法控制人，在此种情况下采取合理的步骤以保持其秘密性质。"从这一规定可以看出，TRIPs 协定对商业秘密的构成只规定了秘密性、价值性和保密性三项条件，并无实用性的要求，这种规定所包含的信息范围从措辞上看要大于我国《反不正当竞争法》和《刑法》的有关规定。考虑到 TRIPs 协定

---

① 在本规定中，"违反诚实商业行为的方式"应至少包括以下做法：违反合同、泄密和违约诱导，并且包括第三方取得未披露的信息，而该第三方知道或因严重疏忽未能知道未披露信息的取得涉及此类做法。

对技术秘密的构成要件的规定，《解释》第二款单独重新对技术秘密的概念作了解释，即“技术秘密，是指不为公众所知悉、具有商业价值并经权利人采取保密措施的技术信息。”这实际上是将传统的理解也是我国《反不正当竞争法》第十条和《刑法》第二百一十九条所确认的商业秘密的构成要件中的“能为权利人带来经济利益、具有实用性”的要求统一规定为“具有商业价值”。这样规定更符合国际标准和惯例，有利于按照我国加入世界贸易组织的承诺，加强对包括技术秘密在内的商业秘密的法律保护。

对于本条司法解释所称的“不为公众所知悉”“具有商业价值”和“权利人采取保密措施”的具体理解，要结合 TRIPs 协定的一些具体规定和参考我国有关法律、行政法规和规章的一些规定，特别是要参照 2007 年 1 月 12 日发布的《最高人民法院关于审理不正当竞争民事案件应用法律若干问题的解释》第九条至第十一条的有关规定。对于本条司法解释所称的“不为公众所知悉”，应当理解为该技术信息作为一个整体或者其各部分的精确排列和组合，不为其所属领域的相关人员普遍知悉和容易获得。具有下列情形之一的，可以认定有关信息不构成“不为公众所知悉”：（1）该信息为其所属技术或者经济领域的人的一般常识或者行业惯例；（2）该信息仅涉及产品的尺寸、结构、材料、部件的简单组合等内容，进入市场后相关公众通过观察产品即可直接获得；（3）该信息已经在公开出版物或者其他媒体上公开披露；（4）该信息已通过公开的报告会、展览等方式公开；（5）该信息从其他公开渠道可以获得；（6）该信息无须付出一定的代价而容易获得。“具有商业价值”，应当理解为该技术信息具有现实的或者潜在的商业价值，能为权利人带来竞争优势，包括损失的减少。“权利人采取保密措施”，应当理解为权利人为防止信息泄漏所采取的与其商业价值等具体情况相适应的合理保护措施。人民法院应当根据所涉信息载体的特性、权利人保密的意愿、保密措施的可识别程度、他人通过正当方式获得的难易程度等因素，认定权利人是否采取了保密措施。具有下列情形之一，在正常情况下足以防止涉密信息泄漏的，应当认定权利人采取了保密措施：（1）限定涉密信息的知悉范围，只对必须知悉的相关人员告知其内容；（2）对于涉密信息载体采取加锁等防范措施；（3）在涉密信息的载体上标有保密标志；（4）对于涉密信息采用密码或者代码等；（5）签订保密协议；（6）对于涉密的机器、厂房、车间等场所限制来访者或者提出保密要求；（7）确保信息秘密的其他合理措施。另外，结合《刑法》第二百一十九条第四款的规定，本《解释》所称的技术秘密“权利人”应当理解为，是指商业秘密的所有人和经商业秘密所有人许可的商业秘密使用人。

关于技术秘密的概念还要注意以下几点。一是《合同法》所称的技术秘密成果与技术秘密应属同义语。二是《合同法》对技术秘密成果的权利界定为使用权和转让权两种。技术秘密的使用权应当理解为，是以生产经营为目的自己使用或者许可他人使用技术秘密成果的权利；转让权应当理解为，是向他人让与技术秘密成果的权利。这样来理解可以将人们对其他知识产权的使用权与所有权的一般理解统一起来。三是对技术秘密，当事人可以就其研究开发签订技术开发合同，也可以就其全部权利的让与或者许可使用签订技术秘密转让合同。四是关于技术秘密的举证责任，可以参照《最高人民法院关于审理不正当竞争民事案件应用法律若干问题的解释》第十四条的规定来确认。即，当事人指称他人侵犯其技术秘密的，应当对其拥有的技术秘密符合法定条件、对方当事人的信息与其技术秘密相同或者实质相同以及对方当事人采取不正当手段的事实负举证责任。其中，技术秘密符合法定条件的证据，包括技术秘密的载体、具体内容、商业价值和对该项技术秘密所采取的具体保密措施等。

第二条 ［执行法人或其他组织的工作任务］

合同法第三百二十六条第二款所称“执行法人或者其他组织的工作任务”，包括：

（一）履行法人或者其他组织的岗位职责或者承担其交付的其他技术开发任务；

（二）离职后一年内继续从事与其原所在法人或者其他组织的岗位职责或者交付的任务有关的技术开发工作，但法律、行政法规另有规定的除外。

法人或者其他组织与其职工就职工在职期间或者离职以后所完成的技术成果的权益有约定的，人民法院应当依约定确认。

释 义

本条是对处理职务技术成果争议时，如何认定执行法人或者其他组织的工作任务的解释。

对职务技术成果与非职务技术成果的确认，直接涉及保护法人或者其他组织（单位）的技术权益与鼓励发明人的发明创造积极性的平衡问题，实践中因此发生的纠纷也相当多。《解释》为此作了比较多的规定，这些规定有利于科技成果产权的明晰，有利于鼓励单位增加科技投入，有利于激发个人积极从事科技创新，最终有利于促进科技进步和技术成果的转化、应用和推广。

对职务技术成果与非职务技术成果的界定，首先要尊重当事人的约定，其次要准确界定个人完成的技术成果是否属于《合同法》第三百二十六条第二款规定的“执行法人或者其他组织的工作任务”或“主要利用法人或者其他组织的物质技术条件”。本条司法解释规定了执行法人或者其他组织的工作任务和当事人约定优先这两个问题，对于利用法人或者其他组织物质技术条件的问题则规定在第三条和第四条之中。

对于本条司法解释第一款规定的“执行法人或者其他组织的工作任务”，一个基本前提是要体现法人或者其他组织的意志。

本条司法解释第一款第（一）项针对在职人员规定了两种应当认定为职务技术成果的情形。第一种情形是“履行法人或者其他组织的岗位职责”。其中的岗位职责，是指根据法人或者其他组织的规定，职工所在岗位的工作任务和责任范围，并非泛指法人或者其他组织内的各种工作岗位。如果职工的岗位职责与某项技术成果的研究开发没有直接关系，在其完成本职工作的情况下，利用专业知识、经验和信息完成的该项技术成果就不属于履行岗位职责。第二种情形是指完成法人或者其他组织“交付的其他技术开发任务”。所谓交付技术开发任务，一般是指通过任务书、项目计划、工作决定等书面或者实际行动等作为的方式就解决特定技术问题或者研发特定技术所作出的明确意思表示，并有具体的工作目标和要求。有关技术问题或者完成的技术成果一般会与法人或者其他组织的经营范围或工作业务有关，但并不要求职工完成的职务技术成果必须是与法人或者其他组织业务有关的技术内容。因为，从鼓励科技创新的角度讲，任何法人、其他组织和自然人均可以自主决定开发任何领域的新技术。至于在法人或者其他组织内非本职岗位完成的技术成果，只要是属于完成法人或者其他组织交付任务或者属于主要利用法人或者其他组织物质技术条件，不论年限长短，只要完成人与法人或者其他组织没有特别约定的，就应当认定为职务技术成果；如果不属于完成法人或者其他组织交付任务，也不属于主要利用法人或者其他组织物质技术条件，则应当认定为非职务技术成果。

本条司法解释第一款第（二）项针对离职人员所完成的技术成果应当认定为职务技术成果的情形作出了规定，即“离职后一年内继续从事与其原所在法人或者其他组织的岗位职责或者交付的任务有关的技术开发工作，但法律、行政法规另有规定的除外。”这里的“离职”应当理解为，包括退职、退休、停薪留职、开除或者辞退等各种原因离开原法人或者其他组织的情形；“一年”的期限主要是参照了《专利法实施细则》第十一条第一款第（三）项关于“退职、退休或者调动工作后1年内作出的，与其在原单位承担的本职工作或者原单位分配的任务有关的发明创造”属于“执行本单位的任务所完成的职务发明创造”的规定。所谓的“有关的技术开发工作”应当理解为，与职工在职时所具体从事的科学研究项目或技术开发课题直接相关或者是其合理的延续，不能简单地以技术领域是否相同或相近来认定是否“有关”。但书条款主要是考虑涉及《植物新品种保护条例》的农业和林业两个实施细则均对离职以后的期限规定为3年。因为植物新品种的培育周期确实要比一般技术成果更长，虽然这些细则本身不是行政法规，但是属于执行行政法规的具体行政规章，人民法院可以参照适用。

本条司法解释第二款的规定以合同法上的合同自由原则为依据，体现了对涉及职务技术成果权益的界定时的当事人意思自治原则，即以当事人约定优先。对于法人或者其他组织与其职工就“执行法人或者其他组织的工作任务”完成的技术成果约定权利归属条款的效力，实践中一直有不同的认识。司法解释的这一规定澄清了有关认识。也就是说，法人或者其他组织与其职工不管以何种形式约定技术成果的权益，包括对于职工在职期间或者离职以后利用法人或者其他组织的物质技术条件所完成的技术成果的权益的约定，只要该约定本身不能依据合同法被认定为无效或者可撤销或可变更，人民法院都应当从其约定判定权利归属。即使是职务技术成果，只要当事人有效约定权属归完成人，人民法院也应当尊重。

另外，对于本条司法解释所称的“法人或者其他组织”与“职工”的概念，简单地讲分别就是指雇主与雇员。因此，可以这样说，认定职务技术成果时当事人之间须存在双重法律关系，即劳动关系和职务发明创造关系。劳动法律关系是职务发明创造法律关系的基础和前提，但劳动法律关系独立存在，不论是当前存在或者曾经存在，不论是长期或临时，也不论是全职还是兼职。如果当事人之间不存在劳动雇佣关系，而属于委托开发等其他法律关系时，就不是认定职务技术成果的问题，而是其他的技术成果权属争议。

第三条 ［物质技术条件的认定］

合同法第三百二十六条第二款所称“物质技术条件”，包括资金、设备、器材、原材料、未公开的技术信息和资料等。

释 义

本条是对处理职务技术成果争议时，如何认定物质技术条件的解释。

所谓的“物质技术条件”，是指进行科学研究和技术开发所需要用到的各种物质、技术方面的条件，既包括与技术本身无关的资金、通用设备、器材、零部件、一般原材料等物质条件，也包括与所开发完成的技术有特定关联的专用设备、器材、零部件、原材料等物质条件，还包括法人或者其他组织尚未公开的技术信息和技术资料等技术条件。

一般而言，资金、设备、器材、原材料等可以作为物质条件来看待，尚未公开的技术信息和资料等可以作为技术条件来看待。但对一些不能够从市场公开渠道获得的专用设备、器材等的使用，也可以被视为是对尚未公开的技术条件的使用。

作为科学研究和技术开发提供的“物质条件”的组成部分的“资金”，往往是专项的科研经费或者开发费用，但不仅限于此，法人或者其他组织的日常开支和被挪用的其他项目的资金也可以构成此处所称之“资金”。然而，职工的工资、奖金、补贴等一般不能被认定为技术研究和开发活动中法人或者其他组织提供的“物质技术条件”的内容。

所谓的“未公开的技术信息和资料等技术条件”，包括尚未公开的技术成果、阶段性技术成果，这些是一般公众通过公开渠道如查询公开技术文献所无法获取的。法人或者其他组织的技术秘密当然属于技术条件，但一些尚不能构成技术秘密的技术信息和资料，只要法人或者其他组织对其采取了一定的保密措施，一般公众通过公开途径不能轻易获得，也可以认为是本条所称的技术条件。

第四条 [主要利用法人或者其他组织物质技术条件的认定]

合同法第三百二十六条第二款所称“主要利用法人或者其他组织的物质技术条件”，包括职工在技术成果的研究开发过程中，全部或者大部分利用了法人或者其他组织的资金、设备、器材或者原材料等物质条件，并且这些物质条件对形成该技术成果具有实质性的影响；还包括该技术成果实质性内容是在法人或者其他组织尚未公开的技术成果、阶段性技术成果基础上完成的情形。但下列情况除外：

（一）对利用法人或者其他组织提供的物质技术条件，约定返还资金或者交纳使用费的；

（二）在技术成果完成后利用法人或者其他组织的物质技术条件对技术方案进行验证、测试的。

释　义

本条是对处理职务技术成果争议时，如何认定主要利用法人或者其他组织的物质技术条件的解释。

在“主要利用法人或者其他组织的物质技术条件”的问题上，司法解释比较侧重考虑技术成果的技术性贡献因素，适当弱化了物质贡献因素。因为，只有人的智力创造才是形成技术成果的最关键因素，也是知识产权法应当首先保护的对象，至于物质性因素，虽然是基础性的，但往往可以通过返还资金等经济手段予以补偿。

根据本条司法解释的规定，只有在职工不仅是“全部或者大部分利用”了法人或者其他组织的物质条件，而且只有当“这些物质条件对形成该技术成果具有实质性影响”时，方可被认定为职务技术成果。而所谓的对法人或者其他组织的物质条件的“全部或者大部分利用”，一般可以将实际利用的法人或者其他组织的物质条件与完成技术成果实际使用的物质条件进行比较，所占比例应当超过一半以上。

本条司法解释还列举规定了两项不属于“主要利用法人或者其他组织的物质技术条件”的情形。

本条司法解释第（一）项对“利用法人或者其他组织提供的物质技术条件，约定返还资金或者交纳使用费的”不认定为职务技术成果的规定，体现了对当事人意思自治的尊重，而且这种约定也表明了合同对价的存在，当事人之间的利益是平衡的，因此应当赋予其法律效力。

本条司法解释第（二）项对“在技术成果完成后利用法人或者其他组织的物质技术条件对技术方案进行验证、测试”不认定为职务技术成果的规定，进一步明确了法人或者其他组织对职务技术成果的物质性和技术性贡献问题。即，只有当法人或者其他组织的物质技术条件是用于研究和开发过程中，即在成果形成之前被使用，才涉及是否属于职务技术成果的判定问题；如果在技术成果的研究开发过程中并没有利用法人或者其他组织的物质技术条件，而在技术成果已经完成后，利用法人或者其他组织的物质技术条件对技术成果进行验证和测试，则不存在是否应当认定为职务技术成果的问题。这种情况在涉及药品研发的案件中就比较多见，也比较典型。因为一种新药在技术方案形成后到产品获准生产、上市销售之前，要经过药理、毒性、动物和人体临床等多种试验。当然，这并不是说验证、测试就不会产生任何技术成果或者权益。验证、测试本身所产生的数据、结论等信息可以作为技术秘密受到保护，在当事人没有对这些技术秘密的归属和使用作出约定的情况下，一般应当由验证人、测试人享有相关权益。如果验证人、测试人不仅向被验证、测试技术成果的拥有者提供了验证、测试数据、结论等信息，而且参与到了后续改进的研究开发工作中，并且对最终技术成果的形成和完善作出了实质性贡献，则验证人、测试人也可以成为该改进技术成果的权利共有人，分享有关技术成果权益。

第五条 [确认新老单位对个人完成的技术成果的权益]

个人完成的技术成果，属于执行原所在法人或者其他组织的工作任务，又主要利用了现所在法人或者其他组织的物质技术条件的，应当按照该自然人原所在和现所在法人或者其他组织达成的协议确认权益。不能达成协议的，根据对完成该项技术成果的贡献大小由双方合理分享。

释 义

本条是对个人既执行原法人或者其他组织工作任务又主要利用现法人或者其他组织物质技术条件完成技术成果的情形下，如何确认新老单位间权益的解释。

随着社会人才流动的日益频繁，个人在原法人或者其他组织研发的技术成果尚未完成时离开原法人或者其他组织，到新法人或者其他组织工作后又利用新法人或者其他组织的物质技术条件对该技术成果继续进行研究开发的情形经常出现；有的个人虽然到了新法人或者其他组织工作，但基于种种原因，在继续承担原法人或者其他组织交付的技术开发任务的同时，又主要利用新法人或者其他组织的物质技术条件进行并完成了后续研发；还有的技术人员在离开原法人或者其他组织一年内，在利用其所参加研发的原法人或者其他组织技术成果的基础上，又主要利用新法人或者其他组织的物质技术条件在新法人或者其他组织作出了新的技术成果。由于个人作为职工执行法人或者其他组织的工作任务，或者主要利用法人或者其他组织的物质技术条件所完成的技术成果都属于职务技术成果，在前述这些情形下，该职务技术成果究竟属于哪一个法人或者其他组织享有，还是由双方共享，新老单位之间往往会为此引发纠纷。

本条司法解释的规定体现了对当事人意思自治的尊重和对相关权益的合理平衡。当发生上述权属纠纷时，允许并鼓励新老单位进行协商解决。不能达成协议的，一般认定由新老单位共同享有该技术成果，但具体的利益分享比例，则应当根据新老单位对完成该项技术成果的贡献大小决定。所谓技术贡献大小，要考虑该技术成果完成人在原所在和现所在法人或者其他组织工作时的实际研究开发的进度和难度、各自物质技术条件投入的多少及其对关键性技术问题解决的影响、完成人在原所在和现所在法人或者其他组织投入研究的时间等因素综合判断。

在根据本条规定处理纠纷时要注意，技术成果完成人在新老单位间的流动应当属于正常的人才流动。如果技术成果完成人从原法人或者其他组织离职到新法人或者其他组织工作不属于正常的人才流动，在技术成果完成人和新法人或者其他组织的行为构成对原法人或者其他组织技术秘密侵犯的情况下，则应当依法承担侵权责任。

第六条 ［技术成果完成人的认定］

合同法第三百二十六条、第三百二十七条所称完成技术成果的“个人”，包括对技术成果单独或者共同作出创造性贡献的人，也即技术成果的发明人或者设计人。人民法院在对创造性贡献进行认定时，应当分解所涉及技术成果的实质性技术构成。提出实质性技术构成并由此实现技术方案的人，是作出创造性贡献的人。

提供资金、设备、材料、试验条件，进行组织管理，协助绘制图纸、整理资料、翻译文献等人员，不属于完成技术成果的个人。

释 义

本条是对技术成果完成人内涵的解释。

《民法通则》第九十七条第二款规定，公民对自己的发明或者其他科技成果，有权申请领取荣誉证书、奖金或者其他奖励。《合同法》第三百二十六条规定，职务技术成果的使用权、转让权属于法人或者其他组织的，法人或者其他组织应当从使用和转让该项职务技术成果所取得的收益中提取一定比例，对完成该项职务技术成果的个人给予奖励或者报酬；法人或者其他组织订立技术合同转让职务技术成果时，职务技术成果的完成人享有以同等条件优先受让的权利。《合同法》第三百二十八条规定，完成技术成果的个人有在有关技术成果文件上写明自己是技术成果完成者的权利和取得荣誉证书、奖励的权利。《专利法》第十六条也规定，被授予专利权的单位应当对职务发明创造的发明人或者设计人给予奖励；发明创造专利实施后，根据其推广应用的范围和取得的经济效益，对发明人或者设计人给予合理的报酬。根据这些法律规定，完成技术成果的个人据此享有荣誉权、奖励权、获酬权以及成果转让时的优先受让权。对技术成果完成人的界定在涉及发明人、设计人奖励、报酬纠纷案件和发明人、设计人资格纠纷案件中至关重要，往往是当事人争议的首要问题。

合同法所称的完成技术成果的个人与专利法所称的发明人或者设计人实际上是同一概念。《专利法实施细则》第十二条对此规定：“专利法所称发明人或者设计人，是指对发明创造的实质性特点作出创造性贡献的人。在完成发明创造过程中，只负责组织工作的人、为物质技术条件的利用提供方便的人或者从事其他辅助工作的人，不是发明人或者设计人。”本条司法解释的规定与专利法这一规定的精神是完全一致的。

技术成果是由具体的发明人或者设计人完成的，而一项重大、复杂的技术成果往往需要一个团队的共同参与、分工协作，而不是个别发明人或者设计人所能独立完成的。在自然人执行法人或者其他组织的工作任务时，法人或者其他组织一般有专人负责具体物质条件的提供，有专人负责技术图纸、资料的绘制、整理和翻译等技术辅助性工作，还有专人负责技术成果研究开发过程的组织、协调和管理工作。但是，不能将所有参与职务技术成果研发工作和过程的人员都认定为该项技术成果的完成人，而应当将是否作出创造性贡献作为界定这个问题的标准，那些仅仅提供物质条件或辅助技术支持的人，不能被认定为技术方案的发明人或设计人。

认定创造性贡献不是一个简单容易的事情，应当通过对技术成果的实质性构成进行分解来比较和综合判定。分解技术成果的实质性构成时，首先要将技术成果的各个技术组成要素或者单元（可以参考专利法上的技术特征）予以识别；其次要识别这些技术要素或者单元中哪些属于公知技术范畴，哪些属于开发创新内容；最后将不属于公知技术范畴的技术要素或者单元认定为技术成果的实质性技术构成。当然，在技术成果包含的各个技术要素或者单元本身均属于公知技术但其组合或者特定的实现方式并不为公众所知悉的情况下，这种组合或者特定的实现方式本身也应当属于实质性技术构成。

第七条 [不具有民事主体资格的科研组织的范围及所订立技术合同的法律责任]

不具有民事主体资格的科研组织订立的技术合同，经法人或者其他组织授权或者认可的，视为法人或者其他组织订立的合同，由法人或者其他组织承担责任；未经法人或者其他组织授权或者认可的，由该科研组织成员共同承担责任，但法人或者其他组织因该合同受益的，应当在其受益范围内承担相应责任。

前款所称不具有民事主体资格的科研组织，包括法人或者其他组织设立的从事技术研究开发、转让等活动的课题组、工作室等。

释 义

本条是对不具有民事主体资格的科研组织的范围和所订立技术合同法律责任的

解释。

合同效力往往是当事人争议的焦点问题之一。在技术合同的效力问题上，司法解释一方面坚持努力维护合同效力的原则，保证交易的稳定性；另一方面注意防止对知识产权和交易优势地位的滥用，制止非法垄断技术，维护技术市场的公平竞争；同时在无效合同的处理上，注意当事人之间利益的合理平衡。关于技术合同的效力以及合同无效或者被撤销的法律后果，《解释》从本条至第十三条作了相对集中的规定，另外在对各类技术合同的具体规定中，如第二十四条第二款、第二十九条第三款、第三十四条等，也涉及具体合同的效力问题。

《合同法》的立法精神之一在于不能简单地以主体存在形式上的瑕疵问题认定合同无效。本条司法解释的规定也体现了这一点，其本意在于，对不具有民事主体资格的科研组织签订的技术合同，主要是判断其责任的承担，而不要轻易以主体不适格而宣告合同无效。当然，对不具有民事主体资格的科研组织签订的技术合同，具备合同法规定的合同无效事由的，仍应当作无效处理。

所谓“不具有民事主体资格的科研组织”，包括法人或者其他组织设立的从事技术研究开发、转让等活动的课题组、工作室等，它们既不是法人或者自然人，也不是个人合伙等“其他组织”。我国法律规定的“其他组织”是有特定含义的，即指那些依法成立、能够以自己的名义对外从事民事活动的组织。本条司法解释规定的课题组、工作室等科研组织不属于这些能够作为民事主体的“其他组织”。

实践中，以课题组的名义订立技术合同的情形比较常见，也容易将有关合同作无效处理。课题组是科研实践中主要是技术开发和技术转让活动中较为多见的一种研究开发人为完成一定科研任务或转让其完成的研究开发成果而建立的、由相关科研人员参加的、相对固定的研究组织，其人员一般相对固定，有专项资金来源和相对较大的财产处分权和决定科研事务的权力。

不具有民事主体资格的科研组织订立的技术合同，经法人或者其他组织授权或者认可的，视为法人或者其他组织订立的合同，由法人或者其他组织承担责任，合同主体和诉讼主体都是法人或者其他组织。“授权”的形式可以多种多样，包括签发授权书、章程或者其他文件中的授权条款以及其他授权方式；“认可”则主要是指事后的追认，也包括以其行为表明已接受的默示“认可”。

不具有民事主体资格的科研组织订立的技术合同，未经法人或者其他组织授权或者认可的，只能由该科研组织成员共同承担责任。这种责任可以参照合伙人的责任来处理。但是，法人或者其他组织因该合同受益的，应当在其受益范围内承担相应责任。也就是说，法人或者其他组织不能只受益而不承担任何责任。这种受益往往以收取合同管理费、技术使用提成费等形式出现。

另外，本条司法解释只针对不具有民事主体资格的科研组织以自己的名义订立技术合同的情形。对于课题组等以设立人或者其他人的名义订立技术合同的情形，则应当依据合同法关于无权代理、表见代理和无权处分等的规定，认定合同效力并确定责任承担主体和适格的诉讼主体。

第八条 ［审批和行政许可］

生产产品或者提供服务依法须经有关部门审批或者取得行政许可，而未经审批或者许可的，不影响当事人订立的相关技术合同的效力。

当事人对办理前款所称审批或者许可的义务没有约定或者约定不明确的，人民法院应当判令由实施技术的一方负责办理，但法律、行政法规另有规定的除外。

释　义

本条是对履行审批或者行政许可手续与技术合同效力的关系，以及办理审批或者行政许可的义务承担的解释。

一般而言，审批是主管机关根据公民、法人或者其他组织的申请，经审查准予其从事特定活动的行为。审批的外延包括但不限于行政许可。一般的合同包括绝大多数的技术合同都是自我市场行为，其生效不需要获得审批或者行政许可。与技术合同有关的审批或者行政许可一般有以下三种情形：一是法律、行政法规规定技术合同须经审批或者获得行政许可后方生效。如《专利法》第十条第二款规定："中国单位或者个人向外国人转让专利申请权或者专利权的，必须经国务院有关主管部门批准。"《技术进出口管理条例》第十条规定："属于限制进口的技术，实行许可证管理；未经许可，不得进口。"二是依照技术合同生产产品或者提供服务依法须经有关部门审批或者取得行政许可。这种情形比较多见，特别是依据合同生产的产品或者提供的服务涉及人身安全或者公共秩序的场合，一般都会有这种要求。三是依照技术合同生产产品或者提供服务依法须经有关部门审批或者取得行政许可，且当事人约定以获得审批或者取得行政许可为合同生效的条件。

对于前述第一种情形，应当按照《合同法》第四十四条第二款的规定处理，即"法律、行政法规规定应当办理批准、登记等手续生效的，依照其规定。"未办理批准、登记等手续的，应当认定合同不生效。对于前述第三种情形，属于附生效条件的合同，应当按照《合同法》第四十五条的规定处理，即"当事人对合同的效力可以约定附条件。附生效条件的合同，自条件成就时生效。”

本条司法解释的规定仅针对前述的第二种情形。司法解释之所以规定未办理生产审批或者行政许可等不影响合同效力，是因为对技术合同标的技术开发、转让与实施合同标的技术生产产品或者提供服务是两个不同的概念，具有不同的法律意义。技术的开发、转让行为本身一般不应受到限制，一般也不属于审批或者行政许可的对象，但利用技术生产、销售一些特定商品却可能是审批或者行政许可的对象。也就是说，要区别技术合同的订立行为与履行行为的法律效力。一般的技术合同成立即生效，但这并不意味着所有履行生效合同的行为及其后果也当然具有了合法性，能够产生法律效力。对于因不能获得审批或者行政许可而产生的合同责任或者损失，应当由负责办理审批或者行政许可的一方承担。至于未获得审批或者行政许可是否需要停止生产产品或者提供服务的问题，属于当事人依法应当承担的行政法律责任问题，司法解释对此未作规定。

实践中，因药品技术转让中的生产许可证、批准文号等手续问题引发的这类诉讼纠纷较多，有关的技术转让合同也容易被简单地作无效处理。在处理这类案件时更应当注意本条司法解释的适用问题。

关于办理审批或者取得行政许可的主体，实践中，一般做法是由生产者（技术实施方）负责办理审批和许可手续，但需要技术提供方的协助；有的法律和行政法规对办证义务人还有明确界定；一些合同约定由技术提供方负责办理，而法律也没有相应的禁止性规定。考虑到上述情况，司法解释对办证义务的设定以法定优先，允许约定，无法定亦无约定则由实施方办理。即，法律、行政法规有规定的，首先从其规定；法律、行政法规没有明确规定的，从当事人约定；既无法定的义务主体，当事人又无约定的，则由技术实施方负责办理。

第九条 ［以欺诈手段订立委托开发合同的处理］

当事人一方采取欺诈手段，就其现有技术成果作为研究开发标的与他人订立委托开发合同收取研究开发费用，或者就同一研究开发课题先后与两个或者两个以上的委托人分别订立委托开发合同重复收取研究开发费用的，受损害方依照合同法第五十四条第二款规定请求变更或者撤销合同的，人民法院应当予以支持。

释　义

本条是对以欺诈手段订立的委托开发合同的处理的解释。

对于以欺诈手段就已有成果签订技术开发合同，依照原技术合同法应当作无效处理。而对于就同一开发课题重复签约收费的问题，因为也涉及合同欺诈问题，过去的司法解释也曾规定将第一份合同作有效、之后订立的合同作无效处理。但是，新的《合同法》改变了原有法律对欺诈行为的处理原则。根据《合同法》第五十二条第（一）项和第五十四条第二款的规定，以欺诈或者胁迫手段订立的合同，只有在损害国家利益时，才当然无效；否则，就应当作为可变更或者可撤销合同处理。鉴于《合同法》的这种立法转变，司法解释将此明确指向适用《合同法》第五十四条第二款，作为可变更或可撤销合同处理。

应当说，司法解释根据《合同法》关于合同欺诈问题的一般处理原则而作的本条规定在技术合同中尤其具有其合理性，也体现了合同法关于技术合同应当促进科技进步、加速科技成果转化和应用的立法精神。技术成果具有在不改变权利归属主体的情况下可以同时为多个主体所使用的特性。因此，就现有技术成果作为研究开发标的与他人订立委托开发合同收取研究开发费用，只要合同当事人的权利义务基本对等，也不损害他人的合法权益的，就没有必要否认其效力。比如，合同虽以委托开发的名义签订，但约定或者法定的技术成果的拥有者是研究开发人，而所谓的委托人依照该合同具有使用或者转让该技术成果的权利时，这种合同就是一个名为技术开发实为技术转让的合同。这种情况下重点是要判断所谓的委托人的权利是否具备了合同的对价。在就同一研究开发课题先后与两个或者两个以上的委托人分别订立委托开发合同重复收取研究开发费用的情况下，如果前后几份合同中技术成果的权利人都是研究开发人，各委托人仅有使用权，则也不会出现各委托人利益根本受损或者权益冲突的情况。特别是对具有一定研发难度的研究课题而一个委托人提供的资金等物质技术条件又有限的情况下，研发人寻找多个投资主体反而有利于技术开发的顺利进行。

第十条 ［非法垄断技术、妨碍技术进步的情形］

下列情形，属于合同法第三百二十九条所称的“非法垄断技术、妨碍技术进步”：

（一）限制当事人一方在合同标的技术基础上进行新的研究开发或者限制其使用所改进的技术，或者双方交换改进技术的条件不对等，包括要求一方将其自行改进的技术无偿提供给对方、非互惠性转让给对方、无偿独占或者共享该改进技术的知识产权；

（二）限制当事人一方从其他来源获得与技术提供方类似技术或者与其竞争的

技术；

（三）阻碍当事人一方根据市场需求，按照合理方式充分实施合同标的技术，包括明显不合理地限制技术接受方实施合同标的技术生产产品或者提供服务的数量、品种、价格、销售渠道和出口市场；

（四）要求技术接受方接受并非实施技术必不可少的附带条件，包括购买非必需的技术、原材料、产品、设备、服务以及接收非必需的人员等；

（五）不合理地限制技术接受方购买原材料、零部件、产品或者设备等的渠道或者来源；

（六）禁止技术接受方对合同标的技术知识产权的有效性提出异议或者对提出异议附加条件。

释 义

本条是对《合同法》第三百二十九条规定的"非法垄断技术、妨碍技术进步"这一技术合同无效事由的具体情形的解释。

《合同法》对于在技术合同中如何防止滥用知识产权和交易优势地位问题予以特别关注。当事人不得通过技术合同限制技术竞争和技术发展是《合同法》的立法精神之一。《合同法》第三百二十九条规定："非法垄断技术、妨碍技术进步或者侵害他人技术成果的技术合同无效。"第三百四十三条规定："技术转让合同可以约定让与人和受让人实施专利或者使用技术秘密的范围，但不得限制技术竞争和技术发展。"

除了合同法，其他一些国内法律、行政法规对排除、限制竞争的行为也予以禁止。《对外贸易法》第三十条规定："知识产权权利人有阻止被许可人对许可合同中的知识产权的有效性提出质疑、进行强制性一揽子许可、在许可合同中规定排他性返授条件等行为之一，并危害对外贸易公平竞争秩序的，国务院对外贸易主管部门可以采取必要的措施消除危害。"该法第三十二条还规定："在对外贸易经营活动中，不得违反有关反垄断的法律、行政法规的规定实施垄断行为。""在对外贸易经营活动中实施垄断行为，危害市场公平竞争的，依照有关反垄断的法律、行政法规的规定处理。"

《技术进出口管理条例》第二十九条规定："技术进口合同中，不得含有下列限制性条款：（一）要求受让人接受并非技术进口必不可少的附带条件，包括购买非必需的技术、原材料、产品、设备或者服务；（二）要求受让人为专利权有效期限届满或者专利权被宣布无效的技术支付使用费或者承担相关义务；（三）限制受让人改进让与人提供的技术或者限制受让人使用所改进的技术；（四）限制受让人从其他来源获得与让与人提供的技术类似的技术或者与其竞争的技术；（五）不合理地限制受让人购买原材料、零部件、产品或者设备的渠道或者来源；（六）不合理地限制受让人产品的生产数量、品种或者销售价格；（七）不合理地限制受让人利用进口的技术生产产品的出口渠道。”

国际条约对防止垄断技术和妨碍技术进步行为也有一些规范性规定。TRIPs 协定在第二部分第八节专门规定了“对协议许可中限制竞争行为的控制”问题。其中第四十条之 1 规定：“各成员同意，一些限制竞争的有关知识产权的许可活动或条件可对贸易产生不利影响，并会妨碍技术的转让和传播。”第四十条之 2 规定：“本协定的任何规定均不得阻止各成员在其立法中明确规定在特定情况下可构成对知识产权的滥用并对相关市场中的竞争产生不利影响的许可活动或条件。如以上所规定的，一成员在与本协定其他规定相一致的条件下，可按照该成员的有关法律法规，采取适当的措施以防止或控制此类活动，包括诸如排他性返授条件、阻止对许可效力提出质疑的条件和强制性一揽子许可等。”

上述的法律和国际条约的规定均比较原则，有的虽提到了一些较典型的反竞争行为，但这些列举本身还不够全面、具体和便于操作。《技术进出口管理条例》第二十九条虽然列举了不得有的 7 种限制性条款，但仅适用于技术进口合同，对于其他合同中常见的限制性条款也需要参照作出规定。秉承合同法的立法精神，考虑并参照上述法律、行政法规和国际条约的规定，同时参考国外的一些立法例和判例，本条司法解释以开放式列举了《合同法》第三百二十九条规定的“非法垄断技术、妨碍技术进步”这一技术合同特殊无效事由的 6 种具体情形，即限制技术研发和限制使用或不对等交换改进技术、限制技术来源、限制技术实施、搭售、限购和不争义务。从竞争法意义上讲，这 6 种情形实质上都是限制竞争或者说是反竞争行为。在《解释》起草过程中，有观点认为，本条所列举的有些情形如不对等交换改进技术、限制技术实施、搭售和限购等，不是损害国家利益的行为，应属于可撤销或者变更合同的事由。但是，考虑到与相关立法和国际惯例的协调，《解释》还是将这些内容规定为合同无效事由。

本条司法解释第（一）、（二）项所作的列举，是最为直接和典型的“非法垄断技术、妨碍技术进步”的情形，实践中一般也比较容易判断。其中第（一）项中规定的“双方交换改进技术的条件不对等，包括要求一方将其自行改进的技术无偿提供给对方、非互惠性转让给对方、无偿独占或者共享该改进技术的知识产权”，包括但不限于 TRIPs 协定规定的“排他性返授条件”的情形。

对本条司法解释第（三）项规定的“按照合理方式充分实施”和“明显不合理地限制”、第（四）项规定的“并非实施技术必不可少”和“非必需”、第（五）项规定的“不合理地限制”等，均涉及合同具体内容的合理性判断问题，需要审慎处理，不要轻易否认其合理性进而认定合同全部无效或者相关合同条款无效。一般而言，如果协议或者相关合同条款目的不在于排除、限制竞争，实际上也不会产生排除、限制竞争的效果，就不宜否认其合理性。比如，协议或者相关合同条款的目的是为了提高产品质量、降低成本、增进效率，或者是为了改进技术，研究开发新产品或者开拓新市场，而且不会损害消费者利益的，就不宜认定该协议或者相关合同条款属于“非法垄断技术、妨碍技术进步”的情形。

本条司法解释第（三）项关于“明显不合理地限制技术接受方实施合同标的技术生产产品或者提供服务的价格”的规定，涉及技术实施中的价格限制问题，也叫作限制转售价格。有观点认为，只要是限制价格就属于反竞争行为，就应当无效。对此需要留待修改反不正当竞争法或者反垄断立法来解决，司法解释不宜作出这种重大突破。

本条司法解释第（四）项规定的“要求技术接受方接受并非实施技术必不可少的附带条件，包括购买非必需的技术、原材料、产品、设备、服务以及接收非必需的人员等”，包括但不限于TRIPs协定规定的“强制性一揽子许可”的情形。

本条司法解释第（六）项规定的“禁止技术接受方对合同标的技术知识产权的有效性提出异议或者对提出异议附加条件”的情形，就是TRIPs协定规定的“阻止对许可效力提出质疑的条件”的问题。这种情形一般多见于专利实施许可合同，主要是合同约定禁止或者限制技术的受让人或者被许可人对合同标的技术如专利提出无效宣告请求。

在依据《合同法》第三百二十九条和本条司法解释的规定认定技术合同无效时要注意，技术合同具有这些无效事由时，不能简单地将合同作全部无效处理。合同部分无效，不影响其他部分效力的，其他部分仍然有效。一般而言，对侵害他人技术成果的技术合同，因为交易本身建立在侵权行为之上而丧失了合法基础，一般应当认定合同全部无效。但是在只涉及侵害他人发明权、发现权以及其他科技成果权等技术成果完成人人身权利的场合和本条司法解释列举的“非法垄断技术、妨碍技术进步”的各种情形时，技术权利人主体地位是合法的，双方进行技术交易的根本意思表示也真实，作为技术交易基础的合法性并未丧失，往往只是合同部分条款或者合同的非主要权利义务内容的条款的合法性存在问题，认定这些部分条款无效一般并不会影响其他主要合同权利义务的确定与履行。

另外，需要注意的是，除了本条列举的情形之外，具体到个案中仍可能出现可以“非法垄断技术、妨碍技术进步”来认定技术合同无效或者部分无效的具体事由。比如，技术秘密转让合同中约定禁止受让人在合同终止后继续使用受让技术的条款，导致受让人在合同终止后不能使用自己作出的与受让技术无法分离的有价值的技术改进或者发展，该禁用条款就可以被认定无效。当然，在此情况下，该禁用条款的无效并不影响让与人要求受让人为继续使用其让与的技术秘密支付合理使用费的权利。

对《合同法》第三百二十九条规定的“侵害他人技术成果”的技术合同无效事由，考虑到《解释》第一条第一款对何谓技术成果已经作了列举式的规定，实践中对此也少有歧义，《解释》未再对其具体情形作出列举式规定。

第十一条 ［技术合同无效或被撤销后的法律责任及技术成果权益的归属］

技术合同无效或者被撤销后，技术开发合同研究开发人、技术转让合同让与人、技术咨询合同和技术服务合同的受托人已经履行或者部分履行了约定的义务，并且造成合同无效或者被撤销的过错在对方的，对其已履行部分应当收取的研究开发经费、技术使用费、提供咨询服务的报酬，人民法院可以认定为因对方原因导致合同无效或者被撤销给其造成的损失。

技术合同无效或者被撤销后，因履行合同所完成新的技术成果或者在他人技术成果基础上完成后续改进技术成果的权利归属和利益分享，当事人不能重新协议确定的，人民法院可以判决由完成技术成果的一方享有。

释　义

本条是对如何计算无效或者被撤销的技术合同的无过错的技术提供方的损失和履行无效或者被撤销的技术合同产生的技术成果权益归属的解释。

技术合同无效或者被撤销后的处理应当依据《合同法》总则（主要是《合同法》第五十八条和第五十九条）的有关规定处理。对技术合同无效或者被撤销后的法律后果包括判令当事人承担具体的民事责任，要特别注意考虑标的技术的无形性。在依照《合同法》第五十八条的规定处理时，不能简单地适用返还原则，除了技术载体和金钱可以像一般财产予以返还之外，要特别注意对“停止使用技术”和“承担保密义务”的责任形式的同时适用。在因技术合同取得的财产属于不能返还或者没有必要返还的，需要按照折价补偿的办法处理。同时，由于技术实施或者被公开的不可逆转性，更需要注意通过赔偿损失来平衡当事人的利益。《解释》根据《合同法》的有关规定，结合技术合同的一些特殊情况，对合同无效或者被撤销的法律后果作出了一些更具体的规定。

本条司法解释第一款规定的基本精神是在技术合同无效或者被撤销时要注意保护无过错的技术提供方。其中的技术开发合同研究开发人、技术转让合同让与人、技术咨询合同和技术服务合同的受托人都属于技术合同中的技术提供方。在无过错的技术提供方已经履行了合同全部义务的情况下，应当将合同约定的全部价款即合同约定的研究开发经费、技术使用费、提供咨询服务的报酬均视为其损失；在无过错的技术提供方仅履行了合同约定的部分义务的情况下，其损失也应当限定为仅就已履行部分依约定应当收取的价款、使用费、报酬。

本条司法解释第二款是关于因履行无效或者被撤销技术合同所产生的新的或者后续改进的技术成果的权利归属和利益分享的规定。所谓的“当事人不能重新协议确定的，人民法院可以判决由完成技术成果的一方享有”，应当理解为在当事人不能重新协议确定的情况下，通常应当将技术成果判归其完成人，但不排除特殊情况下也可以判归对方或由双方共享。因为《解释》在这里使用的措辞是“可以”而非“应当”。之所以规定当事人不能重新协议时原则上将技术成果判归其完成人，是因为这种技术成果多为阶段性技术成果，其实施往往还要依赖技术成果完成人的后续开发和提供技术支持或者技术服务，从有利于实现技术价值的角度出发，应当判归完成人。同时，这也符合知识产权权利归属的一般判断原则。比如，《著作权法》规定，对委托作品的权属没有约定的，就归受托人。另外，这样规定也易于人民法院判断，更具有操作性。当然，在一些极个别案件中，根据公平原则，由对方当事人享有或者双方共享会更有利于技术成果的转化、应用和推广，在这种特殊情况下也可以考虑判归对方当事人或者双方共享，特别是在一些委托开发合同中，订约目的本来就是委托人希望获得并实施有关技术。但是技术成果判归对方的，应当给予完成人一定的经济补偿。另外，需要注意的是，本款规定仅解决成果权和获益的归属问题，至于合同对方利益的平衡与保护的问题，可以通过合同无效后的财产返还和折价补偿得到体现。

第十二条 [技术秘密的善意取得和共同侵权人的责任]

根据合同法第三百二十九条的规定，侵害他人技术秘密的技术合同被确认无效后，除法律、行政法规另有规定的以外，善意取得该技术秘密的一方当事人可以在

其取得时的范围内继续使用该技术秘密，但应当向权利人支付合理的使用费并承担保密义务。

当事人双方恶意串通或者一方知道或者应当知道另一方侵权仍与其订立或者履行合同的，属于共同侵权，人民法院应当判令侵权人承担连带赔偿责任和保密义务，因此取得技术秘密的当事人不得继续使用该技术秘密。

释　义

本条是对侵害他人技术秘密的技术合同无效后善意第三人的权利和义务以及共同侵权人的责任的解释。

本条司法解释和第十三条司法解释完善了侵害技术秘密的技术合同无效后的法律后果，在制裁侵权行为的同时，既保护技术秘密权利人的合法利益，又保护善意使用人的正当权益，注意实现当事人之间的正当利益平衡。

本条司法解释第一款和《解释》第十三条是关于侵害技术秘密成果的技术合同无效后善意第三人的权利和义务问题的规定，涉及民法的善意取得制度。《解释》从利益平衡和实践需要出发，在技术秘密使用权的问题上引进了物权法上关于动产的善意取得制度。与不动产所有权和专利权、植物新品种权等以登记、公告授权为让与行为的特别生效要件相比，技术秘密在转让时不需以登记、公告等特定程序为生效要件，自应在法律上对第三人产生不同的效果。在这一点上，技术秘密与动产一样，均不存在以特定的方式予以公示的问题，因此不能对使用第三人课以过重的注意义务。另外，从技术成果的“覆水难收”的特点和加速科技成果的转化、应用和推广的立法精神出发，可以说在技术秘密成果上引进善意取得制度甚至比在动产领域更加必要和具有积极意义。

根据本条司法解释第一款的规定，对侵害他人技术秘密的技术合同无效后善意第三人取得技术秘密使用权的条件的掌握要注意以下几点：

第一，第三人必须是基于合同取得技术秘密。第三人取得技术秘密无非有三种途径：一是自己独立开发取得，相当于动产的原始取得，这时任何人不能对其主张权利，与善意取得无关。二是因窃取、他人非法披露等非法途径取得或者因实施共同侵权行为而取得，由于获得人行为本身的违法性，其获得技术秘密的行为本身不应当受到法律保护。三是基于与他人的合同取得，只有在这种形式下，至少在形式上第三人是无辜的，因此才需要对其利益予以考虑。在第三人与他人的合同中，让与人可以是将其非法获取的技术秘密向第三人转让或者将其依法或者依有效约定获取的技术秘密擅自向第三人转让。这与动产善意取得中非法转让人的占有必须是基于所有人的意思而取得不同。主要理由在于技术秘密的无形性，使权利人在他人非法转让其技术秘密后，其并不丧失对技术秘密的整体权利，即技术秘密仍为权利人所拥有，其作为技术所有人的利益或者说其根本利益不会因非法让与人的转让行为而完全不能实现。这与动产所有人在丧失动产占有之后其无法再利用该动产或者对该动产行使权利不同。另外，对动产和对技术秘密的利用方式也有所不同。一般对动产的使用比较简单，可以直接使用，在返还原物停止使用时不会造成第三人的重大损失。而第三人在使用技术秘密时，往往需要作其他相应的物质技术准备和投入，在停止使用技术秘密时往往会造成第三人额外的更大的损失。因此，从平衡各方当事人利益出发，对于非法让与人将其非法获取的技术秘密向第三人转让时，也赋予善意第三人以技术秘密使用权，既不会导致权利人根本利益受损，也在一定程度上保护了第三人的利益，这样并不会导致各方当事人的利益失衡。

第二，合同因侵害他人技术秘密而被确认无效。这种合同除了因让与人侵害他人技术成果这一事由应当无效以外，并不存在其他无效或者可撤销之事由。如同时存在其他合同无效或者可撤销的事由，则不存在善意取得技术秘密的问题。

第三，第三人必须是基于善意而取得技术秘密。这是本条司法解释第一款规定的核心之所在。所谓善意取得，一般可以理解为不知道其取得的技术秘密属他人专有并已为此支付了合理对价。从本条第二款关于“一方知道或应当知道另一方侵权仍与其订立或者履行合同”的文字表述也可以看出，第一款的“善意取得”应属“不知道侵权”的情况。所谓“不知道”应当理解为实际不知道并且没有合理的理由知道，主观上存有疏忽大意等过失或者未尽谨慎行事的义务等，不属于善意。实践中，技术使用人往往会主张其不知道或没有合理理由知道所受让和使用的技术系侵权技术。因此，对如何判断“不知道”或者“没有合理理由应当知道”是司法实践中的一个难题。对此问题的判断，通常需要根据个案案情，以相关技术领域的一般技术交易主体的标准来衡量，并综合考虑以下几个方面的因素：一是使用者购买相关技术时所支付的价款是否为合理价格。《解释》虽然未明确将“有偿”与“善意”并列为第三人取得技术秘密使用权的条件，但实际上是将有偿与否作为判定善意的一个基本的考虑因素，在本质上并无区别。如果第三人在购买时支付了合理的对价，也没有其他证据可以证明其在订约时知道或者应当知道侵权事实，则一般可以认定其“没有合理理由知道”侵权。反之，如果第三人在受让时所支付的价款明显属于不合理的低价或者无偿取得，如果没有相反证据，则可以推定第三人并非善意，即认定其“应当知道”所受让的技术为侵权技术，具有主观过错，此时对其不予保护也并不损害其根本利益。二是从使用者受让相关技术的购买渠道和销售商的情况来予以认定。三是从使用者对相关技术的认知能力，即根据一般的技术交易者的认知能力来判断。这几个方面是相互联系、相互统一的一个整体，应当综合判断。另外，第三人只需在订约或者取得技术秘密时为善意，事后得知让与人属于无权处分的，其仍可主张作为善意第三人受到保护。

第四，第三人仅可以在其取得时的范围内继续使用该技术秘密，但应当向权利人支付合理的使用费并承担保密义务。首先，由于技术的无形性和可无限重复使用的特性，善意第三人的使用权必须被限定在一定范围内，而以善意第三人取得时的范围来界定相对比较公平合理。所谓善意第三人"取得时的范围"，实际上就是指被确认无效的技术合同中确定的受让人（即善意第三人）的实施范围，包括使用期限、地域和方式等。其次，善意第三人仅取得对技术秘密的使用权，而且应当是普通实施权，不能取得排他性的使用权或者转让权。否则，就会导致对技术秘密权利人利益的严重损害，也使其拥有此权利没有实际意义。再次，善意第三人必须为其已使用期间和以后继续使用支付合理的使用费。所谓"合理的使用费"的确定问题，司法解释在第十三条作了专门规定。最后，由于技术秘密的保密性，只要技术秘密的内容尚未被第三人以外的人所公开，善意第三人也必须承担保密义务。

根据本条司法解释第二款的规定，在第三人与向其转让技术秘密的人（即让与人）合谋非法获取他人技术秘密的情况下，以及在第三人知道或者应当知道技术秘密是让与人非法获取的或者让与人违反与技术秘密的权利人的有效约定而擅自再转让的情况下，按照相关侵权法的规定，第三人和让与人是共同侵权人，应当承担包括连带赔偿权利人的损失的责任，同时应当依法负有不得公开、泄露、再转让技术秘密的保密义务。由于第三人的行为不具有善意，虽然其基于合同取得了技术秘密，但不能享有继续使用该技术秘密的权利。所谓"知道或者应当知道"，与判断前述的"不知道"和"没有合理理由应当知道"一样，应当依据订约时的环境依交易的一般情况作出判断。

第十三条　［善意第三人使用费的确定］

依照前条第一款规定可以继续使用技术秘密的人与权利人就使用费支付发生纠纷的，当事人任何一方都可以请求人民法院予以处理。继续使用技术秘密但又拒不支付使用费的，人民法院可以根据权利人的请求判令使用人停止使用。

人民法院在确定使用费时，可以根据权利人通常对外许可该技术秘密的使用费

或者使用人取得该技术秘密所支付的使用费，并考虑该技术秘密的研究开发成本、成果转化和应用程度以及使用人的使用规模、经济效益等因素合理确定。

不论使用人是否继续使用技术秘密，人民法院均应当判令其向权利人支付已使用期间的使用费。使用人已向无效合同的让与人支付的使用费应当由让与人负责返还。

释 义

本条是对侵害他人技术秘密的技术合同无效后善意第三人使用费确定的解释。

本条司法解释第一款规定的基本精神是，关于善意第三人使用费确定，原则上应当首先由使用人与权利人协议确定，协议不成，任一方均可请求司法裁决；在当事人协议确定或者司法裁决确定使用费之前，使用人可以不停止使用该技术秘密；继续使用技术秘密但又拒不支付已经确定的使用费的，人民法院可以根据权利人的请求判令使用人停止使用。这里所谓“使用人继续使用技术秘密但又拒不支付使用费”的情形，是指使用人明确表示拒不付费的情形和经双方协议或者人民法院裁决确定使用费的数额或标准后拒不履行的情形。使用人明确表示拒不付费的或者不履行双方达成的使用费协议的，权利人除了可以请求判令支付已使用期间的使用费，并可一并请求判令停止使用；使用人不执行法院对使用费的裁决的，权利人可以在申请强制执行已使用期间的使用费之外，另行起诉请求判令使用人停止使用技术秘密。

本条司法解释第一款规定确立了技术秘密善意取得制度的一个重要内容，即善意第三人并不能因其善意取得而获得绝对的使用权，而是取得有条件的使用权。由于技术秘密的秘密性和无形性，导致权利人对技术秘密整体的权利，即技术秘密的转让权和申请专利的权利，并不会因他人侵权而丧失，但因他人行为而公开的除外。因此，在技术秘密问题上引入类似动产的善意取得制度时，应当限定善意第三人仅享有对该技术秘密的普通使用权，而不能像动产的善意取得，第三人可以取得动产所有权。同时，任何权利的给予都需要同时为权利的相对人提供相应的救济保障，即对权利加以限制或作出例外规定。在双方协商达成协议的情况下，双方实际上已经形成了合同关系，双方均须严格遵守和履行。在双方协商不成经由诉讼途径将使用费确定后，就构成了所谓的裁判上之契约。这种裁判上之契约与基于当事人自由意思表示所形成的契约相比，因已经司法审查裁决更具有法律效力的确定性，自应具有至少不低于自由意思表示契约的执行力。在使用费确定之后使用人拒不付费，已经属于根本违约行为，权利人可以选择依法解除合同并要求支付已使用部分的使用费。事实上，使用人在使用费确定后拒不支付时，已不再是善意的当事人，自然不应再享有其因善意时所应享有的法律待遇。

本条司法解释第二款规定了法院裁决善意第三人使用费的参考因素，增强了实践操作性。实践中，确定善意第三人使用费一般可以采取两种办法：一是以权利人通常对外许可使用该技术秘密的许可费为基础，综合考虑使用人的使用规模和经济效益等因素合理确定。二是以使用人取得该技术秘密所付费用为基础，综合考虑技术秘密研发成本、成果转化和应用程度、使用人的使用规模和经济效益等因素合理确定。一般来说，由于第三人系善意有偿取得对技术秘密的使用权，被无效的合同中约定的受让人应当支付的技术使用费也相对比较合理，可以作为一个重点考虑因素。因此，多数情况下可以使用第二种办法计费，这样也相对容易操作。当然，在被无效的合同中对受让人应当支付的技术使用费约定不明或者约定的使用费对权利人而言不是十分合理的情况下，就应当考虑采取第一种计费方法，但这种计费方法的难处在于要有权利人就相同技术秘密的事先许可使用事实的存在。

人民法院在处理善意第三人使用费纠纷时，在权利人、侵权人和善意第三人均参加或者仅权利人与善意第三人参加的侵权之诉中（权利人与真正侵权人即相对于善意第三人的技术让与人之间的纠纷可以一并在本诉中解决，也可以通过另诉解决），一般应当根据权利人的请求，对已使用期间和以后使用的付费数额、标准或者计算方法等作出明确的、可供直接作为司法执行依据的裁决，以避免产生新的纠纷，防止造成当事人诉累。

本条第三款根据当事人之间形成的不同性质的法律关系，从侧重保护技术秘密权利人的利益出发作出规定，即，不论使用人是否继续使用技术秘密、人民法院均应当判令其向权利人支付已使用期间的使用费；使用人已向无效合同的让与人支付的使用费应当由让与人负责返还。对于技术秘密权利人而言，只要有人使用了其财产，就应当直接向其支付费用。对于技术秘密使用人而言，因合同被无效，就应当由让与人负责返还其已经支付的合同价款。当然，使用人对其在同一期间的同一使用行为应当仅作一次的费用支付。为了避免使用人的双重付费（既支付了无效合同约定的价款，又要向技术秘密权利人支付使用费），在具体案件处理中，对于使用人已向无效合同的让与人支付的费用中由让与人作为侵权损害的赔偿直接给付权利人的部分，在计算使用人向权利人支付的使用费时应当相应扣除。

第十四条　[合同价款、报酬和使用费约定不明时的处理]

对技术合同的价款、报酬和使用费，当事人没有约定或者约定不明确的，人民

法院可以按照以下原则处理：

（一）对于技术开发合同和技术转让合同，根据有关技术成果的研究开发成本、先进性、实施转化和应用的程度，当事人享有的权益和承担的责任，以及技术成果的经济效益等合理确定；

（二）对于技术咨询合同和技术服务合同，根据有关咨询服务工作的技术含量、质量和数量，以及已经产生和预期产生的经济效益等合理确定。

技术合同价款、报酬、使用费中包含非技术性款项的，应当分项计算。

释 义

本条是对技术合同价款约定不明时履行内容的确定和技术合同价款分类计算的解释。

按照《合同法》第六十条的规定，合同的履行要贯彻全面履行和诚信履行的原则。司法解释有关技术合同履行的规定主要散见于对各类技术合同的具体规定中，均体现了《合同法》的这一立法精神。在司法解释的“一般规定”部分，即本条第一款，就技术合同价款约定不明时合同价款的确定问题，区别技术开发、转让与技术咨询、服务的性质不同分别作了规定。

首先，对技术开发和转让合同而言，要根据标的技术的研发成本、先进性、实施转化和应用的程度，当事人享有的权益和承担的责任，以及技术成果的经济效益等合理确定合同价款、报酬和使用费。其中，技术成果的研发成本和先进性是两个应当重点考虑的因素。因为在技术开发合同中，研发成本是合同价款最基本的构成要素，应当首先予以考虑；而在技术转让合同中，一项技术的价值高低主要取决于它与同类技术相比的先进性。至于实施技术产生的社会效益问题，与技术本身并无直接因果关系，一般不宜作为确定合同价款的考虑因素。

其次，对技术咨询和服务合同而言，要根据有关咨询服务工作的技术含量、质量和数量，以及已经产生和预期产生的经济效益等合理确定受托人的报酬。这些考虑因素在前后顺序上的表述体现了各自的重要性有所不同，在技术含量、质量和数量因素中，要重点考虑技术含量因素。

本条司法解释第二款关于技术合同价款、报酬、使用费中应当分项计算技术性和非技术性款项的规定，主要是为了避免在计算合同价款时因计费项目混同而忽略技术本身的价值和价格，同时对当事人订立合同也是一个指示。

另外，本条司法解释与《合同法》第十八章的用语一致，对于技术合同中一方当事人向对方当事人所付代价的货币支付（即一方支付给对方的金钱数额），区别不同类型的技术合同采用了不同的称谓，即技术合同价款、报酬、使用费。合同法一般意义上的价款，是指对提供财产的当事人支付的货币；报酬一般是指向提供劳务或者工作成果的当事人支付的货币。在技术合同领域，所谓技术合同价款，主要是指涉及技术成果权属转让的技术转让合同中受让人应当向让与人支付的金钱数额；所谓技术合同报酬，主要是指技术委托开发合同中委托人应当向研究开发人、技术咨询合同和技术服务合同中委托人应当向受托人支付的金钱数额。所谓技术合同的使用费，主要是指专利实施许可合同和技术秘密许可使用合同中被许可人应当向许可人支付的金钱数额。

第十五条 ［债务延迟的处理］

技术合同当事人一方迟延履行主要债务，经催告后在 30 日内仍未履行，另一方依据合同法第九十四条第（三）项的规定主张解除合同的，人民法院应当予以支持。

当事人在催告通知中附有履行期限且该期限超过 30 日的，人民法院应当认定该履行期限为合同法第九十四条第（三）项规定的合理期限。

释　义

本条是对因迟延履行主要债务而行使技术合同解除权时的催告期限的解释。

合同的解除是合同权利义务终止的主要情形之一。在技术合同履行过程中，当事人往往会因履约瑕疵或者违约行为而提出解除合同，在过去的司法实践中当事人的解除合同的主张也比较容易得到支持。从《合同法》的立法精神看，应当尽可能维持合同的效力，促使当事人依约履行合同，实现技术交易的目的，但同时也要保证当事人在不能够实现合同目的时能够及时行使解除权，尽快稳定交易关系。本条司法解释的规定也体现了这一立法精神。

《合同法》第九十四条规定了 5 种合同的法定解除事由，其中该条第（三）项规定的事由是“当事人一方迟延履行主要债务，经过催告后在合理期限内仍未履行”。与原《技术合同法》及其实施条例对技术合同法定解除权行使条件的规定相比，《合同法》在程序上增加了“催告”的要求，在期限上限定为“合理期限内”。

本条司法解释对以迟延履行主要债务行使法定解除权的问题，也按照《合同法》的要求设置了催告程序，同时明确将《合同法》规定的履行宽限期的“合理期限”统一确定为 30 日。之所以作这样的规定，主要是考虑：原《技术合同法实施条例》曾有 18 个条款分别针对不同类型技术合同的迟延履行情形作出具体规定并明确将时间点界定为“逾期两个月”（其中除了关于研究开发人挪用经费的须经催告以外，在程序上并无催告的要求）。为保持技术合同法律体系的延续性，也为了促使当事人及时履行合同义务，便于当事人和人民法院作出判断，应当直接以司法解释继续规定一个统一的期限。同时考虑到在《解释》稿征求意见过程中，各地普遍反映原《技术合同法实施条例》规定的“两个月”时间太长，与科技呈加速进步的现实和市场经济强调交易快捷的要求不相适应，故将该“合理期限”明确界定在 30 日。对于当事人在催告通知中要求的履行期限长于 30 日的，属于当事人对自己权利的处分，也有利于合同对方，故应当以该较长期限为准。总之，这样规定既体现了对原有法律制度的合理承继，增加了法律制度的预见性和司法实践的操作性，又考虑到了社会交易频率的加快和促使当事人及时行使权利以尽快稳定交易关系。

所谓迟延履行，是指债务人无正当理由，在合同约定的履行期限届满后，仍未履行合同债务；或者对于未约定履行期限的合同，债务人在债权人提出履行合同的催告后仍未履行。

所谓主要债务，应当依照个案的合同进行判断，一般说来，影响合同目的实现的债务，应为主要债务。对于技术合同当事人的主要债务，也要根据个案具体分析，但合同约定的价款支付、技术成果的交付、履行期限和范围以及技术的有效性等，对实现技术合同目的会有直接影响，一般均属于技术合同当事人的主要债务。实际上，《合同法》第十八章规定的技术合同当事人的具体的权利和义务，都是针对不同类型技术合同当事人的主要债权债务内容所作的一般性规定。

第十六条　［技术成果权属纠纷的处理］

当事人以技术成果向企业出资但未明确约定权属，接受出资的企业主张该技术成果归其享有的，人民法院一般应当予以支持，但是该技术成果价值与该技术成果所占出资额比例明显不合理损害出资人利益的除外。

当事人对技术成果的权属约定有比例的，视为共同所有，其权利使用和利益分配，按共有技术成果的有关规定处理，但当事人另有约定的，从其约定。

当事人对技术成果的使用权约定有比例的，人民法院可以视为当事人对实施该项技术成果所获收益的分配比例，但当事人另有约定的，从其约定。

释 义

本条是对因技术成果出资、约定权属比例或者使用权比例等发生权属纠纷时处理原则的解释。

因技术成果出资引发的权属纠纷近年来时有发生，有关法律虽有一定的规定，但如何针对知识产权的无形性来准确把握，需要进一步明确。《公司法》第二十五条第一款规定："……以实物、工业产权、非专利技术或者土地使用权出资的，应当依法办理其财产权的转移手续。"《合伙企业法》第十九条第一款规定："合伙企业存续期间，合伙人的出资和所有以合伙企业名义取得的收益均为合伙企业的财产。"依据这些法律的立法精神，顾及交易习惯，并考虑到技术出资毕竟不同于资金和实物，技术的实施使用与权利所有不仅可以而且实际上经常是分离的，其价值估算难度也很大，本条司法解释第一款的规定在原则上确认了技术出资就是以技术的整体权利投入受资体，但同时规定"技术成果价值与该技术成果所占出资额比例明显不合理、损害出资人利益的除外"。这里的但书主要是指约定的出资额过分低于技术成果本身的价值。在这种情况下，一般应当认定技术成果出资人投入的只是技术成果的使用权，而非所有权，或者经当事人协议可以变更增加其出资额。

实践中有时当事人对委托开发或合作开发完成的技术成果（一般是技术秘密）约定了权属比例或者使用权比例，技术转让中也可能约定让与人仅转让一定比例的技术成果权属或者仅许可被许可人以一定比例的使用权。因为技术成果作为无形财产，不可能在权属上按比例实现按份共有，但在利益分配上当事人关于比例的意思表示是可以实现的。因此，本条司法解释第二款和第三款对如何理解和处置这种约定作出了当事人特别约定优先、权属约定视为共有、使用权约定视为收益分配比例的解释。

本条司法解释第二款所谓"按共有技术成果的有关规定处理"是指在当事人约定了权属比例的情形下，对技术成果视为共同共有，涉及当事人各自的使用权和收益权一般可以参照《合同法》第三百四十条和第三百四十一条的规定来处理，但当事人对使用和收益等问题另有约定的从约定。不能因为权属本身无法按比例分配而将合同作无效或者解除处理，除了权属按共有处理以外，合同约定的其他条款包括对合同价款的约定等当事人均应当继续执行。

第十七条　[新技术、新产品、新工艺、新材料及其系统的认定]

合同法第三百三十条所称“新技术、新产品、新工艺、新材料及其系统”，包括当事人在订立技术合同时尚未掌握的产品、工艺、材料及其系统等技术方案，但对技术上没有创新的现有产品的改型、工艺变更、材料配方调整以及技术成果的验证、测试和使用除外。

释　义

本条是对《合同法》第三百三十条所称的新技术、新产品、新工艺、新材料及其系统所作的解释，涉及对技术开发合同的界定问题。

根据《合同法》第三百三十条第一款规定，技术开发合同是指当事人之间就新技术、新产品、新工艺或者新材料及其系统的研究开发所订立的合同。因此，技术开发合同的研究开发对象必须是新技术、新产品、新工艺、新材料及其系统，这是技术开发合同与其他技术合同的最本质的区别。既然研究开发新技术、新产品、新工艺、新材料及其系统是技术开发合同与其他技术合同的最本质的区别，那么如何界定新技术、新产品、新工艺、新材料及其系统，就显得十分重要。

新技术、新产品、新工艺、新材料及其系统中所说的“新”，是有时间标准和空间标准的。就时间标准来说，技术开发合同中所说的新技术、新产品、新工艺、新材料及其系统应当以什么时间来界定？是以订立合同时双方所约定研究开发的技术、产品、工艺、材料及其系统是“新”的为界定标准，还是以最终研究开发出来的技术、产品、工艺、材料及其系统是“新”的为界定标准？就空间标准来说，技术开发合同所说的新技术、新产品、新工艺、新材料及其系统应当以什么空间范围来界定？其中又有绝对标准和相对标准之分。所谓绝对标准，是指所说的新技术、新产品、新工艺、新材料及其系统在世界范围内没有公开发表过，在国内没有公开使用过，也就是专利中所说的“新颖性”标准。所谓相对标准，是指以合同当事人是否掌握为界定标准。当事人对所研究开发的技术、产品、工艺、材料及其系统尚未掌握的，即为新技术、新产品、新工艺、新材料及其系统；当事人已经掌握的，则不应再属于新技术、新产品、新工艺、新材料及其系统。

对于技术开发合同中所说的新技术、新产品、新工艺、新材料及其系统，究竟应采用什么时间标准和空间标准来进行界定呢？根据本条司法解释规定，技术开发合同所称的新技术、新产品、新工艺、新材料及其系统，是指当事人在订立合同时尚未掌握的产品、工艺、材料及其系统等技术方案。由此可见，本条司法解释对技术开发合同中所说的新技术、新产品、新工艺、新材料及其系统所采用的界定标准，在时间上是指“订立合同时”，在空间上是指“当事人尚未掌握”。根据这一界定标准，技术开发合同的当事人只要在订立合同时对合同约定所要研究开发的技术、产品、工艺、材料及其系统是尚未掌握的，就属于新技术、新产品、新工艺、新材料及其系统，所订立的合同即为技术开发合同。至于技术开发合同订立后，由于他人就相同的技术、产品、工艺、材料及其系统先于技术开发合同的研究开发一方研究出来并予以公开，致使合同约定所要研究开发的技术、产品、工艺、材料及其系统失去新颖性，或者合同约定所要研究开发的技术、产品、工艺、材料及其系统虽已公开，但当事人订立技术开发合同时并未掌握此项技术、产品、工艺、材料及其系统的，均不影响技术开发合同的效力。

本条解释之所以对技术开发合同中的新技术、新产品、新工艺、新材料及其系统，界定在当事人订立合同时尚未掌握的产品、工艺、材料及其系统等技术方案这一时间和空间范围内，主要是因为：技术开发合同的当事人只有在订立合同时，才能对约定所要研究开发的技术、产品、工艺、材料及其系统是否为新技术、新产品、新工艺、新材料及其系统作出判断。当事人在订立合同前或者履行合同期间，也可能存在他人就相同的技术、产品、工艺上材料及其系统进行研究开发，并且提前于当事人公开研究开发成果，或者已经存在相同的技术、产品、工艺、材料及其系统，在当事人订立合同时尚未公开，但在当事人订立合同后予以公开，从而使当事人研究开发出来的技术、产品、工艺、材料及其系统失去“新”的含义。如果不是以当事人订立合同时是否掌握该项技术成果为标准进行界定，那么要让当事人对他人正在研究的或者尚未公开的技术成果在什么时间公开进行预见是不可能的。因此，从这个意义上说，技术开发合同所说的新技术、新产品、新工艺、新材料及其系统是相对的，而不是绝对的，以当事人在订立合同时尚未掌握为限。这里所说的“尚未掌握”，是指当事人不知道或者虽然知道但尚不能应用或者生产的技术、产品、工艺、材料及其系统。

根据本条解释的规定，技术开发合同所说的新技术、新产品、新工艺、新材料及其系统，除了前述所说的时间和空间范围的限定外，还有实质要件上的限定，即应当具有一定的技术进步或者创新，在技术上没有创新的现有产品的改型、工艺变更、材料配方调整以及技术成果的验证、测试和使用，均不能认为是技术开发合同所说的新技术、新产品、新工艺、新材料及其系统。

人民法院在适用本条解释时，还需要注意一个问题，即：如果当事人对技术开发合同约定所要研究开发的技术、产品、工艺、材料及其系统在订立合同时是尚未掌握的，但在履行合同过程中由于他人将与技术开发合同约定所要研究开发的上述技术成果予以公开，应当如何处理？对此，应当根据《合同法》第三百三十七条的规定处理，即因作为技术开发合同标的的技术已经由他人公开，致使技术开发合同的履行没有意义的，当事人可以解除合同。对于因此种情况而解除合同的，当事人双方往往都没有过错，实际上是一种风险责任。对于这种风险责任，如果当事人有约定的，应当按照约定处理。没有约定或者约定不明确，可以协议补充；不能达成补充协议的，应当由双方合理分担风险责任。也就是说，对已经进行的研究开发工作所支出的开发费用，是委托开发的，委托方应当支付，但研究开发方不宜收取收益；是合作开发的，双方按比例承担有关风险责任。

第十八条 [技术转化合同概念]

合同法第三百三十条第四款规定的“当事人之间就具有产业应用价值的科技成果实施转化订立的”技术转化合同，是指当事人之间就具有实用价值但尚未实现工业化应用的科技成果包括阶段性技术成果，以实现该科技成果工业化应用为目标，约定后续试验、开发和应用等内容的合同。

释 义

本条是对什么是《合同法》第三百三十条第四款规定的就技术成果转化订立的合同所作的解释。

《合同法》第三百三十条第四款规定，当事人之间就具有产业应用价值的科技成果实施转化订立的合同，参照技术开发合同的规定。该款规定是制定合同法时新增加的内容，原技术合同法并无此项内容。

《合同法》之所以特别增加有关科技成果转化合同的规定，主要有两个原因：一是为贯彻执行中共中央、国务院加强技术创新，发展高科技，实现产业化战略抉择提供法律保障。1999年，中共中央、国务院下发了《关于加强技术创新，发展高科技，实现产业化的决定》。为了贯彻执行决定的精神，同年还召开了全国科技创新大会，因此，加强技术创新，发展高科技，实现产业化，已成为我国在日趋激烈的国际竞争中立于不败之地而作出的重要战略抉择。该项战略抉择在立法上的反映就是在《合同法》的技术合同部分中增加有关科技成果转化合同的规定，从而为实现中共中央、国务院加强技术创新，发展高科技，实现产业化的战略抉择提供法律保障。二是为科技成果由潜在的生产力变为现实的生产力提供法律途径。新中国成立后，特别是改革开放二十多年来，我国花去了大量人力、物力研究出了一大批科技成果，特别是高科技成果，其中有不少具有产业应用价值。但是，由于这些技术成果尚处于实验室阶段，不能直接应用于工业化生产而形成现实的生产力，结果这些苦心研究出来的科技成果只能放在保险柜里，不能发挥作用，造成有限而又宝贵的科技资源的极大浪费。为了使这些科技成果能够从保险柜里走出来，尽快形成现实的生产力，就需要进行后续开发研究，实现成果转化。为了给这些科技成果实现转化提供有效的法律途径，所以合同法在原有的技术合同类型中，又增加了有关实现科技成果转化的合同的内容。

什么是技术转化合同呢?《合同法》并没有作出具体规定。所以为了正确适用《合同法》第三百三十条第四款的规定，处理好有关技术转化合同纠纷，本条对此作出了专门解释。根据本条解释规定，《合同法》第三百三十条第四款所称当事人之间就具有产业应用价值的科技成果实施转化订立的合同，是指当事人之间就具有实用价值但尚未能够实现商品化、产业化应用的科技成果包括阶段性技术成果，以实现该科技成果商品化、产业化应用为目标，约定有关后续试验、开发和应用等内容的合同。由此可见，技术转化合同具有以下几个法律特点：

1. 技术转化合同的目的是实现科技成果的商品化、产业化应用，也就是通常所说的工业化生产。这是由合同法增设技术转化合同的立法意图所决定的。因为合同法之所以要增设技术转化合同，就是要使现有的科技成果转化为现实的生产力，实现产业化。所以，不是以实现科技成果的商品化、产业化应用为目的的合同，不属于《合同法》第三百三十条第四款所说的技术转化合同。

2. 技术转化合同的对象是具有实用价值但尚未能够实现商品化、产业化应用的科技成果。也就是说，技术转化合同是以已有技术成果为基础的，只是由于这种技术成果还达不到工业化生产的程度，没有形成现实的生产力。例如，尚处于实验室阶段的技术成果、中间试验阶段的技术成果或者其他阶段性技术成果，等等，都是属于这里所说的具有实用价值但尚未能够实现商品化、产业化的科技成果。技术转化合同的这一特点是与技术开发合同不同的。一般所说的技术开发合同，往往没有已有技术成果，而是独立研究开发。

3. 技术转化合同必须具有对已有科技成果进行后续试验、开发和应用等内容。如果没有对已有科技成果进行后续试验、开发和应用等内容，则不属于技术转化合同。技术转化合同的这一特点是与技术转让合同不同的。技术转化合同就是针对那些具有实用价值的科技成果，由于还存在一些后续开发问题而不能直接应用于工业化生产，所以需要继续进行试验、开发，直至推广应用的情况。如果当事人一方仅仅是将技术成果让与受让人，而没有后续的试验、开发和应用等合作行为，那就属于典型的技术转让了，而不属于技术转化。所谓转化，就体现在对已有科技成果的后续试验、开发和应用上，否则，转化就无从谈起。正是从这个意义上说，合同法才把技术转化合同规定在有关技术开发合同的条款中。

第十九条 [分工参与研究开发工作的认定]

合同法第三百三十五条所称“分工参与研究开发工作”，包括当事人按照约定的计划和分工，共同或者分别承担设计、工艺、试验、试制等工作。

技术开发合同当事人一方仅提供资金、设备、材料等物质条件或者承担辅助协作事项，另一方进行研究开发工作的，属于委托开发合同。

释 义

本条是对《合同法》第三百三十五条规定的什么是分工参与研究开发工作所作的解释。

《合同法》第三百三十五条是对合作开发合同当事人双方的义务所作的规定，即合作开发合同的当事人应当按照约定进行投资，包括以技术进行投资；分工参与研究开发工作；协作配合研究开发工作。其中，分工参与研究开发工作是合作开发合同与委托开发合同最本质的区别。一般来说，委托开发合同的委托方是不参与合同标的技术的研究开发工作的，其主要义务是按照合同约定支付研究开发经费和报酬；提供技术资料、原始数据；完成协作事项；接受研究开发成果。而研究开发方则要承担全部研究开发工作，即按照约定制定和实施研究开发计划；合理使用研究开发经费；按期完成研究开发工作，交付研究开发成果，提供有关的技术资料和必要的技术指导，帮助委托人掌握研究开发成果。

合作开发合同则不同。合作的双方不仅要按照约定进行投资，而且都要参与研究开发工作，双方可以有不同的分工，但不能只有一方承担研究开发任务，另一方只负责支付研究开发经费和报酬。否则，双方就不是合作开发，而是委托开发了。

委托开发与合作开发的法律意义是明显不同的。根据《合同法》第三百三十九条规定，委托开发完成的发明创造或者技术成果，其权属属于研究开发方，包括申请专利的权利以及申请被批准后授予的专利权，委托方只享有免费实施权或者优先受让权，只有当事人双方在合同中明确约定所完成的发明创造或者技术成果归委托方所有的情况下，委托方才享有对该项技术成果的所有权。而合作开发完成的发明创造或者技术成果，根据《合同法》第三百四十条规定，除了当事人另有约定的以外，由合作开发各方共享，因此，当事人双方是否分工参与研究开发工作，对于区分什么是合作开发合同，什么是委托开发合同，具有十分重要的意义。

为了正确适用《合同法》第三百三十五条的规定，区分合作开发合同与委托开发合同的界限，本条解释对什么是分工参与研究开发工作了具体规定。即《合同法》第三百三十五条所称的分工参与研究开发工作，是指当事人按照约定的计划和分工共同或者分别承担设计、工艺、试验、试制等工作。这里所说的设计、工艺、试验、试制等工作，是列举式的，在实践中应作扩大的理解，即凡是对合同标的技术本身的研究开发具有实质意义的活动，都应当属于研究开发工作的范畴。因为一项复杂的技术成果的研究开发，往往都要划分为若干个技术单元或者技术阶段，由不同的单位或人员来负责完成。譬如有的负责某一子系统的研究开发，有的负责技术系统的总成；有的负责工艺，有的负责设计；等等。这些研究开发工作，既可以由当事人双方共同完成，也可以由双方分工完成。但是，仅做一些辅助性的、配合性的工作，譬如仅为研究开发工作提供某种便利条件，而对合同标的技术的研究开发不具有实质意义的，不能认为是第三百三十五条所说的分工参与研究开发工作。所以，为了区分合作开发与委托开发的界限，本条第二款进一步明确规定，技术开发合同当事人一方仅提供资金、设备、材料等物质条件或者承担辅助协作事项，另一方进行研究开发工作的，属于委托开发合同。

第二十条　[当事人均有使用和转让的权利的内涵]

合同法第三百四十一条所称“当事人均有使用和转让的权利”，包括当事人均有不经对方同意而自己使用或者以普通使用许可的方式许可他人使用技术秘密，并独占由此获得利益的权利。当事人一方将技术秘密成果的转让权让与他人，或者以独占或者排他使用许可的方式许可他人使用技术秘密，未经对方当事人同意或者追认的，应当认定该让与或者许可行为无效。

释　义

本条是对《合同法》第三百四十一条所称的“当事人均有使用和转让的权利”一语所作的限定性解释。

《合同法》第三百四十一条规定，委托开发或者合作开发完成的技术秘密成果的使用权、转让权以及利益的分配办法，由当事人约定。没有约定或者约定不明确，依照《合同法》第六十一条的规定仍不能确定的，当事人均有使用和转让的权利，但委托开发的研究开发人不得在向委托人交付研究开发成果之前，将研究开发成果转让给第三人。该条与原《技术合同法》第三十二条第（三）项规定的内容是完全一致的，《合同法》将其独立出来，单独作为一条。《合同法》规定该条的目的主要是解决委托开发或者合作开发完成的技术秘密成果的使用权、转让权以及利益的分配等处理办法。根据该条规定，首先是依照合同约定，合同对委托开发或者合作开发完成的技术秘密成果的使用权、转让权以及利益分配方法是怎么约定的，就依照什么样的约定来处理，体现了约定优先的原则。只有在合同没有约定或者约定不明确，依照《合同法》第六十一条仍不能确定的情况下，才按照该条规定的方法处理，即双方均有使用和转让的权利。一个例外的情况就是委托开发的研究开发方在向委托方交付研究开发成果之前，不得将研究开发成果转让给第三方。

但是，《合同法》第三百四十一条的上述规定在执行中存在两个问题。一是对当事人"均有使用和转让的权利"未作限定。当事人一方如果将该项技术秘密的所有权卖断给他人，或者将该项技术秘密的独占、排他使用权许可给他人使用，就会妨碍另一方当事人使用、转让该项技术秘密，显然，这不是《合同法》第三百四十一条的立法本意。因此必须对当事人使用和转让技术秘密的权利进行限制。二是对当事人使用技术秘密所获利益的分配问题未作规定。

原《技术合同法实施条例》针对上述所存在的问题，实际上已作了一些规定。例如，第五十条规定："委托开发或者合作开发的技术成果，根据技术合同法第三十二条的规定或者合同约定专利权或者非专利技术成果使用权和转让权为当事人共有的，共有人应当约定利益分配办法，共有人没有约定的，任何一方均有实施专利、使用非专利技术成果的权利，由此所获得的利益归实施、使用方，但一方转让技术必须征得另一方或者其他各方的同意，由此所获得的利益由各方等额分享。"但是，这种限定只针对转让技术秘密，即只有当一方转让技术秘密时，才需要征得一方或者其他各方当事人同意，至于一方当事人将该项技术秘密的独占、排他使用权许可给他人使用是否应当征得对方当事人同意，并没有规定。事实上，一方当事人将技术秘密的独占、排他使用权许可给他人使用，同样会阻碍另一方或者其他各方当事人实施该项技术秘密，因此，对于一方当事人将技术秘密的独占、排他使用权许可给他人使用，也必须予以限定，即同样要征得对方当事人的同意或者给予事后追认。

正是基于上述考虑，本条解释明确规定了两点内容：一是将当事人使用和转让技术秘密的权利限制为“自己使用或者以普通使用许可的方式许可他人使用”。如果当事人将该项技术秘密的转让权让与他人，或者以独占、排他使用许可的方式许可他人使用该项技术秘密，则必须经过对方当事人的同意或者追认，否则，这样的转让合同或者许可使用合同应当被认定无效。这是对原《技术合同法实施条例》第五十条规定的继承和完善。二是对当事人自己使用或者以普通使用许可的方式许可他人使用技术秘密所获利益的分配办法，作出明确规定，即由使用人独占由此所获的利益。《解释》确定的这一分配原则，实际上是对原《技术合同法实施条例》第五十条规定的合理继承。

在《解释》的起草过程中，围绕着使用技术秘密所获利益的分配问题，实际上还存在另一种观点，即认为，在坚持谁使用谁收益的原则下，对于由使用人独占所获利益显失公平的，由双方当事人合理分享。《解释》为什么最后没有采纳这种观点呢？主要是因为：（1）“合理分享”观点不利于激励当事人积极推广使用技术成果。因为一方推广使用技术成果所获利益要与另一方分享，另一方因此而坐享其成，必然会阻碍推广使用一方当事人的积极性。而目前我国科研方面存在的较为严重的问题则是技术成果利用率不高。所以，为了鼓励当事人积极推广使用已开发出来的技术成果，使其转化为现实的生产力，应当采取有利于技术成果推广利用的价值取向。（2）其他自己没有实施能力的共有人的利益，可以通过许可他人使用等方式得到弥补。（3）“合理分享”原则在实践中难以操作，特别是“显失公平”的认定，具有一定的主观随意性，增加了当事人对预期利益的不确定性。（4）这一规定可以引导当事人在签订技术开发合同时，就对之后使用技术成果所获利益的分享问题作出明确约定，而不要把问题留到发生纠纷时去被动地适用法律的“兜底”规定。所以，《解释》的制定者在权衡了上述因素之后，还是采纳了由使用者独占使用所获得的利益的分配办法。

人民法院在理解和适用本条解释时，应当注意以下几个问题：

1.《解释》对一方当事人经对方当事人同意或者追认而转让技术秘密或者订立独占、排他实施许可合同，其所获收益的分配问题未作进一步的规定，实践中应当如何处理。应当说，《解释》对于转让技术秘密或者订立独占、排他实施许可合同所获收益的分配问题未作规定，这不是《解释》制定者的疏忽，而是因为这个问题完全可以根据合同法的基本原则和技术成果分享的一般原则解决。

关于转让技术秘密或者订立独占、排他实施许可合同所获收益的分配问题，不外乎有两种情形：一种情形为当事人对所获收益的分配问题已经作出了明确约定，另一种情形为当事人对所获收益没有作出约定或者约定不明确。对于前一种情形，毫无疑问要按照当事人之间的约定进行分配，这是尊重当事人约定的一般要求。对于后一种情形，应当按照技术成果分享的一般原则即合理分享原则处理。也就是说，当事人对于转让技术秘密或者独占、排他使用许可所获收益的分配问题没有约定或者约定不明的，人民法院应当根据合理分享原则予以确定。所谓合理分享，通常要综合考虑两方面的因素：一方面要考虑当事人对该项技术秘密的研究开发所作出的实质性贡献的大小，另一方面要考虑当事人在转让或者独占、排他许可该项技术秘密的商业化运作过程中所作出的贡献大小，根据两个贡献确定一个公平的分配比例。这里没有采用原《技术合同法实施条例》第五十条所规定的"等额分享"原则，因为这种处理办法既不符合技术成果合理分享的一般原则，也缺乏灵活性，造成实际上的不合理或者不公平。所以，司法实践中要特别注意这一点。

2. 对于委托开发或者合作开发完成的发明创造所授予的专利权，当事人实施该专利所获得的利益，也存在一个如何分配的问题，《解释》对此未作规定，实践中应当如何处理。关于这个问题，《解释》的制定者在起草过程中已充分注意到了。《合同法》第三百三十九条和第三百四十条着重对委托开发和合作开发完成的发明创造所授予的专利权的权属进行了界定，但并没有对当事人实施该项专利权所获得的利益如何分配进行规定。例如，《合同法》第三百三十九条规定："委托开发完成的发明创造，除当事人另有约定的以外，申请专利的权利属于研究开发人。研究开发人取得专利权的，委托人可以免费实施该专利。研究开发人转让专利申请权的，委托人享有以同等条件优先受让的权利。"这里只规定了研究开发人与委托人就委托开发完成的发明创造的申请专利的权利以及取得专利权的权利归属，规定了委托人可以免费实施该专利，对实施专利所获得的利益如何分配，由于法律适用亦不存在大的问题，未作规定。

3. 在理解《合同法》第三百四十一条所称的技术秘密的使用权和转让权时，应当注意以下两个问题：

第一，要注意《合同法》第三百四十一条所说的技术秘密成果使用权与《专利法》第十一条所说的使用权，其法律含义是根本不同的。根据《专利法》第十一条规定，发明和实用新型专利权中所说的使用权是专利实施权的重要内容之一，包括两方面的含义：就产品专利来说，使用权是指专利权人有权使用专利产品，并有权禁止他人为生产经营目的，使用未经专利权人许可而制造的专利产品。譬如，使用侵权的专利设备生产产品等，就是被禁止的；就方法专利来说，使用权是指专利权人有权使用专利方法以及使用依照该专利方法直接获得的产品，并且有权禁止他人为生产经营目的使用未经专利权人许可的方法专利以及使用依照该专利方法直接获得的产品。而技术秘密成果使用权仅指使用技术秘密成果本身的权利，也就是利用技术秘密成果制造某种产品或者解决某一技术问题的权利，并不包括使用该技术秘密成果制造出来的产品的权利。技术秘密成果的权利人不享有禁止他人使用未经其许可而利用其技术秘密成果制造出来的产品的权利。例如，甲拥有一项生产某种设备的技术秘密成果，乙将其窃取后使用该项技术秘密成果制造某种设备并销售给丙，丙购买后使用该设备进行生产经营，那么丙使用该侵犯甲技术秘密成果的设备的行为，甲并无禁止权。这是专利保护与技术秘密保护的最大区别之一。众所周知，技术秘密是权利人采取保密措施对自己的发明创造予以保护的，因此可能同时存在多个权利主体对同一技术秘密享有权利，一旦使用这种技术秘密生产的产品进入市场，社会公众是无法判断这种产品是侵犯他人技术秘密的产品还是未侵犯他人技术秘密的产品，以及是侵犯谁的技术秘密的产品。所以，为了保护社会公众的利益，对于使用侵犯他人技术秘密的产品的行为，并不构成侵犯技术秘密权利人的权利。这也体现了立法者的价值取向，即通过对技术秘密在立法上给予较弱的保护，以鼓励发明创造人申请专利，通过给予专利权保护以换取发明创造人向社会公众公开其发明创造，从而让社会充分利用其发明创造，促进社会的科技进步。

第二，要注意《合同法》第三百四十一条所说的技术秘密成果的转让权与《合同法》第十八章第三节技术转让合同中所说的转让，其含义也不完全相同。技术转让合同中所说的转让是广义的转让，不仅包括权利的转让，也包括使用权的许可。而《合同法》第三百四十一条所说的技术秘密成果的转让权则仅指该项技术秘密成果权属的转让，是权利主体的变更，并不包括技术秘密使用权的许可。

这里没有对技术秘密使用"所有权"一词，主要是因为理论界对技术秘密有没有所有权的问题还有争论，所以我国现行法律、行政法规没有从一般意义上规定其所有权。一种占主导地位的观点认为，之所以对技术秘密没有使用所有权的概念，主要有三点理由：一是我国《民法通则》规定的所有权仅适用于物质财富，即财产所有权。它指所有人依法对自己的财产享有占有、使用、收益和处分的权利。而知识财富的产权，包括精神权利和经济权利，是与财产所有权、债权、人身权并行不悖的另一种民事权利，即知识产权。二是对技术秘密使用所有权的概念也不确切。因为所有权是独占的排他权利，是对世权，所有权人是唯一的权利主体，所有权人以外的一切人均为义务主体，承担不侵害权利主体对其财产占有、使用、收益和处分的权利的义务。如果承认一个单位对它所开发的技术享有所有权，在其后自行开发出同样技术的单位则不能使用；在它之前已经使用同样技术的单位也将面临选择：要么放弃使用，要么向人民法院提起确认所有权之诉。三是知识产权的设立必须经过法律的确认。专利权人对其发明创造依法享有的排他的实施权利，是以专利权人提出专利申请、公开发明创造为前提，是在经过严格审查并授予专利权以后才能发生的。没有申请和取得专利权的技术，不应当也不可能取得类似专利权的所谓所有权。技术秘密是无形的知识形态的商品，当然也存在某种产权，但这种产权区别于财产所有权和专利权，仅表现为技术秘密拥有者对其技术的非独占的使用权和转让权。即在不侵害他人专利权的前提下，拥有技术者可以使用其技术，但不能对抗善意的第三人使用、转让同样的技术，包括自行开发了同样的技术的人、从其他渠道受让该项技术或者从公知的情报资源中掌握了该项技术的人。至于当事人通过保密手段保守技术秘密对其技术秘密实际上形成的独占，也只是通过法律允许的手段保护了其技术优势，并不意味着对技术秘密本身享有独占的权利。[①]

不过，技术秘密有所有权的观念也正在不断地被人们接受，TRIPs 协定也将其列为知识产权的一种，就待立法上的突破而已。

第二十一条　［专利或技术秘密的实施］

技术开发合同当事人依照合同法的规定或者约定自行实施专利或者技术秘密，但因其不具备独立实施专利或者使用技术秘密的条件，以一个普通许可方式许可他人实施或者使用的，可以准许。

释　义

本条规定是对技术开发合同中不具备自行实施专利或者使用技术秘密条件的一方当事人如何实施专利或技术秘密法律适用的解释。

在多数情况下，技术开发合同当事人实施专利或者使用技术秘密的条件是很不相同的。实施一项专利或者使用一项技术秘密，往往需要很多的投资以及其他方面的条件，并不是技术开发合同当事人各方都具备的。有的具备条件，有的则不具备条件，但是，技术开发合同的当事人要获得投资回报，又必须通过自行使用技术成果或者向他人许可、转让技术成果方能实现。既然技术开发合同中的一方当事人不具备独立实施专利或者使用技术秘密的条件，当然也就不能通过自己实施专利或者使用技术秘密来获得投资回报，只能靠许可或者转让有关的专利或者技术秘密获得相应的利益。

---

① 参见段瑞春：《技术合同法原理和实践》，科学出版社 1988 年版，第 119 ~ 120 页。

然而，在技术开发合同中，有权自行实施专利或者使用技术秘密的当事人，其自身不具备独立实施专利或者使用技术秘密的条件，能否通过普通许可的方式许可他人实施而得到应有的回报呢？对此，《合同法》并没有明确规定。例如，《合同法》第三百三十九条第一款规定："委托开发完成的发明创造，除当事人另有约定的以外，申请专利的权利属于研究开发人。研究开发人取得专利权的，委托人可以免费实施该专利。"根据这一条规定，如果研究开发人与委托人约定专利申请权和专利权为双方共有，那么共有人一方或者双方不具备独立实施专利的条件，能否通过许可他人实施该专利而收回投资回报呢？并不明确。

又如《合同法》第三百四十条第一款规定："合作开发完成的发明创造，除当事人另有约定的以外，申请专利的权利属于合作开发的当事人共有。当事人一方转让其共有的专利申请权的，其他各方享有以同等条件优先受让的权利。"这里也同样存在专利权共有人不具备独立实施专利的条件，能否通过许可他人实施该项专利权获得应有的利益的问题。

在技术秘密开发合同中，虽然《合同法》第三百四十一条规定当事人均有使用和转让的权利，但是也可能存在当事人约定该项技术秘密由当事人自行使用的问题。如果合同约定由当事人自行使用该项技术秘密，其中的一方当事人确实不具备使用该项技术秘密的条件，该方当事人为了实现自己的利益，能否将该项技术秘密许可他人使用？也需要予以明确。

在技术开发合同中，如果根据合同法规定或者当事人约定，仅仅只允许当事人自行实施专利或者使用技术秘密，而又不允许他们通过许可他人实施专利或者使用技术秘密，那么，上述这些不具备独立实施专利或者使用技术秘密条件的当事人的正当利益就得不到合理的保护，从而挫伤他们从事技术开发活动的积极性，尤其是在技术开发合同中的研究开发方是个人或者单纯的研究机构的情况下，这种情况可能表现得更加严重。因此，为了保护技术开发合同中不具备独立实施专利或者使用技术秘密条件的一方当事人的正当利益，鼓励他们从事开发技术成果的积极性，《解释》第二十一条专门就如何保护不具备实施专利或者使用技术秘密条件的一方当事人的利益进行了平衡。具体说，就是允许不具备实施专利或者使用技术秘密条件的一方当事人，以一个普通许可方式许可他人实施专利或者使用技术秘密。

人民法院在适用本条规定时，应当把握以下几个要点：

1. 要正确把握本条解释的适用条件。

根据《解释》第二十一条规定，适用本条规定必须具备两个条件：

第一个条件是本条解释只适用于技术开发合同当事人依据合同法的规定或者约

定自行实施专利或者使用技术秘密的情形。

本条解释所说的技术开发合同当事人主要为两类。一类是《合同法》第三百三十九条第一款所规定的委托开发合同中约定专利申请权为共有的研究开发人和委托人，以及《合同法》第三百四十条第一款所规定的合作开发合同中依法规定专利申请权属于合作开发的当事人共有的合作开发人。由于专利申请权的共有人在专利申请被授予专利权后，也就当然地成为专利权的共有人，所以，这类当事人，实质上也就是专利权的共有人，所不同的也只是约定共有和法定共有的区别。第二类是委托开发合同和合作开发合同中约定技术秘密只能由当事人自行使用的研究开发人、委托人和合作开发人，也就是《合同法》第三百四十一条所规定的当事人对委托开发或者合作开发完成的技术秘密成果的使用权，约定由当事人自行使用的情形。

本条解释所称“依照合同法的规定”，是指《合同法》第三百三十九条第一款和第三百四十条第一款的规定。虽然该两条没有明确规定委托开发合同和合作开发合同中专利权的共有人可以自行实施专利的权利，但是，根据合同制度和专利制度的一般原理，专利权的共有人当然享有自行实施专利的权利，这是不言而喻的。因此，除了当事人另有约定之外，委托开发合同和合作开发合同中专利权的共有人当然享有自行实施专利的权利。

委托开发或者合作开发完成的技术秘密成果，当事人虽然也享有自行使用该项技术秘密的权利，但是，按照《合同法》第三百四十一条规定，委托开发或者合作开发完成的技术秘密成果，其使用权、转让权的限制是以当事人的约定为例外，否则，当事人不仅均享有自行使用的权利，而且还享有转让技术秘密的权利，不存在《解释》第二十一条对不具备独立使用技术秘密条件的当事人还要给予其许可他人使用该项技术秘密的权利的问题，这些当事人完全可以依照《合同法》第三百四十一条规定，直接许可他人使用即可。

所以，《解释》第二十一条规定的“依照合同法的规定”，也仅指《合同法》第三百三十九条第一款和第三百四十条第一款而言。

本条解释所说的“约定”，主要是针对《合同法》第三百四十一条中，当事人对技术开发所完成的技术秘密成果约定由当事人自行使用的情形。根据《合同法》第三百四十一条规定，委托开发或者合作开发完成的技术秘密成果，其使用权、转让权及其利益的分配办法，可由当事人自行约定。在当事人约定该项技术秘密只能由当事人自行使用的情况下，如果当事人不具备独立使用该项技术秘密的条件，也可以依照《解释》第二十一条规定，以一个普通许可的方式将该项技术秘密许可他人使用。

根据意思自治原则，专利权的共有人虽然也可以对专利权的实施、转让及其利益分配办法进行约定，但是，如果当事人约定为自行实施专利，则与《合同法》第三百三十九条第一款和第三百四十条第一款规定一致，是专利权共有人的法定权利，当然属于《解释》第二十一条规定的“依照合同法的规定”的情形；如果当事人约定共有人可以转让共有的专利权，包括许可他人实施专利的权利，那么就无所谓当事人是否具备独立实施专利的条件问题，当事人直接可以根据合同约定许可他人实施专利就可以了。所以，《解释》第二十一条规定的“约定”，也只能指当事人依据《合同法》第三百四十一条规定的当事人对技术秘密的使用权、转让权作出约定的情形。

第二个条件是上述当事人不具备独立实施专利或者使用技术秘密的条件。如果当事人具备独立实施专利或者使用技术秘密的条件，不能适用《解释》第二十一条规定。所谓不具备独立实施专利或者使用技术秘密的条件，主要是指当事人本身不具备实施专利或者技术秘密的条件。例如，实施专利或者使用技术秘密可能需要较大的投资，当事人本身不具备这样的实力，等等。当然，当事人是否具备独立实施专利或者使用技术秘密的条件，实践中可能很难有一个定量的标准，要具体案件具体掌握。

2. 要把握许可的范围。

根据《解释》第二十一条规定，许可的范围，第一要受数量的限制，即只能有一个许可，超过一个以上的许可，是不允许的，因为这样做，就会损害其他当事人的利益，超出了弥补当事人不能自行实施专利或者使用技术秘密的范畴；第二要受许可方式的限制，即只能是普通许可，而不能是独占或者排他许可。之所以强调普通许可，也是因为普通许可不会妨碍其他当事人实施专利或者使用技术秘密的权利。

在适用《解释》第二十一条时，有两个问题需要特别予以注意。

第一，要注意《合同法》第三百三十九条第一款规定的享有免费实施专利权的委托人和《合同法》第三百四十条第二款规定的放弃专利权但享有免费实施专利权的共同开发人，不适用《解释》第二十一条的规定。也就是说，即使他们不具备独立实施专利的条件，也不能依照《解释》第二十一条的规定，以一个普通许可的方式许可他人实施专利。因为当事人要享有许可他人实施专利的权利，其前提条件是该当事人必须是专利权人或者经专利权人授权的人。而《合同法》第三百三十九条第一款规定的享有免费实施专利权的委托人和《合同法》第三百四十条第二款规定的放弃专利权但享有免费实施专利权的共同开发人，并不享有专利权，而仅享有免费实施专利的权利，他们无权许可他人实施该项专利。

第二，要注意区分本条解释与《解释》第二十条的关系。《解释》第二十条规定：《合同法》第三百四十一条所称“当事人均有使用和转让的权利”，包括当事人均有不经对方同意而自己使用或者以普通使用许可的方式许可他人使用技术秘密，并独占由此所获得利益的权利。也就是说，根据《解释》第二十条规定，在技术秘密的使用权和转让权没有约定的情况下，当事人不仅自己可以使用该项技术秘密，而且同时还可以以普通使用许可的方式许可他人使用该项技术秘密，并且不受许可数量的限制。

既然如此，为什么《解释》第二十一条对不具备独立使用技术秘密条件的当事人，还要规定受一个普通许可的限制呢？这是因为《解释》第二十条与第二十一条的适用对象不一样。《解释》第二十条适用的对象是对技术开发所完成的技术秘密的使用权、转让权没有约定的当事人，而《解释》第二十一条适用的对象是对技术开发所完成的技术秘密的使用权、转让权有约定的当事人，并且这种约定只限于当事人自行使用技术秘密。如果当事人对技术开发所完成的技术秘密成果的使用权、转让权及其利益的分配办法没有作出约定或者约定不明确，当事人以普通许可的方式许可他人使用该项技术秘密，就要适用《解释》第二十条规定，不受许可数量的限制。相反，如果当事人对技术开发所完成的技术秘密成果的使用权、转让权作出了约定，并且约定由当事人自行使用该项技术秘密，那么，不具备独立使用该项技术秘密条件的当事人，以普通许可的方式许可他人使用该项技术秘密的，就要适用《解释》第二十一条规定，受到一个普通许可的限制。

第二十二条　［技术转让合同概述］

合同法第三百四十二条规定的“技术转让合同”，是指合法拥有技术的权利人，包括其他有权对外转让技术的人，将现有特定的专利、专利申请、技术秘密的相关权利让与他人，或者许可他人实施、使用所订立的合同。但就尚待研究开发的技术成果或者不涉及专利、专利申请或者技术秘密的知识、技术、经验和信息所订立的合同除外。

技术转让合同中关于让与人向受让人提供实施技术的专用设备、原材料或者提供有关的技术咨询、技术服务的约定，属于技术转让合同的组成部分。因此发生的纠纷，按照技术转让合同处理。

当事人以技术入股方式订立联营合同，但技术入股人不参与联营体的经营管

理，并且以保底条款形式约定联营体或者联营对方支付其技术价款或者使用费的，视为技术转让合同。

释 义

本条是对技术转让合同性质以及有关法律适用的解释。

本条共有三款。第一款是对技术转让合同定义的解释；第二款是对技术转让合同中涉及有关让与人向受让人提供实施技术的专用设备、原材料或者提供有关的技术咨询、技术服务的约定，应如何适用法律问题所作的解释；第三款是对当事人以技术入股方式订立联营合同，但实际不参与联营体的经营管理，只约定保底价款或者使用费这一特殊情况，如何适用法律所作的解释。

人民法院在理解和适用本条解释时，应当把握以下要点：

1. 要把握技术转让合同的定义及其法律特征。

根据《解释》第二十二条第一款规定，技术转让合同，是指合法拥有技术的权利人，包括其他有权对外转让技术的人，将现有特定的专利、专利申请、技术秘密的相关权利让与他人，或者许可他人实施、使用所订立的合同。但就尚待研究开发的技术成果或者不涉及专利、专利申请或者技术秘密的知识、技术、经验和信息所订立的合同除外。

由上述定义可见，技术转让合同具有以下几个法律特征：

（1）技术转让合同的让与人应当是合法拥有技术的权利人。合法拥有技术的权利人应当是指专利申请权人、专利权人、技术秘密权利人，以及其他有权对外转让技术的人。所谓“其他有权对外转让技术的人”，通常包括经专利申请权人、专利权人、技术秘密权利人授权可以对外转让专利申请、专利和技术秘密的人，专利申请权人、专利权人、技术秘密权利人的合法继承人或者承继人等。

（2）技术转让合同的标的是专利申请权、专利权和技术秘密以及专利和技术秘密的实施权、使用权。应当说，能够作为技术转让合同标的的相关权利，远远不限于专利申请权、专利权和技术秘密以及专利和技术秘密的实施权、使用权，还应当包括计算机软件著作权、集成电路布图设计专有权、植物新品种权等利用科学技术知识、信息、经验作出的涉及产品、工艺、材料的技术成果权或者知识产权。但是，为什么《解释》第二十二条又将技术转让合同的标的解释为专利申请权、专利权和技术秘密呢？原因在于《合同法》第三百四十二条第一款对技术转让合同范围所作的限定。

根据《合同法》第三百四十二条第一款规定，技术转让合同包括专利权转让、专利申请权转让、技术秘密转让、专利实施许可合同。也就是说，《合同法》所规定的技术转让合同，就包括专利申请权转让、专利权转让、技术秘密转让和专利实施许可等四种合同类型，其他知识产权如计算机软件著作权、集成电路布图设计专有权、植物新品种权等的转让、实施许可合同，并不包括在技术转让合同的范围之内。《解释》第二十二条第一款由于受到《合同法》第三百四十二条第一款规定的限制，所以，也只能将技术转让合同的标的解释为专利申请权、专利权和技术秘密以及专利、技术秘密的实施权、使用权。

但是，计算机软件著作权、集成电路布图设计专有权、植物新品种权等知识产权的转让、实施许可合同，又确实与专利权、专利申请权、技术秘密转让、实施许可合同具有相同的法律属性，所以，为了解决计算机软件著作权、集成电路布图设计专有权、植物新品种权等知识产权的转让、实施许可合同适用法律问题，《解释》第四十六条又专门对此作出了解释：

"集成电路布图设计、植物新品种许可使用和转让等争议，相关行政法规另有规定的，适用其规定；没有规定的，适用合同法总则的规定，并可以参照合同法第十八章和本解释的有关规定处理。

计算机软件开发、许可使用和转让等合同争议，著作权法以及其他法律、行政法规另有规定的，依照其规定；没有规定的，适用合同法总则的规定，并可以参照合同法第十八章和本解释的有关规定处理。"

也就是说，根据《解释》第四十六条规定，有关涉及计算机软件著作权、集成电路布图设计专有权、植物新品种权等知识产权的转让、实施许可合同的争议，首先适用相关的专门法律、行政法规；相关的专门法律、行政法规没有规定的，适用合同法总则的规定，同时参照适用《合同法》第十八章和《解释》的有关规定。有关这一问题的详细阐述，参见本书有关《解释》第四十六条的释义部分，这里不再赘述。

（3）技术转让合同所转让的专利、专利申请、技术秘密，必须是现有特定的技术，尚待研究开发的技术成果或者不涉及专利、专利申请、技术秘密的知识、技术、经验和信息，不属于技术转让合同的范畴。尚待研究开发的技术成果属于技术开发合同的范畴，应当适用技术开发合同的有关规定，这是技术转让合同与技术开发合同的重要区别之一。不涉及专利、专利申请、技术秘密的知识、技术、经验和信息，通常是指公有领域的技术，也不属于技术转让合同的范畴，这些知识、技术、经验和信息，如果涉及技术服务时，可按技术服务合同处理。所以，这也是技术转让合同与技术服务合同的重要区别。当然，本条解释所称的"不涉及专利、专利申请、技术秘密的知识、技术、经验和信息”，不应当包括计算机软件著作权、集成电路布图设计专有权和植物新品种权。如果涉及这些知识产权，根据《解释》第四十六条规定，可以参照适用技术转让合同的有关规定处理。

（4）技术转让合同的类型可以是权属的让与，也可以是专利实施权或者技术秘密使用权的许可。权属的让与，主要是指专利权、专利申请权或者技术秘密权利的“卖断”，如果当事人之间签订有关权属让与的技术转让合同时，就意味着除了专利、专利申请或者技术秘密的发明人、设计人等身份权利不能转让之外，其他一切财产权利都将让与受让人。而专利实施权或者技术秘密使用权的许可，则主要是指专利实施权或者技术秘密使用权的让与，不涉及权属的让与问题。

2. 要把握第二款规定的适用条件。

即在技术转让合同中，让与人向受让人提供的专用设备、原材料或者提供有关的技术咨询、技术服务，应当是为了实施所转让的技术所必需的，才能将这一部分合同内容认定为技术转让合同的组成部分，按照技术转让合同处理。如果所提供的设备、原材料或者提供的技术咨询、技术服务与实施所转让的技术没有关系，则不能认为是技术转让合同的一部分，按照技术转让合同处理。

强调技术转让合同中，让与人向受让人提供实施技术的专用设备、原材料或者提供有关的技术咨询、技术服务，属于技术转让合同的组成部分是重要的。在大多数情况下，专用设备、原材料往往就是技术方案的组成部分，缺少这些专用设备或者原材料，技术方案本身就无法实施，必须将其作为技术转让合同的一个组成部分来对待。所谓专用设备、原材料，是指该项设备或者原材料为实施所转让的技术所专用，通用的设备、原材料或者能够使用其他设备、原材料替代的设备、原材料，均不能认为是专用的设备、原材料。

技术转让合同中，让与人向受让人提供有关的技术咨询或者技术服务，通常是实施所转让的技术所必需的。因为在技术转让合同中，受让人实施技术往往需要让与人提供协助，特别是一些技术力量比较薄弱的受让人，其实施技术更依赖于技术让与人提供必要的技术咨询和技术服务。因此，在技术转让合同中约定让与人提供技术咨询或者技术服务，实际上构成了技术转让合同的从属部分，将其作为技术转让合同的组成部分，按照技术转让合同处理，是符合合同法原理的。即使技术转让合同中没有约定这一部分内容，但是，根据《合同法》第六十条第二款规定，让与人也要根据诚实信用原则，向受让人提供协助履行技术转让合同的附随义务，包括提供实施技术所必需的技术咨询和技术服务。

人民法院在适用《解释》第二十二条第二款时，也要注意让与人利用这一款规定，进行技术垄断，妨碍技术进步的问题。例如，有的让与人利用其技术优势，故意搭售一些不是实施技术所必需的设备、原材料和技术服务，给受让人造成不必要的负担；有的让与人以提供专用设备、原材料为要挟，限制受让人向第三方购买替代设备或者原材料；有的让与人利用受让人对其专用设备特别是原材料所形成的依赖，任意提高价格或者提出其他不合理的条件等。凡具有这样的情形，根据当事人的请求，人民法院应当根据《合同法》第三百二十九条和《解释》第十条的有关规定，按照非法垄断技术、妨碍技术进步处理。

3. 要注意对名为联营实为转让的合同的判定。

司法实践中，有时会遇到当事人以技术入股形式订立的联营合同，但联营合同中又约定技术入股方不参与联营体的经营管理，无论联营体或者联营对方是亏损还是盈利，都要向技术入股方支付一定的技术价款或者使用费。表面上看，像是双方在联营，但实际上并不符合联营合同的法律要件，而更符合技术转让合同的法律要件。所以，对于这种形式上为联营，实质上却是技术转让的合同，《解释》规定，应视为技术转让合同，而不按联营合同处理。

对于名为联营实为技术转让的合同主要从两个方面予以判定：

第一，技术入股人不参与联营体的经营管理。如果技术入股人参与联营体的经营管理，则不能认为是名为联营，实为技术转让。根据《民法通则》有关联营的规定，联营的一个十分重要的法律特征就是联营各方共同经营，共负盈亏。如果技术入股人根本不参与联营体的经营管理，当然也就不具备联营的根本属性。

第二，以保底条款形式约定联营体或者联营对方向技术入股人支付技术价款或者使用费。换句话说，技术入股人对联营体不承担任何经营风险，无论联营体或者联营对方盈亏如何，技术入股人只按照约定获得技术价款或者使用费。同时具备上述两个条件，即可认定这类合同是名为联营实为技术转让合同，应当按照技术转让合同处理。

第二十三条 ［专利申请被驳回后的责任承担］

专利申请权转让合同当事人以专利申请被驳回或者被视为撤回为由请求解除合同，该事实发生在依照专利法第十条第三款的规定办理专利申请权转让登记之前的，人民法院应当予以支持；发生在转让登记之后的，不予支持，但当事人另有约定的除外。

专利申请因专利申请权转让合同成立时即存在尚未公开的同样发明创造的在先

专利申请被驳回，当事人依据合同法第五十四条第一款第（二）项的规定请求予以变更或者撤销合同的，人民法院应当予以支持。

释 义

本条是对专利申请权转让合同中，由于该专利申请被驳回，其后果由谁承担所作的解释。

专利申请权并不等于专利权，专利申请能否通过国家专利授权部门的审查并最终获得专利权，带有相当大的不确定性。申请专利的发明创造，符合专利法规定的授权条件的，才被授予专利权，不符合专利法规定的授权条件的，则将被驳回。因此，当事人之间就专利申请权订立技术转让合同，就存在一定的风险。受让人受让的专利申请权，其专利申请有可能被授予专利权，也有可能被驳回。如果受让的专利申请权，其专利申请最终被驳回，就有一个合同风险的承担问题，是由让与人对专利申请被驳回承担风险，还是由受让人承担专利申请被驳回的风险？

原《技术合同法实施条例》第六十四条对这个问题曾有过规定："专利申请权转让合同的受让方就发明创造专利被驳回的，不得请求返还价款，但转让方侵害他人专利权或者专利申请权的情况除外。"但该条对这个问题的规定显然不够完善。《解释》第二十三条就是在原《技术合同法实施条例》第六十四条规定的基础上，根据司法实践中出现的新情况、新问题，重新作出的解释。

通常情况下，专利申请权转让合同中，由于专利申请被驳回或者被视为撤回导致的合同风险，主要有三种情形：

第一种情形为：专利申请被驳回或者被视为撤回的事实发生在依照《专利法》第十条第三款的规定办理专利申请权转让登记之前；

第二种情形为：专利申请被驳回或者被视为撤回的事实发生在依照《专利法》第十条第三款的规定办理专利申请权转让登记之后；

第三种情形为：专利申请因专利申请权转让合同成立时即存在尚未公开的同样发明创造的在先专利申请被驳回。

《解释》第二十三条针对上述三种情形，分别作出了规定。

根据《解释》第二十三条第一款规定，对于第一种情形来说，应当允许受让人解除合同，即由让与人承担专利申请被驳回或者被视为撤回的后果；对于第二种情形，则不允许受让人解除合同，即由受让人自行承担专利申请被驳回或者被视为撤回的后果。根据《解释》第二十三条第二款规定，对于第三种情形，受让人可以依据《合同法》第五十四条第一款第（二）项的规定，请求予以变更或者撤销该合同，即专利申请被驳回的后果由谁承担，给予受让人一定的选择权。

《解释》第二十三条之所以对让与人与受让人之间的风险承担作出以上三种划分，主要是因为：

在第一种情形之下，虽然当事人双方订立了专利申请权转让合同，并且合法有效，但是，专利申请权并没有发生实际转让，此时，专利申请权仍由让与人享有，受让人并不享有专利申请权。根据《专利法》第十条第三款规定："转让专利申请权或者专利权的，当事人应当订立书面合同，并向国务院专利行政部门登记，由国务院专利行政部门予以公告。专利申请权或者专利权的转让自登记之日起生效。"既然当事人没有办理专利申请权转让登记，专利申请权并没有转让到受让人一方，那么，在此之前，由于专利申请被驳回或者被视为撤回，其风险当然由让与人一方承担更为合理。也就相当于让与人在交付权利之前，该项权利丧失了，让与人对此当然要负责。

第二种情形与第一种情形则相反，由于当事人双方依照《专利法》第十条第三款规定办理了专利申请权转让登记，让与人已经将专利申请权实际转让给了受让人，受让人依法成为该项专利申请权的新的权利人，因此，在当事人双方依法办理了专利申请权转让登记之后，该项专利申请权因被驳回或者被视为撤回，其风险当然应当由受让人承担更为合理。此外，由受让人承担该风险，还有另外一个理由。即在专利申请被驳回的情况下，受让人在受让该专利申请权前，完全有机会对该申请专利的发明创造进行检索，并对其授予专利权的可能性进行评估，然后决定是否受让该项专利申请权。专利申请被视为撤回，往往也是因为受让人自己的原因造成的，譬如，没有依法预交相关费用，或者没有按照审查员的要求提交更正文件、陈述意见等。

在第三种情形下，由于专利申请是因为专利申请权转让合同成立时即存在尚未公开的同样发明创造的在先专利申请被驳回的，而对于存在的尚未公开的同样发明创造的在先专利申请，无论让与人还是受让人，都无法检索，无法预见。因此，对于这种情况下发生的专利申请被驳回的后果的风险承担问题，就不能简单地按专利申请权是否办理转让登记来确定。考虑到这种情况对于受让人来说是显失公平的，因此，《解释》规定，允许当事人（实际上可能主要是受让人）依据《合同法》第五十四条第一款第（二）项规定，请求变更或者撤销该合同，体现了《解释》在处理这种情形下造成的风险承担问题上的灵活性。这种灵活性主要表现在：

1. 当事人可以请求变更或者撤销合同，也可以不请求变更或者撤销合同，法律不作强制性干预。

2. 当事人行使撤销权要受到法定的时效限制，即当事人必须自知道或者应当知道撤销事由之日起一年内请求撤销该专利申请权转让合同，否则，撤销权即归于消灭。

3. 当事人既可以请求变更合同，也可以请求撤销合同，如果当事人请求变更合同，合同变更后仍然可以继续履行，而不一定非要撤销合同不可。当然，实践中，当事人请求变更合同的情况是比较少的，因为一旦专利申请因存在在先的同样的发明创造专利申请被驳回，受让人就可能无权实施该项技术，受让人往往要求撤销合同。在撤销合同的情况下，人民法院应当依照《合同法》总则第五十八条规定，处理撤销合同后的合同责任问题。

人民法院在理解与适用本条规定时，应当注意以下两个问题：

1. 本条规定的三种处理情形，并不排除当事人约定。在专利申请权转让合同中，如果当事人对于专利申请被驳回或者被视为撤回的后果承担问题作出了明确约定，或者事后达成了协议，应当优先依照当事人的约定处理。

2. 对于本条第一款规定的当事人解除合同，其合同法上的依据问题。根据《合同法》第九十四条规定，解除合同只限于法定的5种情形，即：（1）因不可抗力致使不能实现合同目的；（2）在履行期限届满之前，当事人一方明确表示或者以自己的行为表明不履行主要债务；（3）当事人一方迟延履行主要债务，经催告后在合理期限内仍未履行；（4）当事人一方迟延履行债务或者有其他违约行为致使不能实现合同目的；（5）法律规定的其他情形。

那么，在专利申请权转让合同中，当事人在办理这类申请权转让登记手续前，专利申请被驳回或者被视为撤回，如果当事人请求解除合同，一般来说，应当属于《合同法》第九十四条第（四）项规定的法定解除情形。例如，如果让与人一方对专利申请被驳回或者被视为撤回有过错的，自然应当属于《合同法》第九十四条第（四）项规定的“其他违约行为致使不能实现合同目的”的情形。即使让与人无过错，那么作为专利申请权转让合同的让与方，根据《合同法》第三百四十九条规定，也有义务维持专利申请权在实际让与前的有效性，并能够达到约定的目标。既然让与方没有履行这一法定的义务，未能保证专利申请权的有效性，当然也就属于《合同法》第九十四条第（四）项规定的法定解除情形。

第二十四条 ［专利权、专利申请转让合同在先、在后订立时的法律认定］

订立专利权转让合同或者专利申请权转让合同前，让与人自己已经实施发明创

造，在合同生效后，受让人要求让与人停止实施的，人民法院应当予以支持，但当事人另有约定的除外。

让与人与受让人订立的专利权、专利申请权转让合同，不影响在合同成立前让与人与他人订立的相关专利实施许可合同或者技术秘密转让合同的效力。

释 义

本条第一款是对专利权转让合同或者专利申请权转让合同生效后，让与人原来已经实施了该发明创造，现在是否需要停止实施的问题所作的解释。第二款则是对让与人与受让人订立的专利权、专利申请权转让合同，对于此前让与人与他人订立的相关专利实施或者技术秘密使用许可合同的效力问题所作的解释。

人民法院在理解和适用本条解释时，应当把握以下两个基本要点：

1. 专利权转让合同或者专利申请权转让合同生效后，受让人有权要求让与人停止实施该发明创造。

因为专利权或者专利申请权转让合同生效后，就表明让与人不再享有专利权或者专利申请权，从而丧失一切实施的权利，而受让人则成为该专利权或者专利申请权的新的所有人，并因此而取得该项专利权或者专利申请权的一切财产权利，包括独占的实施、使用权利。因此，在专利权转让合同和专利申请权转让合同生效后，受让人当然有权要求让与人停止实施该发明创造。

需要指出的是，本条解释第一款是针对合同生效前让与人已经实施发明创造的情形所作出的解释，但这并不意味着合同生效后让与人实施该发明创造，受让人就不能要求让与人停止实施了。应当说，合同生效后，让与人不能实施该发明创造是不言而喻的，无须规定。如果让与人在合同生效后实施该发明创造，实际上已不是合同关系，受让人完全可以依据专利法、反不正当竞争法等规定，提起有关侵犯专利权或者技术秘密的侵权之诉。

此外，对于本条解释第一款所规定的“合同生效”，应当理解为当事人已经就专利权或者专利申请权的转让，依照《专利法》第十条第三款的规定，办理了转让登记手续，在专利权或者专利申请权办理转让登记前，由于专利权或者专利申请权不发生转让的效力，所以，此时让与人仍然可以继续实施该发明创造。

应当说，本条解释第一款仅适应于当事人对于让与人能否继续实施转让专利权或者专利申请权前的发明创造没有约定的情形。如果当事人之间明确约定或者事后达成补充协议，允许让与人继续实施的，应当按照约定优先的原则处理，让与人可以继续实施该发明创造。

2. 在后订立的专利权、专利申请权转让合同不影响在先订立的相关实施、使用许可合同的效力。

实践中，让与人在与受让人订立专利权转让合同或者专利申请权转让合同之前，即与他人订立了相关的专利实施许可合同或者技术秘密转让合同的情况，是非常普遍的。如果让与人将该项专利权或者专利申请权让与受让人后，此前让与人与他人订立的专利实施许可合同或者技术秘密转让合同就无效了，必然不利于保护在先受让人的合法利益，也不利于社会经济法律关系的稳定，并且违背保护善意第三人利益的合同原则。正是基于这样的考虑，所以，《解释》第二十四条第二款规定，让与人与受让人订立的专利权、专利申请权转让合同，不影响在合同成立前让与人与他人订立的相关专利实施许可合同或者技术秘密转让合同的效力。

值得注意的是，《解释》第二十四条第二款除了规定让与人与受让人订立的专利权或者专利申请权转让合同，不影响此前让与人与他人订立的相关专利实施许可合同或者技术秘密转让合同的效力外，没有规定受让人要承担专利实施许可合同或者技术秘密转让合同的权利义务问题。专利实施许可合同或者技术秘密转让合同的权利义务由谁承担，应当根据《合同法》总则有关合同的转让的相关规定进行处理。

对于《解释》第二十四条第二款还应当注意一点，就是该款所称的“技术秘密转让”，应当是指技术秘密使用权的转让，而不应是技术秘密权属的转让。司法实践中不要对此产生混淆。

第二十五条 ［专利许可和技术秘密许可方式］

专利实施许可包括以下方式：

（一）独占实施许可，是指让与人在约定许可实施专利的范围内，将该专利权仅许可一个受让人实施，让与人依约定不得实施该专利；

（二）排他实施许可，是指让与人在约定许可实施专利的范围内，将该专利仅许可一个受让人实施，但让与人依约定可以自行实施该专利；

（三）普通实施许可，是指让与人在约定许可实施专利的范围内许可他人实施该专利，并且可以自行实施该专利。

当事人对专利实施许可方式没有约定或者约定不明确的，认定为普通实施许可。专利实施许可合同约定受让人可以再许可他人实施专利的，认定该再许可为普通实施许可，但当事人另有约定的除外。

技术秘密的许可使用方式，参照本条第一、二款的规定确定。

释 义

本条是对专利实施许可方式和技术秘密使用许可方式的解释。

根据该条规定，专利实施许可方式主要有3种，即独占实施许可、排他实施许可和普通实施许可。与专利实施许可方式相同，技术秘密的使用许可方式也有3种，即独占使用许可、排他使用许可和普通使用许可。

适用本条司法解释应当把握以下要点：

1. 三种实施许可方式的定义及其法律特征。

(1) 独占实施许可的定义及其法律特征。

根据本条第一款第（一）项规定，独占实施许可，是指让与人在约定许可实施专利的范围内，将该专利仅许可一个受让人实施，让与人依约定不得实施该专利。

从上述独占实施许可的定义可以看出，独占实施许可具有以下两个法律特征：

①在约定许可实施专利的范围内，仅许可一个受让人实施。换句话说，在独占实施许可的情况下，让与人在约定许可实施专利的范围内，只能订立一个实施许可合同，许可一个受让人实施该专利。这一法律特征，是区别独占实施许可与普通实施许可的重要特征之一。

值得注意的是，让与人仅许可一个受让人实施专利，是针对让与人与受让人约定的专利实施许可范围而言的。在让与人与受让人约定的专利实施许可范围之外，让与人仍可以许可他人实施该专利。关于专利实施许可的范围，可以是时间或者空间的范围，例如，在多长时间内许可受让人实施，在多大地域范围内许可受让人实施等，也可以是单项权利的许可实施，例如，制造许可、使用许可、销售许可、进口许可等。

本条第一款第（一）项所说的“一个受让人”，应当理解为既包括受让人是自然数的单个“人”，也包括多个人作为合同一方的共同受让人，而不能机械地理解为前者一种情况，即仅指自然数的单个主体。

②让与人依约定不得实施该专利。也就是说，在独占实施许可的方式下，让与人在约定的实施许可范围内，自己也不能实施该专利。所谓独占，也就体现在这里。独占实施许可的这一法律特征，是区别排他实施许可和普通实施许可的重要特征，特别是对于排他实施许可来说，让与人自己能否在约定的实施许可范围实施专利，这是唯一的区别特征。这里所说的“让与人依约定不得实施该专利”，应当理解为让与人在依照与受让人约定的专利实施许可范围内不得实施该专利。

（2）排他实施许可的定义及其法律特征。

根据本条第一款第（二）项规定，排他实施许可，是指让与人在约定许可实施专利的范围内，将该专利仅许可一个受让人实施，但让与人依约定可以自行实施该专利。

从排他实施许可的定义可以看出，排他实施许可具有以下两个法律特征：

①在约定许可实施专利的范围内，仅许可一个受让人实施。这一特征与独占实施许可是相同的，应当与独占实施许可合同的相应特征作一致的理解，这里不再赘述。

②让与人依约定可以自行实施该专利。也就是说，让与人在约定的专利实施许可范围内不能同时许可第二个受让人实施该专利，但让与人自己可以在约定的专利实施许可范围内，自行实施该专利。所以，排他实施许可与独占实施许可的唯一不同点就在于，让与人能否在约定的专利实施许可范围内自行实施该专利。能够自行实施该专利的，就是排他实施许可，不能实施该专利的，就是独占实施许可。

（3）普通实施许可的定义及其法律特征。

根据本条第一款第（三）项规定，普通实施许可，是指让与人在约定许可实施专利的范围内许可他人实施该专利，并且可以自行实施该专利。

从普通实施许可的定义可以看出，普通实施许可具有以下两个法律特征：

①利不受限制，让与人可以同时多次、与多个受让人订立专利实施许可合同。这是普通实施许可与独占实施许可、排他实施许可不同的地方。在独占实施许可和排他实施许可的情况下，让与人在约定的实施许可范围内许可他人实施该专利的权利要受到绝对的限制。

②让与人自己可以实施该专利。也就是说，在普通实施许可的情况下，让与人不仅可以在约定的范围内许可他人实施该专利，而且自己在该约定的范围内也可以实施该专利。这一点与排他实施许可是一致的，但与独占实施许可则不同。

2. 没有约定或者约定不明情况下的专利实施许可方式的认定。

通常情况下，当事人在订立专利实施许可合同时，都会对专利实施许可的方式进行明确约定，即具体约定专利实施许可的方式是独占实施许可，还是排他实施许可，抑或是普通实施许可。但是，司法实践中，确实也存在一些专利实施许可合同对于专利实施许可方式没有约定或者约定不明确的情况，以致给人民法院认定专利实施许可的方式，从而正确确定当事人的权利义务和合同责任，造成了一定的困难。为了解决司法实践中存在的这一问题，本条第二款明确规定，“当事人对专利实施许可方式没有约定或者约定不明确的，认定为普通实施许可。”因此，当事人之间如果要订立专利独占实施许可合同或者排他实施许可合同，必须在合同中明确约定，否则，一律按普通实施许可合同对待。

当事人对专利实施许可方式没有约定或者约定不明确，主要根据合同约定的内容予以判断，而不能仅根据合同的名称予以判断。如果合同约定有让与人在约定许可实施专利的范围内，不得许可他人实施该专利，并且自己也不能实施该专利的内容，那么，该合同就应当认定为独占实施许可合同；如果合同约定有让与人在约定许可实施专利的范围内，不得许可他人实施该专利，但自己可以实施该专利的内容，则该合同应当认定为排他实施许可合同；如果合同约定有让与人在约定许可实施专利的范围内，可以许可他人实施该专利，自己也可以实施该专利的内容，或者对上述三种情况均没有约定，就应当认定为普通实施许可合同。至于合同名称叫什么，是叫独占实施许可合同，还是叫排他实施许可合同，抑或是叫普通实施许可合同，对于认定专利实施许可方式没有实质影响。

3. 再许可的实施许可方式的认定。

所谓再许可，是指受让人根据让与人的明确授权，将许可实施的专利许可另一受让人实施的行为。再许可必须要有让与人的明确授权或者事后追认，否则，属于侵害他人技术成果的行为，应当根据《合同法》第三百二十九条规定，认定再许可合同无效。但受让人经过让与人明确授权可以再许可他人实施该专利的，受让人与他人订立的再许可合同，应当是有法律效力的合同。

从专利实施许可方式角度讲，再许可属于什么性质，合同法以及其他相关的法律并没有明确规定。但是，考虑到再许可不是专利权人直接许可再许可合同的受让人实施该专利，按照一般惯例，再许可通常为普通实施许可，除了当事人之间有特殊约定。基于这样的考虑，本条第二款规定："专利实施许可合同约定受让人可以再许可他人实施专利的，认定该再许可为普通实施许可，但当事人另有约定的除外。"也就是说，在一般情况下，再许可为普通实施许可，但是，当事人也可以约定再许可的实施方式，包括约定独占实施许可方式和排他实施许可方式。当事人对再许可的实施方式有明确约定的，应当优先适用合同约定。

当然，这里所说的"当事人另有约定的除外"，应当包括两层含义：第一层含义为让与人与受让人已经明确约定，受让人在约定的专利实施许可范围内可以与他人订立包括独占实施许可、排他实施许可合同在内的专利实施许可合同；第二层含义为受让人根据其与让与人的约定，与他人订立独占或者排他实施许可合同。

4. 技术秘密的许可使用方式的认定。

关于技术秘密的许可使用方式问题，虽然司法实践中给予了认可，但一直没有立法或者司法解释层面上的规定，适用起来不够理直气壮。鉴于这种情况，本条第三款明确规定，技术秘密的许可使用方式，可以参照专利的实施许可方式确定。也就是说，技术秘密的许可使用方式也可以采用独占使用许可、排他使用许可或者普通使用许可的方式；当事人对技术秘密的许可使用方式没有约定或者约定不明确的，应当认定为普通使用许可；在当事人没有明确约定的情况下，技术秘密再许可应当认定为普通使用许可。

第二十六条 [合同有效期内维持专利权效力的义务承担]

专利实施许可合同让与人负责在合同有效期内维持专利权有效的义务，包括依法缴纳专利年费和积极应对他人提出宣告专利权无效的请求，但当事人另有约定的除外。

释 义

本条是对由谁承担维持合同有效期内专利权效力的义务所作的解释。

人民法院在理解和适用本条规定时，应当注意把握以下要点：

1. 专利实施许可合同的让与人承担维持合同有效期内专利权效力的义务。

为什么要把合同有效期内维持专利权效力的义务加在让与人一方呢？主要是因为在专利实施许可合同中，让与人一方多数情况下都是专利权人。作为专利权人，当然负有维持专利权有效的责任，这是由专利制度的性质所决定的。在个别情况下，让与人即使不是专利权人，但由于受让人的权利直接来源于让与人，因此，让与人也应当对维持专利权的效力承担责任。让与人承担了责任后，还可以向其前手追偿，直至追偿到专利权人本人。

2. 让与人负责维持专利权有效的义务，限于专利法等法律、法规规定由其履行但由于让与人主观过错而没有履行的范围。

譬如，专利法规定专利权人要按时缴纳专利年费，但由于专利权人疏忽没有缴纳，或者故意不缴纳专利年费，导致专利权被宣告终止。又如，他人依据专利法规定，向国家知识产权局专利复审委员会请求宣告专利权无效，专利权人本应当积极负责地答辩、参加口头审理等，但是，专利权人却放弃答辩，不参加口头审理等，导致专利权由于让与人未尽到充分陈述理由被宣告无效，等等。

当然，如果合同有效期内，专利权被宣告无效的原因，不是由于让与人不履行专利法等法律、法规规定的义务所造成的，而是由于专利权本身不符合专利法规定的授予专利权的条件等原因所造成的，让与人对由此所产生的责任不应承担，应当依照《专利法》第四十七条规定处理。所以，本条解释明确列举了让与人承担维持专利权有效的义务的范围，即专利实施许可合同让与人负有在合同有效期内维持专利权效力的义务，“包括依法缴纳专利年费和积极应对他人提出宣告专利权无效的请求”。《解释》用的是“包括”一词，是开放性的表述，应当说不限于这两种情形，还包括其他类似的情形，只要是专利法等法律、法规规定专利权人应当履行的义务，由于专利权人主观过错而没有履行所导致的专利权被终止或者无效，都属于本条规定的情形。

3. 当事人可以对合同有效期内谁维持专利权有效的义务进行约定。有约定的，约定优先。

例如，本条规定：“但当事人另有约定的除外。”《解释》的这一规定，与原《技术合同法实施条例》第六十八条规定有很大不同。按照原《技术合同法实施条例》第六十八条规定，合同有效期内维持专利权效力的义务，就是由转让方也就是让与人承担，排除了当事人约定的可能性。但从技术合同多年来的司法实践看，有些专利实施许可合同的当事人对于合同有效期内，由谁缴纳专利年费等义务，作出了明确约定。譬如，有的就约定由受让人缴纳合同有效期内的专利年费，特别是一些独占实施许可合同更是如此。对于这样的约定，合同法并没有规定予以禁止，所以人民法院没有理由对此予以限制。正是基于这样的考虑，本条在规定由让与人承担维持合同有效期内专利权效力的义务外，同时规定允许当事人对由谁来承担这样的义务进行约定，这样就更加符合实际，也符合合同法约定优先的基本理念。

第二十七条 ［排他实施许可合同让与人不具备独立实施专利条件，许可他人实施该专利的处理］

排他实施许可合同让与人不具备独立实施其专利的条件，以一个普通许可的方式许可他人实施专利的，人民法院可以认定为让与人自己实施专利，但当事人另有约定的除外。

释 义

本条是对排他实施许可合同的让与人不具备独立实施其专利的条件，是否允许许可他人实施该专利所作的解释。

适用本条解释应当掌握以下要点：

1. 能够许可他人实施专利的排他实施许可合同的让与人，必须是不具有独立实施该项专利的条件的人。

具备独立实施该项专利条件的排他实施许可合同的让与人，不得许可他人实施该专利，否则构成违约。关于何种情况才属于本条规定的不具备独立实施专利的条件，可参见本书对《解释》第二十一条所作的释义部分。

2. 许可他人实施该专利，应当限于普通许可方式，并且只能有一个许可。

普通许可方式比较好理解，就是让与人在约定许可实施专利的范围内许可他人实施该专利，并且可以自行实施该专利。因为只有普通许可，才不至于妨碍排他实施许可合同的受让人的排他实施专利的权利。所谓一个许可，也就是让与人在合同有效期内，只能同时订立一个专利实施许可合同，许可一个受让人（含共同受让人）实施该专利，不能同时存在两个专利实施许可合同。

同时具备上述两个条件，可以认定为让与人自己实施专利。

3. 当事人对不具备独立实施专利条件的排他实施许可合同的让与人能否许可他人实施专利，可以进行约定。

如果当事人约定，即使排他实施许可合同的让与人不具备独立实施专利的条件，也不能许可他人实施该专利，那么，人民法院应当尊重当事人之间的约定，予以认可。

第二十八条 ［实施专利或者使用技术秘密的范围］

合同法第三百四十三条所称“实施专利或者使用技术秘密的范围”，包括实施专利或者使用技术秘密的期限、地域、方式以及接触技术秘密的人员等。

当事人对实施专利或者使用技术秘密的期限没有约定或者约定不明确的，受让人实施专利或者使用技术秘密不受期限限制。

释 义

本条是对《合同法》第三百四十三条所称“实施专利或者使用技术秘密的范围”以及当事人对实施专利或者使用技术秘密的期限没有约定，该期限应如何确定所作的解释。

本条是针对司法实践中出现的新情况、新问题所作的规定。司法实践中，经常会遇到一些专利实施许可合同或者技术秘密使用许可合同，对于实施专利或者使用技术秘密的期限没有约定，发生纠纷时，当事人双方各执一词，给人民法院认定合同责任造成很大困难，普遍认为应当对这个问题从司法解释的层面上作出规定，以便人民法院有个遵从。所以，才有《解释》第二十八条的规定。

人民法院在理解与适用本条规定时，重点要把握以下内容：

1.《合同法》第三百四十三条所称“实施专利或者使用技术秘密的范围”的内涵是什么。

《合同法》第三百四十三条规定：“技术转让合同可以约定让与人和受让人实施专利或者使用技术秘密的范围，但不得限制技术竞争和技术发展。”那么，《合同法》第三百四十三条所称“实施专利或者使用技术秘密的范围”应作何理解呢?

根据本条解释第一款规定，《合同法》第三百四十三条所称“实施专利或者使用技术秘密的范围”的内涵，是指实施专利或者使用技术秘密的期限、地域、方式以及接触技术秘密的人员等。所谓期限，是指让与人许可受让人实施专利或者使用技术秘密，从何时开始，到何时结束，是一个时间段。所谓地域，是指许可受让人在多大的地理范围内实施专利或者使用技术秘密，例如，是在整个国家的地域范围内实施专利或者使用技术秘密，还是在某个省的地域范围内实施专利或者使用技术秘密。所谓方式，主要是指实施专利或者使用技术秘密的方式，例如是独占许可方式，还是排他许可方式，抑或是普通许可方式。关于技术秘密的使用范围，还有一个特殊情况，就是接触这个技术秘密的人员的范围。因为技术秘密是要靠保密措施来予以保护的，其中，限制接触技术秘密的人员的范围，也是权利人采取的重要保密措施之一，如果对接触技术秘密的人员不加限制，必然会导致该技术秘密失去秘密性。所以，限制接触技术秘密人员的范围，也是技术秘密使用范围的一个方面。

当然本条只列举了上述最为重要的几种实施专利或者使用技术秘密的范围，但不能仅理解为只有这几种范围，应当还有其他的情形。

2. 对于当事人没有约定实施专利或者使用技术秘密的期限的，受让人实施专利或者使用技术秘密不受期限的限制。

这是本条最核心的内容。本条第二款规定：“当事人对实施专利或者使用技术秘密的期限没有约定或者约定不明确的，受让人实施专利或者使用技术秘密不受期限限制。”

应当说，对于当事人没有约定实施专利或者使用技术秘密的期限，或者当事人对此约定不明确，实施专利或者使用技术秘密的期限究竟如何确定更为合理，实际上是存在不同认识的。

一种观点认为，当事人对于实施专利或者使用技术秘密的期限没有约定或者约定不明确的，让与人可以随时要求受让人停止实施该专利或者使用该技术秘密。主要理由是:《合同法》第六十二条第（四）项规定:“履行期限不明确的，债务人可以随时履行，债权人也可以随时要求履行，但应当给对方必要的准备时间。”当事人对于实施专利或者使用技术秘密的期限没有约定或者约定不明确，事实上也就是对于合同的履行期限没有约定或者约定不明确，根据《合同法》第六十二条第（四）项规定，让与人可以随时要求受让人停止实施专利或者使用技术秘密。此外，根据专利法规定，发明专利权的期限为二十年，实用新型专利权和外观设计专利权的期限为十年，而技术秘密则没有具体的保护期限，只要其没有公开，都应受到保护。当事人对于实施专利或者使用技术秘密的期限没有约定或者约定不明确，如果允许受让人无限期地使用，对于让与人不公平。

另一种观点认为，当事人对于实施专利或者使用技术秘密的期限没有约定或者约定不明确的，受让人实施专利或者使用技术秘密可以不受期限的限制。其主要理由是,《合同法》第六十二条第（四）项规定，主要是针对当事人对履行合同债务的期限没有约定或者约定不明确的情况，这与当事人对于实施专利或者使用技术秘密的期限没有约定或者约定不明确不是一回事，故有关当事人对于实施专利或者使用技术秘密的期限没有约定或者约定不明确的情况，不能适用《合同法》第六十二条第（四）项规定。虽然发明专利权的期限为二十年，实用新型专利权和外观设计专利权的期限为十年，技术秘密的保护期限直至公开为止，期限确实很长，但是，在当事人对于实施专利或者使用技术秘密的期限没有约定或者约定不明确的情况下，如果允许让与人随时要求受让人停止实施专利或者使用技术秘密，必然不利于科学技术的推广运用，造成社会财富的浪费。例如，受让人受让一项专利或者技术秘密后，建厂房，购置生产线等，进行了大量投资。但是，刚刚投入生产，让与人却要受让人停止实施该专利或者使用该技术秘密，必然会造成受让人的巨大经济损失，给社会财富也带来很大的浪费。平衡两种观点，第一种观点显然不利于技术成果的推广使用，甚至可能造成生产力的严重破坏，另外也不利于促使权利人维护自己的权利。因此《解释》采纳了第二种意见，并在第二十八条第二款明确规定，当事人对实施专利或者使用技术秘密的期限没有约定或者约定不明确的，受让人实施专利或者使用技术秘密不受期限限制。

第二十九条　[保密义务和专利实施许可合同的认定]

合同法第三百四十七条规定技术秘密转让合同让与人承担的“保密义务”，不限制其申请专利，但当事人约定让与人不得申请专利的除外。

当事人之间就申请专利的技术成果所订立的许可使用合同，专利申请公开以前，适用技术秘密转让合同的有关规定；发明专利申请公开以后、授权以前，参照适用专利实施许可合同的有关规定；授权以后，原合同即为专利实施许可合同，适用专利实施许可合同的有关规定。

人民法院不以当事人就已经申请专利但尚未授权的技术订立专利实施许可合同为由，认定合同无效。

释 义

本条共有三款。第一款是对《合同法》第三百四十七条规定的技术秘密转让合同让与人承担的"保密义务"所作的解释；第二款是对当事人之间就申请专利的技术成果所订立的许可使用合同，随着专利申请的公开、授权等不同阶段，应如何适用法律问题所作的解释；第三款是对当事人就申请专利但尚未授予专利权的技术订立的专利实施许可合同是否有效问题所作的解释。

人民法院在理解和适用本条解释时，应当把握以下要点：

1. 技术秘密转让合同让与人所承担的保密义务，不限制其就该项技术秘密申请专利的权利。

《合同法》第三百四十七条规定："技术秘密转让合同的让与人应当按照约定提供技术资料，进行技术指导，保证技术的实用性、可靠性，承担保密义务。"那么，《合同法》第三百四十七条所规定的让与人承担"保密义务"，是否允许让与人就该项技术秘密申请专利呢？因为让与人将该项技术秘密申请专利，就意味着要公开该项技术秘密，获得专利权是以权利人公开其发明创造为前提的。

对于这个问题，也有不同的看法。一种意见认为，《合同法》第三百四十七条所规定的让与人承担"保密义务"，应当限制让与人就该项技术秘密申请专利，否则，会损害技术秘密受让人的权利。另一种意见认为，《合同法》第三百四十七条所规定的让与人承担"保密义务"，不应当限制让与人就该项技术秘密申请专利的权利。因为让与人一般都对该项技术秘密拥有权属，让与人就其拥有的技术秘密申请专利，这是让与人行使其技术秘密权利的一项法定权利，除了当事人自己放弃，不应受到任何限制。

《解释》基本上采纳了第二种意见，即规定："合同法第三百四十七条规定技术秘密让与人承担'保密义务'，不限制其申请专利"。但是，本条还同时规定了"但书"，即："但当事人约定不得申请专利的除外。"也就是说，当事人可以就是否允许让与人就所转让的技术秘密申请专利进行约定。如果当事人约定让与人不得就所转让的技术秘密申请专利，那么，让与人就不能申请专利，否则，即构成违约。在当事人对让与人不能就所转让的技术秘密申请专利没有约定或者约定不明确的情况下，让与人就所转让的技术秘密申请专利，不能认为让与人违反了《合同法》第三百四十七条所规定的“保密义务”。

《解释》的这一“除外”规定，与原《技术合同法实施条例》第七十九条规定是有区别的。按照原《技术合同法实施条例》第七十九条规定，让与人申请专利的权利是不受限制的，没有给予当事人自行处置的权利，缺乏灵活性。因为在实际经济活动中，当事人的需求是各不一样的。有的当事人愿意通过技术秘密来获得保护，有的则愿意通过申请专利来获得保护。因此，在保障让与人申请专利的权利不受限制的基本前提下，应当给予当事人自愿处置的权利，以体现当事人意思自治的合同原则。

2. 当事人之间就申请专利的技术成果所订立的许可使用合同，应当根据专利申请的公开、授权等情况，适用不同的法律。

本条第二款规定：“当事人之间就申请专利的技术成果所订立的许可使用合同，专利申请公开以前，适用技术秘密转让合同的有关规定；发明专利申请公开以后、授权以前，参照适用专利实施许可合同的有关规定；授权以后，原合同即为专利实施许可合同，适用专利实施许可合同的有关规定。”显然，《解释》将当事人之间就申请专利的技术成果所订立的许可使用合同分为三种情况：

第一种情况为当事人之间就申请专利的技术成果所订立的许可使用合同，是处于专利申请公开以前阶段。根据《解释》规定，对于此一阶段订立的许可使用合同，应当适用技术秘密转让合同的有关规定。

《解释》为什么对处于专利申请公开以前阶段当事人就申请专利的技术成果订立的许可使用合同，规定要适用技术秘密转让合同的有关规定呢？因为在这个阶段，专利申请尚未公开，申请专利的发明创造还处于保密状态，从法律属性上讲，仍然属于技术秘密的范畴，所以对于专利申请公开前当事人就申请专利的技术成果订立的许可使用合同，要适用技术秘密转让合同的有关规定，而不能适用其他规定。

第二种情况为当事人就申请专利的技术成果订立的许可使用合同，是处于发明专利公开以后、授权以前阶段。根据《解释》的规定，对于此一阶段的许可使用合同，应当参照适用专利实施许可合同的有关规定。

《解释》为什么对处于专利申请公开以后、授权以前阶段，当事人就申请专利的技术成果订立的许可使用合同，规定要参照适用专利实施许可合同的有关规定呢？这是因为处于此一阶段的发明专利申请已经公开，申请专利的发明创造已经为社会公众所知悉，不属于技术秘密的范畴了，当然不能适用技术秘密转让合同的有关规定。但是，在此一阶段，发明专利申请还没有被授予专利权，又不能完全按专利权予以保护。所以，只能参照适用专利实施许可合同的有关规定。因为在此一阶段，专利申请与专利一样，都向社会公开了，在性质上更接近于专利。

第三种情况为当事人就申请专利的技术成果订立的许可使用合同，是处于授予专利权以后阶段。根据《解释》的规定，对于此一阶段的许可使用合同，应当适用专利实施许可合同的有关规定。因为在此一阶段，申请专利的发明创造已经授予了专利权，原来的合同就转换为专利实施许可合同，所以《解释》规定要适用专利实施许可合同的有关规定。

需要说明的是，《解释》没有规定专利申请被驳回，当事人之间就申请专利的技术成果所订立的许可使用合同应如何处理问题。原《技术合同法实施条例》第七十九条第四款对此倒是作了规定："专利申请公开后被驳回的，原合同即告终止。专利申请未公开而被驳回的，原合同仍然有效。"应当说，原《技术合同法实施条例》第七十九条第四款的规定是正确的，仍然可供司法实践中参考。因为专利申请公开后被驳回，表明该项技术此时既不受技术秘密的保护，也不受专利权的保护，已进入公有领域，原合同的让与人已不是权利人，因此，依照《合同法》第九十一条第（七）项规定，原合同当然终止。在专利申请未公开而被驳回的情况下，由于此时申请专利的技术成果仍处于保密状态，属于技术秘密范畴，虽然得不到专利权的保护，但可以获得技术秘密的保护，所以原合同仍为技术秘密使用许可合同，其效力不受专利申请被驳回的影响。

3. 当事人就已经申请专利但尚未授予专利权的技术订立专利实施许可合同，应当认定有效。

本条第三款规定："人民法院不以当事人就已经申请专利但尚未授权的技术订立专利实施许可合同为由，认定合同无效。"本款实际上是对原《最高人民法院关于审理科技纠纷案件的若干问题的规定》第24条第（5）项的重申。应当说，本条第二款已经体现了第三款的精神，即人民法院对于当事人就已经申请专利但尚未授权的技术订立专利实施许可合同，应当认定有效，只是根据使用许可合同所处的不同申请阶段而适用相应的规定，第三款的规定可以省略。但是，从这么多年来的技术合同审判实践来看，在这个问题上仍存在模糊认识，即认为让与人以已经申请专利但尚未授权的技术订立专利实施许可合同，就是以欺诈手段订立合同，应当依照《合同法》第五十二条第（一）项或者第五十四条第二款认定合同无效或者变更、撤销合同。

其实，这种理解是不正确的。首先，当事人就已经申请专利但尚未授权的技术订立专利实施许可合同，并不存在欺诈。因为申请专利的技术与申请专利后授予专利权的技术，均为同一技术，只是处于不同的申请阶段。对于受让人一方来说，并不影响其实施该项技术，其实施授予专利权的技术与实施没有授予专利权的技术，在所要实现的技术效果上是同一的，并不存在差异。其次，当事人就已经申请专利但尚未授权的技术订立专利实施许可合同，也不可能对受让人造成欺诈。因为让与人以申请专利的技术与受让人订立专利实施许可合同，是无法提交专利证书的，只要受让人根据让与人提供的专利申请号查询一下，就能了解该专利申请是否授予专利权，然后决定是否订立专利实施许可合同。当然，作为让与人应当如实向受让人说明所转让的技术的真实情况，包括向受让人说明所转让的技术是正在申请专利的技术还是授予专利权的技术，但让与人没有作这样的说明，也不至于构成对受让人的欺诈，因为这不影响受让人从公开渠道了解该项技术是否授予专利权的真实情况。

第三十条 [特定技术项目概念]

合同法第三百五十六条第一款所称“特定技术项目”，包括有关科学技术与经济社会协调发展的软科学研究项目，促进科技进步和管理现代化、提高经济效益和社会效益等运用科学知识和技术手段进行调查、分析、论证、评价、预测的专业性技术项目。

释 义

本条是对“特定技术项目”含义的解释。

《合同法》第三百五十六条第一款没有对技术咨询合同直接作出定义，而是采取列举式的方法予以规定，比原来的《技术合同法》的适用范围有所扩大。也就是说，技术咨询合同除了“就特定技术项目提供可行性论证、技术预测、专题技术调查、分析评价报告”订立的技术咨询合同外，还包括其他类型的技术咨询合同。这类合同的共同特征是与特定技术项目有关。如果咨询的内容不涉及特定的技术项目，比如，对经济、法律、社会等非技术的项目进行的分析、论证、评价和调查所订立的合同，就不属于合同法意义上的技术咨询合同。

技术项目的范围比较宽泛，主要可以分为三类：有关科学技术与经济、社会协调发展的软科学研究项目；促进科技进步和管理现代化、提高经济效益和社会效益等运用科学知识和技术手段进行的调查、分析、论证、评价、预测的专业性技术项目；其他专业性技术项目。本条沿袭了《合同法》第三百五十六条第一款的表述方式，即采用列举式的方法规定了前两种技术项目，但并不意味着就此外的专业性技术项目订立的咨询合同就不属于技术咨询合同。

有关科学技术与经济、社会协调发展的软科学研究项目，包括科技发展战略的研究、科技发展规划的研究、技术政策和技术选择的研究等。这里的“软科学”，严格地说，并不是一个十分精确、规范的概念，而是与“硬科学”相对而言的。在现代科学管理理论中，人们常把研究物质性质及其运动规律的学科称为“硬科学”，如数学、物理学、化学、天文学、生物学等自然科学和技术科学，而把以阐明现代社会复杂的政策问题为目标，为决策科学化和管理现代化服务的，研究社会、经济、科技协调发展的综合性科学称为“软科学”。它的主要特征是，运用现代科学技术的知识和手段，采用定性分析和定量分析相结合、典型研究和趋势研究相结合的研究方法，从动态角度对研究对象进行全面考察、剖析、测算，提供各种可供选择的方案，作为决策的依据，从而使决策变成有科学依据的过程。

促进科技进步和管理现代化、提高经济效益和社会效益等运用科学知识和技术手段进行的调查、分析、论证、评价、预测的专业性技术项目包括：重大工程项目、研究开发项目、技术改造和成果推广等的可行性分析；技术成果、重大工程和特定技术系统的技术评估；特定技术领域、行业、专业和技术转移的技术预测；对专项技术进行的技术调查；技术产品、服务、工艺分析和技术方案的比较与选择；专用设施、设备、仪器、装置及技术系统的技术性能分析；等等。

需要说明的是，上述项目与技术开发、转让有关的，可以作为技术开发合同或者技术转让合同的一部分。技术咨询合同履行的结果一般是由顾问方向委托方提供尚待实践检验的咨询报告或意见，不同于某一技术成果。若就特定技术问题提出技术方案，进行技术服务和实施指导所订立的合同，应属于技术服务合同，而非技术咨询合同，对此，原《技术合同法实施条例》中就有所体现。同样，就购买设备、仪器、原材料、配套产品等提供商业信息所订立的合同，也不属于技术咨询合同的范畴。

第三十一条 ［有关费用、法律责任的承担］

当事人对技术咨询合同受托人进行调查研究、分析论证、试验测定等所需费用的负担没有约定或者约定不明确的，由受托人承担。

当事人对技术咨询合同委托人提供的技术资料和数据或者受托人提出的咨询报告和意见未约定保密义务，当事人一方引用、发表或者向第三人提供的，不认定为违约行为，但侵害对方当事人对此享有的合法权益的，应当依法承担民事责任。

释　义

本条第一款规定的是有关费用没有约定或者约定不明时的分担问题。

根据《合同法》第三百五十七条规定，支付报酬是委托人的一项基本义务，也是受托人完成委托的目的所在。受托人交付工作成果，作为对价，委托人支付报酬。至于受托人完成咨询任务过程中的费用，按照合同法的对价理论，并不在“报酬—成果”这组对价之列，在性质上不应属于工作成果的对价范畴。故不应在委托人支付报酬之外，课以委托人再支付费用的合同义务，除非当事人另有约定。但在实践中，受托人一般会在约定报酬时考虑到调查研究、分析论证、试验测定等所需的费用，将其纳入报酬的计算，或者约定委托人在支付报酬之外，另付有关费用。如果对该费用没有约定或者约定不明确，则由受托人自负。

本条第二款规定的是技术咨询合同当事人的保密义务。

首先，需要明确的是，本款规定针对的是，当事人对技术咨询合同委托人提供的技术资料和数据或者受托人提出的咨询报告和意见未约定保密义务，当事人一方引用、发表或者向第三人提供的，是否构成违约行为的情形。对此行为的认定，并不影响对可能的缔约过失责任的认定。因为缔约过失责任是以先契约义务的成立为前提，而先契约义务是法定义务，即使当事人未约定保密义务，只要合同当事人的过错行为违反了基于诚实信用产生的附随义务，造成对方损失，就可以追究缔约过失责任。不同的是，违约责任以合同债务成立为前提，而合同债务主要是约定义务。所以，如果当事人对技术资料和数据、咨询报告和意见没有约定保密义务，则不应就此产生合同债务。当事人一方引用、发表或者向第三人提供这些信息的，并不构成违约。之所以没有规定默示推定的保密义务，一方面是由于违约行为的不成立不影响侵权行为的认定，并不缺少对商业秘密的救济方式；另一方面是为了引导当事人规范此方面的约定。

其次，当事人对有关技术资料和数据、咨询报告和意见的使用，应当理解为是当事人基于合同目的以合理方式的使用。如果使用行为构成对对方当事人合法权益的侵犯，则应承担相应的侵权责任。如果当事人对有关技术资料和数据、咨询报告和意见的使用约定了保密义务，则可能发生违约责任和侵权责任的竞合。在此情况下，当事人一般应择其一提起诉讼请求。

第三十二条　[资料补正]

技术咨询合同受托人发现委托人提供的资料、数据等有明显错误或者缺陷，未在合理期限内通知委托人的，视为其对委托人提供的技术资料、数据等予以认可。委托人在接到受托人的补正通知后未在合理期限内答复并予补正的，发生的损失由委托人承担。

释　义

本条是对技术咨询合同的当事人发现资料、数据、材料等明显错误和缺陷时的通知或补正义务以及损失赔偿责任承担问题的解释。

简要地说，对于资料、数据、材料等明显错误和缺陷的注意情况决定了因此造成的不利后果的承担。如果受托人未在合理期限内通知委托人，则视为其对委托人提供的技术资料、数据等予以认可；如果委托人在接到受托人的补正通知后未在合理期限内答复并予补正，则因此发生的损失由委托人承担。可见，关注点在于当事人的主观过错，体现了过错责任的一般原则。至于受托人发现委托人的履行瑕疵但未通知对方而发生的损失，如何处理？在起草过程中，一种意见认为，既然可以视为受托人认可委托人的履行行为，就不应当再要求委托人承担赔偿损失的责任；另一种意见认为，在受托人不通知时，虽可视为其认可委托人的履行，但双方当事人对造成损失均有过错，应当按照各自的过错大小承担赔偿损失的责任。本条解释实际上是采纳了前一种意见。因为，对损失责任的认定，不仅要考虑产生的因素，更主要的是考虑当事人的过错。既然视为受托人认可委托人提供的有明显错误或缺陷的资料，受托人即承担了由此带来的不利后果，而该不利后果应当包括了由此造成的损失，所以没有对损失分担另行规定的必要。后一种意见在逻辑上存在问题，即己方认可有明显缺陷资料和与对方分担有明显缺陷资料造成的损失之间的逻辑矛盾。具体地说，既然视为己方认可，则不应存在损失由对方分担的问题。否则，若由对方分担损失，则不应视为己方认可。所以，没有采纳后一种意见。

第三十三条　[特定技术问题概述]

合同法第三百五十六条第二款所称“特定技术问题”，包括需要运用专业技术知识、经验和信息解决的有关改进产品结构、改良工艺流程、提高产品质量、降低

产品成本、节约资源能耗、保护资源环境、实现安全操作、提高经济效益和社会效益等专业技术问题。

释 义

本条是对“特定技术问题”含义的解释。

与技术咨询合同不同的是，《合同法》第三百五十六条第二款以“……是指……”的行文方式，直接规定了技术服务合同的定义。但关于特定技术问题的含义界定，又直接关系到技术服务合同的范围。与本解释第三十条一样，本条也没有采取“……是指……”的表述，代之以“包括”，以避创设法律之嫌。

特定技术问题的含义比较宽泛。但一般认为，有关特定技术问题的服务活动应具备以下特征：（1）合同标的为运用专业技术知识、经验和信息解决特定技术问题的服务性项目；（2）服务内容为改进产品结构、改良工艺流程、提高产品质量、降低产品成本、节约资源能耗、保护资源环境、实现安全操作、提高经济效益和社会效益等专业技术工作；（3）工作成果有具体的质量和数量指标；（4）技术知识的传递不涉及专利、技术秘密成果及其他知识产权的权属。

具备上述特征，并且确有技术问题存在和解决该技术问题的难度的，属于技术服务合同，具体包括：（1）产品设计服务，包括关键零部件、国产化配套件、专用工模量具及工装设计和具有特殊技术要求的非标准设备的设计，以及其他改进产品结构的设计；（2）工艺服务，包括有特殊技术要求的工艺编制、新产品试制中的工艺技术指导，以及其他工艺流程的改进设计；（3）测试分析服务，包括有特殊技术要求的技术成果测试分析，新产品、新材料、植物新品种性能的测试分析，以及其他非标准化的测试分析；（4）计算机技术应用服务，包括计算机硬件、软件、嵌入式系统、计算机网络技术的应用服务，计算机辅助设计系统和计算机集成制造系统的推广、应用和技术指导等；（5）新型或者复杂生产线的调试及技术指导；（6）特定技术项目的信息加工、分析和检索；（7）农业的产前、产中、产后技术服务，包括为技术成果推广，以及为提高农业产量、品质、发展新品种、降低消耗、提高经济效益和社会效益的有关技术服务；（8）为特殊产品技术标准的制订；（9）对动植物细胞植入特定基因、进行基因重组；（10）对重大事故进行定性定量技术分析；（11）为重大科技成果进行定性定量技术鉴定或者评价。

需要说明的是，《合同法》第三百五十六条第二款的规定，就特定技术问题订立的合同，不包括建设工程合同和承揽合同。也就是说，建设工程的勘察、设计、安装、施工合同和以常规手段或者为生产经营目的进行的一般加工、定作、修理、修缮、广告、印刷、测绘、标准化测试等订立的加工承揽合同，不属于技术服务合同。但以非常规技术手段解决复杂、特殊技术问题而单独订立的合同，不在此列。此外，实践中，下列合同一般也不作为技术服务合同：就描晒复印图纸、翻译资料、摄影摄像等所订立的合同；计量检定单位就强制性计量检定所订立的合同；理化测试分析单位就仪器设备的购售、租赁及用户服务所订立的合同。

第三十四条　［技术服务报酬和费用的约定及认定］

当事人一方以技术转让的名义提供已进入公有领域的技术，或者在技术转让合同履行过程中合同标的技术进入公有领域，但是技术提供方进行技术指导、传授技术知识，为对方解决特定技术问题符合约定条件的，按照技术服务合同处理，约定的技术转让费可以视为提供技术服务的报酬和费用，但是法律、行政法规另有规定的除外。

依照前款规定，技术转让费视为提供技术服务的报酬和费用明显不合理的，人民法院可以根据当事人的请求合理确定。

释　义

本条是对以技术转让合同的名义提供已进入公有领域的技术，同时又对受让方进行技术指导，传授技术知识等，为受让方解决特定技术问题而订立的合同，应如何适用法律问题所作的解释。

根据《合同法》第三百四十二条规定，能够作为技术转让合同标的的技术，通常是指专利、专利申请、技术秘密等受法律保护的技术，进入公有领域的技术一般不能作为技术转让合同的标的技术进行转让。例如，《合同法》第三百四十二条规定，技术转让合同包括专利权转让、专利申请权转让、技术秘密转让、专利实施许可合同。该条虽然不是从技术转让合同的标的技术这个角度进行规定的，但就其所列的几种技术转让合同的类型来看，就是指专利权、专利申请权、技术秘密转让合同和专利实施许可合同，而这几种技术转让合同所涉及的标的技术，都是依法受保护的技术，而不是进入公有领域的技术。

《解释》第二十二条第一款对《合同法》第三百四十二条所称的“技术转让合同”所作的解释，进一步表明技术转让合同的标的技术是专利、专利申请、技术秘密。例如，该条第一款规定：“合同法第三百四十二条规定的‘技术转让合同’，是指合法拥有技术的权利人，包括其他有权对外转让技术的人，将现有特定的专利、专利申请、技术秘密的相关权利让与他人或者许可他人实施、使用所订立的合同。但就尚待研究开发的技术成果或者不涉及专利、专利申请或者技术秘密的知识、技术、经验和信息订立的合同除外。”这里所说的不涉及专利、专利申请或者技术秘密的技术，就是指进入公有领域的技术。

《合同法》第三百四十四条还规定，“专利实施许可合同只在该专利权的存续期间内有效。专利权有效期限届满或者专利权被宣告无效的，专利权人不得就该专利与他人订立专利实施许可合同。”该条从另一方面说明，作为专利实施许可合同的标的技术只能是有效的专利，有效期限届满或者被宣告无效的专利，都不得作为专利实施许可合同的标的技术。因为有效期限届满的专利和被宣告无效的专利是进入公有领域的技术。

《技术进出口管理条例》第二十九条所规定的技术进口合同中不得含有的7项限制性条款，其中第（二）项也作了类似规定，即不得要求受让人为专利权有效期限届满或者专利权被宣告无效的技术支付使用费或者承担相关义务。

《解释》第十条所列举的《合同法》第三百二十九条规定的“非法垄断技术，妨碍技术进步”的6种情形，其中第（六）项为“禁止技术接受方对合同标的技术的知识产权的有效性提出异议的条件”。也就是说，技术转让合同的受让人有权对合同标的技术的知识产权的有效性提出异议，如转让的标的技术是一项专利技术，受让人可以请求宣告该项专利权无效；转让的标的技术是一项技术秘密，受让人可以对该项技术是否属于技术秘密提出异议。如果技术转让合同约定禁止技术受让人对上述所转让的技术的知识产权的有效性提出异议，就属于非法垄断技术，妨碍技术进步，或者说滥用知识产权，该合同条款就是无效的。而对所转让的标的技术的知识产权的有效性提出异议，其中就包含着公知公用技术的抗辩，一旦这些转让的标的技术属于已进入公用领域的技术，即不享有知识产权，那么其自然的法律后果就是受让人可以主张该技术转让合同无效。

《解释》第十条的规定也是符合TRIPs协定精神的。TRIPs协定第四十条第2项规定，“本协议的规定，不应阻止成员在其国内立法中具体说明在特定场合可能构成对知识产权的滥用，从而在有关市场对竞争有消极影响的许可证贸易活动或条件。如上文所规定，成员可在与本协议的其他规定一致的前提下，顾及该成员的有关法律及条例，采取适当措施防止或控制这类活动。这类活动包括诸如独占性返授条件、禁止对有关知识产权的有效性提出异议的条件或强迫性的一揽子许可证。”由此可见，TRIPs协定也规定，作为许可证贸易的标的技术应当是享有有效的知识产权的技术，禁止受让人对许可证项下的标的技术的知识产权的有效性提出异议，就无异于允许让与人转让已进入公有领域的技术，滥用知识产权。

除了《合同法》第三百四十二条明确规定的专利、专利申请和技术秘密可以作为技术转让合同的标的技术之外，根据《解释》第四十六条的规定，有关集成电路布图设计专有权、植物新品种权和计算机软件著作权的转让合同，也可以参照技术转让合同处理。但是，《解释》即使规定集成电路布图设计专有权、植物新品种权和计算机软件著作权的转让合同可以参照技术转让合同的规定处理，也要求作为转让合同的标的技术即集成电路布图设计、植物新品种和计算机软件，必须是获得知识产权保护的技术，而不是进入公有领域的技术。

为什么我国合同法要把技术转让合同的标的技术限定在专利、专利申请、技术秘密等依法受保护的技术范围内，而把进入公有领域的技术排除在技术转让合同的标的技术范围之外呢？这是因为进入公有领域的技术属于人类社会的共同财富，人人都可以无偿地使用，任何人对进入公有领域的技术都不具有独占的权利。如果进入公有领域的技术也可以作为技术转让合同的标的技术进行转让，势必会造成技术的长期垄断，阻碍社会公众自由使用公有领域的技术，不利于技术的推广应用和社会的科技进步，对社会公众显失公平，甚至会给少数缺乏诚实信用的人利用公有领域的技术进行欺诈提供机会。所以，从我国的合同法立法到具体的司法实践，都把以公有领域的技术作为标的技术订立的技术转让合同作为无效合同来处理。

但是事物往往是复杂的。司法实践中有时会出现这样的情况：技术转让合同的让与方所转让的技术是进入公有领域的技术，或者在技术转让合同履行过程中合同标的技术进入公有领域，受让人受让后，在让与人的技术指导下，获得成功，并取得很好的经济效益。其后，受让人以让与人所转让的技术是进入公有领域的技术为由，主张所订立的技术转让合同无效，要求让与人返还技术转让费或者拒付技术转让费。对于这样的情况如何处理，合同法以及过去的司法解释并没有明确规定。如果一律按照无效合同处理，对于让与方则极不公平，因为让与方毕竟通过自己付出的智力性劳动为受让方创造了一定的经济效益，尽管让与方提供的是进入公有领域的技术，但是，没有让与方提供这样的技术并进行技术指导，受让方自己就要付出大量劳动来获取这样的技术，特别是这类合同中，受让方往往都缺乏科学技术知识或者至少对该技术所涉及的技术领域不太了解，因此，除了在获取这项技术的资料有一定的难度之外，即使获得这样的技术资料，如果没有让与方的技术指导，也很难生产出合格的产品，受让方就不能获得经济效益。所以，本条司法解释从公平原则出发，专门就这一问题作出规定，即：当事人一方以技术转让的名义提供已进入公有领域的技术，或者在技术转让合同履行过程中合同标的技术进入公有领域，但是技术提供方进行技术指导，传授技术知识，为对方解决特定技术问题符合约定条件的，按照技术服务合同处理，约定的技术转让费可以视为提供技术服务的报酬和费用，但是法律、行政法规另有规定的除外。依照前款规定，技术转让费视为提供技术服务的报酬和费用明显不合理的，人民法院可以根据当事人的请求合理确定。也就是说，让与人虽然就已进入公有领域的技术与受让人订立了技术转让合同，但由于让与人对受让人进行了技术指导，传授了技术知识，帮助受让人解决了特定的技术问题，其实质是提供技术服务，因此应当按照技术服务合同来处理，不能简单地将这类合同一律认定为无效合同。这样处理，既能公平地保护双方当事人的利益，避免社会财富的浪费，又能与合同法的强制性规定保持一致。

人民法院在理解与适用本条解释时，应当把握以下基本要点：

1. 当事人一方向对方提供的标的技术是进入公有领域的技术，或者在技术转让合同的履行过程中合同标的技术进入公有领域。

这里有两种情况：一种情况为当事人一方向对方提供的标的技术，从订立合同时就是进入公有领域的技术；另一种情况为当事人一方向对方提供的标的技术，在订立技术转让合同时尚属于专利、专利申请或者技术秘密等拥有知识产权保护的技术，但是，在技术转让合同履行过程中，该项专利、专利申请或者技术秘密等技术进入了公有领域，成为进入公有领域的技术。例如，专利权被宣告无效或者因未缴纳专利年费而被终止；专利申请被驳回或者视为撤回；技术秘密被公开等。

需要注意的是，在后一种情况下，当技术转让合同的标的技术专利、专利申请或者技术秘密等没有进入公有领域时，该合同仍然是技术转让合同，不属于本条解释规定的情形。

2. 当事人之间订立的合同是以技术转让合同的名义。

虽然当事人一方向对方提供的标的技术是进入公有领域的技术，但是名义上却是技术转让合同，或者在技术转让合同的履行过程中合同标的技术进入公有领域后，仍然是以技术转让合同的名义。如果当事人不以技术转让合同的名义，而是用技术服务合同的名义，也不适用本条解释的规定。

3. 技术提供方进行技术指导、传授技术知识，为对方解决特定技术问题符合约定条件。

这是《解释》对于当事人一方以技术转让合同的名义提供进入公有领域的标的技术，或者在技术转让合同的履行过程中合同标的技术进入公有领域的合同，按照技术服务合同处理所考虑的主要因素。根据《解释》的规定，技术提供方必须提供了技术服务，包括技术指导、传授技术知识，为对方解决特定技术问题。此外，技术提供方提供的技术服务还必须符合合同约定的条件。只有具备了这些条件，才能按照技术服务合同处理，否则不应适用本条解释的规定，而是按照合同法的有关规定处理。

4. 原技术转让合同约定的技术转让费可以视为提供技术服务的报酬和费用。

通常情况下，如果当事人一方以技术转让的名义提供已进入公有领域的技术，或者在技术转让合同履行过程中合同标的技术进入公有领域，并且提供的技术服务符合合同约定，人民法院认定按照技术服务合同处理时，原技术转让合同所约定的技术转让费，一般可以视为提供技术服务的报酬和费用。这样处理比较简便，也容易操作。但是，根据本条解释第二款规定，如果技术转让费视为提供技术服务的报酬和费用明显不合理的，人民法院可以根据当事人的请求合理确定。也就是说，原技术转让合同所约定的技术转让费是否视为提供技术服务的报酬和费用，不是绝对的，还要考虑合理程度。如果明显不合理，当事人提出了调整的请求，人民法院应当予以考虑，并合理予以确定。所谓合理确定，主要应综合考虑技术转让费数额的大小、技术提供方提供的服务的难度、工作量、技术含量、技术受让方由于技术提供方提供的技术服务所获得的利益等因素进行确定。

5. 法律、行政法规另有规定的除外。

为了防止让与人钻法律的空子，利用受让人不了解某一领域科学技术的发展情况，滥用知识产权，损害受让人以及社会公众的合法利益，本条解释在规定当事人一方以技术转让的名义提供已进入公有领域的技术，或者在技术转让合同履行过程中合同标的技术进入公有领域，但是技术提供方进行技术指导、传授技术知识，为对方解决特定技术问题符合约定条件的合同，按照技术服务合同处理的同时，还特别规定了“法律、行政法规另有规定的除外”的情形。

这里所说的“法律、行政法规另有规定的除外”，主要指《合同法》第五十二条和第五十四条规定的情形。《合同法》第五十二条规定了5种无效合同的情形，即：一方以欺诈、胁迫的手段订立合同，损害国家利益；恶意串通，损害国家、集体或者第三人利益；以合法形式掩盖非法目的；损害社会公共利益；违反法律、行政法规的强制性规定。如果所订立的名为技术转让实为技术服务的合同属于上述5种情形中的任何一种，则应按无效合同处理。

《合同法》第五十四条规定了3种可变更、可撤销合同的情形，即：因重大误解订立的；在订立合同时显失公平的；一方以欺诈、胁迫的手段或者乘人之危，使对方在违背真实意思的情况下订立的。如果所订立的名为技术转让实为技术服务的合同属于上述3种情况的任何一种，当事人一方或者受损害方可以请求人民法院变更或者撤销所订立的合同。

第三十五条 ［技术服务费用没有约定或约定不明以及委托人资料等不符约定时不利后果的承担］

当事人对技术服务合同受托人提供服务所需费用的负担没有约定或者约定不明确的，由受托人承担。

技术服务合同受托人发现委托人提供的资料、数据、样品、材料、场地等工作条件不符合约定，未在合理期限内通知委托人的，视为其对委托人提供的工作条件予以认可。委托人在接到受托人的补正通知后未在合理期限内答复并予补正的，发生的损失由委托人承担。

释 义

本条第一款是对有关费用没有约定或者约定不明时如何分担的解释。

本款所称的费用，在性质上不同于委托人支付的报酬。委托人的一项基本合同义务就是支付报酬，作为受托人提供技术服务的对价。而受托人在服务过程中产生的费用，不是委托人应然的合同义务，除非当事人另有约定。所以，当合同当事人对该费用没有约定或者约定不明时，由受托人自己负担。这与《解释》第三十一条第一款的规定精神是一致的。

本条第二款是对技术服务合同的当事人发现资料、数据、材料等不符合约定时的通知或补正义务以及赔偿损失责任承担问题的解释。

本款与《解释》第三十二条规定的基本精神是一致的。即对于资料、数据、材料等不符合约定的注意情况，决定了因此造成的不利后果的承担。如果受托人未在合理期限内通知委托人，则视为其对委托人提供的资料、数据等予以认可；如果委托人在接到受托人的补正通知后未在合理期限内答复并予补正，则因此发生的损失由委托人承担。其实，即使在视为受托人认可委托人提供的工作条件的情况下，同样也会发生损失。那么，该损失应如何承担？如同对《解释》第三十二条的释述，损失的承担，坚持了民法上的过错责任原则，即损失应由造成该损失的过错方承担。但是，既然视为受托人认可委托人提供的不符合约定的工作条件，受托人即承担了由此带来的不利后果，而该不利后果应当包括了由此造成的损失，损失由受托人自负，不言自明。之所以这样规定，目的是为了避免导致逻辑上的一种悖论：己方既认可委托人提供的瑕疵条件，又要与其分担因此造成的损失。

第三十六条 [技术培训合同概念]

合同法第三百六十四条规定的“技术培训合同”，是指当事人一方委托另一方对指定的学员进行特定项目的专业技术训练和技术指导所订立的合同，不包括职业培训、文化学习和按照行业、法人或者其他组织的计划进行的职工业余教育。

释 义

本条是对技术培训合同内涵、外延等性质的解释。

一般认为，技术培训合同和技术中介合同属于特殊类型的技术服务合同。但《合同法》立法过程中，有另外一种意见认为：这两种合同有其特殊性，性质上既有与技术服务合同类似的一面，但又有与居间合同、委托合同接近的一面，如果简单地定性为一般的技术服务合同，不一定合适。最终《合同法》在体例上将这两类合同纳入“技术咨询合同和技术服务合同”一章，但又未作具体规定，实际上为以后这方面的立法留有了一定空间。

本解释实际上将技术培训合同和技术中介合同视为技术服务合同大类下的特殊合同类型。根据我国目前技术服务业的实践，我们可以将技术服务合同分为两大类：一是技术辅助合同，即《合同法》第三百五十六条第二款所称的技术服务合同；二是传授和传递科技信息的合同，包括技术培训合同和技术中介合同。技术培训合同的本质特征在于以传授特定技术项目的专业技术知识为合同的主要标的，以委托方指定的与特定技术项目有关的专业技术人员为培训对象。所以，针对一般的非特定技术项目的培训教育活动订立的合同，不属于合同法意义上的技术培训合同，比如：就员工业务素质、文化学习等进行的培训活动以及按照行业、法人或者其他组织的计划进行的职工业余教育等。

第三十七条 [技术培训合同的履行瑕疵及法律后果]

当事人对技术培训必需的场地、设施和试验条件等工作条件的提供和管理责任没有约定或者约定不明确的，由委托人负责提供和管理。

技术培训合同委托人派出的学员不符合约定条件，影响培训质量的，由委托人按照约定支付报酬。

受托人配备的教员不符合约定条件，影响培训质量，或者受托人未按照计划和

项目进行培训，导致不能实现约定培训目标的，应当减收或者免收报酬。

受托人发现学员不符合约定条件或者委托人发现教员不符合约定条件，未在合理期限内通知对方，或者接到通知的一方未在合理期限内按约定改派的，应当由负有履行义务的当事人承担相应的民事责任。

释 义

本条是对技术培训合同的履行瑕疵及其法律后果的解释。

一般认为，技术培训合同的委托人的主要义务之一是提供技术培训必需的场地、设施和试验条件等工作条件并进行相关管理。如果当事人对此没有约定或者约定不明确，则认为应由委托人负责提供工作条件和管理。

技术培训合同的委托人派出学员、受托人配备教员，是该类合同的应有义务。如果学员或者教员不符合约定的条件，且合同对此没有约定为违约行为，则并不一定构成违约。只有当达到影响培训质量的程度，才构成违约行为。至于是否达到了影响培训质量的程度，则属于法官根据案情裁量的范畴。如果当事人对此约定了违约责任，则从其约定，并按合同法关于违约责任适用的原则确定责任的具体承担。如果对此没有约定或者约定不明确，则适用本条第二款或者第三款，由委托人依约支付报酬或者受托人减收、免收报酬。其实，委托人依约支付报酬或者受托人减收、免收报酬具有违约责任的性质。但是不能既按照违约条款追究违约责任，又按本条款规定减收、免收报酬或者按照约定支付报酬。

当然，如果出现委托人派出的学员和受托人配备的教员均不符合约定条件的情况，则属于双方违约，应分别承担相应的责任。但是不宜认为，一方派出人员不符合约定条件，另一方就可以基于同时履行抗辩也派出不符合约定条件的人员。而是发现方应在合理的期限内通知对方，接到通知的一方应在合理期限内按约定改派。这是合同诚实信用履行原则的体现，也是督促合同当事人积极全面履行合同的一种制度安排。如果发现方未在合理的期限内通知对方，接到通知的一方未在合理期限内按约定改派，则过错方对未在合理期限内通知或者改派的行为，承担相应的责任。但是需要明确的是，本条第四款中的“负有履行义务的当事人”指的是未及时履行通知或改派义务的当事人，而非合同主义务的当事人。当事人对未及时履行通知或改派义务承担相应的民事责任，并不影响合同主义务履行方对合同责任的承担。比如，受托人若发现学员不符合约定条件，但没有在合理期限内通知对方，受托人对未及时通知的行为应承担相应的民事责任，但是对学员不合格造成的合同责任，不能因为派出合格学员系委托人的合同义务而一概由委托人承担，而应由于受托人未及时通知的过错在一定程度上减轻委托人的责任承担。另一种情况，若受托人发现学员不符合约定条件，在合理期限内通知了对方，而委托人未在合理期限内按约定改派，则委托人对于未及时改派造成的合同后果承担相应责任，并承担未提供合格学员产生的合同责任，而后者责任的承担一般覆盖前者，但合同责任的具体确定上应与履行方过错大小相一致，以示有所区别。当然，合同对此另有约定的除外。所以，当事人对未及时履行通知或改派义务的责任承担，实际上是对合同主义务履行方合同责任的增加或者减少，这也是民法关于过错原则和公平原则的体现。

第三十八条 [技术中介合同概念]

合同法第三百六十四条规定的“技术中介合同”，是指当事人一方以知识、技术、经验和信息为另一方与第三人订立技术合同进行联系、介绍以及对履行合同提供专门服务所订立的合同。

释 义

本条是对技术中介合同性质的解释。

中介，在民法中又称为居间。技术中介内容为特定的技术成果或技术项目，以促成委托方与第三方进行技术交易，实现科技成果的转化为目的。在实践中，技术中介合同的中介方有时不仅仅为委托人提供交易机会或促成技术合同的订立，还会在技术合同订立后，参与委托人与第三人之间关系的协调，协助解决技术合同履行中的一些问题，如参与验收等，或者以组织者的身份对某项技术工作进行联络等等。而在一般的民事居间合同中，委托人与第三人订立合同后，居间人即可撤出，一般不介入合同的履行和纠纷协调。但是，在合同本质上，技术中介合同更类似于居间合同。只是由于技术中介的行为和目的涉及技术成果的转移，是促进技术成果商品化的技术中介服务，所以一般将其纳入技术服务合同的范畴。但是，与一般技术服务合同不同的是，尽管中介人也参与技术合同的签订谈判等活动，但其不是技术合同的当事人，也不是其中一方的代理人。中介人只是起媒介作用。所以，在性质上，一般将技术中介合同视为一种特殊的技术服务合同。

关于技术中介合同的主体。目前，法律、行政法规没有关于中介方资质的强制性规定。所以，不宜以中介方不符合国家有关技术中介主体的资格要求为由不认定技术中介合同的效力。

关于技术中介合同的订立形式，一般有两种：中介方与委托方单独订立的有关技术中介业务的合同；在委托方与第三方订立的技术合同中载明中介方权利与义务的有关中介条款。前者，自委托人和中介人签名或者盖章后成立；后者，自委托人、中介人和第三人签名或者盖章后成立。委托人和中介人可以在中介合同成立之前就中介人的活动经费达成协议，若委托人与第三人不能订立技术合同，且中介人已经为技术合同的订立进行了中介活动，则委托人仍应依照该经费协议向中介人支付活动经费。这里的“经费”带有报酬的性质，与《解释》第三十九条所称的“费用”有所不同。当然，如果技术合同得以订立，而当事人对中介活动的费用负担没有约定或者约定不明确的，则上述“经费”也可视为委托人预付的报酬，以取得与《解释》第三十九条规定精神的一致。

第三十九条 ［技术中介合同费用与报酬承担］

中介人从事中介活动的费用，是指中介人在委托人和第三人订立技术合同前，进行联系、介绍活动所支出的通信、交通和必要的调查研究等费用。中介人的报酬，是指中介人为委托人与第三人订立技术合同以及对履行该合同提供服务应当得到的收益。

当事人对中介人从事中介活动的费用负担没有约定或者约定不明确的，由中介人承担。当事人约定该费用由委托人承担但未约定具体数额或者计算方法的，由委托人支付中介人从事中介活动支出的必要费用。

当事人对中介人的报酬数额没有约定或者约定不明确的，应当根据中介人所进行的劳务合理确定，并由委托人承担。仅在委托人与第三人订立的技术合同中约定中介条款，但未约定给付中介人报酬或者约定不明确的，应当支付的报酬由委托人和第三人平均承担。

释　义

本条是对技术中介合同有关费用和报酬的区分和承担问题的解释。

本条与《解释》第三十一条第一款、第三十五条第一款的规定精神是一致的。中介费用在性质上不同于委托人支付的报酬。委托人的一项基本合同义务就是支付报酬，作为中介人提供中介服务的对价。而中介人从事中介活动的费用，不是委托人应然的合同义务，除非当事人另有约定。所以，当事人对中介人从事中介活动的费用负担没有约定或者约定不明确的，由中介人自负，但不影响中介人依照技术中介合同获得报酬的权利。若约定中介费用由委托人承担但未约定具体数额或者计算方法，则委托人的支付仅以中介活动相对应的必要费用为限。第三款关于“根据中介人所进行的劳务合理确定”报酬，也是基于同样的考虑，以示合同权利义务的对等和公平。

如果在技术合同中约定中介条款，但未约定给付中介人报酬或者约定不明确的，则应当由委托人和第三人平均承担报酬，以体现对中介人应得合同利益的保护。

第四十条 ［中介人收取报酬和损害赔偿责任］

中介人未促成委托人与第三人之间的技术合同成立的，其要求支付报酬的请求，人民法院不予支持；其要求委托人支付其从事中介活动必要费用的请求，应当予以支持，但当事人另有约定的除外。

中介人隐瞒与订立技术合同有关的重要事实或者提供虚假情况，侵害委托人利益的，应当根据情况免收报酬并承担赔偿责任。

释 义

本条是对技术中介人收取报酬和损害赔偿责任的解释。

技术中介合同的中介人的主要义务是：真实反映委托人和第三人的履约能力、技术成果和资信情况，促成技术合同的订立；诚实守信、保守委托人和第三人的技术秘密等。如果中介人未促成技术合同的订立，即没有履行应尽的合同义务，则中介人不应获得报酬。但是，技术合同的订立与否，受中介人之外的其他因素的影响很多，如果对于中介人已经提供的中介服务不给予相应的给付，则有违公平原则。所以，委托人应支付中介人必要的中介费用，但当事人另有约定的除外。需要说明的是，这里的“未促成”，仅是客观标准，对于是否由于中介人的原因导致技术合同未促成，在所不问。

本条第二款强调的是技术合同虽然订立，但因中介人主观的过错发生了侵害委托人利益的情况，则属于中介人的违约，应根据因此造成的具体后果承担相应的合同责任，包括免收报酬。

第四十一条 ［合同无效、被撤销时中介人的报酬和费用承担］

中介人对造成委托人与第三人之间的技术合同的无效或者被撤销没有过错，并

且该技术合同的无效或者被撤销不影响有关中介条款或者技术中介合同继续有效，中介人要求按照约定或者本解释的有关规定给付从事中介活动的费用和报酬的，人民法院应当予以支持。

中介人收取从事中介活动的费用和报酬不应当被视为委托人与第三人之间的技术合同纠纷中一方当事人的损失。

释　义

本条是对技术合同无效或者被撤销情况下中介人的报酬和费用如何承担问题的解释。

需要说明的是，本条针对的是技术合同无效或者被撤销的情形，不同于《解释》第四十条规定的“未促成技术合同的订立”。如前所述，后者采取的是客观标准，不需考量中介人的主观过错。而如果因中介人的过错导致技术合同的无效或者被撤销，则中介人无权获得报酬和费用。反之，则在中介合同或条款继续有效的前提下，中介人仍有权获得从事中介活动的必要费用和报酬，此区别于《解释》第四十条：只要技术合同未促成，中介人都不能获得报酬，即使中介人没有过错。若对报酬和费用的负担没有约定或者约定不明时，则适用《解释》第三十九条的规定确定。

此外，原则上，技术中介合同应与技术合同保持相对的独立性。所以，中介人收取的报酬和费用不应视为委托人与第三人之间的技术合同纠纷中一方当事人的损失。

第四十二条　［技术合同纠纷案由、案件性质的确定］

当事人将技术合同和其他合同内容或者将不同类型的技术合同内容订立在一个合同中的，应当根据当事人争议的权利义务内容，确定案件的性质和案由。

技术合同名称与约定的权利义务关系不一致的，应当按照约定的权利义务内容，确定合同的类型和案由。

技术转让合同中约定让与人负责包销或者回购受让人实施合同标的技术制造的产品，仅因让与人不履行或者不能全部履行包销或者回购义务引起纠纷，不涉及技术问题的，应当按照包销或者回购条款约定的权利义务内容确定案由。

释 义

本条是对人民法院受理、审判技术合同纠纷时如何确定案由和案件性质的解释。

人民法院在受理、审判涉及技术合同纠纷的案件时，往往遇到当事人引起纠纷的合同内容十分复杂，既涉及技术合同内容，又包括买卖、租赁、建设、承揽和委托等其他合同内容。同时，在技术合同内容部分也会将几种类型技术合同内容如技术开发、转让和服务等订立在一个合同中。为了准确确定案由和确定需要审判的主要争议问题，就产生了在受理、审判技术合同纠纷案件时，正确确定案由和案件争议诉讼法律关系的性质问题。

本条司法解释对正确确定案由和案件性质规定了以下原则：

首先，根据当事人争议的权利义务内容，确定案件的性质和案由。这是本条第一款所作的规定。

凡合同纠纷主要涉及合同当事人之间的利益冲突纠纷，也存在合同当事人利益与合同外利害关系当事人的利益、与国家或者社会公共利益发生冲突的纠纷。这些利益冲突都是涉及合同法以及民商事法律调整的民事权利义务关系的争议。争议的内容无非是确认、改变、维护等以各方当事人享有权利、履行义务为内容的民事关系。当事人间存在的一个或者几个民事权利义务关系为基础，这些民事关系中发生争议以至诉讼的某个或者某几个民事权利义务关系，就是诉讼争议标的的权利义务关系，不发生争议诉讼的民事权利义务关系不是诉讼争议标的的权利义务关系。当事人间的发生争议的权利义务关系的内容，决定了人民法院受理、审判案件的性质，也就决定了该案件的案由。

在涉及技术合同争议的案件中，发生争议的技术合同关系的权利义务内容，是人民法院确定所受理、审判案件法律诉讼关系性质的基础，反映该诉讼关系性质依据有关人民法院案由规定确定的简称，就是所受理案件的案由。人民法院对该案件以后的审判，都是围绕该案争议的权利义务关系而展开的。《解释》对当事人将技术合同和其他合同内容或者将不同类型的技术合同内容订立在一个合同中发生纠纷提起诉讼时，如何确定案件案由与性质规定了标准。

其次，技术合同名称与约定的权利义务关系不一致的，按照约定的权利义务内容，确定合同的类型和案由。这是本条第二款所作的规定。

由于缺乏技术合同法律知识等多种原因，当事人之间所订立技术合同的名称，会与他们在该合同中实际约定的权利义务关系不符，比如合同的名称为“技术开发合同”，但合同内容却约定的是“技术转让”或者“技术服务”的权利义务。遇到此种情形，人民法院要按照当事人之间实际约定的合同权利义务内容确定该合同的类型与案由。这就为正确审判案件所涉及的技术合同纠纷打下坚实的基础。

再次，不涉及技术问题的合同争议，按照所争议的合同关系确定案由和案件的性质。这是本条第三款所作的规定。

在技术合同审判实践中，当事人为达到所追求的建立民事法律关系目的，在一份合同中，通常既约定技术问题，又约定相关的非技术问题。特别是在技术转让合同中常常会约定技术让与人负责包销或者回购技术受让人实施合同标的技术制造的产品等内容。如果当事人对该合同所涉及的技术问题内容不存在争议，仅因技术让与人不履行或者不能全部履行包销或者回购等义务引起纠纷，人民法院应当按照该部分发生争议的包销或者回购等条款约定的权利义务内容确定案由，而不以各类技术合同纠纷确定案由。这也就是说，受理、审判此类案件的法官，在选择适用合同法律规范时，要选择包销、回购等相应买卖合同的法律规范。

第四十三条 ［诉讼管辖］

技术合同纠纷案件一般由中级以上人民法院管辖。

各高级人民法院根据本辖区的实际情况并报经最高人民法院批准，可以指定若干基层人民法院管辖第一审技术合同纠纷案件。

其他司法解释对技术合同纠纷案件管辖另有规定的，从其规定。

合同中既有技术合同内容，又有其他合同内容，当事人就技术合同内容和其他合同内容均发生争议的，由具有技术合同纠纷案件管辖权的人民法院受理。

释 义

本条是对技术合同纠纷案件诉讼管辖的规定。

诉讼法上所称的诉讼管辖，是指确定各级人民法院之间、同级人民法院之间受理第一审案件的分工和权限。诉讼管辖不同于法院对案件主管的权限范围。向人民法院提起诉讼，首先应当明确所争议的事项是否属于人民法院主管，而后再决定案件应当有哪一级、哪一个法院行使管辖权。本条不涉及人民法院对案件的主管权限，而是对民事诉讼法等法律的规定进一步对技术合同纠纷案件的诉讼管辖作出补充解释。

该条司法解释确定了技术合同纠纷案件法院诉讼管辖的 4 条原则。

首先，提高了技术合同纠纷一审案件的法院审级，一般由中级人民法院管辖，这是对技术合同案件作出的级别管辖的原则解释。

技术合同是当事人之间就技术开发、技术转让、技术咨询和服务等所订立的协议，它是对知识产权进行交易、进行市场流转和传播等的基本渠道和手段。技术合同与专利、商业秘密等知识产权具有天然的不可分离的关系。不少技术合同纠纷与其他知识产权争议交织在一起，有时只有对涉及合同的知识产权先作出分析和认定，才能对技术合同问题作出正确的处理。由于知识产权的专业性，涉及知识产权的诉讼管辖已经为中级人民法院管辖；而涉及知识产权在技术市场中传播、流转和交易的技术合同历来归属知识产权类纠纷，也由专门审理知识产权纠纷的知识产权审判庭审理。但是鉴于在以往的司法解释规定中并未明确，所以此次最高人民法院在《解释》中明确规定技术合同一审纠纷案件的级别管辖为中级人民法院，这对于从根本上提高涉及知识产权的技术合同纠纷案件的审判质量具有重要意义。本条第一款解释规定技术合同纠纷案件“一般由中级法院管辖”，是指原则上由中级法院受理管辖，对技术合同案件较多、审判力量比较强的地方，本条解释还作了例外的规定。这种例外的规定就是指本条第二款的规定。

其次，若干基层法院有权管辖技术合同纠纷案件；受理技术合同纠纷案件的基层法院须由高级人民法院根据实际情况指定，并报最高人民法院批准。

目前全国有3000多个基层法院、将近400个中级法院。将为数不多的技术合同纠纷案件分散在3000多个法院受理审判，显然不便于提高此类案件的质量，也不利于法院总结此类纠纷案件的审判经验，也与其他知识产权案件管辖不协调。但是从多年来的审判实践看，像北京、上海、广东等地技术合同等各类知识产权案件比较多，有的基层法院地处高科技开发区等，辖区内的知识产权纠纷案件本身就较多，一审案件都由相应的中级法院全部受理压力较大。因此，该款司法解释作了变通的规定，即各高级人民法院根据本辖区的实际情况并报经最高人民法院批准，可以指定若干基层人民法院管辖第一审技术合同纠纷案件。这样，从全国的情况看，技术合同纠纷案件一般由中级人民法院管辖，全国300多个中级法院分布各地，遇到纠纷当事人都能到辖区的中级法院诉讼，不会造成困难；对发生案件多的地区，又由各地高级人民法院指定的若干基层法院受理，方便群众诉讼，也方便法院审判。各高级人民法院指定的基层法院应当报请最高人民法院批准，这是为了使对技术合同纠纷案件集中到中级法院管辖审判的制度落到实处，对指定审理技术合同的基层法院便于审判业务指导和监督，也便于各地有关当事人知晓受诉技术合同纠纷案件基层法院的情况。

再次，对技术合同纠纷案件的管辖，其他司法解释另有具体规定的，从其规定。如何理解该款与本条前两款的关系，其他司法解释规定是指哪些规定，都需要明确。

《解释》所指的技术成果除了技术秘密外，还包括专利、专利申请、集成电路布图设计和植物新品种等，而后四者转让合同引发的争议，虽然属于技术合同争议范畴，但依照相关的司法解释规定，并非所有中级人民法院都可以作为这些案件的一审法院。

所以专利权、专利申请权转让合同纠纷案件、集成电路布图设计专有权转让合同纠纷案件以及转让植物新品种申请权、植物新品种权的合同纠纷案件应分别依照相关司法解释的规定确定管辖权，而不应因其属于技术转让合同而适用《解释》第四十三条第一款、第二款的规定。

有关专利、集成电路布图设计和植物新品种纠纷案件的管辖权，司法解释的规定也有所不同。根据《最高人民法院关于审理专利纠纷案件适用法律问题的若干规定》第二条的规定，各省、自治区、直辖市人民政府所在地的中级人民法院和最高人民法院指定的中级人民法院可以受理专利纠纷第一审案件。截至2007年10月，最高人民法院指定的具有专利案件管辖权的中级人民法院有深圳、珠海、汕头、厦门、大连、青岛、温州、佛山、烟台、葫芦岛、景德镇、宁波、苏州、潍坊、泉州、金华、南通、株洲、绵阳、东莞、中山、江门、无锡、重庆（第五中级人民法院）、包头、宜春、宜昌、新疆兵团农八师、常州、台州、淄博、东营、镇江、襄樊、齐齐哈尔等35个中级人民法院。目前全国共有69个具有专利案件管辖权的中级人民法院。根据《最高人民法院关于审理植物新品种纠纷案件若干问题的解释》第三条的规定，该解释第一条所列第（一）至（五）类案件，由北京市第二中级人民法院作为第一审人民法院审理；第（六）至（十一）类案件，由各省、自治区、直辖市人民政府所在地和最高人民法院指定的中级人民法院作为第一审人民法院审理。截至2007年10月，最高人民法院指定的中级人民法院有酒泉、武威、张掖、绵阳4个中级人民法院。目前全国共有38个具有植物新品种案件管辖权的中级人民法院。根据《最高人民法院关于开展涉及集成电路布图设计案件审判工作的通知》的规定，该通知第一条所列第（五）至（十）类案件，由北京市第一中级人民法院作为第一审人民法院审理；其余各类案件，由各省、自治区、直辖市人民政府所在地，经济特区所在地（即深圳、珠海、汕头、厦门）和大连、青岛、温州、佛山、烟台市的中级人民法院作为第一审人民法院审理。目前全国共有43个具有集成电路布图设计案件管辖权的中级人民法院。因此，涉及这三类知识产权的相应技术合同纠纷案件的管辖，也应当依照这些司法解释的规定办理。

最后，当事人之间对涉及合同中的技术合同内容部分和其他合同内容部分都发生诉讼纠纷的，按照技术合同纠纷案件管辖的规定，由具有技术合同纠纷案件管辖权的人民法院受理。

由于技术合同纠纷案件与其他合同纠纷案件在诉讼管辖等方面存在区别，那么在一案中对于合同发生的争议分属技术合同内容和其他合同内容的，可能会发生不同法院管辖的情形。为了简化诉讼关系，避免当事人诉累和法院管辖权冲突，提高审判效率，《解释》采用了其他合同纠纷随技术合同纠纷管辖走的原则：即都发生纠纷的，由有权审理技术合同纠纷案件的人民法院受理、审判。以此原则确定管辖有三个限定：一是争议为同一份合同约定的内容引起；二是同一起由当事人提起诉讼的案件；三是当事人对不同合同内容都发生争议。只有这样，才能使用“其他合同纠纷随技术合同纠纷管辖走”的原则。

第四十四条 ［诉讼合并］

一方当事人以诉讼争议的技术合同侵害他人技术成果为由请求确认合同无效，或者人民法院在审理技术合同纠纷中发现可能存在该无效事由的，人民法院应当依法通知有关利害关系人，其可以作为有独立请求权的第三人参加诉讼或者依法向有管辖权的人民法院另行起诉。

利害关系人在接到通知后15日内不提起诉讼的，不影响人民法院对案件的审理。

释 义

本条是对可能导致合同无效的特定情况下，技术合同纠纷诉讼合并与对诉讼合并如何具体处理的解释。

涉及技术合同纠纷的技术成果以及合同内容本身是否存在瑕疵，对技术合同纠纷的处理走向具有决定性作用。《合同法》第三百二十九条规定，“非法垄断技术、妨碍技术进步或者侵害他人技术成果的技术合同无效。”《合同法》该条规定可能涉及技术合同及所涉及的技术成果是否存在瑕疵问题。但是这种瑕疵只有达到法律规定的情形，才能导致合同的无效。导致技术合同无效的结果发生后，不仅涉及该技术合同当事人的权益，也会涉及案外人的合法权益，特别是涉及案外人享有的知识产权的合法权益。

比如，技术合同当事人一方依据《合同法》第三百二十九条的规定，以该合同侵害案外人技术成果为由，请求确认该合同无效。这就涉及案外人的民事权益和诉讼权利，同时，法院不查清该当事人请求事项是否属实，就不能对该合同纠纷作出正确的处理。这就发生了在技术合同诉讼程序上的与第三人之诉的诉的合并问题。

对前述的诉的合并，司法实践中有不同的见解。有的认为应当就本诉当事人的诉讼请求作出处理即可，即使第三人与本案合同有利害关系，找上门来，也不一定合并审理。

最高人民法院在制定该条司法解释时，没有采纳这种做法，而是从保护第三人的合法民事权益和诉讼权利出发，从保证本诉技术合同纠纷案件的审判质量出发，依据民事诉讼法的规定，采纳了另外一个思路。其核心是方便当事人参与民事诉讼充分享受国家审判权的保护，方便人民法院依法有效地行使国家审判权。两个方便中，前一个方便显得更为重要。其具体内容是，人民法院主动通知涉及合同无效的利害关系人，由其决定是否参与正在进行的技术合同诉讼，或者另行向有管辖权的法院提起诉讼；不提起诉讼的，不影响人民法院对审理的技术合同纠纷案件依法继续审理，直至作出判决。

适用该条司法解释，应当把握以下几个要点：

1. 确认本诉技术合同是否无效，是发生第三人合并之诉的主要事由。

根据本条司法解释第一款的规定，发生第三人合并之诉的主要事由，都是由于该合同侵害案外人技术成果可能导致本诉发生纠纷的技术合同无效的情形。不是有可能导致合同无效的此种事由，不适用本条司法解释。

2. 发生第三人合并诉讼的两种情形。

司法实践中遇到涉及本诉技术合同无效常常有两种情形。一是合同当事人提出其与对方当事人订立的技术合同侵犯了他人的某项知识产权；二是虽然合同当事人未提出，但人民法院在审理技术合同纠纷案件时发现该合同涉嫌侵犯他人的某项知识产权。这两种情形下可以适用本条司法解释的规定。

3. 人民法院负有通知利害关系人参加或者另行起诉的义务。

在前述两条情况的基础上，司法解释规定了受理案件人民法院的通知利害关系人参加或者另行起诉的义务。案件的承办法官应当履行司法解释规定的职责，及时通知案外的利害第三人知晓本诉可能涉及其权益，其可以依法行使诉讼权利。

4. 利害关系人的诉讼地位为有独立请求权的第三人。

参与诉讼的第三人分为有独立请求权的第三人和无独立请求权的第三人，他们的诉讼权利义务各有不同。本条司法解释规定的利害关系人，由于都涉及他们享有的技术成果被正在诉讼的技术合同侵犯的问题，所以在诉讼上均为享有独立请求权的第三人。他们的地位相当于原告的诉讼地位。

5. 利害关系人决定是否参与诉讼或者起诉的期限。

在人民法院通知案外利害关系人后，是否参与或者提起相关诉讼，完全是其自己的诉讼权利，其可以不采取任何诉讼行动主张权利，也可以暂时不采取诉讼行动，或者甚至可能认为情况不清否认其权利被侵犯等。为了防止诉讼的拖延，本条司法解释规定利害关系人在接到法院通知后 15 日内不提起诉讼的，人民法院应当依法继续对技术合同本诉进行审理，不必等待利害关系人是否采取诉讼行动。这 15 日是人民法院对技术合同纠纷延缓进行审理的期限，也是对利害关系人参与或者另行提起诉讼时间的限制。当然对利害关系人来说，即使其在期限内不提起诉讼，只是在本诉中不能行使其诉讼权利，以后仍能依法获得民事救济。

第四十五条　［第三人争议］

第三人向受理技术合同纠纷案件的人民法院就合同标的技术提出权属或者侵权请求时，受诉人民法院对此也有管辖权的，可以将权属或者侵权纠纷与合同纠纷合并审理；受诉人民法院对此没有管辖权的，应当告知其向有管辖权的人民法院另行起诉或者将已经受理的权属或者侵权纠纷案件移送有管辖权的人民法院。权属或者侵权纠纷另案受理后，合同纠纷应当中止诉讼。

专利实施许可合同诉讼中，受让人或者第三人向专利复审委员会请求宣告专利权无效的，人民法院可以不中止诉讼。在案件审理过程中专利权被宣告无效的，按照专利法第四十七条第二款和第三款的规定处理。

释　义

本条是对案外第三人对人民法院正在审理的技术合同纠纷所争议的技术成果，提出权属争议或者认为该技术合同的实施侵犯了自己的知识产权，人民法院如何审理的规定。

在司法实践中，常常遇到在人民法院诉讼的技术合同纠纷中，案外人对合同当事人所争议的合同涉及技术成果提出权利归属的主张，或者认为合同当事人约定的技术成果侵犯了他的知识产权。遇到此种情况如何处理，各地人民法院在实践中往往做法不一。有的做法损害了技术合同所涉及技术成果的真正知识产权权利人的合法利益。此外，在专利实施许可合同纠纷诉讼中，还可能遇到有人向专利复审委员会请求宣告合同所涉及的专利权无效的问题。专利权的有效与否，对合同纠纷的处理影响很大。人民法院在技术合同诉讼程序上应当如何处理，都应当解决。

本条第一款解决了第三人参加诉讼，人民法院如何合并审理的问题。适用本条该款应当掌握以下几点：

1. 审理技术合同纠纷的人民法院对案外第三人就技术成果提出权属争议，或者认为该技术合同的实施构成侵权的，根据民事诉讼法和相关司法解释的规定，该人民法院对所提出的诉讼请求也具有诉讼管辖权的，可以将第三人提起的诉讼合并技术合同纠纷案件一并审理。

2. 对没有管辖权的且未立案的，告知其向对该请求依法享有管辖权的人民法院提起诉讼。

3. 已经立案受理，发现受诉法院依法不具有对权属或者侵权纠纷的诉讼管辖权的，如有的受诉法院对专利权属、侵权等案件不具有管辖权，应当移送有管辖权的法院审理。

4. 对另行提起诉讼，有管辖权的人民法院予以立案受理的，审理技术合同纠纷案件的人民法院应当将该技术合同纠纷中止审理。

本条第二款专门对在专利实施许可合同纠纷诉讼中，遇到专利受让人或者任何第三人就技术合同涉及的专利权，向专利复审委员会请求宣告该专利权无效时，在程序上如何处理问题进行了解释。适用本条该款应当把握以下几点：

1. 人民法院在审理专利实施许可合同纠纷时，技术受让人或者第三人提出专利无效请求的，可以不中止审理。

本来专利实施许可合同的专利权是否有效，关系到该技术合同的处理结果，等待对专利的有效性肯定后再处理合同纠纷更为妥当。现在该款司法解释这样规定，主要是考虑这种纠纷不同于专利侵权诉讼，合同当事人在订约时应当对专利权的稳定性已有合理预见，专利权是否会被宣告无效一般也不会根本影响被许可人对技术的实施。同时，尽量避免涉及专利无效程序影响有关民事诉讼的拖延，是最高人民法院制定相关司法解释的一贯指导思想。所以此处规定了可以不中止诉讼。当然，“可以不中止诉讼”的意思是指基本上先考虑不中止诉讼，但根据具体案情并不排除可以中止诉讼。

2. 在专利实施许可合同纠纷案件审理过程中，所涉及的专利权被宣告无效的，依照《专利法》第四十七条第二款和第三款的规定处理。

《专利法》第四十七条第二款规定，“宣告专利权无效的决定，对在宣告专利权无效前人民法院作出并已执行的专利侵权的判决、裁定，已经履行或者强制执行的专利侵权纠纷处理决定，以及已经履行的专利实施许可合同和专利权转让合同，不具有追溯力。但是因专利权人的恶意给他人造成的损失，应当给予赔偿。”

《专利法》第四十七条第三款规定，“如果依照前款规定，专利权人或者专利权转让人不向被许可实施专利人或者专利权受让人返还专利使用费或者专利权转让费，明显违反公平原则，专利权人或者专利权转让人应当向被许可实施专利人或者专利权受让人返还全部或者部分专利使用费或者专利权转让费。”

这就是说，在技术合同纠纷诉讼中，遇到合同所涉及的专利权被依法宣告无效的情形的，宣告无效的决定对专利实施许可合同或者专利权转让合同没有追溯力。原专利权人许可实施或者转让所得收益，并不因为该专利权被宣告无效而返还或者执行回转。对于未履行的专利实施许可合同，则应当结合该专利无效的情形作出处理。

同时前述专利法的条款还规定了例外，一是专利权人恶意给他人造成损失的，应当要赔偿；二是即使是已经履行完毕的专利实施许可合同，当事人也不能被认定为具有恶意，但是人民法院查明不具追溯力的结果明显违反公平原则的，对专利权人或者专利权转让人向被许可实施专利人或者专利权受让人提出请求返还全部或者部分专利使用费或者专利权转让费的，人民法院还应当酌情予以支持。法律中规定的“明显违反公平原则”，应当有程度的界定，是指显而易见地实质违反民法的公平原则。

第四十六条　［未明确规定领域的合同纠纷的法律适用］

集成电路布图设计、植物新品种许可使用和转让等合同争议，相关行政法规另有规定的，适用其规定；没有规定的，适用合同法总则的规定，并可以参照合同法第十八章和本解释的有关规定处理。

计算机软件开发、许可使用和转让等合同争议，著作权法以及其他法律、行政法规另有规定的，依照其规定；没有规定的，适用合同法总则的规定，并可以参照合同法第十八章和本解释的有关规定处理。

释　义

本条是对《合同法》技术合同部分未作出明确规定领域的合同纠纷如何适用法律的规定。

《合同法》在第十八章技术合同部分中，并未对涉及集成电路布图设计、植物新品种、计算机软件等的转让、许可等问题作出明确规定。

《合同法》第三百四十二条第一款规定："技术转让合同包括专利权转让、专利申请权转让、技术秘密转让、专利实施许可合同。"容易使人误解为，技术转让合同只有这四种类型。但是，正如《解释》第一条所规定的，集成电路布图设计、植物新品种、计算机软件等，也均属于技术成果范畴。因此，有必要对涉及这些特殊标的技术的许可和转让合同的法律适用范围予以明确。至于涉及这些特殊标的技术的开发合同争议，应当直接依据合同法和《解释》关于技术开发合同的有关规定处理。

对于计算机软件开发、许可使用和转让等问题，《著作权法》和《计算机软件保护条例》已有一些规定。比如，《著作权法》第五十三条规定，当事人不履行合同义务或者履行合同义务不符合约定条件的，应当依照《民法通则》《合同法》等有关法律规定承担民事责任。这里已经有了适用法律的指引。本条司法解释第二款强调了计算机软件合同纠纷案件如果前述法律没有具体规定，要适用《合同法》总则的规定，并可以参照《合同法》第十八章和《解释》的有关规定处理。

对于集成电路布图设计、植物新品种许可使用和转让等合同法律适用问题，目前尚无法律的具体规定，但仍有一些行政法规规范，这类合同应属于《合同法》第一百二十四条规定的无名合同。考虑到目前涉及这几类特殊标的技术的知识产权问题的规定主要都体现在行政法规中，为了保证在这些合同争议中准确适用法律，本条解释对此规定的总的精神是：已经有法律、行政法规规定的，从其规定；没有规定的，适用《合同法》总则的规定，并可以参照《合同法》第十八章和《解释》的有关规定处理。

这就是说，涉及这些特殊标的技术的让与和许可使用订立的合同，可以参照适用合同法关于技术转让合同的规定。对植物新品种申请权转让合同和集成电路布图设计申请权转让合同的法律适用问题，也可以参照《解释》规定的法律适用原则办理。

第四十七条 ［实施时间］

本解释自 2005 年 1 月 1 日起施行。

释 义

本条是对《解释》实施时间的规定。

一般来说，司法解释只是对人民法院在审判案件中如何具体适用法律的解释，并不同于立法或者立法解释，涉及法的溯及力问题。因此，被司法解释所解释的法律都是已经生效的法律，司法解释即使在法律实行以后较久后才出台，也应当与该法律同时具有法律拘束力。但是在实践中，立法往往滞后，司法中遇到的亟需解决的民商事法律问题又不得不及时得到解决，一些司法解释确实存在超出该法律规定原有内涵的规定。加之，我国加入世界贸易组织后，其中的《与贸易有关的知识产权协议》要求法律法规以及司法审判的透明度问题，一些法律法规的颁布要求给予预先的实施准备期。因此，最高人民法院审判委员会主张在我国"入世"以来的特别是相关世贸组织规则的法律的司法解释，都要有一个施行的准备期。《解释》于2004年11月30日由最高人民法院审判委员会第1335次会议通过并公告，但《解释》本条规定自2005年1月1日起施行。对《解释》施行后人民法院正在审理或者受理的案件应当适用《解释》，对《解释》施行以前已经审判完结法律文书已经发生法律效力的，只要符合当时法律的规定，不存在适用法律错误问题的，就不再进行再审改变。

依法审理技术合同纠纷案件*

一、问题的提出

为了贯彻执行《合同法》《专利法》《民事诉讼法》等法律的有关规定，正确审理技术合同纠纷案件，最高人民法院审判委员会于2004年11月30日第1335次会议通过了最高人民法院《关于审理技术合同纠纷案件适用法律若干问题的解释》（以下简称本解释），于2005年1月1日起施行。

现行《合同法》于1999年10月1日起施行，原《技术合同法》及其实施条例同时废止，最高人民法院《关于审理科技纠纷案件的若干问题的规定》的司法解释也于2000年7月25日被废止。这样技术合同案件审判面临着虽有多项具体法规和司法解释规定可以援用，而在一些方面却无明确具体法律依据的问题。此外，司法实践中又出现了许多法律适用新问题需要作出解释。为完善技术合同审判法律适用体系，最高人民法院根据《合同法》等有关法律规定，在总结审判经验的基础上，经多种方式广泛征求意见和充分论证，历经五年多，九易其稿，制定了这个以贯彻《合同法》技术合同规范为主的司法解释。

二、理解与适用

（一）技术成果的类型

技术成果是一种无形财产，是技术合同的重要标的，在现代社会正发挥着越来越重要的作用。正是由于这种财产内容的技术性和特殊性，我国曾以专门的《技术合同法》予以调整，统一后的《合同法》也将技术合同作为一种独立的合同类型设专章予以规定。

如何精确界定技术成果的概念，直接涉及技术合同法律规范的适用范围。本解释在承继了原《技术合同法实施条例》关于技术成果概念的基础上，进一步明确了

---

* 蒋志培，原载《中国发明与专利》2005年第1期。

技术成果的一般类型。就本质而言，作为技术合同标的的技术成果应当是一种技术方案，不包含技术内容的其他劳动成果，如一般作品和商标不构成技术合同标的。技术成果与知识产权是两个既有交叉而又不等同的概念，大多数技术成果享有知识产权，但并不要求技术成果必须能够或者已经依法取得知识产权，如技术服务合同的标的技术就可能是公知技术。

原《技术合同法》及其实施条例没有明确技术成果的一般类型，只是把技术成果分为专利技术和非专利技术成果；《合同法》也仅提到了专利和技术秘密这两种技术成果，没有明确提及新出现的一些知识产权类型，如计算机软件、集成电路布图设计、植物新品种；对于申请专利但尚未授权特别是处于专利临时保护期的技术，既不属于技术秘密又不是专利，是一种处于特定阶段的有特殊法律意义的技术成果。为了对各级人民法院适用法律提供明确的指导，本解释规定了开放式的前述六种技术成果。

本解释参照 TRIPs 协议的有关规定，对技术秘密的构成要件重新予以界定，即“技术秘密，是指不为公众所知悉、具有商业价值并经权利人采取保密措施的技术信息”。实际上这是将我国《反不正当竞争法》第十条和《刑法》第二百一十九条所确认的商业秘密的构成要件中的“能为权利人带来经济利益、具有实用性”的要求统一解释规定为“具有商业价值”。这种解释更符合国际标准和惯例，有利于按照我国加入世界贸易组织承诺加强对包括技术秘密在内的商业秘密的法律保护。

（二）职务技术成果与非职务技术成果的界定

对职务技术成果与非职务技术成果的权属确认，直接涉及保护单位的技术权益与鼓励发明人的发明创造积极性的平衡问题。本解释对有关问题的明确规定，有利于对科技成果产权明晰，有利于鼓励单位增加科技投入，有利于激发个人积极从事科技创新，最终有利于促进科技进步和技术成果的转化、应用和推广。

1. 对职务技术成果与非职务技术成果的界定，要尊重当事人的约定。本解释根据《合同法》体现的合同自由原则，规定：“法人或者其他组织与其职工就职工在职期间或者离职以后所完成的技术成果的权益有约定的，人民法院应当依约定确认。”2000 年修订的《专利法》规定当事人可以对利用本单位物质技术条件完成的发明创造的权属作出约定，对执行本单位任务完成的发明创造的权属当事人能否约定，未作出规定。本解释的这一规定弥补了《专利法》有关规定适用中的不足。

2. 要界定个人完成的技术成果是否属于“执行法人或者其他组织的工作任务”。本解释规定，职工离职后一年内继续从事与其原所在法人或者其他组织的岗位职责或者交付的任务有关的技术开发工作，仍属于执行法人或者其他组织的工作任务，但法律、行政法规另有规定的除外。这里的“离职”应当理解为包括退职、退休、停薪留职、开除、辞退等各种原因离开原单位的情形。但书条款主要是考虑《植物新品种保护条例》的两个实施细则均对离职以后的期限规定为三年。这些细则虽属行政规章，但人民法院可以参照适用。

3. 要看完成技术成果的个人是否系“主要利用法人或者其他组织的物质技术条件”。人的智力创造是形成技术成果的最关键因素，在利用单位物质条件问题上，与过去有关规定相比，本解释更加侧重考虑技术成果的技术性贡献因素，进一步弱化了物质贡献因素，要求不仅是要“全部或者大部分利用”单位的物质条件，而且需要“这些物质条件对形成该技术成果具有实质性的影响”，方可认定为职务技术成果。

(三) 关于技术合同的效力

判断技术合同是否具有法律效力是技术合同审判中经常遇到的重要问题。本解释从合同法立法精神出发，一方面坚持尽量维护合同效力的原则，保证交易的稳定性；另一方面注意防止对知识产权的滥用，制止非法垄断技术。

在维持合同有效性上，根据本解释的规定，对不具有民事主体资格的科研组织签订的技术合同，主要是判断其责任的承担，而不轻易以主体不适格而确认合同无效；本解释明确规定未办理生产审批或者许可证等不影响技术合同效力，专利权、专利申请权转让合同不影响在先许可合同的效力；对于以欺诈手段就已有成果签订技术开发合同和就同一开发课题重复签约收费，以前是按照合同无效处理，本解释对此按照《合同法》关于欺诈行为的规定对合同作可变更、可撤销处理；对于当事人一方以技术转让的名义提供已进入公有领域的技术，或者在技术转让合同履行过程中合同标的技术进入公有领域，但是技术提供方进行技术指导、传授技术知识，为对方解决特定技术问题符合约定条件的，本解释规定要按照技术服务合同作有效处理。本解释还规定不以申请专利技术订立专利实施许可合同为由，认定合同无效。

在防止权利滥用方面，本解释根据 TRIPs 协议，参照《技术进出口管理条例》的有关规定，并参考国外的一些立法和判例，以开放式列举了“非法垄断技术、妨碍技术进步”这一合同无效事由的六种具体情形。在执行中要注意，因具有这些情形而导致技术合同部分无效，不影响合同其他部分效力的，其他部分仍然有效。

本解释完善了侵害技术秘密的技术合同无效后的法律后果，在制裁侵权行为、保护技术秘密权利人合法利益的同时，注意与善意使用人正当权益的平衡。对侵犯技术秘密的合同中善意第三人使用权的界定经历了一个由宽到严、逐渐细化的过程，反映了对技术秘密从作为债权保护对象到作为知识产权保护对象的认识过程。本解释规定："侵害他人技术秘密的技术合同被确认无效后，除法律、行政法规另有规定的以外，善意取得该技术秘密的一方当事人可以在其取得时的范围内继续使用该技术秘密，但应当向权利人支付合理的使用费并承担保密义务。"原《技术合同法实施条例》并无"善意"的要求；已废止的司法解释仅增加了"善意"的条件，并未限定仅"可以在取得时的范围内继续使用"。

（四）技术成果出资的权属界定

本解释依据《公司法》和《合伙企业法》等法律的立法精神，考虑到技术出资毕竟不同于资金和实物，并顾及交易习惯，原则上确认技术出资就是以技术的整体权利投入受资体，但也规定"技术成果价值与该技术成果所占出资额比例明显不合理损害出资人利益的除外"。这里的但书主要是指出资额过分低于技术成果本身价值的情形。本解释还规定，当事人以技术成果的权属约定按比例的，视为共同所有，其权利使用和利益分配，按共有技术成果的有关规定处理；当事人对技术成果的使用权约定按比例的，该比例视为当事人对实施该项技术成果所获收益的分配比例。技术成果作为无形财产，不可能实行按份共有，但可以在利益分配上体现当事人关于比例约定的真实意思表示。

（五）技术开发合同当事人实施技术成果的权利

《合同法》第三百四十一条规定："委托开发或者合作开发完成的技术秘密成果的使用权、转让权以及利益的分配办法，由当事人约定。没有约定或者约定不明确，依照本法第六十一条的规定仍不能确定的，当事人均有使用和转让的权利……"本解释将"当事人均有使用和转让的权利"限定为当事人均有不经对方同意而自己使用或者以普通使用许可的方式许可他人使用技术秘密并独占由此所获利益的权利。之所以如此规定，是因为技术秘密转让是指技术秘密成果的整体权利的让与，技术秘密使用是指自己使用和许可他人使用，在同一研究开发项目中形成的技术成果只能有一项转让权，但可以同时存在两项或两项以上的使用权。对同一开发项目产生的同一技术秘密，不可能由当事人作一次以上的转让，即使是许可他人使用，如果是独占或者排他许可，也必然会与其他共有人行使同样的权利发生冲突。因此，只能将这种权利限于自己使用和普通实施许可。

本解释规定技术开发合同当事人依照《合同法》的规定或者约定有自行实施专利或使用技术秘密的权利，但因其不具备独立实施专利或者使用技术秘密的条件，以一个普通许可方式许可他人实施或者使用的，可以准许。作这种相对从宽的解释主要是考虑技术开发市场中确有一些当事人虽享有实施权却不具备自己独立实施的条件，导致当事人之间利益失衡，也影响到技术的转化、应用和推广，所以允许将一个普通实施许可视为当事人自己实施。同时，本解释对排他实施许可合同让与人的自己实施也作出了类似规定。

（六）植物新品种、集成电路布图设计和计算机软件的许可使用和转让

《合同法》第三百四十二条第一款规定："技术转让合同包括专利权转让、专利申请权转让、技术秘密转让、专利实施许可合同。"《合同法》其他条文也未涉及集成电路布图设计、植物新品种、计算机软件等的转让和许可问题。为保证涉及这些技术成果的合同纠纷准确适用法律，根据《合同法》第一百二十三条其他法律列名合同和第一百二十四条无名合同的规定，并考虑涉及这些特殊标的知识产权的立法现状，本解释规定法律适用的顺序：已经有法律、行政法规规定的，从其规定；没有规定的，适用《合同法》总则的规定，并可以参照《合同法》第十八章和本解释的有关规定处理。

（七）对技术合同纠纷案件审理程序的规定

本解释虽然主要是贯彻《合同法》关于技术合同的规定，但技术合同案件审判实践中除了有实体法适用的问题之外，也存在一些程序法适用问题，需要一并作出规定。本解释对程序问题的规定主要有两个问题：一是在案件管辖上，与其他知识产权案件的管辖原则一致，一般以中级以上法院作为一审法院，以经指定的基层法院管辖为例外；对具有技术合同内容的混合合同纠纷，只要涉及了技术合同争议，就应当由具有技术合同纠纷案件管辖权的法院受理。二是在技术合同案件审理中发现侵害他人技术成果的合同无效事由时的处理问题。本解释规定，一方当事人以诉争技术合同侵害他人技术成果为由请求确认合同无效，或者法院在审理技术合同纠纷中发现可能存在该无效事由的，应当依法通知有关利害关系人，可以作为有独立请求权的第三人参加诉讼或者依法向有管辖权的法院另行起诉；利害关系人在接到通知后15日内不提起诉讼的，不影响法院对案件的审理。这样规定，是为了能够及时查明案件事实，保障利害关系人的合法权益，保证诉讼活动的顺利进行，这与《最高人民法院关于适用〈中华人民共和国民事诉讼法〉若干问题的意见》第五十八条关于追加共同诉讼原告的精神也是一致的。本解释还就案外人主张权利时的合并审理与中止诉讼等，依据《民事诉讼法》作出了进一步的规定。

最高人民法院
关于审理侵犯专利权纠纷案件应用法律若干问题的解释

法释〔2009〕21号

（2009年12月21日最高人民法院审判委员会第1480次会议通过　2009年12月28日最高人民法院公告公布　自2010年1月1日起施行）

为正确审理侵犯专利权纠纷案件，根据《中华人民共和国专利法》《中华人民共和国民事诉讼法》等有关法律规定，结合审判实际，制定本解释。

第一条　人民法院应当根据权利人主张的权利要求，依据专利法第五十九条第一款的规定确定专利权的保护范围。权利人在一审法庭辩论终结前变更其主张的权利要求的，人民法院应当准许。

权利人主张以从属权利要求确定专利权保护范围的，人民法院应当以该从属权利要求记载的附加技术特征及其引用的权利要求记载的技术特征，确定专利权的保护范围。

第二条　人民法院应当根据权利要求的记载，结合本领域普通技术人员阅读说明书及附图后对权利要求的理解，确定专利法第五十九条第一款规定的权利要求的内容。

第三条　人民法院对于权利要求，可以运用说明书及附图、权利要求书中的相关权利要求、专利审查档案进行解释。说明书对权利要求用语有特别界定的，从其特别界定。

以上述方法仍不能明确权利要求含义的，可以结合工具书、教科书等公知文献以及本领域普通技术人员的通常理解进行解释。

第四条　对于权利要求中以功能或者效果表述的技术特征，人民法院应当结合说明书和附图描述的该功能或者效果的具体实施方式及其等同的实施方式，确定该技术特征的内容。

第五条 对于仅在说明书或者附图中描述而在权利要求中未记载的技术方案，权利人在侵犯专利权纠纷案件中将其纳入专利权保护范围的，人民法院不予支持。

第六条 专利申请人、专利权人在专利授权或者无效宣告程序中，通过对权利要求、说明书的修改或者意见陈述而放弃的技术方案，权利人在侵犯专利权纠纷案件中又将其纳入专利权保护范围的，人民法院不予支持。

第七条 人民法院判定被诉侵权技术方案是否落入专利权的保护范围，应当审查权利人主张的权利要求所记载的全部技术特征。

被诉侵权技术方案包含与权利要求记载的全部技术特征相同或者等同的技术特征的，人民法院应当认定其落入专利权的保护范围；被诉侵权技术方案的技术特征与权利要求记载的全部技术特征相比，缺少权利要求记载的一个以上的技术特征，或者有一个以上技术特征不相同也不等同的，人民法院应当认定其没有落入专利权的保护范围。

第八条 在与外观设计专利产品相同或者相近种类产品上，采用与授权外观设计相同或者近似的外观设计的，人民法院应当认定被诉侵权设计落入专利法第五十九条第二款规定的外观设计专利权的保护范围。

第九条 人民法院应当根据外观设计产品的用途，认定产品种类是否相同或者相近。确定产品的用途，可以参考外观设计的简要说明、国际外观设计分类表、产品的功能以及产品销售、实际使用的情况等因素。

第十条 人民法院应当以外观设计专利产品的一般消费者的知识水平和认知能力，判断外观设计是否相同或者近似。

第十一条 人民法院认定外观设计是否相同或者近似时，应当根据授权外观设计、被诉侵权设计的设计特征，以外观设计的整体视觉效果进行综合判断；对于主要由技术功能决定的设计特征以及对整体视觉效果不产生影响的产品的材料、内部结构等特征，应当不予考虑。

下列情形，通常对外观设计的整体视觉效果更具有影响：

（一）产品正常使用时容易被直接观察到的部位相对于其他部位；

（二）授权外观设计区别于现有设计的设计特征相对于授权外观设计的其他设计特征。

被诉侵权设计与授权外观设计在整体视觉效果上无差异的，人民法院应当认定两者相同；在整体视觉效果上无实质性差异的，应当认定两者近似。

第十二条 将侵犯发明或者实用新型专利权的产品作为零部件，制造另一产品的，人民法院应当认定属于专利法第十一条规定的使用行为；销售该另一产品的，人民法院应当认定属于专利法第十一条规定的销售行为。

将侵犯外观设计专利权的产品作为零部件，制造另一产品并销售的，人民法院应当认定属于专利法第十一条规定的销售行为，但侵犯外观设计专利权的产品在该另一产品中仅具有技术功能的除外。

对于前两款规定的情形，被诉侵权人之间存在分工合作的，人民法院应当认定为共同侵权。

第十三条 对于使用专利方法获得的原始产品，人民法院应当认定为专利法第十一条规定的依照专利方法直接获得的产品。

对于将上述原始产品进一步加工、处理而获得后续产品的行为，人民法院应当认定属于专利法第十一条规定的使用依照该专利方法直接获得的产品。

第十四条 被诉落入专利权保护范围的全部技术特征，与一项现有技术方案中的相应技术特征相同或者无实质性差异的，人民法院应当认定被诉侵权人实施的技术属于专利法第六十二条规定的现有技术。

被诉侵权设计与一个现有设计相同或者无实质性差异的，人民法院应当认定被诉侵权人实施的设计属于专利法第六十二条规定的现有设计。

第十五条 被诉侵权人以非法获得的技术或者设计主张先用权抗辩的，人民法院不予支持。

有下列情形之一的，人民法院应当认定属于专利法第六十九条第（二）项规定的已经作好制造、使用的必要准备：

（一）已经完成实施发明创造所必需的主要技术图纸或者工艺文件；

（二）已经制造或者购买实施发明创造所必需的主要设备或者原材料。

专利法第六十九条第（二）项规定的原有范围，包括专利申请日前已有的生产规模以及利用已有的生产设备或者根据已有的生产准备可以达到的生产规模。

先用权人在专利申请日后将其已经实施或作好实施必要准备的技术或设计转让或者许可他人实施，被诉侵权人主张该实施行为属于在原有范围内继续实施的，人民法院不予支持，但该技术或设计与原有企业一并转让或者承继的除外。

第十六条 人民法院依据专利法第六十五条第一款的规定确定侵权人因侵权所获得的利益，应当限于侵权人因侵犯专利权行为所获得的利益；因其他权利所产生的利益，应当合理扣除。

侵犯发明、实用新型专利权的产品系另一产品的零部件的，人民法院应当根据该零部件本身的价值及其在实现成品利润中的作用等因素合理确定赔偿数额。

侵犯外观设计专利权的产品为包装物的，人民法院应当按照包装物本身的价值及其在实现被包装产品利润中的作用等因素合理确定赔偿数额。

第十七条 产品或者制造产品的技术方案在专利申请日以前为国内外公众所知的，人民法院应当认定该产品不属于专利法第六十一条第一款规定的新产品。

第十八条 权利人向他人发出侵犯专利权的警告，被警告人或者利害关系人经书面催告权利人行使诉权，自权利人收到该书面催告之日起一个月内或者自书面催告发出之日起二个月内，权利人不撤回警告也不提起诉讼，被警告人或者利害关系人向人民法院提起请求确认其行为不侵犯专利权的诉讼的，人民法院应当受理。

第十九条 被诉侵犯专利权行为发生在2009年10月1日以前的，人民法院适用修改前的专利法；发生在2009年10月1日以后的，人民法院适用修改后的专利法。

被诉侵犯专利权行为发生在2009年10月1日以前且持续到2009年10月1日以后，依据修改前和修改后的专利法的规定侵权人均应承担赔偿责任的，人民法院适用修改后的专利法确定赔偿数额。

第二十条 本院以前发布的有关司法解释与本解释不一致的，以本解释为准。

《关于审理侵犯专利权纠纷案件应用法律若干问题的解释》的理解与适用*

一、问题的提出

根据新形势、新任务和我国知识产权保护的实际情况，为进一步落实建设创新型国家、实施知识产权战略的工作要求，正确贯彻和准确实施专利法的相关规定精神，充分发挥司法保护知识产权的主导作用，妥善处理侵犯专利权纠纷案件，依法保护当事人合法权益，最高人民法院于2009年1月恢复了专利法司法解释的起草工作，并列入最高人民法院2009年度司法解释立项计划。最高人民法院知识产权庭组织成立了由部分高级人民法院参加的课题组，对审判实践中的突出问题和新情况进行专题调研；在此基础上，于2009年3月完成初稿，后十易其稿，于2009年6月18日向社会公开征求意见，同时征求国家立法和行政机关以及各高级人民法院的意见。专利法司法解释的起草引起了国内外的高度关注，国内外有关方面提出了修改建议，通过互联网反馈的修改意见也多达二百余条。在综合各方意见的基础上，又经反复讨论修改，形成送审稿，提请最高人民法院审判委员会审议后通过。

为保证司法解释符合立法本意，符合中国国情，有利于激励自主创新，最高人民法院在解释起草过程中，注意贯彻以下指导原则：一是依法解释的原则。立足司法解释的功能定位，严格依照《专利法》《民事诉讼法》等法律进行解释，秉承立法精神，坚持立法本意，细化法律规定。二是利益平衡的原则。一方面，从我国当前经济社会和科技文化发展的实际状况出发，以国家战略需求为导向，切实保护创新成果和创新权益，促进企业提高自主创新能力，激励科技创新和经济发展；另一方面，严格专利权利要求的解释，准确确定专利权保护范围，充分尊重权利要求的公示性和划界作用，防止不适当地扩张专利权保护范围、压缩创新空间、损害创新能力和公共利益。三是针对性和可操作性的原则。紧贴专利审判实践中的基础性、

---

* 王永昌、李剑，原载《人民司法·应用》2010年第3期。

普遍性法律适用问题，总结和明确多年来成熟的审判经验，不贪大求全，对于尚未形成普遍共识、尚需继续探索的问题暂不规定，切实为审判实践提供统一的裁判依据。

最高人民法院《关于审理侵犯专利权纠纷案件应用法律若干问题的解释》（以下简称本解释）共二十条，涉及当前专利侵权审判中的主要法律适用问题，包括：发明、实用新型专利权保护范围的确定以及侵权判定原则，外观设计专利侵权的判定原则，现有技术抗辩以及先用权抗辩的适用，确认不侵权诉讼的受理等。在体例结构上，本解释按照"侵权判定—不侵权抗辩—民事责任—程序性问题"的表述顺序。

二、理解与适用

（一）关于专利权的保护范围

专利权的保护范围，是专利权的权利边界，是专利法上重要的基础性概念。《专利法》第五十九条第一款规定，专利权的保护范围以权利要求的内容为准。因此，权利要求的解释过程，就是专利权保护范围的确定过程。权利要求解释尺度的宽严直接决定专利权保护范围的大小，影响专利权人与社会公众之间的利益关系。本解释的第一条至第四条均涉及专利权保护范围的确定问题。

1. 专利权保护范围的确定依据

第一条明确了权利人可以在一审法庭辩论终结前选择具体一项或多项权利要求，以确定其诉称的被诉侵权技术方案所落入的专利权保护范围。之所以如此规定，是因为每一项权利要求都是一个完整的技术方案，权利人选择何项权利要求作为其主张的专利权保护范围的依据，是权利人对自己权利的处分。具体地说，《专利法实施细则》第二十一条第一款规定，权利要求书应当有独立权利要求，也可以有从属权利要求。因《专利法》第五十九条第一款规定的"权利要求"没有仅限定为"独立权利要求"，故也可以包括"从属权利要求"。因此，权利人选择从属权利要求作为确定专利权保护范围的依据，并不违反法律；又因从属权利要求所限定的专利权保护范围小于独立权利要求或者被引用的权利要求所限定的专利权保护范围，故权利人选择从属权利要求主张权利，也不损害社会公众利益。

若专利权利要求书有多项权利要求，权利人应在起诉状中明确其据以提起本案专利侵权指控的权利要求（项）。如果起诉状仅笼统地诉称被诉侵权技术方案落入专利权的保护范围，但未明确落入哪一项或者哪几项权利要求所限定的保护范围。

此时法官有必要通过释明让权利人明确和固定其据以起诉被告专利侵权的权利要求(项)。如果在一审法庭辩论终结前，权利人已经明确被诉侵权技术方案既落入独立权利要求限定的保护范围，也落入从属权利要求限定的保护范围，一审法院应当对被诉侵权技术方案是否为独立权利要求以及从属权利要求进行认定。如果法院经审查认为，被诉侵权技术方案未落入独立权利要求限定的保护范围，因独立权利要求限定的保护范围大于从属权利要求限定的保护范围，则被诉侵权技术方案必然也未落入从属权利要求限定的保护范围，这对于法院来说，并不需要就从属权利要求限定的保护范围再进行技术特征的逐一对比，而可以直接作出认定。然而，如果法院经审查认为，被诉侵权技术方案已落入独立权利要求限定的保护范围，则仍需对被诉侵权技术方案是否落入从属权利要求限定的保护范围继续进行审查。因为被诉侵权技术方案已落入独立权利要求限定的保护范围，并不必然得出其落入从属权利要求限定的保护范围的结论。

此外，实践中还存在权利人所主张的权利要求被宣告无效的情况。对此，本解释起草中曾有意见认为，一审宣判前权利人主张的权利要求被宣告无效，专利权在其他权利要求的基础上被维持有效，权利人请求以该其他权利要求确定专利权保护范围的，人民法院应当准许。上述宣告无效事实发生在一审宣判后、二审宣判前，权利人主张以一审未主张的权利要求确定专利权保护范围的，第二审人民法院可以根据当事人自愿的原则就相关诉讼请求进行调解，调解不成的，告知权利人另行起诉；对于权利人已经主张的权利要求，第一审人民法院未作裁判的，第二审人民法院可以根据当事人自愿的原则就相关诉讼请求进行调解，调解不成的，发回重审。但是，为避免因权利要求的随意变更而导致诉讼秩序的混乱，本解释最终未采纳上述意见，而是参照《民事诉讼法》司法解释关于变更诉讼请求的规定，将权利人变更其主张的权利要求的时间界定为一审法庭辩论终结前。亦即，对于一审法庭辩论终结后的变更，不予准许。但是，这并不影响权利人根据其他权利要求另行提起诉讼。需要澄清的是，第一条第一款所称“变更其主张的权利要求”，是指对据以提起专利侵权诉讼的权利要求（项）的变更，而非对该项权利要求的具体内容的变更。

如果权利人主张的权利要求被宣告无效，而在其他权利要求的基础上维持专利权有效，由于该其他权利要求不在本案当事人已主张的权利要求之列，故本案不再涉及被诉侵权技术方案是否落入该其他权利要求的问题，而可以判决驳回原告的诉讼请求，因为原告据以主张被告侵权的权利要求被宣告无效，指控被告侵犯权利人所主张的权利要求的法律基础已不存在。

根据《专利法实施细则》的规定，从属权利要求应当包括引用部分和限定部分。为了简化表述，从属权利要求只具体表述限定部分的技术特征，但是，不应仅仅依据权利要求书中该从属权利要求记载的限定部分的技术特征，还应当将其和引用部分的技术特征合在一起，限定该从属权利要求限定的保护范围。需要指出的是，第一条第二款所称的“引用”包括直接引用和间接引用。

2. 专利权保护范围的确定原则

关于权利要求的解释，理论上有两种比较极端的学说：一是中心限定主义，该学说认为，专利制度保护的是发明构思，权利要求书只是该发明构思的一个示例。因此，在解释权利要求时，不应拘泥于权利要求的字面含义，而是可以以权利要求书记载的技术方案为中心，通过说明书及附图全面理解发明创造的整体构思，从而将保护范围扩大到专利权人所期望达到的保护范围。二是周边限定主义，该学说认为，专利权人已经在权利要求书中划定了发明创造的边界，对权利要求书的文字应作严格、忠实的解释，其字面含义就是专利权的保护范围。后来，为调和上述两种比较极端的解释原则，《欧洲专利公约》关于第69条的议定书确立了折中解释的原则。本解释第二条在借鉴国外立法例的基础上，对我国专利审判实践一直坚持的折中解释原则予以明确。亦即，权利要求的解释，应当既合理地保护专利权人的利益，又使社会公众能够比较清楚地确定专利权的边界。其实，等同原则的适用及其限制，都是源于该解释原则。

第二条所称的“本领域普通技术人员”，是法律拟制人，是个抽象的概念，是指具有侵权行为发生时该专利所属技术领域平均知识水平的技术人员，既不是该领域的技术专家，也不是不懂技术的人。之所以引入“本领域普通技术人员”的概念，是因为根据《专利法》第二十六条第三款的规定，说明书应当对发明或者实用新型作出清楚、完整的说明，以所属技术领域的技术人员能够实现为准。亦即，权利要求书中每一项权利要求所要保护的技术方案，应当是所属技术领域的技术人员能够从说明书及附图直接得到或者概括得出的。所以，专利权的保护范围，应当界定在本领域普通技术人员在阅读说明书及附图后对权利要求记载的理解范围内。这就意味着，法官在确定专利权的保护范围时，应当从本领域普通技术人员的角度来理解和解释权利要求。

3. 专利权保护范围的确定方法

第三条从微观层面规定了权利要求解释的操作指南。说明书及附图、权利要求书的相关权利要求都是专利授权文件的组成部分，其与权利要求的关系最为密切，通常是澄清争议用语的最佳指南。此外，专利审查档案虽然不是专利授权文件的组成部分，但公众可以查阅，且权利要求用语在专利审查过程中和侵权诉讼中应当具有相同的含义，因此，专利审查档案对于权利要求也具有重要的解释作用。相对于上述“内部证据”，工具书、教科书等因不存在于专利局有关专利文件及档案中，有的称之为“外部证据”。外部证据一般只是在内部证据不足以解释清楚时才使用。当然，这并不意味着，权利要求的解释必须一一运用上述全部的解释手段。若运用说明书即可明确权利要求的含义，则无须再借助其他的解释手段。

需要指出的是，一般情况下，权利要求中的用语应当理解为相关技术领域通常具有的含义。在特定情况下，如果说明书指明了某用语具有特定的含义，并且权利要求的保护范围因说明书对该用语的说明而被限定得足够清楚，则应当以该特别界定作为权利要求用语的含义。这与“不得将说明书的限制读入权利要求”并不矛盾，因为后者通常是指不得以说明书的实施例等例示性解释来限制专利权的保护范围。

4. 功能性特征的解释

第四条是关于功能性特征解释的规定。在有的权利要求中，有些技术特征难以用结构特征表述，或者技术特征用结构特征限定不如用功能或效果特征限定更为恰当，而使用功能或者效果特征来限定发明。由于其字面含义本身较为宽泛，因此，应当结合说明书和附图描述的具体实施方式及其等同实施方式进行解释。这样，既可以给专利权人提供合理的保护，同时又能确保社会公众利益不受侵害。之所以采用“结合”的措辞，是考虑到按照目前的授权审查实践，个别情况下说明书和附图对具体实施方式没有进行描述。

有意见认为，将功能性特征的保护范围界定在具体实施方式及其等同实施方式，与专利审查指南规定的“对于权利要求中所包含的功能性限定的技术特征，应当理解为覆盖了所有能够实现所述功能的实施方式”，存在不一致的问题。我们认为，专利保护的是技术方案，而不单单是功能或者效果，而且，目前的专利审查实践，实际上也难以按照专利审查指南的规定，对所有实现所述功能的实施方式进行检索和审查。至于对“等同实施方式”的把握，需要视个案的具体案情而定。

（二）关于发明、实用新型专利侵权的判定

2001 年 7 月 1 日施行的《最高人民法院关于审理专利纠纷案件适用法律问题的若干规定》确立了专利侵权判定中的等同原则，同时明确，专利权的保护范围不仅包括权利要求记载的技术特征所确定的范围，还包括等同特征所确定的范围。等同原则是克服专利权利要求在表达上的局限性、实现专利权公平保护的一项重要制度。我们既要以等同原则弥补字面侵权的不足，又要防止等同原则过宽过滥的适用，而予以适当的严格限制，避免以等同原则不适当地扩张专利权保护范围，压缩创新空间和损害公共利益。为此，本解释对等同原则的适用规则作出了进一步的明确和完善，尤其是进行了适当的限制，主要体现在对捐献规则和禁止反悔规则的明确。

1. 捐献规则

第五条规定的是专利法理论上的捐献规则。该规则是指，对于说明书记载而权利要求未记载的技术方案，视为专利权人将其捐献给社会公众，不得在专利侵权诉讼中主张上述已捐献的内容属于等同特征所确定的范围。捐献规则实质上是对等同原则适用的一种限制。之所以如此规定，是考虑到以下情形：专利申请人有时为了容易获得授权，权利要求采用比较下位的概念，而说明书及附图又对其扩张解释。专利权人在侵权诉讼中主张说明书所扩张的部分属于等同特征，从而不适当地扩大了专利权的保护范围。实际上，这是一种"两头得利"的行为。专利制度的价值不仅要体现对专利权人利益的保护，同时也要维护权利要求的公示作用。因此，捐献规则的确立，有利于维护权利要求书的公示性，平衡专利权人与社会公众的利益关系。

举例而言，权利要求明确记载某一个技术特征是"3 个螺丝"，而说明书又称，该螺丝也可以是 5 个、8 个、10 个。如果被控侵权产品的相应特征是 8 个螺丝，权利人主张该 8 个螺丝与 3 个螺丝等同，依据本解释第五条的规定，权利人的上述主张不能成立，因为权利要求未记载而说明书或者附图描述的技术方案不属于等同特征限定的专利权保护范围。

2. 禁止反悔规则

禁止反悔规则，是指当一方当事人已经作出某种行为，且被他人所信赖，该当事人以后就不能再否认该行为。第六条规定的是专利法理论上的禁止反悔规则，也是对等同原则适用的一种限制。专利权人对其在授权或无效宣告程序中已放弃的内容，不能通过等同原则的适用再纳入专利权的保护范围。为增强操作性，该条强调的是，专利申请人、专利权人客观上所作的限制性修改或者意见陈述。该修改或者陈述是权利人主动还是应审查员要求所为，与专利授权条件是否具有法律上的因果关系以及是否被审查员最终采信，均不影响该规则的适用。

3. 全面覆盖原则

第七条规定了专利侵权判定的基本方法，即专利法理论上的"全面覆盖原则"。只要被诉侵权技术方案的技术特征包含了专利权保护范围的技术特征，即认定其落入了专利权的保护范围。被诉侵权技术方案是否包括其他增加的技术特征，在所不问。但是，对于以封闭式权利要求表征的组合物专利，如果被控侵权技术方案含有权利要求记载的组分之外的组分，则应当认为其未落入专利权的保护范围，而不应当以“增加的技术特征不影响侵权判定”为由认定落入保护范围。其实，这与全面覆盖原则并不矛盾。因为组合物封闭式权利要求，是指组合物中仅包括权利要求记载的组分而排除所有其他组分。因此，对其他组分的排除也是封闭式权利要求的内含特征之一。如果被控侵权技术方案存在其他组分，则可以视为没有“覆盖”全部的技术特征，从而没有落入专利权的保护范围。

针对争议较多的应否适用多余指定原则的问题，第七条第一款明确规定，应当审查权利人主张的权利要求所记载的全部技术特征，从而否定了所谓的“多余指定原则”。之所以如此规定，是出于以下考虑：权利要求书的作用是确定专利权的保护范围，即通过向公众表明构成发明或者实用新型的技术方案所包括的全部技术特征，公众能够清楚地知道实施何种行为不会侵犯专利权。只有对权利要求书所记载的全部技术特征给予全面、充分的尊重，社会公众才不会因权利要求内容不可预见的变动而无所适从，从而保障法律权利的确定性。

（三）关于外观设计专利侵权的判定

1. 外观设计专利权的保护范围

我国外观设计专利制度保护的是以产品为载体的外观设计，而非脱离产品的外观设计。因此，在确定外观设计专利权的保护范围时，应当同时考虑产品的类别以及外观设计两个层面。亦即，如果产品类别相同或者相近，但被诉侵权设计与授权外观设计不相同也不相似，或者被诉侵权设计与授权外观设计相同或者相似，但产品类别不相同也不相近，则被诉侵权设计没有落入外观设计专利权的保护范围。

2. 产品种类相同或者相近的认定

为提供操作的指引，第九条列举了认定产品用途的参考因素。因用途与功能有时难以区分，故将功能内化为认定用途的参考因素之一。需要澄清的是，第九条所称的“外观设计产品”，包括外观设计专利产品和被控侵权产品。

3. 外观设计相同或者近似的认定

如前所述，外观设计是以产品为载体，并且，通过不同于同类产品且富有美感的外观吸引消费者的注意，获得市场利益的回报。因此，关于侵权诉讼中外观设计近似性的判断，应当基于一般消费者的知识水平和认知能力，根据外观设计的全部设计特征，以外观设计的整体视觉效果进行综合判断。第十条所称的“一般消费者”，是指对授权外观设计的相关设计状况具有常识性了解，并且对不同外观设计之间在形状、图案、色彩上的差别具有分辨力的人，但其通常不会注意到形状、图案、色彩的微小变化。这里的“常识性了解”，不应理解为基础性、简单性的了解，而应当是通晓相关外观设计状况，但其并不具有设计的能力。此外，虽然任何产品都有其消费群体，但并不是任何产品的消费群体都是相同的，应当根据产品的实际购买、使用等情况进行判断。比如，残疾人专用品的消费群体比较特定，而日常生活品的消费群体则很广泛。

第十一条第一款规定的是“整体观察”的对象，即对于外观设计的全部设计特征，都应予考虑。但因外观设计专利保护的是外观，故将功能性特征以及视觉无法直接观察到的非外观特征排除在外。第二款规定的是“综合判断”的考虑因素，通常情况下，主体部分及设计创新部分对外观设计的整体视觉效果更具有影响。在本解释起草过程中，曾有意见主张采用“创新点判断法”，即只有被控侵权产品采用了专利外观设计的创新部分，才能认定为侵权。我们认为，判断外观设计相同或者近似的根本标准是整体视觉效果。而创新部位的设计特征只是影响整体视觉效果的重要组成部分。而且，对于区别于现有设计的特征，应当在当事人举证、质证的基础上认定。鉴于我国外观设计专利未经过实质审查，外观设计的简要说明对设计要点的描述，可以作为判断创新部分的参考。第三款规定的是“综合判断”的标准，即在考察设计特征对外观设计整体视觉效果影响程度的基础上，综合判断不同外观设计的整体视觉效果有无差异或者实质性差异。对一般消费者而言，整体视觉效果无差异的，认定外观设计相同；无实质性差异的，认定外观设计相似。

有意见认为，外观设计与发明、实用新型同为专利法规定的“发明创造”，判断侵权是否成立，应当考察被告是否以相同或者相近的方式利用了发明创造，而不是看是否会导致一般消费者的混同，此有别于商标法上的混淆理论。本文认为，我国《专利法》虽然将外观设计称为专利，但实质上，外观设计保护的是授权图片所显示的产品的外观，而非发明或实用新型所保护的技术方案，不能简单地套用发明或实用新型侵权判断的一般规则，而是应考虑一般消费者对外观设计的认知。第十一条第三款所称的“整体视觉效果无实质性差异”，与“混同”在本质上是一致的。

（四）关于零部件专利侵权

根据《专利法》第七十条的规定，专利侵权产品的使用者在一定条件下可以不承担赔偿责任，而制造者则不能免除赔偿责任。所以，区分制造与使用，具有一定的法律意义。对于将专利侵权产品作为另一产品零部件的情形，司法实践中有两种观点：一是视为“制造”，二是视为“使用”。由于被诉侵权人制造的是该另一产品，对专利侵权产品本身没有制造行为，因此，第十二条将其界定为使用行为。由于外观设计专利侵权行为不包括使用行为，因此，将侵犯外观设计专利权的产品作为零部件，制造该另一产品并销售的，归入销售行为的范畴。但因外观设计专利权保护的是产品的外观，若零部件在最终产品的正常使用中只具有技术功能作用，而不产生视觉效果，则上述行为不能认定为销售。此与本解释第十一条第一款的规定是相呼应的。第十二条第三款是前两款的但书。前两款针对的是，专利侵权产品的制造者与该另一产品制造者之间是正常的买卖关系。如果两者有分工协作的情形，则属于共同实施了制造行为，依照《民法通则》司法解释第一百四十八条第一款追究其共同侵权责任。

（五）关于现有技术抗辩和现有设计抗辩

现有技术抗辩、现有设计抗辩，是本次专利法修改新增加的一项制度，是被诉侵权人用于对抗专利权人侵权指控的一种不侵权抗辩。该制度的理论基础是，专利权的保护范围不得包括现有技术。《专利法》第六十二条规定，在专利侵权纠纷中，被控侵权人有证据证明其实施的技术或者设计属于现有技术或者现有设计的，不构成侵犯专利权。关于如何确定被诉侵权人实施的技术属于现有技术，本解释从增强操作性的角度出发，将被诉落入专利权保护范围的技术特征，而非被诉侵权人实施技术的全部技术特征，与一项现有技术的相应技术特征进行对比。如果两者相同或者无实质性差异，则可以认定被诉侵权人实施的技术属于现有技术，从而免除其侵权责任。这样可以节约程序，有利于及时定纷止争，保护当事人的合法权益。

在理解和适用第十四条时，需要注意以下问题：一是该条第一款所称的“被诉落入专利权保护范围的全部技术特征”，是指权利人在起诉时指控侵权的被控侵权技术方案的技术特征。至于该特征是否最终落入专利权的保护范围，并不影响对现有技术抗辩的认定。亦即，审查现有技术抗辩是否成立，不以判断被诉侵权技术方案是否落入专利权保护范围为前提。二是为规范自由裁量权的行使，统一司法尺度，本解释将被诉侵权人主张现有技术或现有设计抗辩所能援引的技术方案或设计限定为一个。亦即，对于不属于一个技术方案或者设计的其他特征的组合，不予支持。但是，这不妨碍当事人在无效宣告程序中根据该证据主张专利权无效。三是在发明实用新型专利侵权诉讼的现有技术抗辩认定中，与被诉落入专利权保护范围的技术特征进行对比的是现有技术中的相应技术特征，而非现有技术方案的所有技术特征。亦即，现有技术方案的技术特征在数量上可以等于或者大于被诉落入专利权保护范围的技术特征。但是，现有技术方案与被诉侵权技术方案应当是相同的技术主题，否则，即使特定技术特征相同或者无实质性差异，也不能仅据此认定现有技术抗辩成立。在外观设计专利侵权诉讼的现有设计抗辩认定中，在对比现有设计与被诉侵权设计时，授权外观设计的设计特征通常不能被完全忽视。四是第十四条所称的“无实质性差异”，在实践中可以参照等同的标准掌握。

(六) 关于先用权抗辩

专利制度采用申请在先原则，即专利权只授予第一个向授权机关提出专利申请的人。先用权制度旨在弥补申请在先制度的缺陷。

根据第十五条第一款的规定，被诉侵权人主张先用权抗辩的技术或者设计，不能是非法获得的，而应自己研发或者善意取得、合法受让的。第二款所称的“必要的准备”，针对的是技术方案或者设计本身的完成情况，不以办理行政审批手续为前提。关于《专利法》第六十九条第（二）项规定的“原有范围”，有意见认为，以“事业目的”来界定“生产规模”过于严格。本文认为，先用权制度的设计初衷是弥补申请在先主义的不足，如果对原有范围进行过宽解释，在一定程度上会影响专利申请制度，不利于技术的公开和推广。因此，第十五条第三款以生产规模界定“原有范围”。为了合理平衡先用权人与专利权人之间的利益关系，如果先用权人在申请日后将其技术另行转让或许可他人实施，就会增加市场上新的竞争者，有损专利权人的独占权。因此，第四款规定，在申请日后，先用权人只能将其已实施或作好实施必要准备的技术、设计，与原有企业一并转让或者承继。亦即，对于先用权人在申请日前的转让、许可行为，并无此限制。

(七) 关于特殊情形下赔偿数额的确定

针对被控侵权产品中存在多个涉案专利权或者既有专利权又有商标权的实际情况，在侵犯其中一个或者部分专利权的诉讼中，不宜根据该产品的全部利润确定侵权人的获利，而应当限于侵权人因侵犯本案专利权所获得的利益。第十六条第一款所称的“其他权利”，主要是指知识产权，营销策略等权利之外的因素不在其列。在确定因其他权利所产生的利益时，应当根据具体案情，综合全案合理确定。如果零部件系实现成品技术功能或者效果的关键零部件，且成品的价值主要由该零部件决定的，根据第十六条第二款的规定精神，也可以按照成品的利润计算赔偿数额。

(八) 关于方法专利中“新产品”的界定

新产品如何界定，直接影响新产品方法专利侵权诉讼中举证责任倒置规则的适用。关于新产品的界定，理论和实践中都存在不同认识。有观点认为，新产品是专利申请日前未在国内公开出售的产品；还有观点认为，新产品是申请专利日前未在国内外出现的产品。为统一新产品的界定标准，借鉴修改后的专利法关于新颖性的规定，本解释第十七条规定，产品本身或者制造产品的技术方案，两者有一在专利申请日以前为国内外公众所知的，该产品则不属于新产品。

需要指出的是，该条所称的“产品”，是指产品实物，而制造产品的技术方案，可以是产品的结构特征或者理化参数、制备方法。但是，如果仅仅化合物的名称或分子式在申请日前被公开，并不当然意味着该产品的技术方案已经在申请日前被公开。其实，制造产品的技术方案也可以理解为广义上的产品，为便于区分和理解，该条将两者分别列明。

（九）关于确认不侵权诉讼的起诉条件

最高人民法院曾于2002年7月12日就某请示案作出〔2001〕民三他字第4号批复，引入了知识产权领域的确认不侵权制度。为进一步规范和完善确认不侵权诉讼制度，防止被告动辄提起确认不侵权之诉，在总结审判经验的基础上，第十八条规定了提起此类诉讼的具体条件，特别是被警告人或其利害关系人的书面催告义务。

有些情况下，被警告人或利害关系人可能难以掌握权利人收到书面催告的具体时间，所以，另设“自书面催告发出之日起二个月内”，以增强法条的操作性。第十八条所称的“他人”，包括特定人和非特定人；“利害关系人”应作广义理解，包括经销商等；“提起诉讼”，是指向人民法院提起专利侵权之诉。如果在书面催告后一定期限内，权利人请求管理专利工作的部门处理侵权纠纷，并不能阻却被警告人或利害关系人提起确认不侵权之诉。

需要注意的是，当事人提起确认不侵权之诉，除符合第十八条的规定外，还需符合《民事诉讼法》第一百零八条规定的起诉条件。

（十）关于新、旧专利权的适用衔接

关于持续跨越2009年10月1日的被诉侵权行为，根据本解释第十九条的规定，以《专利法》生效日为界，分别适用所属时段的《专利法》判断专利侵权是否成立。

关于赔偿数额的确定，修改前的《专利法》没有规定法定赔偿制度，《最高人民法院关于审理专利纠纷案件适用法律问题的若干规定》进行了填补性解释，在很大程度上有效解决了赔偿数额计算难的问题。这次修改后的《专利法》肯定了这一司法实践已普遍适用的制度，并适当提高了赔偿额度，最低数额由5000元增加至1万元，最高数额也由50万元增加至100万元。鉴于此，为体现加大赔偿力度，第十九条规定，对于持续跨越2009年10月1日的被诉侵权行为，依据修改前、后《专利法》的规定，侵权人均应承担赔偿责任的，一并适用修改后的《专利法》确定赔偿数额，而不以生效日为界分别适用所属时段的《专利法》。

当然，如果被诉侵权行为发生2001年7月1日（《专利法》第二次修改）前或者1993年1月1日（《专利法》第一次修改）前，则应适用当时的《专利法》。

最高人民法院
关于修改《最高人民法院关于审理专利纠纷案件适用法律问题的若干规定》的决定

法释〔2015〕4号

（2015年1月19日由最高人民法院审判委员会
第1641次会议通过 2015年1月29日公布
自2015年2月1日起施行）

根据最高人民法院审判委员会第1641次会议决定，对《最高人民法院关于审理专利纠纷案件适用法律问题的若干规定》作如下修改：

一、将第五条第二款修改为："侵权行为地包括：被诉侵犯发明、实用新型专利权的产品的制造、使用、许诺销售、销售、进口等行为的实施地；专利方法使用行为的实施地，依照该专利方法直接获得的产品的使用、许诺销售、销售、进口等行为的实施地；外观设计专利产品的制造、许诺销售、销售、进口等行为的实施地；假冒他人专利的行为实施地。上述侵权行为的侵权结果发生地。"

二、将第八条第一款修改为："对申请日在2009年10月1日前（不含该日）的实用新型专利提起侵犯专利权诉讼，原告可以出具由国务院专利行政部门作出的检索报告；对申请日在2009年10月1日以后的实用新型或者外观设计专利提起侵犯专利权诉讼，原告可以出具由国务院专利行政部门作出的专利权评价报告。根据案件审理需要，人民法院可以要求原告提交检索报告或者专利权评价报告。原告无正当理由不提交的，人民法院可以裁定中止诉讼或者判令原告承担可能的不利后果。"

三、将第九条第一项修改为："（一）原告出具的检索报告或者专利权评价报告未发现导致实用新型或者外观设计专利权无效的事由的；"

四、将第十七条修改为："专利法第五十九条第一款所称的'发明或者实用新型专利权的保护范围以其权利要求的内容为准，说明书及附图可以用于解释权利要求的内容'，是指专利权的保护范围应当以权利要求记载的全部技术特征所确定的范围为准，也包括与该技术特征相等同的特征所确定的范围。

"等同特征，是指与所记载的技术特征以基本相同的手段，实现基本相同的功能，达到基本相同的效果，并且本领域普通技术人员在被诉侵权行为发生时无需经过创造性劳动就能够联想到的特征。"

五、将第十八条修改为："侵犯专利权行为发生在2001年7月1日以前的，适用修改前专利法的规定确定民事责任；发生在2001年7月1日以后的，适用修改后专利法的规定确定民事责任。"

六、将第十九条修改为："假冒他人专利的，人民法院可以依照专利法第六十三条的规定确定其民事责任。管理专利工作的部门未给予行政处罚的，人民法院可以依照民法通则第一百三十四条第三款的规定给予民事制裁，适用民事罚款数额可以参照专利法第六十三条的规定确定。"

七、删除第二十条第一款，第二款改为第一款并修改为："专利法第六十五条规定的权利人因被侵权所受到的实际损失可以根据专利权人的专利产品因侵权所造成销售量减少的总数乘以每件专利产品的合理利润所得之积计算。权利人销售量减少的总数难以确定的，侵权产品在市场上销售的总数乘以每件专利产品的合理利润所得之积可以视为权利人因被侵权所受到的实际损失。"

第三款改为第二款，修改为："专利法第六十五条规定的侵权人因侵权所获得的利益可以根据该侵权产品在市场上销售的总数乘以每件侵权产品的合理利润所得之积计算。侵权人因侵权所获得的利益一般按照侵权人的营业利润计算，对于完全以侵权为业的侵权人，可以按照销售利润计算。"

八、将第二十一条修改为："权利人的损失或者侵权人获得的利益难以确定，有专利许可使用费可以参照的，人民法院可以根据专利权的类型、侵权行为的性质和情节、专利许可的性质、范围、时间等因素，参照该专利许可使用费的倍数合理确定赔偿数额；没有专利许可使用费可以参照或者专利许可使用费明显不合理的，人民法院可以根据专利权的类型、侵权行为的性质和情节等因素，依照专利法第六十五条第二款的规定确定赔偿数额。"

九、将第二十二条修改为："权利人主张其为制止侵权行为所支付合理开支的，人民法院可以在专利法第六十五条确定的赔偿数额之外另行计算。"

十、将第二十四条修改为："专利法第十一条、第六十九条所称的许诺销售，是指以做广告、在商店橱窗中陈列或者在展销会上展出等方式作出销售商品的意思表示。"

根据本决定，将《最高人民法院关于审理专利纠纷案件适用法律问题的若干规定》作相应修改，重新公布。

《关于修改〈最高人民法院关于审理专利纠纷案件适用法律问题的若干规定〉的决定》的理解与适用*

一、问题的提出

最高人民法院《关于修改〈最高人民法院关于审理专利纠纷案件适用法律问题的若干规定〉的决定》（以下简称《决定》），经最高人民法院审判委员会第1641次会议通过，于2015年1月29日发布，自2015年2月1日起施行。

2013年4月25日，第十二届全国人大常委会第二次会议召开，会议要求最高人民法院、最高人民检察院于2014年年底前完成司法解释集中清理后的相关文件修改工作。根据会议精神，最高人民法院对司法解释和司法解释性质文件的修改作出统一部署，《最高人民法院关于审理专利纠纷案件适用法律问题的若干规定》（法释〔2001〕21号）（以下简称2001年《专利司法解释》）纳入修改范围，并列入2014年度司法解释立项计划。

专利法自1985年生效实施以来，于1992年、2000年、2008年进行过三次修订。2001年《专利司法解释》于2001年7月1日起施行，主要针对2000年修法所涉条文的适用和新旧法的过渡衔接作出规定，同时综合了之前最高人民法院公布的有关专利纠纷案件审理的多个“通知”“解答”等规范性文件中行之有效的内容，并且确认了审判实践中成熟的经验和司法原则。2001年《专利司法解释》在配合2000年专利法的施行、明确审判标准、适应我国加入世界贸易组织需要等方面发挥了重要作用。但是，随着2008年专利法的第三次修订，该司法解释中部分条文援引的专利法相关条文在新旧专利法中的序号有所调整、表述发生变化，同时2008年专利法（以下简称现行专利法）对专利权评价报告、侵权损害赔偿数额计算等问题作出了新的规定，因此，有必要对2001年《专利司法解释》作出修改，以保证

---

* 宋晓明、吴蓉，原载《人民司法·应用》2015年第5期。

其内容与现行专利法及其司法解释保持一致。

2013 年 12 月，最高人民法院民三庭启动对 2001 年《专利司法解释》的修订工作，起草完成初稿，随后召开座谈会征求上海、江苏、浙江等地法院的修改意见，并赴国家知识产权局进行专题调研。根据座谈意见和调研情况经多次修改讨论形成系统内外部征求意见稿，书面征求全国人大法工委、国务院法制办、国家知识产权局以及各高级法院的意见。根据反馈意见，经进一步讨论修改形成公开征求意见稿，于 2014 年 7 月 15 日向社会公开征求修改意见，征求期 1 个月，同时征求最高人民法院立案庭、民一庭、行政庭、审监庭和研究室的修改意见。最后，在综合各方意见的基础上，经认真研究修改形成送审稿。2015 年 1 月 19 日，最高人民法院审判委员会第 1641 次会议讨论通过了送审稿。

二、理解与适用

《决定》共 10 条，涉及两部分内容：一是因专利法 2008 年修订中法条序号、表述用语变化而作出的适应性修改；二是对专利权评价报告、专利权保护范围、等同时间点、侵权损害赔偿数额计算的规定进行修改，以确保与现行专利法及其司法解释、相关规范性文件的规定一致。

（一）适应性修改部分

1. 关于侵权行为地的修改

2001 年《专利司法解释》第五条第一款规定："因侵犯专利权行为提起的诉讼，由侵权行为地或者被告住所地人民法院管辖。"侵权行为地包括侵权行为实施地和侵权结果发生地，其确定对当事人选择管辖法院具有重要意义。专利法第十一条第二款对侵犯发明、实用新型和外观设计专利权的各类侵权行为作出具体规定，较之 2000 年专利法，现行专利法对侵犯外观设计专利权的行为增加了以生产经营为目的的未经权利人许可许诺销售外观设计专利产品的行为，因此，《决定》第一条对 2001 年《专利司法解释》的第五条第二款作出修改，增加被诉侵权外观设计专利产品的许诺销售地为侵权行为地。

征求意见过程中，有意见认为，应当将 2001 年《专利司法解释》第五条中的"侵犯"修改为"侵害"。考虑到该司法解释中"侵犯"一词出现频率较高，而适应性修改不宜对整体规定改动过多，故未对该表述进行修改，但是司法实践中相关案件仍应当按照《民事案件案由规定》表述为"侵害专利权纠纷"。另外，《决定》第一条将 2001 年《专利司法解释》第五条第二款中的"被控"侵权行为修改为

"被诉"侵权行为，因为《最高人民法院关于审理侵犯专利权纠纷案件应用法律若干问题的解释》（法释〔2009〕21 号）（以下简称 2009 年《专利司法解释》）中的相关表述均为"被诉"，体现了专利侵权诉讼的民事性，而 2001 年《专利司法解释》中关于"被控"的表述仅此一处，为统一表述作出了相应修改。

2. 关于相关表述和条文序号的修改

《决定》第六条是关于对假冒他人专利行为的追究和制裁依据的修改，第十条是关于许诺销售的修改，修改内容均为其所援引的新旧专利法条文序号的变化。另外，为体现民事诉讼不告不理的基本原则，《决定》第五条、第六条将"追究"民事责任均修改为"确定"民事责任。

（二）重点条文部分

1. 关于专利权评价报告的修改

《决定》第二条、第三条针对 2001 年《专利司法解释》第八条、第九条中关于检索报告的规定作出修改，主要涉及以下内容：

（1）以 2009 年 10 月 1 日为界，对原告提交的报告名称和专利类型进行修改

现行专利法第六十一条第二款规定："专利侵权纠纷涉及实用新型专利或者外观设计专利的，人民法院或者管理专利工作的部门可以要求专利权人或者利害关系人出具由国务院专利行政部门对相关实用新型或者外观设计进行检索、分析和评价后作出的专利权评价报告，作为审理、处理专利侵权纠纷的证据。"较之 2000 年专利法第五十七条第二款的相应规定，该条款用"专利权评价报告"取代了"检索报告"，并将可以提交报告的专利类型增加了"外观设计专利"。国家知识产权局针对现行专利法的施行发布的《施行修改后的专利法的过渡办法》第二条规定，修改前的专利法的规定适用于申请日在 2009 年 10 月 1 日前（不含该日）的专利申请以及根据该专利申请授予的专利权，修改后的专利法的规定适用于申请日在 2009 年 10 月 1 日以后（含该日）的专利申请以及根据该专利申请授予的专利权。据此，国务院专利行政部门仅能对申请日在 2009 年 10 月 1 日前（不含该日）的实用新型专利出具检索报告，对申请日在 2009 年 10 月 1 日以后（含该日）的实用新型专利和外观设计专利则可以出具专利权评价报告，因此，《决定》第二条作出规定："对申请日在 2009 年 10 月 1 日前（不含该日）的实用新型专利提起侵犯专利权诉讼，原告可以出具由国务院专利行政部门作出的检索报告；对申请日在 2009 年 10 月 1 日以后的实用新型或者外观设计专利提起侵犯专利权诉讼，原告可以出具由国务院专利行政部门作出的专利权评价报告。"

（2）将原告在起诉时提交报告的要求由“应当”修改为“可以”

《最高人民法院关于对出具检索报告是否为提起实用新型专利侵权诉讼的条件的请示的答复》（〔2001〕民三函字第2号）明确，检索报告只是作为实用新型专利权有效性的初步证据，出具检索报告并非原告提起实用新型专利侵权诉讼的条件。凡符合民事诉讼法规定的起诉条件的案件，法院均应当立案受理。2001年《专利司法解释》第八条第一款所称“应当”本意在于倡导原告提交检索报告。因此，将原告在起诉时提交报告的要求由“应当”修改为“可以”，以回归司法解释的本意。

（3）增加规定原告不提交报告的法律后果

在我国现行的专利审查制度中，实用新型和外观设计专利均不经过实质审查，其有效性在后续行政程序中经常受到挑战。检索报告或者专利权评价报告可以为法院考量实用新型和外观设计专利的效力稳定性提供参考，其定位是审理专利纠纷的证据之一。对于原告经法院要求提交报告而无正当理由不提交的法律后果，征求意见和调研过程中存在两种意见，一是驳回起诉，二是中止诉讼。第一种意见可以更有力地督促原告提交报告，限制专利权滥诉，第二种意见可以在限制专利权滥诉的同时兼顾当事人的诉权保障。经反复讨论研究，最终将两种意见予以综合。我们认为，在实践中，对于原告而言，中止诉讼不利于其实现通过诉讼保护专利权的目的，故其应有动机提交检索报告或者专利权评价报告。当其无正当理由不提交检索报告或者专利权评价报告，很有可能是报告对其专利权作出否定性评价，在这种情况下，人民法院应当向当事人释明其可以就涉案专利向专利复审委员会提起无效宣告请求。如果当事人就涉案专利提起无效宣告请求，人民法院可以裁定中止诉讼，等待专利确权程序对专利权效力的认定，有利于纠纷的最终解决。如果当事人在合理期间内不对涉案专利提起无效宣告请求，人民法院可以裁定驳回起诉，由原告承担不利后果。对此，《决定》第二条作出规定：“根据案件审理需要，人民法院可以要求原告提交检索报告或者专利权评价报告。原告无正当理由不提交的，人民法院可以裁定中止诉讼或者判令原告承担可能的不利后果。”

（4）对于不中止诉讼的情形进行修改

2001年《专利司法解释》第九条是关于被告在答辩期间内请求宣告涉案专利权无效时，可以不中止诉讼的具体情形，其中第（一）项涉及检索报告的内容。检索报告和专利权评价报告的区别之一在于检索报告仅对专利是否符合新颖性、创造性进行检索、分析，而专利权评价报告除此之外，还会对说明书公开是否充分、权利要求是否得到支持等其他专利权无效事由进行评价，因此，《决定》第三条将

“原告出具的检索报告或者专利权评价报告未发现导致实用新型或者外观设计专利权无效的事由的”列为可以不中止诉讼的情形之一。

2. 关于专利权保护范围以及等同时间点的修改

（1）专利权保护范围的确定

2009 年《专利司法解释》第七条第一款规定：“人民法院判定被诉侵权技术方案是否落入专利权的保护范围，应当审查权利人主张的权利要求所记载的全部技术特征。”明确在专利侵权判定中采用全面覆盖原则，对权利人主张的权利要求所记载的全部技术特征均要进行审查，不再对技术特征是否必要进行甄别，即权利人所主张的权利要求的保护范围由其全部技术特征所确定。因此，《决定》第四条对 2001 年《专利司法解释》第十七条中采用必要技术特征确定专利权保护范围的规定进行修改，规定：“专利法第五十九条第一款所称的‘发明或者实用新型专利权的保护范围以其权利要求的内容为准，说明书及附图可以用于解释权利要求的内容’，是指专利权的保护范围应当以权利要求记载的全部技术特征所确定的范围为准，也包括与该技术特征相等同的特征所确定的范围。”

（2）增加等同特征的判断时间点

为加大对专利权的保护力度，对于专利申请日到被诉侵权日之间因新技术发展导致的等同物纳入专利权的保护范围。因此，应当以被诉侵权行为发生时为基点判断技术特征是否构成等同。据此，《决定》第四条对等同特征的定义增加了时间点的限制：“等同特征，是指与所记载的技术特征以基本相同的手段，实现基本相同的功能，达到基本相同的效果，并且本领域普通技术人员在被诉侵权行为发生时无需经过创造性劳动就能够联想到的特征。”

3. 关于侵权损害赔偿的修改

2001 年《专利司法解释》第二十条至第二十二条以全部赔偿为原则，对专利侵权纠纷中的损害赔偿问题作出较为具体的规定。随着现行专利法对相关内容的调整和司法实践的发展，专利侵权损害赔偿的计算也出现了新的变化，基于此，《决定》第七条至第九条对 2001 年《专利司法解释》的上述条文进行了修改，主要涉及以下内容：

（1）赔偿数额计算方法适用顺序、酌定和法定赔偿的修改

专利侵权诉讼中，损害赔偿数额的计算有四种方法：按照权利人损失确定、按照侵权人获利确定、参照专利许可使用费确定、在法定赔偿限额内确定。现行专利法第六十五条规定，侵犯专利权的赔偿数额应当按照上述排列顺序依次适用相应的计算方法进行确定，在前一种计算方法难以确定损害赔偿数额的情况下，才适用后

一种计算方法确定损害赔偿数额。因此，《决定》第七条对2001年《专利司法解释》第二十条规定的由权利人自主选择赔偿数额计算方法的内容进行修改。

在参照专利许可使用费确定损害赔偿数额时，2001年《专利司法解释》规定在专利许可使用费的1～3倍范围内合理确定。司法实践中，参照专利使用许可使用费酌定损害赔偿数额时，需要综合考虑侵权行为的性质和情节、专利许可的性质和范围等诸多因素，为给法官根据具体案情合理确定损害赔偿数额留出一定的自由裁量空间，现行专利法取消了上述1～3倍的限制。2001年《专利司法解释》在我国的专利法律体系中首次明确了法定赔偿制度，随着科学技术的进步和社会经济的发展，专利技术的经济价值日益凸显，现行专利法将法定赔偿数额的范围进行了大幅提高。针对这些变化和调整，《决定》第八条对2001年《专利司法解释》的第二十一条作出相应修改。

（2）合理开支计算的修改

现行专利法第六十五条第二款规定了专利侵权法定赔偿额的上下限，但是对于法定赔偿额的上限是否包含合理开支的数额，司法实践中存在不用理解。为体现加大赔偿力度的精神，2009年4月21日印发的《最高人民法院关于当前经济形势下知识产权审判服务大局若干问题的意见》（法发〔2009〕23号）第16条指出："除法律另有规定外，在适用法定赔偿时，合理的维权成本应另行计赔。"因此，《决定》第九条对此予以明确，规定："权利人主张其为制止侵权行为所支付的合理开支的，人民法院可以在专利法第六十五条确定的赔偿数额之外另行计算。"

最高人民法院
关于审理侵犯专利权纠纷案件应用法律若干问题的解释（二）

法释〔2016〕1号

（2016年1月25日最高人民法院审判委员会第1676次会议通过 2016年3月21日最高人民法院公告公布 自2016年4月1日起施行）

为正确审理侵犯专利权纠纷案件，根据《中华人民共和国专利法》《中华人民共和国侵权责任法》《中华人民共和国民事诉讼法》等有关法律规定，结合审判实践，制定本解释。

第一条 权利要求书有两项以上权利要求的，权利人应当在起诉状中载明据以起诉被诉侵权人侵犯其专利权的权利要求。起诉状对此未记载或者记载不明的，人民法院应当要求权利人明确。经释明，权利人仍不予明确的，人民法院可以裁定驳回起诉。

第二条 权利人在专利侵权诉讼中主张的权利要求被专利复审委员会宣告无效的，审理侵犯专利权纠纷案件的人民法院可以裁定驳回权利人基于该无效权利要求的起诉。

有证据证明宣告上述权利要求无效的决定被生效的行政判决撤销的，权利人可以另行起诉。

专利权人另行起诉的，诉讼时效期间从本条第二款所称行政判决书送达之日起计算。

第三条 因明显违反专利法第二十六条第三款、第四款导致说明书无法用于解释权利要求，且不属于本解释第四条规定的情形，专利权因此被请求宣告无效的，审理侵犯专利权纠纷案件的人民法院一般应当裁定中止诉讼；在合理期限内专利权未被请求宣告无效的，人民法院可以根据权利要求的记载确定专利权的保护范围。

第四条 权利要求书、说明书及附图中的语法、文字、标点、图形、符号等存有歧义，但本领域普通技术人员通过阅读权利要求书、说明书及附图可以得出唯一理解的，人民法院应当根据该唯一理解予以认定。

第五条　在人民法院确定专利权的保护范围时，独立权利要求的前序部分、特征部分以及从属权利要求的引用部分、限定部分记载的技术特征均有限定作用。

第六条　人民法院可以运用与涉案专利存在分案申请关系的其他专利及其专利审查档案、生效的专利授权确权裁判文书解释涉案专利的权利要求。

专利审查档案，包括专利审查、复审、无效程序中专利申请人或者专利权人提交的书面材料，国务院专利行政部门及其专利复审委员会制作的审查意见通知书、会晤记录、口头审理记录、生效的专利复审请求审查决定书和专利权无效宣告请求审查决定书等。

第七条　被诉侵权技术方案在包含封闭式组合物权利要求全部技术特征的基础上增加其他技术特征的，人民法院应当认定被诉侵权技术方案未落入专利权的保护范围，但该增加的技术特征属于不可避免的常规数量杂质的除外。

前款所称封闭式组合物权利要求，一般不包括中药组合物权利要求。

第八条　功能性特征，是指对于结构、组分、步骤、条件或其之间的关系等，通过其在发明创造中所起的功能或者效果进行限定的技术特征，但本领域普通技术人员仅通过阅读权利要求即可直接、明确地确定实现上述功能或者效果的具体实施方式的除外。

与说明书及附图记载的实现前款所称功能或者效果不可缺少的技术特征相比，被诉侵权技术方案的相应技术特征是以基本相同的手段，实现相同的功能，达到相同的效果，且本领域普通技术人员在被诉侵权行为发生时无需经过创造性劳动就能够联想到的，人民法院应当认定该相应技术特征与功能性特征相同或者等同。

第九条　被诉侵权技术方案不能适用于权利要求中使用环境特征所限定的使用环境的，人民法院应当认定被诉侵权技术方案未落入专利权的保护范围。

第十条　对于权利要求中以制备方法界定产品的技术特征，被诉侵权产品的制备方法与其不相同也不等同的，人民法院应当认定被诉侵权技术方案未落入专利权的保护范围。

第十一条　方法权利要求未明确记载技术步骤的先后顺序，但本领域普通技术人员阅读权利要求书、说明书及附图后直接、明确地认为该技术步骤应当按照特定顺序实施的，人民法院应当认定该步骤顺序对于专利权的保护范围具有限定作用。

第十二条　权利要求采用“至少”“不超过”等用语对数值特征进行界定，且本领域普通技术人员阅读权利要求书、说明书及附图后认为专利技术方案特别强调该用语对技术特征的限定作用，权利人主张与其不相同的数值特征属于等同特征的，人民法院不予支持。

第十三条 权利人证明专利申请人、专利权人在专利授权确权程序中对权利要求书、说明书及附图的限缩性修改或者陈述被明确否定的，人民法院应当认定该修改或者陈述未导致技术方案的放弃。

第十四条 人民法院在认定一般消费者对于外观设计所具有的知识水平和认知能力时，一般应当考虑被诉侵权行为发生时授权外观设计所属相同或者相近种类产品的设计空间。设计空间较大的，人民法院可以认定一般消费者通常不容易注意到不同设计之间的较小区别；设计空间较小的，人民法院可以认定一般消费者通常更容易注意到不同设计之间的较小区别。

第十五条 对于成套产品的外观设计专利，被诉侵权设计与其一项外观设计相同或者近似的，人民法院应当认定被诉侵权设计落入专利权的保护范围。

第十六条 对于组装关系唯一的组件产品的外观设计专利，被诉侵权设计与其组合状态下的外观设计相同或者近似的，人民法院应当认定被诉侵权设计落入专利权的保护范围。

对于各构件之间无组装关系或者组装关系不唯一的组件产品的外观设计专利，被诉侵权设计与其全部单个构件的外观设计均相同或者近似的，人民法院应当认定被诉侵权设计落入专利权的保护范围；被诉侵权设计缺少其单个构件的外观设计或者与之不相同也不近似的，人民法院应当认定被诉侵权设计未落入专利权的保护范围。

第十七条 对于变化状态产品的外观设计专利，被诉侵权设计与变化状态图所示各种使用状态下的外观设计均相同或者近似的，人民法院应当认定被诉侵权设计落入专利权的保护范围；被诉侵权设计缺少其一种使用状态下的外观设计或者与之不相同也不近似的，人民法院应当认定被诉侵权设计未落入专利权的保护范围。

第十八条 权利人依据专利法第十三条诉请在发明专利申请公布日至授权公告日期间实施该发明的单位或者个人支付适当费用的，人民法院可以参照有关专利许可使用费合理确定。

发明专利申请公布时申请人请求保护的范围与发明专利公告授权时的专利权保护范围不一致，被诉技术方案均落入上述两种范围的，人民法院应当认定被告在前款所称期间内实施了该发明；被诉技术方案仅落入其中一种范围的，人民法院应当认定被告在前款所称期间内未实施该发明。

发明专利公告授权后，未经专利权人许可，为生产经营目的使用、许诺销售、销售在本条第一款所称期间内已由他人制造、销售、进口的产品，且该他人已支付或者书面承诺支付专利法第十三条规定的适当费用的，对于权利人关于上述使用、许诺销售、销售行为侵犯专利权的主张，人民法院不予支持。

第十九条 产品买卖合同依法成立的，人民法院应当认定属于专利法第十一条规定的销售。

第二十条 对于将依照专利方法直接获得的产品进一步加工、处理而获得的后续产品，进行再加工、处理的，人民法院应当认定不属于专利法第十一条规定的“使用依照该专利方法直接获得的产品”。

第二十一条 明知有关产品系专门用于实施专利的材料、设备、零部件、中间物等，未经专利权人许可，为生产经营目的将该产品提供给他人实施了侵犯专利权的行为，权利人主张该提供者的行为属于侵权责任法第九条规定的帮助他人实施侵权行为的，人民法院应予支持。

明知有关产品、方法被授予专利权，未经专利权人许可，为生产经营目的积极诱导他人实施了侵犯专利权的行为，权利人主张该诱导者的行为属于侵权责任法第九条规定的教唆他人实施侵权行为的，人民法院应予支持。

第二十二条 对于被诉侵权人主张的现有技术抗辩或者现有设计抗辩，人民法院应当依照专利申请日时施行的专利法界定现有技术或者现有设计。

第二十三条 被诉侵权技术方案或者外观设计落入在先的涉案专利权的保护范围，被诉侵权人以其技术方案或者外观设计被授予专利权为由抗辩不侵犯涉案专利权的，人民法院不予支持。

第二十四条 推荐性国家、行业或者地方标准明示所涉必要专利的信息，被诉侵权人以实施该标准无需专利权人许可为由抗辩不侵犯该专利权的，人民法院一般不予支持。

推荐性国家、行业或者地方标准明示所涉必要专利的信息，专利权人、被诉侵权人协商该专利的实施许可条件时，专利权人故意违反其在标准制定中承诺的公平、合理、无歧视的许可义务，导致无法达成专利实施许可合同，且被诉侵权人在协商中无明显过错的，对于权利人请求停止标准实施行为的主张，人民法院一般不予支持。

本条第二款所称实施许可条件，应当由专利权人、被诉侵权人协商确定。经充分协商，仍无法达成一致的，可以请求人民法院确定。人民法院在确定上述实施许可条件时，应当根据公平、合理、无歧视的原则，综合考虑专利的创新程度及其在标准中的作用、标准所属的技术领域、标准的性质、标准实施的范围和相关的许可条件等因素。

法律、行政法规对实施标准中的专利另有规定的，从其规定。

第二十五条 为生产经营目的使用、许诺销售或者销售不知道是未经专利权人许可而制造并售出的专利侵权产品，且举证证明该产品合法来源的，对于权利人请求停止上述使用、许诺销售、销售行为的主张，人民法院应予支持，但被诉侵权产品的使用者举证证明其已支付该产品的合理对价的除外。

本条第一款所称不知道，是指实际不知道且不应当知道。

本条第一款所称合法来源，是指通过合法的销售渠道、通常的买卖合同等正常商业方式取得产品。对于合法来源，使用者、许诺销售者或者销售者应当提供符合交易习惯的相关证据。

第二十六条 被告构成对专利权的侵犯，权利人请求判令其停止侵权行为的，人民法院应予支持，但基于国家利益、公共利益的考量，人民法院可以不判令被告停止被诉行为，而判令其支付相应的合理费用。

第二十七条 权利人因被侵权所受到的实际损失难以确定的，人民法院应当依照专利法第六十五条第一款的规定，要求权利人对侵权人因侵权所获得的利益进行举证；在权利人已经提供侵权人所获利益的初步证据，而与专利侵权行为相关的账簿、资料主要由侵权人掌握的情况下，人民法院可以责令侵权人提供该账簿、资料；侵权人无正当理由拒不提供或者提供虚假的账簿、资料的，人民法院可以根据权利人的主张和提供的证据认定侵权人因侵权所获得的利益。

第二十八条 权利人、侵权人依法约定专利侵权的赔偿数额或者赔偿计算方法，并在专利侵权诉讼中主张依据该约定确定赔偿数额的，人民法院应予支持。

第二十九条 宣告专利权无效的决定作出后，当事人根据该决定依法申请再审，请求撤销专利权无效宣告前人民法院作出但未执行的专利侵权的判决、调解书的，人民法院可以裁定中止再审审查，并中止原判决、调解书的执行。

专利权人向人民法院提供充分、有效的担保，请求继续执行前款所称判决、调解书的，人民法院应当继续执行；侵权人向人民法院提供充分、有效的反担保，请求中止执行的，人民法院应当准许。人民法院生效裁判未撤销宣告专利权无效的决定的，专利权人应当赔偿因继续执行给对方造成的损失；宣告专利权无效的决定被人民法院生效裁判撤销，专利权仍有效的，人民法院可以依据前款所称判决、调解书直接执行上述反担保财产。

第三十条 在法定期限内对宣告专利权无效的决定不向人民法院起诉或者起诉后生效裁判未撤销该决定，当事人根据该决定依法申请再审，请求撤销宣告专利权无效前人民法院作出但未执行的专利侵权的判决、调解书的，人民法院应当再审。当事人根据该决定，依法申请终结执行宣告专利权无效前人民法院作出但未执行的专利侵权的判决、调解书的，人民法院应当裁定终结执行。

第三十一条 本解释自 2016 年 4 月 1 日起施行。最高人民法院以前发布的相关司法解释与本解释不一致的，以本解释为准。

《关于审理侵犯专利权纠纷案件应用法律若干问题的解释（二）》的理解与适用*

2016年1月25日，最高人民法院审判委员会讨论通过最高人民法院《关于审理侵犯专利权纠纷案件应用法律若干问题的解释（二）》（以下简称《解释二》），将于4月1日起施行。《解释二》共31条，主要源于《最高人民法院公报》刊登的典型案例以及近年来对专利审判经验的总结，涉及权利要求解释、间接侵权、标准实施抗辩、合法来源抗辩、停止侵权行为、赔偿额计算、专利无效对侵权诉讼的影响等专利审判实践中的重点难点问题。本文拟就《解释二》起草的背景、指导思想和适用中应当注意的问题作一阐述，以便更为准确地理解条文原意，确保司法解释的正确适用。

一、起草的背景和过程

2009年12月，最高人民法院曾发布《关于审理侵犯专利权纠纷案件应用法律若干问题的解释》，在依法保护专利权人利益、激励科技创新等方面发挥了重要作用。五年多以来，专利侵权案件稳步增长，所涉法律问题深度触及专利基本制度和基本理念，所涉技术事实愈加前沿和复杂，市场价值和利益更加巨大。北京、上海、江苏等地高级人民法院分别出台有关审理专利侵权纠纷案件的指导意见。特别是《中共中央关于全面深化改革若干重大问题的决定》明确提出，要加强知识产权运用和保护，健全技术创新激励机制，建设国家创新体系。全国人大常委会决定在北京、上海、广州设立知识产权法院，集中审理专利等专业技术性较强的案件。为确保专利法的正确实施，统一和细化专利侵权裁判标准，及时回应科技创新对专利审判的新期待，有必要继2009年专利法司法解释之后再次起草有关专利侵权判定的司法解释。

早在2011年年底，最高人民法院民三庭即开始进行专利侵权判定标准的专项

* 宋晓明、王闯、李剑，原载《人民司法·应用》2016年第10期。

调研。2014 年年初，《解释二》列入最高人民法院司法解释立项计划。在向社会公开征求意见，并多次听取中央有关部门、专家学者、法院、律师、专利代理人、企业、行业协会等反馈意见的基础上，条文草案历经 16 次修改形成送审稿，经最高人民法院审判委员会讨论，最终通过了该司法解释。

二、起草的指导思想

当前，全球新一轮科技革命和产业变革蓄势待发，我国经济发展方式加快转变，创新引领发展的趋势更加明显，知识产权制度激励创新的基本保障作用更加突出。十八届五中全会提出“创新、协调、绿色、开放、共享”的五大发展理念，排在首位的就是创新，并强调创新是引领发展的第一动力，必须把创新摆在国家发展全局的核心位置，让创新贯穿党和国家一切工作，让创新在全社会蔚然成风。2016 年是“十三五”的开局之年，也是全面建成小康社会决胜阶段的开局之年。面对新形势新要求，充分发挥专利制度在激励创新、促进科技进步和经济社会发展方面的关键作用，着力构建公正、透明的法治环境，激发创新动力、创造潜力和创业活力，对于加快实施创新驱动发展战略具有十分重要的意义。

《解释二》的起草紧扣专利法鼓励发明创造、促进科技进步和经济社会发展的立法目的，立足专利审判实践，始终贯彻如下指导思想：一是坚持问题导向，加大专利权保护力度，尽可能地解决周期长、举证难、赔偿低等突出问题，确保专利权人利益的实现，从根本上激励创新；二是坚持折中解释原则，强化权利要求的公示作用，增强专利权保护范围的确定性，为社会公众提供明确的法律预期，促使专利文件撰写水平的提高；三是坚持利益平衡原则，厘清专利权与其他民事权利的法律边界，既保护权利人的正当权益，鼓励发明创造，又避免专利权不适当地扩张，防止压缩再创新空间和损害公共利益、他人合法权益。

《解释二》的出台，是最高人民法院积极营造有利于创新的法治环境的重要举措，丰富和完善了我国专利法律制度，将进一步遏制侵犯专利权的行为，进一步强化司法裁判对科技创新的导向作用，进一步有效激励自主创新和技术跨越，为大众创业万众创新提供有力的法律保障。

三、应当注意的问题

（一）关于原告对权利要求的选择

2009 年公布的专利法司法解释第一条规定，权利人有权选择一项或多项权利要求，据以提起专利侵权之诉。实践中，有部分原告并未在起诉状中明确记载据以起诉的权利要求。对此，人民法院应当通过释明要求原告明确。通常情况下，原告在法院释明后，就会作出明确的选择。极个别情况下，经释明，原告仍不明确其选择的权利要求，则属于起诉条件不成就，应当依法裁定驳回起诉，这是对《民事诉讼法》第一百一十九条第（三）项、第一百二十一条第（三）项规定的受理条件的细化，并不构成对原告诉权的限制。

《解释二》起草中，曾有另一种观点认为，经释明，原告仍不明确其选择的权利要求的，人民法院应当推定其选择全部权利要求或者全部的独立权利要求。考虑到此观点不利于促使原告积极选择权利要求，《解释二》未予采纳。

关于原告在法院释明后明确其选择的权利要求的时间问题，按照民事诉讼的审理程序，法院通常在立案阶段以及证据交换、庭审阶段才有机会向原告释明权利要求选择的问题，相应的，原告在法院释明后对权利要求进行选择，可能发生在案件受理、审理前准备、法庭调查等三个时段。如果在案件受理阶段，权利人仍不予明确，人民法院应当裁定不予受理。但实践中，立案阶段通常难以在短时间内就权利要求的选择进行释明。根据《民事诉讼法》第一百三十三条及其司法解释第二百二十四条、第二百二十五条的规定，原告应当在庭前会议明确其诉讼请求。如果不召集庭前会议，则原告也应当在法庭调查开始阶段明确其选择的权利要求。因为权利要求的确定是侵权对比的基础，如果原告不明确其据以起诉的权利要求，法庭调查实际上无法展开。

（二）关于民行交叉纠纷的实质性解决

专利侵权纠纷案件的审理周期较长，主要是由现行民行二元分立的诉讼架构造成的。权利人起诉被告侵犯其专利权，被告往往向专利复审委员会另行提起宣告专利权无效的请求，而审理侵犯专利权纠纷案件的法院又无权审查专利权的效力，通常中止民事诉讼，等待专利授权确权行政诉讼的结果。即使在有权审理专利侵权、专利无效诉讼的北京知识产权法院和北京市高级人民法院，民事、行政的诉讼程序仍是泾渭分明。而且，专利授权确权程序过于烦冗，循环诉讼和程序空转的情况较为突出，不利于纠纷的实质性解决。

为提高专利侵权诉讼的审理效率，尽可能缓解审理周期较长的影响，充分考虑专利授权确权行政诉讼改变专利复审委员会决定的比例较低的实际，《解释二》第二条设计了先行裁驳、另行起诉的制度，即在专利复审委员会作出宣告专利权无效的决定后，审理侵犯专利权纠纷案件的法院便可以裁定驳回起诉，无须等待专利行政诉讼的最终结果，并通过另行起诉给权利人以司法救济途径。需要注意的是，如果原告起诉被诉侵权技术方案落入其多项权利要求，而其中部分权利要求被宣告无效，则仅驳回原告基于该被宣告无效的权利要求的起诉，对于未被宣告无效的权利要求仍继续审理。之所以采用从程序上裁定驳回起诉，而非实体上判决驳回诉讼请求，主要是考虑若无效决定被行政裁判推翻，则权利人仍可另行起诉。需要指出的是，作出驳回起诉裁定的审理侵犯专利权纠纷案件的人民法院包括一审法院和二审法院。如果在二审阶段专利复审委员会作出宣告无效的决定，二审法院可以径行裁定驳回起诉。由此引发的一个问题是，一审裁判文书已认定的证据，在另行提起的诉讼中是否具有当然的证明力？由于二审法院基于专利被宣告无效从程序上裁定驳回起诉，对于一审裁判文书并未回应，因此，一审文书已认定的证据不宜简单地被否定，特别是对于庭审笔录中当事人确认的内容，在另行提起的诉讼中一般对于当事人具有拘束力。

在现行专利法司法解释中，将专利权人及被许可人等利害关系人统称为权利人。因专利侵权诉讼的原告可能仅为专利被许可人，如果其不参加专利无效程序，则不是行政判决书的被送达人，其另行起诉的时效计算适用《民法通则》关于诉讼时效的一般规定，即知道或应当知道专利权恢复有效的时间。为避免文字烦冗，《解释二》第二条第三款仅规定了专利权人另行起诉的时效计算。

虽然《解释二》第二条在提高诉讼效率方面进行了积极探索，但受现行法律规定的限制，并不能从根本上解决民行二元分立导致的周期长问题，仍有待立法层面的改造。比如，《解释二》第三条规定，对于专利存在明显违反《专利法》第二十六条第三款或第四款、应被宣告无效的情形，审理专利侵权案件的法院也只能先向当事人释明，告知其启动专利无效宣告程序，除非属于《解释二》第四条规定的情形。若无效程序被启动，则专利侵权诉讼一般应当中止。当然，若经对比，被诉侵权技术方案不落入专利权保护范围，则不需要中止诉讼，径行判定被告不侵权即可。只有在合理期限内（专利复审委员会通常在七个工作日内完成对申请材料的审查），该专利权未被请求宣告无效的，人民法院才可以根据权利要求的记载确定专利权的保护范围。该条所称明显违反，是指权利要求与说明书“风马牛不相及”，构成技术方案实质上的矛盾，以至于无法运用说明书解释权利要求。对于权利要求得不到说明书支持的其他情形，不适用本条，旨在避免侵权程序过多地介入无效程序以及由此带来的裁判标准不一的问题。

（三）关于权利要求解释的尺度

作为划定专利权权利边界的标尺，权利要求是专利法的核心概念，专利制度中的许多规则都是围绕权利要求而展开。2009 年发布的专利法司法解释曾体现了强化权利要求公示性的导向，《解释二》继续贯彻了这一指导思想，旨在增强专利权保护范围的确定性，为社会公众提供明确的法律预期，促使专利文件撰写水平的提高。这也是充分考虑我国现阶段专利质量总体上还处在较低水平的现状以及创新驱动发展战略实施的需求。

《解释二》第五条、第九条、第十条和第十二条分别针对前序特征、使用环境特征、产品权利要求中的制备方法和数值特征中的强调用语，规定上述特征和用语对专利权保护范围具有限定作用，这充分体现了对权利要求公示性的尊重。至于上述特征和用语是否属于专利的必要技术特征，是专利授权确权阶段应当解决好的问题，审理侵犯专利权纠纷案件的人民法院对此不宜再作甄别。也就是说，专利文件撰写人在专利申请阶段对于上述特征和用语的表述应给予足够的注意。

需要指出的是，文字表达本身具有一定的局限性，权利要求书对专利技术方案的概括难以做到全面、精准。而且，专利文件撰写水平的提高需要一个过程，不可能一蹴而就。因此，在强调权利要求公示性这一基本导向的同时，权利要求的解释需要保有一定的弹性，避免唯文字论，使真正有技术贡献的专利能获得比较周延的保护。比如，《解释二》第四条规定，对于专利文件中表达的歧义，只要本领域普通技术人员可以得出唯一理解的，人民法院应当按照此唯一理解予以矫正；再如，《解释二》第十一条规定，方法权利要求未明确记载的步骤顺序在满足一定条件时可以构成专利技术特征。该条与第四条均在一定程度上实质弥补了专利文件撰写的疏忽。为了避免适用的泛化，增加了“唯一”“直接、明确地”等限定条件。

（四）关于封闭式组合物权利要求解释

《解释二》第七条明确了实践中争议已久的封闭式组合物权利要求的解释规则，也凸显了对权利要求公示性的尊重以及维护社会公众对专利权保护范围的信赖。因为历次版本的《专利审查指南》对于封闭式组合物权利要求的规定是相同的，即不得含有该权利要求所述特征之外的其他组分，除非是无法避免的常量杂质。通过长期的专利实践，此撰写方式和解释规则已为业界普遍接受，《解释二》第七条第一款规定的解释规则与《专利审查指南》保持了一致。

《解释二》起草中，曾有另一种观点认为，根据增加的技术特征是否产生实质性影响而判断是否构成侵权。虽然这一观点可以弥补专利文件撰写的疏漏，在个案中对当事人的利益给予比较公平的处理，但是，该观点导致专利权的权利边界更加模糊，包括其他创新主体在内的社会公众难以从公示的专利文件本身清楚地判断自己的创新活动是否落入专利权的保护范围，而只能不断通过个案诉讼进行试探，这等于本应由专利权人解决的问题转移给了社会公众，无疑增加了创新的成本，损害了规则的公平性。如果专利权人在专利授权程序中出于各种原因选择了保护范围相对较小的封闭式权利要求，从而导致其获得授权的权利要求没有预想的保护范围大，那么，本来有机会主张更宽保护范围却未主张的专利权人应当对自己的这一选择承担相应的法律后果。也就是说，在专利侵权诉讼中，如果专利权人主张其封闭式权利要求并未排除其他未限定的组分，应当不予支持。上述解释规则看似严格，但专利权人在申请专利时可以在开放式、封闭式、活性成分封闭等多种方式中作出合理选择，从而获得恰当的保护范围。

第七条第二款规定的中药组合物封闭式权利要求属于第七条第一款的例外。中药领域的组合物在作用方式、制作工艺、理化参数等方面皆与化学药物存在根本区别，不宜简单地套用《解释二》第七条第一款的解释规则。而且，我国在中药领域具有独特优势，采取与化学药物组合物不同的权利要求解释规则，符合中药产业发展实际，有利于保护中药领域的创新、推动行业的发展。因此，对于以“由……制成”等主要撰写方式的中药组合物权利要求的解释方法，原则上不适用第七条第一款的规定，而应当审查被诉侵权产品增加的技术特征对于技术问题的解决是否产生实质性影响。如未产生实质性影响，则一般认为被诉侵权产品落入专利权的保护范围。

（五）关于功能性特征解释

2009 年公布的专利法司法解释第四条确立了功能性特征解释的基本原则，即该功能或者效果的具体实施方式及其等同的实施方式。《解释二》第八条进一步明确了功能性特征的定义以及等同的实施方式认定规则。

第八条第一款的但书将“仅通过阅读权利要求即可直接、明确地确定实现上述功能或者效果的具体实施方式”的技术特征排除在功能性特征之外，包括但不限于变压器、放大器等。对于但书所称技术特征的认定，应注意基于本领域普通技术人员的认识水平和能力，由当事人进行举证。如果构成但书所述情形，则不属于专利法司法解释所称的功能性特征，相应地，无须适用“实施例＋等同”的功能性特征的解释规则。

第八条第二款明确了等同的实施方式认定规则。功能性特征与结构特征的等同认定有两点不同：一是对比基础不同。前者是说明书及附图记载的实现所述功能或效果不可缺少的结构特征，而后者是权利要求记载的特征本身。二是认定标准不同。前者要求功能、效果相同，而后者要求功能、效果基本相同。之所以如此规定，主要是考虑功能性特征本身是以功能或者效果表述的技术特征，其字面含义较为宽泛，加之大量的实用新型专利授权未经实质审查，如果对于功能、效果适用基本相同，则会不适当地扩张了专利权的保护范围。因此，《解释二》未采纳二次等同理论，亦即在以具体实施例为基点的一次等同之后，功能性特征的保护范围即已划定，不存在对于功能性特征所述功能或效果的二次等同问题，因此，第八条第二款采用了“相应技术特征与功能性特征相同或者等同”的表述。在等同认定尺度适当从严的同时，为了将专利申请日后新技术导致的等同替换手段涵盖进来，该条将侵权判断的时间点放宽至被诉侵权行为发生时。

（六）关于技术方案的放弃

2009年公布的专利法司法解释规定，专利权人在专利授权确权程序中放弃的技术方案，不能在专利侵权程序中通过等同原则将其再纳入专利权的保护范围。但是，何谓技术方案的放弃，实践中存在争议。理论上，放弃可以分为客观上的放弃与具有法律效果的放弃。严格地说，只有后者才能导致禁止反悔规则的适用，亦即权利人为了应对专利授权确权程序中权利有效性受到的挑战而作出的放弃，且该放弃被采信，才导致禁止反悔规则的适用，因此，《解释二》第十三条将被明确否定作为技术方案未放弃的认定要件。因专利行政诉讼可能推翻审查员对有关修改或陈述的认定，故该条所称被明确否定，包含专利审查和行政诉讼两个阶段。为增强可操作性，规定专利权人应对其主张的被明确否定负有证明责任，若证明不能，则应认定构成导致禁止反悔规则适用的放弃。

（七）关于外观设计的设计空间

《解释二》第十四条所称的设计空间，是指设计者在创作特定产品外观设计时的自由度。设计者在特定产品领域中的设计自由度通常要受到现有设计、技术、法律以及观念等多种因素的制约和影响，特定产品设计空间的大小与认定该外观设计产品的一般消费者对同类或者相近类产品外观设计的知识水平和认知能力具有密切关联。对于设计空间极大的产品领域而言，由于设计者的创作自由度较高，该产品领域内的外观设计必然形式多样、风格迥异，该外观设计产品的一般消费者就更不容易注意到比较细小的设计差别。相反，在设计空间受到很大限制的领域，由于创作自由度较小，该产品领域内的外观设计必然存在较多的相同或者相似之处，该外观设计产品的一般消费者通常会注意到不同设计之间的较小区别。

在考虑设计空间这一因素时，应该认识到，设计空间的大小是一个相对的概念。设计空间极大或者设计空间受到极大限制两种极端情形，设计空间对于外观设计近似性判断的影响较为凸显，但在此外的大多数外观设计侵权案件中，设计空间的作用实际上相对地被弱化，因此，在外观设计专利与被诉侵权设计相同或者相近似的判断中，应当注意避免对设计空间适用的泛化。第八条之所以规定设计空间，目的在于更加准确地确定一般消费者的知识水平和认知能力。

（八）关于发明专利临时保护期

发明专利实行早期公开、延迟审查制度，因此存在专利申请公布日与授权公告日之间的临时保护期。《专利法》第十一条规定的侵权行为均存在于专利权被授予之后，在性质上临时保护期内实施发明不属于侵权行为，因此，《解释二》第十八条第一款规定临时保护期使用费可以参照专利许可使用费合理确定。

专利申请公布日与专利授权公告日两时间点的保护范围大多不一致：一是被诉技术方案落入申请公布的范围，但未落入授权公告的范围。因未落入授权公告的范围，则不构成专利侵权，故没有给予临时保护之必要。二是被诉技术方案未落入申请公布的范围，但落入授权公告的范围。因临时保护期内公开的技术方案只能是申请公布的技术方案，而被诉技术方案又未落入该范围，故不应认为在临时保护期内实施了该发明。临时保护的性质在于，基于专利被授权，对此前早期公开的技术方案给予延伸保护。若脱离专利被授权，仅仅根据专利申请被公开就赋予其使用费主张权，尤其是在专利最终未被授权时，对专利申请人权利不恰当的扩张更为凸显。因此，《解释二》第十八条第二款规定，以均落入公布日、公告日两个保护范围作为在临时保护期内实施发明的构成要件。《专利法实施细则》第八十五条第二款以及《欧洲专利公约》第69.2条亦佐证了上述观点。

实践中争议较大的问题是，临时保护期内已制造、销售、进口的产品能否在专利授权公告日后销售、许诺销售或者使用？对此，起草中曾有两种意见。第一种意见认为，临时保护期内制造、销售、进口的产品不是侵权产品，专利权人无权在授权公告日之后禁止非侵权产品的后续销售、使用等行为；第二种意见认为，依照《专利法》第十一条的规定，专利权被授予后，专利权人可以禁止他人未经其许可的任何实施行为。使用、销售、许诺销售临时保护期内已制造、销售、进口的产品，不属于《专利法》第六十九条规定的不视为侵权的情形，故应依法被禁止。如果采用第一种意见，就可能导致行为人在临时保护期内囤积产品，待授权公告日后再销售的情况；如果采用第二种意见，则与临时保护期内制造的产品不是侵权产品的定性不符，对于被告过于严苛。因此，《解释二》第十八条作了折中，即以是否支付专利法第十三条规定的适当费用作为侵权与否的分界点。实践中，权利人可能在起诉时将制造者、使用者、销售者均作为共同被告，也可能仅起诉销售者，当销售者提出制造者已书面承诺支付适当费用的抗辩时，权利人才申请将制造者追加进来。对此，应当依照民事诉讼法及其司法解释的相应规定处理，《解释二》未再赘述。之所以规定书面承诺，一是为了增强操作性，二是为针对制造者、销售者、进口者可能提起的费用之诉提供依据。

（九）关于销售

对于《专利法》第十一条规定的销售的界定，起草中曾有三种意见：合同成立说、合同生效说和标的物交付说。因许诺销售在性质上系销售者的单方意思表示，故当买卖双方达成合意时，即不再属于许诺销售的范畴。若采合同生效说，则生效前的合同订立行为仍被界定为许诺销售，这与许诺销售的性质不符。合同成立虽不当然生效，但买卖合同是否生效涉及的是买卖双方权利义务的拘束力问题，不等于专利法意义上的销售也必须严格地以此为标准。若合同成立后未交付产品，则不产生应赔偿的损失，但不影响已构成销售的定性。《解释二》第十九条采用合同成立说，其意义在于厘清销售与许诺销售的法律界限。

（十）关于教唆、帮助侵权

《侵权责任法》第八条规定，二人以上共同实施侵权行为，造成他人损害的，应当承担连带责任。第九条规定，教唆、帮助他人实施侵权行为的，应当与行为人承担连带责任。由此可见，上述两个法条所涉及的行为均应承担连带责任，但教唆、帮助行为并不以共同过错为构成要件。实践中的突出问题是，帮助者与最终实施发明的人之间没有意思联络，明知其提供的零部件等只能用于生产侵犯专利权的产品，而仍然提供给最终实施发明的人实施。鉴于帮助者主观上明知，恶意明显，且其提供的零部件等是发明创造最终实施的专用品，故《解释二》第二十一条第一款将其纳入《侵权责任法》第九条调整的范围。该条第二款针对的是教唆侵权，其构成要件除了明知，主要是积极诱导，该款所称产品不要求必须是专用品。实践中，需要注意积极诱导与正常传授技术的区别。将教唆、帮助他人实施侵犯专利权的行为予以规制，是侵权责任法适用的应有之义，并非在现行法律框架之外给予专利权人以额外的保护，符合我国加强专利权保护的客观实际。

需要强调的是，间接侵权应当以直接侵权为前提，故条文表述为“实施了”侵犯专利权的行为，但并不意味着，在提起间接侵权诉讼之前，必须存在认定直接侵权成立的裁判。此时，则面临是否将间接侵权人和直接侵权人作为共同被告的问题。考虑到可能存在直接侵权人已经被在先裁判认定的情况，人民法院可以根据具体案情依法决定是否作为共同被告，本条未再赘述。但是，从实际操作看，无论是查明案件事实，还是连带责任的确定，乃至判决的执行，将直接侵权人和间接侵权人作为共同被告，效果可能更好。

（十一）关于现有技术（设计）的界定标准

专利权系依据修改前的专利法（以下简称旧法）被授予，被诉专利侵权行为发生在现行专利法（以下简称新法）施行之后，因新法将现有技术的范围扩大到域外使用公开，故如何界定该现有技术抗辩中的现有技术存在争议。一种意见认为，旧法采相对新颖性标准界定现有技术，但新法提高了授权标准，扩大了可以导致新颖性丧失的情形。有些依据旧法获得授权的专利，若适用新法是不能被授权的。实际上，专利权人已经获得了额外的法律保护。新法施行后，就不宜让这种额外的保护继续。针对新法施行后发生的被诉侵权行为，被告主张现有技术抗辩，应依据新法界定现有技术。另一种意见认为，依据旧法已经被授予的专利权，其获得的保护程度不能因专利法的事后修改而改变，否则，不符合法不溯及既往的基本法理。为保持专利权效力的一致性，《解释二》第二十二条采纳了第二种意见。需要指出的是，该条所称申请日包含优先权日，也就是说，有优先权日的，适用优先权日。

（十二）关于在后专利权抗辩

1993年8月16日，最高人民法院就《北京市高级人民法院关于天津市东郊农牧场诉中国人民解放军某工厂专利侵权上诉案有关问题的请示》作出（93）经他字第20号批复。该批复认为，人民法院不应当仅以被告拥有专利权为由，不进行是否构成专利侵权的分析判断即驳回原告的诉讼请求，而应当分析被告拥有专利权的具体情况以及与原告专利权的关系，从而判定是否构成侵权。为清理此仅存的批复类司法解释，《解释二》第二十三条将该批复精神予以吸收，并在表述上稍作调整。

（十三）关于标准实施抗辩

专利侵权诉讼中，被诉侵权人以实施标准为由主张不停止实施行为的法律问题较为典型。该抗辩是否成立，取决于标准实施人的主观状态，即其对标准所涉及专利的知悉程度，而该知悉程度则是由标准对专利信息的披露情况决定的。因此，《解释二》第二十四条在专利信息披露背景下探究当事人的主观过错，进而确定是否判令停止标准实施行为以及民事责任的承担，这仍属于专利法和侵权责任法的视角，并不直接涉及竞争法的问题。

《解释二》第二十四条第一款、第二款分别从被诉侵权人、权利人两个主体出发，根据其主观过错有无及大小确定其主张是否成立，亦即标准实施行为是否应当被判令停止的定性问题。需要说明的是，条文仅设定在标准明示所涉必要专利这个前提下，但不能据此反向推导标准未明示所涉必要专利的认定规则。其中，该条第二款将专利许可条件的谈判与侵权定性（禁令颁发）联系起来，并且根据标准必要专利的法律性质，视专利权人、被诉侵权人在专利许可谈判中各自不同的地位，对其过错程度进行了区分，即专利权人故意违反导致合同无法达成，而被诉侵权人无明显过错，以使注意义务与法律责任基本对应，并与权利性质相匹配。需要注意的是，第二款所称“专利权人、被诉侵权人协商该专利的实施许可条件时”，并未明确何人负有首先启动协商程序的义务，需要结合具体案情确定。

《解释二》第二十四条第三款规定的专利许可条件，是指仅对标准实施人在专利侵权诉讼中据此提出抗辩后承担的许可条件如何定量的问题，并不直接规制单纯的标准必要专利许可条件之诉，因此，该款中的实施许可条件增加了“本条第二款所称”的限定。但是，对于标准必要专利许可条件之诉中许可条件的确定，具有重要的参考价值。

鉴于标准必要专利的问题较为复杂，《解释二》摒弃了此前大而全的起草思路，仅就各方能形成共识的典型问题予以明确，而对于争议较大的问题暂不涉及。特别是2013年12月国家标准化管理委员会、国家知识产权局发布的《国家标准涉及专利的管理规定（暂行）》完善了专利信息披露程序，明确了国家标准中涉及的专利应当是必要专利。为保持与上述暂行规定的一致性，《解释二》仅规定推荐性标准（即非强制性标准）及其明示所涉专利的情形。对于上述暂行规定未涉及的标准未披露专利信息、强制性标准、国际标准等问题，将留给司法实践逐步解决。

（十四）关于合法来源抗辩

《专利法》第七十条规定，使用者、许诺销售者、销售者合法来源抗辩成立时，免除其赔偿责任。争议在于，善意的使用者在证明合法来源且已支付合理对价的情况下是否还应停止使用。实践中，侵权产品的使用者通常不知道也不应当知道其购买的是侵权产品，因使用者在侵权行为链条的末端，容易被权利人发现，故权利人往往选择起诉使用者。即使制造者、销售者和使用者均为共同被告，若依照《专利法》第七十条，使用者仅免除赔偿损失的责任，其仍应承担停止使用的侵权责任。若不停止使用，则需支付专利使用费，作为不停止使用的替代。然而，使用者在购买侵权产品时已经支付了对价，实际上等于使用者要支付双份的对价。调研发现，近年来以广大使用者为被告的关联案件明显增多，上述现象较为突出。为厘清专利权与其他民事权利的法律边界，根据利益平衡原则，《解释二》第二十五条通过但书将善意使用者予以排除。

在起草中，曾有一种意见认为，该条免除了善意使用者不停止使用的责任，与《专利法》第七十条存在冲突；另一种意见认为，在制度本意上，设立合法来源抗辩制度是为了打击侵权源头，而制造者才是侵权的主要源头。TRIPs 协议亦未要求善意使用的行为应被禁止。使用者在主观上是善意的，在客观上提供了合法来源，且在获得该侵权产品时向销售者支付了合理对价，理应阻却专利权禁止力的延伸。专利权排他性强，但不等于可以无限扩张。专利法不仅仅是专利权人的法，一味地、过分地强调专利权人单方的利益，置善意使用者的正当利益于不顾，将侵占善意使用者的合理空间、妨碍交易安全，这并非《专利法》第七十条的原意，也有违利益平衡的法律基本精神。在征求有关立法部门意见的基础上，《解释二》采纳了第二种意见。

若权利人反证证明使用者未支付对价或对价明显不合理，则不符合免除停止侵权的构成要件，使用者仍应承担停止使用的民事责任，除非属于《解释二》第二十六条规定的损害国家利益、公共利益的除外情形。《解释二》第二十五条第一款所称合理对价，是指与专利产品基本相当或略低于专利产品的交易价格或交易条件。如果该对价明显低于专利产品的交易价格或条件，通常可以推定购买者应当知道所购产品并非专利产品。

《解释二》第二十五条第三款所称符合交易习惯，是指应根据交易的主体是自然人、个体户或公司，标的物价款的高低，行业或区域的普遍交易方式等认定诉争案件中的交易习惯，进而确定对合法来源的证据要求。实际操作中，应当注意既要避免一律要求合法来源抗辩人提供正规发票，也要防止对合法来源证据认定过宽，导致合法来源抗辩成为逃避侵权制裁的一个出口。

（十五）关于不判令停止被诉行为

通常情况下，侵权人应当承担停止侵权的法律责任。但是，如果侵权人停止行为将损害国家利益、公共利益，法院也可以不判令其停止被诉行为，而代之以支付合理的使用费，此为国内外司法实践的通例。关于侵权责任的承担方式，专利法没有明确规定，但《侵权责任法》第十五条规定承担侵权责任的方式，可以单独适用，也可以合并适用。《解释二》第二十六条属于在个案中对民事责任承担方式的确定，是侵权责任法等法律适用的应有之义。虽然专利法规定了专利强制许可制度，但《解释二》第二十六条与专利强制许可制度并行不悖。若将行政机关颁发强制许可作为民事侵权诉讼的前置程序，则将导致民事诉讼的中止，人为地将救济程序复杂化，不利于及时定分止争。需要指出的是，只有在损害国家利益、公共利益等极特殊的例外情况下，法院才不判令停止被诉行为，停止侵权仍是专利侵权责任承担的基本方式。

（十六）关于侵权获利的举证

近年来，知识产权侵权案件的赔偿数额较低，备受社会各界关注，赢了官司丢了市场的现象日益凸显。究其原因，赔偿低和举证难是紧密关联的两个问题，导致侵权案件赔偿数额较低的主要原因是有关损失或获利的证据不足，也就是举证难的问题。由于专利侵权的隐蔽性，很多侵权证据由侵权人掌握，而权利人难以取得，也就是说，权利人和侵权人对于侵权证据的举证难易存在较大差别。因此，举证难、赔偿低问题的根本解决，不在于替权利人举证或者简单地提高法定赔偿数额，而应当是制定一套符合知识产权诉讼特点的举证规则。

《解释二》第二十七条对专利侵权诉讼中有关赔偿数额的举证规则进行了一定程度的完善。《专利法》第六十五条明确了赔偿数额的计算顺序，即损失、获利、许可费、法定赔偿次第确定。实践中，权利人对其因被侵权所受到的实际损失通常难以举证。依照《专利法》第六十五条第一款，应当进而确定侵权人因侵权所获得的利益。对此，在参考《商标法》第六十三条第二款有关证据妨碍规定的基础上，根据专利权人的初步举证以及侵权人掌握相关证据的情况，将有关侵权人获利的举证义务分配给侵权人，并将此与《专利法》第六十五条规定的赔偿额计算顺序相衔接。需要指出的是：第一，该条所称初步证据，可以包括侵权人自己对侵权获利乃至公司整体营利的宣传资料、网站介绍、公司年报等，对权利人的举证要求不宜过严；第二，该规则的适用需以满足两个条件为前提，即以权利人初步举证被告的获利情况，且与专利侵权行为相关的账簿、资料主要由侵权人掌握。若上述两条件均不满足，则无法进行证据妨碍推定，导致侵权获利难以确定。依照《专利法》第六十五条，进而需要确定是否可以参照专利许可费确定赔偿数额。

（十七）关于赔偿数额或计算方法的约定

实践中，侵权人在收到权利人的侵权指控后，为尽快平息纠纷，往往就赔偿问题自愿作出承诺，但又在此后的专利侵权诉讼中主张其承诺无效。对此，《解释二》第二十八条规定约定赔偿可以作为确定赔偿数额的一种方式。该条在适用中，应当注意如下三个问题：

第一，约定赔偿在性质上不属于侵权责任与违约责任的竞合。《合同法》第一百二十二条所规定的违约责任与侵权责任发生竞合的前提是当事人双方之间存在基础交易合同关系，基于该交易合同关系，一方当事人的违约行为侵害了对方权益而产生侵权责任。因此，该规定中的违约行为是指对基础交易合同约定义务的违反，且该违约行为同时侵害了对方权益，而不是指对侵权行为发生前后当事人就如何承担赔偿责任所作约定的违反。侵权责任法、专利法等法律并未禁止权利人与侵权人就侵权责任的方式、侵权赔偿数额等作出约定。这种约定的实质是，双方就未来或已经发生的侵权赔偿达成的一种简便的确定方法。当事人基于举证困难、诉讼耗时费力等因素的考虑，自愿对侵权赔偿数额作出约定，这是意思自治的体现，并不违反法律、行政法规的强制性规定，应当认为构成《专利法》第六十五条规定的四种赔偿计算方式之外的另一种独立的赔偿确定方式。这种约定既包括侵权行为发生后的事后约定，也包括侵权行为发生前的事先约定。

第二，虽然《解释二》第二十八条所称约定赔偿在性质上不属于侵权责任与违约责任的竞合，但不意味着该条不涉及合同法的适用。该条所称依法约定，主要是指合同法，亦即人民法院应当依据合同法审查当事人的上述约定是否存在无效、可变更或撤销的情形。如约定不符合合同法有关效力问题的规定，则不属于第二十八条所称的依法约定，自然也不能成为确定赔偿数额的依据。但是，一旦上述约定符合合同法等法律的规定，就成为当事人确定赔偿数额的“法律”，当事人不得以约定数额比实际损失或获利过高或过低反过来主张约定无效。

第三，权利人和侵权人均可以主张依据该约定确定赔偿数额。虽然实践中大多是权利人主张依据约定确定赔偿数额，而侵权人主张约定过分高于其实际获利，但是，如前所述，既然约定是平等市场主体自愿达成的合意，对于双方当事人而言，依据该约定确定赔偿数额的主张机会应当是均等的，亦即如果侵权人主张依据约定确定赔偿数额，权利人同理不能以约定数额明显低于侵权人获利为由主张不依约确定赔偿数额，除非权利人证明该约定不符合法律规定。

（十八）关于专利无效决定对既判力的影响

根据《专利法》第四十七条第二款的规定，宣告专利权无效的决定，对在宣告专利权无效前人民法院作出并已执行的专利侵权的判决、调解书，不具有追溯力。此处的宣告专利权无效的决定，应当理解为产生法律拘束力的专利无效决定，亦即如当事人启动对无效决定司法审查的，需等待专利无效行政诉讼终审认定专利无效。但是，对于专利无效宣告与专利侵权判决孰前孰后的判断，仍应当以专利复审委员会作出专利无效宣告请求审查决定书之日为准。

《解释二》第二十九条是关于依据尚未被司法审查的无效决定申请再审的规定。实践中，专利复审委员会作出的宣告专利权无效的决定被人民法院裁判推翻的比例较低，即使无效决定尚未被司法审查，但为减少专利最终无效后因继续执行导致的执行回转，仍赋予该无效决定一定程度上对抗判决、调解书的效力，即该条第一款规定的“裁定中止审查，并中止原判决、调解书的执行”。又因该专利无效决定尚未被司法审查，故为平衡专利权人与侵权人的执行利益，避免中止原判决、调解书执行可能产生的副作用，参照最高人民法院《关于适用〈中华人民共和国民事诉讼法〉执行程序若干问题的解释》第十六条关于执行异议的规定，《解释二》第二十九条第二款规定，在人民法院已经裁定中止执行的情况下，专利权人可以在提供担保后请求继续执行。对此，侵权人则可通过反担保请求中止执行以制衡。当专利权被最终确定是否有效后，人民法院可执行担保或反担保财产，以避免执行利益落空。

《解释二》第三十条是关于依据未启动司法审查或经司法审查终结的专利无效决定申请再审或终结执行的规定。在认定专利侵权成立的裁判文书虽未被撤销，但该文书所认定的受侵害的专利权已被依法宣告无效的情况下，如果被告只能在通过审判监督程序撤销原侵权判决后再申请终结执行，不仅浪费诉讼程序，还徒增当事人的诉讼成本，不利于及时定分止争。因此，从及时给予当事人司法救济的角度出发，通过对民事诉讼法规定的终结执行适当解释，以便执行法院在当事人以专利权已经全部无效为由申请终结执行时，直接裁定终结执行，不需等待原执行依据的撤销。同时，终结执行不影响原专利侵权判决的被告另行通过审判监督程序申请撤销原判决。

（十九）关于新旧司法解释的衔接

《解释二》系在2009年公布的专利法司法解释的基础上，对专利侵权判定标准的进一步丰富和细化，故标题表述为“解释（二）”，旨在为将来的系列专利法司法解释预留空间，以便专利侵权司法解释的体系化。因2001年、2009年发布的两个专利法司法解释与《解释二》不存在内容上的抵触，故不存在《解释二》取代上述两个司法解释的问题。

（二十）关于司法解释的溯及力

关于《解释二》施行后尚未审结的专利侵权纠纷案件是否适用该司法解释的问题，《解释二》未作规定，主要原因是：与一般民事权利不同的是，专利权基于行政授权而产生，其保护范围以权利要求的内容为准，然而，专利申请人在撰写权利要求时无法预见到专利申请日之后权利要求解释规则的变化。《解释二》涉及功能性特征、封闭式权利要求、数值特征特意排除等多个新的解释规则，若溯及既往，则对专利权人有失公允。若将溯及力的时间点设为申请日，因专利的保护期长达二十年或十年，众多的专利侵权纠纷不能适用本解释，则会削弱司法解释的作用。鉴于可能遇到溯及力的案件并不多，在征求有关立法机关意见的基础上，《解释二》

未再涉及此问题，留待将来在个案中研究解决。

除了前文所述的法律问题，在起草过程中，征求意见稿还对其他一些问题曾予规定。比如，专利抵触申请抗辩、生产经营目的等，最终由于现行专利法的限制等原因，未能写入《解释二》，但并不意味着征求意见稿在某些问题上的观点是错误的。有些可能在今后的司法政策、典型案例中予以体现，有些可能需要进一步研究论证、统一认识，还有些是专利法本身的深层次问题，需要在本次或以后的专利法修订中予以重点关注。

司法解释来源于审判实践，来源于全国法院大量鲜活的案例，正是从这个意义上讲，司法解释是立法的先导。专利法司法解释不仅仅是法官审理专利案件适用的依据，更在填补法律漏洞、细化法律标准等方面发挥着重要作用，构成了我国专利法律制度的有机组成部分。专利法司法解释的施行，将进一步验证和完善有关法律规则，为专利法的修订奠定更为扎实的基础。

第五部分　反不正当竞争　反垄断

最高人民法院
关于审理不正当竞争民事案件应用法律若干问题的解释

法释〔2007〕2号

（2006年12月30日最高人民法院审判委员会第1412次会议通过 2007年1月12日最高人民法院公告公布 自2007年2月1日起施行）

为了正确审理不正当竞争民事案件，依法保护经营者的合法权益，维护市场竞争秩序，依照《中华人民共和国民法通则》《中华人民共和国反不正当竞争法》《中华人民共和国民事诉讼法》等法律的有关规定，结合审判实践经验和实际情况，制定本解释。

第一条 在中国境内具有一定的市场知名度，为相关公众所知悉的商品，应当认定为反不正当竞争法第五条第（二）项规定的“知名商品”。人民法院认定知名商品，应当考虑该商品的销售时间、销售区域、销售额和销售对象，进行任何宣传的持续时间、程度和地域范围，作为知名商品受保护的情况等因素，进行综合判断。原告应当对其商品的市场知名度负举证责任。

在不同地域范围内使用相同或者近似的知名商品特有的名称、包装、装潢，在后使用者能够证明其善意使用的，不构成反不正当竞争法第五条第（二）项规定的不正当竞争行为。因后来的经营活动进入相同地域范围而使其商品来源足以产生混淆，在先使用者请求责令在后使用者附加足以区别商品来源的其他标识的，人民法院应当予以支持。

第二条 具有区别商品来源的显著特征的商品的名称、包装、装潢，应当认定为反不正当竞争法第五条第（二）项规定的“特有的名称、包装、装潢”。有下列情形之一的，人民法院不认定为知名商品特有的名称、包装、装潢：

（一）商品的通用名称、图形、型号；

（二）仅仅直接表示商品的质量、主要原料、功能、用途、重量、数量及其他特点的商品名称；

（三）仅由商品自身的性质产生的形状，为获得技术效果而需有的商品形状以及使商品具有实质性价值的形状；

（四）其他缺乏显著特征的商品名称、包装、装潢。

前款第（一）、（二）、（四）项规定的情形经过使用取得显著特征的，可以认定为特有的名称、包装、装潢。

知名商品特有的名称、包装、装潢中含有本商品的通用名称、图形、型号，或者直接表示商品的质量、主要原料、功能、用途、重量、数量以及其他特点，或者含有地名，他人因客观叙述商品而正当使用的，不构成不正当竞争行为。

第三条 由经营者营业场所的装饰、营业用具的式样、营业人员的服饰等构成的具有独特风格的整体营业形象，可以认定为反不正当竞争法第五条第（二）项规定的“装潢”。

第四条 足以使相关公众对商品的来源产生误认，包括误认为与知名商品的经营者具有许可使用、关联企业关系等特定联系的，应当认定为反不正当竞争法第五条第（二）项规定的“造成和他人的知名商品相混淆，使购买者误认为是该知名商品”。

在相同商品上使用相同或者视觉上基本无差别的商品名称、包装、装潢，应当视为足以造成和他人知名商品相混淆。

认定与知名商品特有名称、包装、装潢相同或者近似，可以参照商标相同或者近似的判断原则和方法。

第五条 商品的名称、包装、装潢属于商标法第十条第一款规定的不得作为商标使用的标志，当事人请求依照反不正当竞争法第五条第（二）项规定予以保护的，人民法院不予支持。

第六条 企业登记主管机关依法登记注册的企业名称，以及在中国境内进行商业使用的外国（地区）企业名称，应当认定为反不正当竞争法第五条第（三）项规定的“企业名称”。具有一定的市场知名度、为相关公众所知悉的企业名称中的字号，可以认定为反不正当竞争法第五条第（三）项规定的“企业名称”。

在商品经营中使用的自然人的姓名，应当认定为反不正当竞争法第五条第（三）项规定的“姓名”。具有一定的市场知名度、为相关公众所知悉的自然人的笔名、艺名等，可以认定为反不正当竞争法第五条第（三）项规定的“姓名”。

第七条 在中国境内进行商业使用，包括将知名商品特有的名称、包装、装潢或者企业名称、姓名用于商品、商品包装以及商品交易文书上，或者用于广告宣传、展览以及其他商业活动中，应当认定为反不正当竞争法第五条第（二）项、第（三）项规定的“使用”。

第八条 经营者具有下列行为之一，足以造成相关公众误解的，可以认定为反不正当竞争法第九条第一款规定的引人误解的虚假宣传行为：

（一）对商品作片面的宣传或者对比的；

（二）将科学上未定论的观点、现象等当作定论的事实用于商品宣传的；

（三）以歧义性语言或者其他引人误解的方式进行商品宣传的。

以明显的夸张方式宣传商品，不足以造成相关公众误解的，不属于引人误解的虚假宣传行为。

人民法院应当根据日常生活经验、相关公众一般注意力、发生误解的事实和被宣传对象的实际情况等因素，对引人误解的虚假宣传行为进行认定。

第九条 有关信息不为其所属领域的相关人员普遍知悉和容易获得，应当认定为反不正当竞争法第十条第三款规定的“不为公众所知悉”。

具有下列情形之一的，可以认定有关信息不构成不为公众所知悉：

（一）该信息为其所属技术或者经济领域的人的一般常识或者行业惯例；

（二）该信息仅涉及产品的尺寸、结构、材料、部件的简单组合等内容，进入市场后相关公众通过观察产品即可直接获得；

（三）该信息已经在公开出版物或者其他媒体上公开披露；

（四）该信息已通过公开的报告会、展览等方式公开；

（五）该信息从其他公开渠道可以获得；

（六）该信息无需付出一定的代价而容易获得。

第十条 有关信息具有现实的或者潜在的商业价值，能为权利人带来竞争优势的，应当认定为反不正当竞争法第十条第三款规定的“能为权利人带来经济利益、具有实用性”。

第十一条 权利人为防止信息泄漏所采取的与其商业价值等具体情况相适应的合理保护措施，应当认定为反不正当竞争法第十条第三款规定的“保密措施”。

人民法院应当根据所涉信息载体的特性、权利人保密的意愿、保密措施的可识别程度、他人通过正当方式获得的难易程度等因素，认定权利人是否采取了保密措施。

具有下列情形之一，在正常情况下足以防止涉密信息泄漏的，应当认定权利人采取了保密措施：

（一）限定涉密信息的知悉范围，只对必须知悉的相关人员告知其内容；

（二）对于涉密信息载体采取加锁等防范措施；

（三）在涉密信息的载体上标有保密标志；

（四）对于涉密信息采用密码或者代码等；

（五）签订保密协议；

（六）对于涉密的机器、厂房、车间等场所限制来访者或者提出保密要求；

（七）确保信息秘密的其他合理措施。

第十二条 通过自行开发研制或者反向工程等方式获得的商业秘密，不认定为反不正当竞争法第十条第（一）、（二）项规定的侵犯商业秘密行为。

前款所称“反向工程”，是指通过技术手段对从公开渠道取得的产品进行拆卸、测绘、分析等而获得该产品的有关技术信息。当事人以不正当手段知悉了他人的商业秘密之后，又以反向工程为由主张获取行为合法的，不予支持。

第十三条 商业秘密中的客户名单，一般是指客户的名称、地址、联系方式以及交易的习惯、意向、内容等构成的区别于相关公知信息的特殊客户信息，包括汇集众多客户的客户名册，以及保持长期稳定交易关系的特定客户。

客户基于对职工个人的信赖而与职工所在单位进行市场交易，该职工离职后，能够证明客户自愿选择与自己或者其新单位进行市场交易的，应当认定没有采用不正当手段，但职工与原单位另有约定的除外。

第十四条 当事人指称他人侵犯其商业秘密的，应当对其拥有的商业秘密符合法定条件、对方当事人的信息与其商业秘密相同或者实质相同以及对方当事人采取不正当手段的事实负举证责任。其中，商业秘密符合法定条件的证据，包括商业秘密的载体、具体内容、商业价值和对该项商业秘密所采取的具体保密措施等。

第十五条 对于侵犯商业秘密行为，商业秘密独占使用许可合同的被许可人提起诉讼的，人民法院应当依法受理。

排他使用许可合同的被许可人和权利人共同提起诉讼，或者在权利人不起诉的情况下，自行提起诉讼，人民法院应当依法受理。

普通使用许可合同的被许可人和权利人共同提起诉讼，或者经权利人书面授权，单独提起诉讼的，人民法院应当依法受理。

第十六条 人民法院对于侵犯商业秘密行为判决停止侵害的民事责任时，停止侵害的时间一般持续到该项商业秘密已为公众知悉时为止。

依据前款规定判决停止侵害的时间如果明显不合理的，可以在依法保护权利人该项商业秘密竞争优势的情况下，判决侵权人在一定期限或者范围内停止使用该项商业秘密。

第十七条 确定反不正当竞争法第十条规定的侵犯商业秘密行为的损害赔偿额，可以参照确定侵犯专利权的损害赔偿额的方法进行；确定反不正当竞争法第五条、第九条、第十四条规定的不正当竞争行为的损害赔偿额，可以参照确定侵犯注册商标专用权的损害赔偿额的方法进行。

因侵权行为导致商业秘密已为公众所知悉的，应当根据该项商业秘密的商业价值确定损害赔偿额。商业秘密的商业价值，根据其研究开发成本、实施该项商业秘密的收益、可得利益、可保持竞争优势的时间等因素确定。

第十八条 反不正当竞争法第五条、第九条、第十条、第十四条规定的不正当竞争民事第一审案件，一般由中级人民法院管辖。

各高级人民法院根据本辖区的实际情况，经最高人民法院批准，可以确定若干基层人民法院受理不正当竞争民事第一审案件，已经批准可以审理知识产权民事案件的基层人民法院，可以继续受理。

第十九条 本解释自二〇〇七年二月一日起施行。

《关于审理不正当竞争民事案件应用法律若干问题的解释》的理解与适用*

一、问题的提出

最高人民法院法释〔2007〕2 号《关于审理不正当竞争民事案件应用法律若干问题的解释》(以下简称本解释),经最高人民法院审判委员会第 1412 次会议通过,已于 2007 年 1 月 12 日公布,自 2007 年 2 月 1 日起施行。

1993 年 12 月 1 日施行的《反不正当竞争法》,是我国保护知识产权和维护市场竞争秩序的一部重要法律,其内容还涉及《保护工业产权巴黎公约》等有关规定的国内落实。该法施行以来,人民法院审理了一大批不正当竞争民事案件。审理不正当竞争案件已经成为人民法院知识产权审判工作的重要组成部分,也积累了较为丰富的审判经验。但是,《反不正当竞争法》的一些条文规定得比较原则,在理解和适用上常常产生分歧,且近年来我国市场经济有了迅速的发展,市场竞争出现了前所未有的新形势,审判实践中遇到的新情况和新问题层出不穷。因此,如何在总结审判经验的基础上,根据市场经济新形势的要求,正确适用法律,制裁不正当竞争行为,保护相关知识产权和规范市场秩序,已经成为人民法院审理不正当竞争案件中的突出问题。为总结审判经验,细化和明确法律的具体应用标准,确保裁判标准的一致性,加强相关知识产权保护和维护公平竞争的市场秩序,最高人民法院制定了本解释。

二、理解与适用

(一)关于仿冒行为

1. 擅自使用知名商品特有的名称、包装、装潢的行为。

《反不正当竞争法》第五条第(二)项禁止“擅自使用知名商品特有的名称、

---

* 蒋志培、王永昌,原载《人民司法·应用》2007 年第 5 期。

包装、装潢，或者使用与知名商品近似的名称、包装、装潢，造成和他人的知名商品相混淆，使购买者误认为是该知名商品”的不正当竞争行为。按照该项规定，此类不正当竞争行为涉及擅自使用、知名商品、特有的名称、包装和装潢以及混淆误认的诸项构成要素。准确认定这些要素是认定此类不正当竞争行为的关键点。为此，本解释对于这些构成要素进行了具体的界定。同时，考虑到知名商品特有的名称、包装和装潢与注册商标同属于商品来源的标识的范畴，根据同类情况同样处理的民事法律适用规则，本解释在界定上述构成要素时参照了商标法律、行政法规和司法解释的相关规定。

(1) 关于知名商品的认定。

本解释明确了“知名商品”的认定标准和考量因素。本解释第一条第一款将“知名商品”解释为“在中国境内具有一定的市场知名度，为相关公众所知悉的商品”。首先，商品特有的名称、包装和装潢只有在中国境内具有知名度，才可能受法律保护。这种知名度通常都是因为在中国市场内生产、销售或者从事其他经营活动（如广告等）而产生的。如果在国外具有较高知名度而在中国境内不具有知名度，就不受中国法律的保护。这显然是由知识产权保护的地域性所决定的。其次，商品的知名度只是在相关公众中的知名度，即根据商品的属性和特点，在相关的经营者或者消费者中的知名度，而并不要求在所有的市场内或者人群中都达到知名的程度。再次，就地域范围而言，只要在特定的地域内知名就可以达到知名的要求，无须全国知名。

对于如何认定商品是否知名，主张推定知名，即只要商品特有的名称、包装和装潢被他人擅自使用，就推定其具有知名度。我们主张举证证明，即知名商品既然是此类不正当竞争行为的构成要件，按照“谁主张、谁举证”的原则，是否知名仍需要通过举证证明。司法实践中大多数法院采取的是该种意见。本解释明确规定“原告应当对其商品的市场知名度负举证责任”。同时，为便于法院判断和当事人举证，本解释第一条第一款对于认定知名商品的具体因素作出了规定，在审理此类案件时，当事人应当围绕这些因素进行举证，法院要根据案件的具体情况，在综合考虑这些要素的基础上对于是否知名进行判断和认定。

(2) 关于保护知名商品特有名称、包装和装潢的地域范围。

对此曾有不同的意见。一种意见认为，知名商品的保护是一种在知名的地域范围内进行的保护，即知名范围与保护范围是一致的，超出知名的地域范围就不受保护。另一种意见认为，知名商品的知名范围可能只是特定的地域，但保护范围应当及于全国，即一旦被认定为知名商品，不论是否为一定地域范围内的知名，均在全国范围内给予保护。确定知名商品特有名称、包装和装潢受保护的地域范围，必须根据其法律属性。一方面，尽管知名商品特有名称、包装和装潢与注册商标都属于商业标识的范畴，但在保护范围的确定上仍然有其差异。注册商标因注册行为而在全国范围内受保护，但知名商品特有名称、包装和装潢的保护则是因具有知名度的使用而产生的保护，两者的保护范围不能简单地等同，因此一律在全国范围内给予保护的主张不符合此类保护的属性。另一方面，仅仅在知名的地域范围内给予保护，同样不利于制止违反诚实信用的不正当竞争行为，也不尽符合《反不正当竞争法》有关规定的立法本意。为此，关于知名商品特有的名称、包装、装潢的保护，按照本解释的规定，只要在一定市场范围为相关公众知悉即达到“知名”的要求，而不必要求在全国范围知名。虽然对知名商品的保护首先和主要在知名的地域获得，但人民法院应当主要考虑当事人所实施行为的正当性。凡是属于恶意模仿的，即使超出知名商品知名的范围，也可以认定构成仿冒知名商品的不正当竞争；凡是属于善意使用的，就不应受到追究，而从规范市场秩序出发，可以要求在后使用人附加区别性标识。

据此，本解释立足于制止不正当竞争和防止市场混淆的立法意图，采取了一种折中性的思路。首先，对于知名商品特有的名称、包装和装潢主要在其知名的地域范围内进行保护，但并不以此为限。即使在他人知名的地域范围之外，倘若恶意使用（擅自使用）他人知名商品特有的名称、包装和装潢，也可以认定构成不正当竞争行为。因为这种行为可能阻碍他人潜在的市场进入。其次，不知道他人在先存在的知名商品特有的名称、包装和装潢，在不同的地域使用相同或者近似的商品名称、包装和装潢的，构成善意使用，不应当认定为不正当竞争行为。因为既然对于知名商品特有名称、包装和装潢的保护是基于使用的保护，而并不当然扩展到全国范围，在我国地域广阔的情况下，不同地区的经营者善意使用相同或者近似商品名称、包装和装潢的情形在所难免，认定善意使用也构成不正当竞争显然是不公平的。据此，本解释第一条第二款规定：“在不同地域范围内使用相同或者近似的知名商品特有的名称、包装、装潢，在后使用者能够证明其善意使用的，不构成反不正当竞争法第五条第（二）项规定的不正当竞争行为。”当然，构成善意使用，必须由在后使用者证明其不知道在先使用的存在，且两者分别存在于不同的地域。再次，本来属于在不同地域范围内的善意使用，但随着一方或者双方经营范围的扩大，致使本来互不交叉重合的适用范围形成了重合交叉。倘若对于此种交叉重合不予妥善处理，同样会导致购买者的市场混淆和市场竞争秩序的混乱，也不利于当事人自身的正常经营。根据当事人善意使用的实际，本解释第二条第二款特别规定：

“因后来的经营活动进入相同地域范围而使其商品来源足以产生混淆，在先使用者请求责令在后使用者附加足以区别商品来源的其他标识的，人民法院应当予以支持。”这种由在后使用者附加区别性标识，只是一种法律上的负担，而不属于民事责任，其目的是使客观上足以产生市场混淆的商品能够因为另外附加的显著性区别标识而区别开来，从而有利于正常的市场竞争和保护购买者的合法权益。这种区别性标识可以是另外附加醒目的文字标注、图形等。

（3）关于知名商品的名称、包装、装潢的特有性的认定。

《反不正当竞争法》第五条第（二）项规定的知名商品名称等的“特有”，相当于《商标法》所规定的商标的“显著性”，主要是指区别商品来源的显著特性，或者说就是其区别性。据此，本解释第二条第一款规定：“具有区别商品来源的显著特征的商品名称、包装、装潢，应当认定为反不正当竞争法第五条第（二）项规定的特有名称、包装、装潢。”为便于认定特有性，本解释参照《商标法》第十一条和第十二条有关不具有显著性的标志不能作为商标注册的规定，列举了四种不认定为知名商品特有的名称、包装、装潢的情形，即：（1）商品的通用名称、图形、型号；（2）仅仅直接表示商品的质量、主要原料、功能、用途、重量、数量及其他特点的商品名称；（3）仅由商品自身的性质产生的形状，为获得技术效果而需有的商品形状以及使商品具有实质性价值的形状；（4）其他缺乏显著性的商品名称、包装、装潢。其中，第（3）种涉及功能性，不适宜排他性使用，因而不能获得特有性保护，而（1）、（2）、（4）种情形虽然本来不具有显著性，但经过使用取得显著特征的，可以认定为具有特有性。这种经使用而取得的显著性，就是所谓的取得第二含义或者其他含义，即在原来的意义之外获得了区别商品来源的标识意义。

本解释第二条第二款还对于正当使用作出了规定，即“知名商品特有的名称、包装、装潢中含有本商品的通用名称、图形、型号，或者直接表示商品的质量、主要原料、功能、用途、重量、数量以及其他特点，或者含有地名，他人因客观叙述商品而正当使用的，不构成不正当竞争行为”。这些都不是商业标识意义上的使用，不会与他人知名商品的特有名称、包装和装潢产生市场混淆，因而不构成不正当竞争行为。

（4）关于将具有独特风格的整体营业形象纳入特有“装潢”范围。

一般来说，商品的“装潢”通常是指为识别和美化商品而在商品或者其包装上附加的文字、图案、色彩及其排列组合。但在司法实践中，确实出现了诸如擅自模仿他人营业场所的装饰、营业用具的式样和营业人员的服饰等独具风格的整体形象而造成混淆的行为。对于此类行为的定性曾有不同的认识。本解释将其纳入了《反不正当竞争法》第五条第（二）项的调整范围。虽然营业场所的装饰、营业用具的式样和营业人员的服饰等构成的具有独特风格的整体营业形象，与通常意义上所说的“装潢”有所不同，但这只是“装潢”在服务商品上的一种特殊表现形式，本质上仍然属于“装潢”的范畴。因此，本解释第三条规定，由经营者营业场所的装饰、营业用具的式样、营业人员的服饰等构成的具有独特风格的整体营业形象，可以认定为《反不正当竞争法》第五条第（二）项规定的“装潢”。

（5）关于混淆误认的认定。

《反不正当竞争法》第五条第（二）项将“造成和他人的知名商品相混淆，使购买者误认为是该知名商品”规定为此类不正当竞争行为的构成要件之一。按照理论上的归类，混淆误认有四种情形：将甲、乙商品鱼目混珠，混为一谈；将甲、乙商品误认为来源于同一经营者；误认为甲、乙商品来源于具有商业标识许可使用、参股控股等特定联系的不同经营者；将甲、乙商品产生联想。由于产生联想的混淆误认程度较低，不宜将其纳入混淆误认的范围。据此，本解释第四条第一款将《反不正当竞争法》第五条第（二）项规定的“造成和他人的知名商品相混淆，使购买者误认为是该知名商品”，解释为“足以使相关公众对商品的来源产生误认，包括误认为与知名商品的经营者具有许可使用、关联企业关系等特定联系”，其本意是包括上述前三种混淆误认关系。而且，其中的“足以”是指具有较高的混淆误认盖然性，而不是一般的可能性。

对于混淆误认的举证证明，司法实践中也有不同的认识。有的认为，只要原告举证证明被告使用的商品名称、包装、装潢与自己的相同或者近似，就应当推定会造成混淆，如果被告认为不会造成混淆，则应当由被告负举证责任。我们认为，造成混淆是构成《反不正当竞争法》第五条第（二）项规定的不正当竞争行为的独立条件，按照“谁主张，谁举证”的原则，原告不仅要对被告使用的商品名称、包装、装潢与自己的相同或者近似承担举证责任，而且也应当对这种使用是否会造成混淆误认承担举证责任。本解释第四条第二款基本采纳了这一观点。同时，对认定混淆误认的情形根据实际情况作了外延的解释，即在相同商品上使用相同或者视觉上基本无差别的商品名称、包装、装潢，应当视为足以造成和他人知名商品相混淆。除此之外，就需要根据案件的具体情况和有关证据进行认定，而不能简单推定。

（6）关于知名商品特有的名称、包装、装潢相同或者近似的判断原则和方法。

考虑到知名商品特有的名称、包装、装潢的相同或者近似与商标相同或者近似在判断原则和方法上是相同的，本解释第四条第三款规定：“认定知名商品特有的名称、包装、装潢相同或者近似，可以参照商标相同或者近似的判断原则和方法。”

（7）关于禁用标志。

《商标法》第十条第一款规定了与国家名称、国旗等相同或近似的等八种标志不得作为商标使用，即通常所说的禁用标志。这些标志既然不能作为商标使用，同理也不能作为识别商品来源的商品的名称、包装、装潢使用。为此，本解释第五条对禁用标志作出了规定，即商品的名称、包装、装潢属于《商标法》第十条第一款规定的标志，当事人请求依照《反不正当竞争法》第五条第（二）项予以保护的，人民法院不予支持。

2. 关于“企业名称”和“姓名”的界定。

《反不正当竞争法》第五条第（三）项将“擅自使用他人的企业名称或者姓名，引人误认为是他人的商品”规定为不正当竞争行为。本解释第六条第一款将企业名称和姓名界定为“企业登记主管机关依法登记注册的企业名称，以及在中国境内进行商业使用的外国（地区）企业名称”。这些规定可以从以下方面进行理解：

（1）《反不正当竞争法》对于企业名称和姓名的保护立足于制止仿冒行为。

《民法通则》对于企业名称和自然人姓名的保护作出了基本的规定，这些规定除具有确认基本民事权利的意义外，主要是立足于保护人身权的角度保护企业名称和姓名的。《反不正当竞争法》保护企业名称和姓名的目的则是制止造成市场混淆的不正当竞争行为。原因在于：企业名称是市场主体的名称和企业重要的营业标识，消费者或者购买者可以通过不同的营业标识而识别商品的来源；自然人的姓名与特定的商品联系起来时，也可以产生识别商品来源的作用。具有识别商品来源作用的企业名称或者姓名因他人擅自使用而引起市场混淆的，构成《反不正当竞争法》第五条第（三）项规定的仿冒企业名称或者姓名的不正当竞争行为。

（2）这些规定的保护范围及于国内的企业名称和国外的企业名称。

本解释对于企业名称保护的规定，既立足于国内企业名称的登记管理制度和使用实际，又履行《保护工业产权巴黎公约》关于厂商名称保护的国际义务，对于在我国境内设立的企业，应当保护其依法登记注册的企业名称，有一定市场知名度的企业字号，按照企业名称予以保护；对外国企业名称的保护，则不要求其必须已在我国登记注册，但应要求已在我国作商业使用。国内的企业名称必须是经企业名称登记主管部门核准注册的名称，但考虑到企业名称通常是由行政区划、字号、行业或经营特点以及组织形式诸元素构成的，其中字号最具识别意义，使用具有知名度的企业名称中的字号与使用企业名称产生同样的结果，且经济生活中对于涉及企业名称的仿冒行为或者权利冲突，通常都是因为使用企业名称中的字号而引起，因此本解释第六条第一款规定："具有一定的市场知名度、为相关公众所知悉的企业名称中的字号，视为《反不正当竞争法》第五条第（三）项规定的企业名称。"此外，《反不正当竞争法》第六条第（三）项规定了不仅制止仿冒国内企业的名称的行为，而且制止仿冒国外厂商名称（字号或者商号）的行为。该规定本身也是落实《保护工业产权巴黎公约》第八条关于"厂商名称应在本联盟一切国家内受到保护，没有申请或注册的义务，也不论其是否为商标的一部分"的规定的重要国内法规定。国外的厂商名称无论是否在国内注册，均受《反不正当竞争法》第五条第（三）项规定的保护，但必须以在中国境内使用为要件。因此，本解释第六条第一款将"在中国境内进行商业使用的外国（地区）企业名称"纳入《反不正当竞争法》第五条第（三）项规定的企业名称之列。

（3）姓名在具有商品来源的标识意义时，受《反不正当竞争法》第五条第（三）项规定的保护。

特别是，对于图书、光盘等文化产品而言，作者、演唱者等的姓名往往成为购买者识别商品来源和作出购买决策的重要依据，倘若在商品上擅自使用他人姓名，会导致购买者对于商品来源产生混淆误认。而且，在文化市场领域，使用笔名、艺名等的情形较为常见，笔名、艺名等与姓名具有同样的商品来源识别意义。因此，本解释第六条第二款将"具有一定的市场知名度、为相关公众所知悉的自然人的笔名、艺名等"纳入《反不正当竞争法》第五条第（三）项规定的"姓名"的范围。

3. 关于仿冒行为中的"使用"的界定。

《反不正当竞争法》第五条第（二）、（三）项都出现了"使用"一词。实践中，对"使用"一词的理解不尽一致。为了统一司法标准，本解释第七条对"使用"进行了界定，即"在中国境内进行商业使用，包括将知名商品特有的名称、包装、装潢或者企业名称、姓名用于商品、商品包装以及商品交易文书上，或者用于广告宣传、展览以及其他商业活动中"。这里的"使用"包括了在商业活动中的所有使用，其含义是比较宽泛的。

（二）关于引人误解的虚假宣传行为

《反不正当竞争法》第九条规定："经营者不得利用广告或者其他方法，对商品的质量、制作成分、性能、用途、生产者、有效期限、产地等作引人误解的虚假宣传。"本解释抓住"引人误解"的本质，界定了几类特殊的虚假宣传行为，并对引人误解的虚假宣传的判断标准等作出了规定。

1. 几种特殊的虚假宣传行为。

无论理论上还是实践中，对于《反不正当竞争法》第九条规定的"引人误解的虚假宣传”均存在理解上的分歧。如理论界对《反不正当竞争法》规定的“引人误解的虚假宣传”一直有不同评价，认为在“虚假宣传”前加上“引人误解”的限定，使得本条适用的范围过窄，不能适应现实生活的需要，应当作扩大解释，使其包括“引人误解的宣传”和“虚假宣传”两种情况。为便于司法认定，本解释未纠缠于理论上的争议，而就实践中认定虚假宣传行为的几种特殊情形作出了实事求是的列举性规定。

一是本解释第八条第一款第（一）项规定的“对商品作片面的宣传或者对比”的行为。实践中，一些经营者将与竞争对手的商品信息作不对称的宣传或者对比，其目的和结果往往是不正当地贬低他人商品而抬高自己的商品，误导购买者。如用自己产品的优点与别人产品的缺点进行片面的对比宣传，不做全面宣传。单个地看，所作的宣传都是真实的，并无虚假，但却引人误解，给人的印象是他人的产品缺点多，自己的产品优点多。特别是，我国法律并不禁止对比广告，但对比广告提供的商品信息应当全面和充分，不能不正当地损害竞争对手。因片面宣传或者对比而误导购买者的，可以认定为引人误解的虚假宣传行为。当然，如果因此而损害竞争对手的商业信誉或者商品声誉，还会与《反不正当竞争法》第十四条规定的商业诋毁行为构成竞合。

二是本解释第八条第一款第（一）项规定的“将科学上未定论的观点、现象等当作定论的事实用于商品宣传”的行为。将科学上未定论的观点、现象等当作定论的事实用于商品宣传，即使这些观点、现象等确实存在，但因在商品宣传中使相关公众将未定论的东西误认为定论的东西，而对商品质量等产生误解，就可以构成虚假宣传行为。

三是本解释第八条第一款第（一）项规定的“以歧义性语言或者其他引人误解的方式进行商品宣传”的行为。故意以模棱两可、含含糊糊等歧义性词语宣传商品，足以使相关公众产生误解的，可以构成虚假宣传行为。

引人误解的虚假宣传的本质属性是“引人误解”，通常是具有引人误解的目的或者后果。在经济生活中，商品宣传常常具有一定的夸张性，广告更需要具有一定的艺术夸张成分。倘若采取的夸张性宣传形式不足以引人误解，就不必按照引人误解的虚假宣传论处。据此，本解释第八条第二款将“以明显的夸张方式宣传商品，不足以使相关公众对商品质量等产生误解”的行为，排除在“引人误解的虚假宣传”之外。

2. 引人误解的虚假宣传的认定标准。

商品宣传是否足以引人误解而构成引人误解的虚假宣传，往往具有较大的自由裁量性。为了指导法官更加准确地判断引人误解的虚假宣传行为，本解释第八条第三款规定了一般性的考量因素，即人民法院应当根据日常生活经验、相关公众一般注意力、发生误解的事实和被宣传对象的实际情况等因素，对引人误解的虚假宣传行为进行认定。这说明，判断是否构成引人误解的虚假宣传，主要是相关经济生活领域的日常生活经验和宣传行为的具体情形，按照相关公众中的一般主体是否产生误解，进行判断。这种判断标准虽然具有自由裁量性，但不能脱离一般的社会基础，具有一定的客观约束性。

（三）关于侵犯商业秘密行为

本解释本着加强商业秘密保护、优化创新和投资环境的精神，对于商业秘密的构成要件及其具体认定进行了解释，并对审理商业秘密案件中的几个特殊问题作出了规定：

1. 关于商业秘密的权利属性问题。

商业秘密是一种特殊的知识产权。理解《反不正当竞争法》和本解释有关商业秘密的规定，必须首先理解商业秘密的权利属性。首先，商业秘密是通过权利人自己保护的方式而存在的权利，权利人并不具有排他的独占权。基于这种特性，不同的权利主体可以同时拥有相同或者近似的商业秘密；在没有法定的、约定的保密义务或者未提出保密要求的情况下将商业秘密告知他人时，倘若他人仍将商业秘密保持在秘密状态，该商业秘密仍然不丧失；不论什么原因，一旦商业秘密公开，其权利即告终结。其次，它是一种法定的权利。只有在法律规定商业秘密保护制度时，才存在商业秘密的法律保护。例如，《反不正当竞争法》施行以前的专有技术或者技术诀窍等信息，因无相应的法律规定而不称其为商业秘密，主要是受合同约定的债权保护，而缺乏侵权法意义上的法律保护。再次，商业秘密必须符合特定的法定条件，符合条件的技术信息和经营信息才可以成为商业秘密。《反不正当竞争法》第十条第三款将这些条件规定为“不为公众所知悉、能为权利人带来经济利益、具有实用性并经权利人采取保密措施的技术信息和经营信息”。本解释着重对这些构成要件的具体认定进行了规定。

2. 关于“不为公众所知悉”的认定。

本解释第九条将“不为公众所知悉”解释为“有关信息不为其所属领域的相关人员普遍知悉和容易获得”。这意味着“不为公众所知悉”应当同时具备不为“普遍知悉”和“并非容易获得”两个具体条件。首先，“不为公众所知悉”具有相对性，即只是在相关技术或者经营领域内不为相关人员普遍知悉即可，且允许权利人在采取保密措施的情况下让有必要知道商业秘密的人员知悉，而不是除权利人以外的任何人都不能知道。其次，一项信息要构成商业秘密，不仅要处于一般的保密状态，而且获得该项信息要有一定的难度，这样才符合商业秘密的秘密性要求。例如，那些相关人员不需要创造性劳动，仅仅是经过一定的联想即能获得的信息，就是容易获得的信息。

为便于掌握和具体认定，在总结审判经验和借鉴国外经验的基础上，本解释第九条第二款具体列举了属于公众知悉的信息的六种情形。

3. 关于“能为权利人带来经济利益、具有实用性”的认定。

本解释第十条将“能为权利人带来经济利益、具有实用性”解释为“有关信息具有现实的或者潜在的商业价值，能为权利人带来竞争优势”。首先，总体上讲，“能为权利人带来经济利益、具有实用性”是对商业秘密的价值性要求，至于在理论上将它说成是一个要件还是两个要件，都不影响实践中的应用和操作。即便就实用性而言，它也是相对的，通常而言是对于权利人有应用价值，但并不排除对于权利人已无应用价值而对于竞争对手仍然有应用价值。如权利人在研发过程中的试验失败记录，对于权利人来讲已无应用价值，但如果被竞争对手获得，就可以少走弯路，减少损失，可以说对于竞争对手仍然有应用价值，故对于权利人虽不具有应用价值，但保持其秘密性，可以为权利人带来竞争优势，仍应按商业秘密予以保护。实际上，那种具有直接的应用价值、能够积极地提高权利人竞争优势的信息，学理上可以称为积极信息；那种对于权利人而言不再能够创造新价值，但保守秘密仍可以使其维持竞争优势的信息，可以称为消极信息。不论积极信息还是消极信息，只要具有维持竞争优势的意义，都可以按照商业秘密进行保护。其次，商业秘密的价值性包括现实的价值性和潜在的价值性。前者涉及可以现实地直接应用的信息；后者涉及虽不能现实地应用，但将来可以应用的信息，如阶段性研发成果。

4. 关于“保密措施”的认定。

商业秘密既然是通过自己保密的方式产生的权利，倘若当事人自己都未采取保密措施，就没有必要给予保护。这是保密措施在商业秘密构成中的价值所在。本解释第十一条第一款将“保密措施”解释为“权利人为防止信息泄漏所采取的与其商业价值等具体情况相适应的合理保护措施”。这里为所采取的保密措施设定了一个程度上的要求，即所采取的保密措施应当达到合理的程度，而合理的程度则是指“与其商业价值等具体情况相适应的”、达到足以防止信息泄漏的程度的保密措施。简言之，达不到合理程度的保密措施，或者忽视保密对象商业价值的具体情况，一律要求权利人采取程度过高的保密措施，都是不适当的。这就是本条规定要求采取合理保密措施的法律意义所在，也是有别于商业秘密权利属性的必然要求。

本解释第十一条第二款还对认定保密措施合理性的考虑因素进行了规定。这些因素包括所涉信息载体的特性、权利人保密的意愿、保密措施的可识别程度、他人通过正当方式获得的难易程度等。

为了便于司法实践中的具体认定，防止实践中对保密措施认定过于严格，本解释根据经济生活和商业秘密案件的实际情况以及审判经验，在第十一条第三款对可以认为权利人采取了保密措施的具体情形进行了列举，包括：（1）限定涉密信息的知悉范围，只对必须知悉的相关人员告知其内容；（2）对于涉密信息载体采取加锁等防范措施；（3）在涉密信息的载体上标有保密标志；（4）对于涉密信息采用密码或者代码；（5）签订保密协议；（6）对于涉密的机器、厂房、车间等场所限制来访者或者提出保密要求；（7）确保信息秘密的其他合理措施。所列举的七种情形，是对我国商业秘密审判经验的总结和提升。应当注意，所列举的这些具体的保密措施，都应当达到在正常情况下足以防止涉密信息泄漏的要求，这是认定的前提条件。

当然，司法实践中，有些信息原属于商业秘密，但因权利人加盖"解密""作废"等标识而解除保密措施的，不再是商业秘密；虽未正式解除保密措施，但已以废纸垃圾等方式进行处理的，可以视为解除了保密措施。

5. 关于不侵犯商业秘密的合法行为。

《反不正当竞争法》第十条第一、二款规定了各类侵犯商业秘密的行为。在侵犯商业秘密案件中，被告经常以自行开发研制或者反向工程为由进行不侵权的抗辩。鉴于商业秘密是通过权利人自己保护的方式而存在的权利，权利人并不具有排他的独占权，商业秘密保护只是禁止他人采用不正当手段或者违反合同约定获取、披露、使用、允许他人使用其商业秘密。他人只要没有采用不正当手段或者违反合同约定获取商业秘密，都不构成违反《反不正当竞争法》的行为。根据商业秘密的属性和审判经验，本解释第十二条肯定了自行开发研制和反向工程不构成侵犯商业秘密。同时，对反向工程进行了界定，即"通过技术手段对从公开渠道取得的产品进行拆卸、测绘、分析等而获得该产品的有关技术信息"。当然，当事人通过不正当手段知悉了他人的商业秘密之后，又以反向工程为由主张获取行为合法的，不予支持。

6. 关于客户名单与侵犯客户名单商业秘密的认定。

鉴于司法实践中认定客户名单是否构成商业秘密和侵权难度较大以及认定标准不易掌握，本解释第十三条对于客户名单问题作出了专门解释。

商业秘密中的客户名单，不能是简单的客户名称，而通常必须有名称以外的深度信息。因此，应当包括相应的内容。本解释规定，商业秘密中的客户名单，一般是指客户的名称、地址、联系方式以及交易的习惯、意向、内容等构成的区别于相关公知信息的特殊客户信息，包括汇集众多客户的客户名册，以及保持长期稳定交易关系的特定客户。

鉴于诸如律师、医生这类职业的特殊性，其客户往往是基于对律师、医生等个人能力和品德的信赖，而且流动性也很强，如果他们离开原单位，其原先的客户不能再与其有业务往来，有失公平。因此，本解释规定，客户基于对职工个人的信赖与职工所在单位进行市场交易，该职工离职后，能够证明客户自愿选择与自己或者其新单位进行市场交易的，应当认定没有采用不正当手段，但职工与原单位另有约定的除外。

7. 关于侵犯商业秘密的举证责任分配。

侵犯商业秘密行为成立的条件包括三个方面：一是商业秘密符合法定条件，二是被告的信息与原告的信息相同或者实质相同，三是采用了不正当手段，即《反不正当竞争法》第十条第一款规定的手段。认定符合三个要件的事实（要件事实）都要提供相应的证据。根据“谁主张，谁举证”的原则，本解释第十四条规定，原告应当对其拥有商业秘密、双方信息的相同性和被告采取的不正当手段负举证责任。对于是否拥有商业秘密，原告举出商业秘密的载体、具体内容、商业价值和采取的具体保密措施后，一般就可以认为其完成了此项举证责任。这里需要特别指出，与方法专利等中的法定举证责任倒置不同，《反不正当竞争法》对于侵犯商业秘密的有些要件事实的举证责任是否可以倒置并未作出规定，因此，本解释未采纳有关设定商业秘密举证责任倒置制度的建议。这应当由立法解决。应当说，对于侵犯商业秘密案件的举证责任，应当按照《民事诉讼法》规定的“谁主张，谁举证”的原则和《最高人民法院关于民事诉讼证据的若干规定》的有关举证责任的一般规定等办理。

8. 关于商业秘密的被许可人在侵权诉讼中的主体资格。

本解释第十五条是对商业秘密的被许可人诉讼主体资格的解释，即在以下三种情况下，商业秘密的被许可人对于侵犯商业秘密行为可以和权利人共同提起或者单独提起侵权诉讼：（1）商业秘密独占使用许可合同的被许可人可以向人民法院起诉；（2）排他使用许可合同的被许可人可以和权利人共同起诉，或者在权利人不起诉的情况下，自行提起诉讼；（3）普通使用许可合同的被许可人可以和权利人共同提起诉讼，或者经权利人书面授权，单独提起诉讼。

（四）关于不正当竞争行为的民事责任问题

本解释着重对于侵犯商业秘密的民事责任作出了规定，此外还规定了其他有关不正当竞争行为的损害赔偿额的确定。

1. 侵犯商业秘密案件中停止侵害的具体适用问题。

《民法通则》第一百三十四条规定的停止侵害、赔偿损失等民事责任方式，当然适用于侵犯商业秘密等不正当竞争行为。但是，在侵犯商业秘密案件中，如何确定停止侵害的时间长短，确实有其特殊性。根据侵犯商业秘密案件的特殊性，一方面，本解释第十六条第一款规定，人民法院对于侵犯商业秘密行为适用停止侵害的民事责任时，停止侵害的时间一般持续到该项商业秘密已为公众知悉时为止；另一方面，该条第二款规定，依据前款规定判决停止侵害的时间明显不合理的，可以在依法保护权利人该项商业秘密竞争优势的情况下，判决侵权人在一定期限或者范围内停止使用该项商业秘密。前者是考虑到商业秘密只要不公开，权利人就享有权利，侵权行为人就应当停止侵害；后者是考虑到，商业秘密自身获得的难度大小不同，如果一项商业秘密比较简单，本领域的相关人员在一定的时间内即可获得，或者此项商业秘密仅在一定的范围内具有竞争优势，超出这个范围就对原告不会构成竞争威胁，法院往往只在保留原告的竞争优势的情况下，判决侵权人在一定期限或者范围内禁止使用。从外国的一些司法实践看，对于侵犯商业秘密适用禁令的时间，也不是一律都持续到该项商业秘密为公众知悉为止，这种做法比较公平，具有一定的合理性。因此，在对侵犯商业秘密行为适用停止侵害的民事责任时，允许法院针对侵犯的商业秘密的不同情况，合理确定停止侵害的时间等，以便平衡商业秘密权利人和社会公众之间的利益。

2. 确定损害赔偿额的方法。

本解释第十七条是针对确定侵犯商业秘密和《反不正当竞争法》第五条、第九条、第十四条规定的不正当竞争行为的损害赔偿额的方法所作出的解释。鉴于商业秘密多数具有技术内容，与专利比较接近，而《反不正当竞争法》第五条、第九条、第十四条规定的不正当竞争行为，一般涉及的是商业标志类，与商标比较接近，因此，本解释第十七条第一款规定："确定反不正当竞争法第十条规定的侵犯商业秘密行为的损害赔偿额，可以参照确定侵犯专利权的损害赔偿额的方法进行；确定反不正当竞争法第五条、第九条和第十四条规定的不正当竞争行为的损害赔偿额，可以参照确定侵犯注册商标专用权的损害赔偿额的方法进行。"

此外，本解释第十七条第二款还对因侵权行为导致商业秘密已为公众所知悉，其损害赔偿额如何确定问题作出了的专门规定。对因侵权行为导致商业秘密丧失秘密性的，不能简单地适用定额赔偿方法确定损害赔偿额，而应根据该商业秘密的商业价值和案件具体情况确定赔偿。对于如何确定商业秘密的商业价值，本解释规定，应当根据其研究开发成本、竞争优势、实施该项商业秘密的收益、可得利益、可保持竞争优势的时间等因素予以确定。

（五）不正当竞争案件的级别管辖问题

本解释第十八条是对《反不正当竞争法》第五条、第九条、第十条、第十四条规定的不正当竞争民事第一审案件的级别管辖所作出的解释，即一般由中级人民法院管辖。但考虑到随着经济科技的发展，不正当竞争案件可能会增加，为了减轻相关中级人民法院的案件压力，同时也方便当事人诉讼，该条第二款规定，各高级人民法院根据本辖区的实际情况，经最高人民法院批准，可以确定若干基层人民法院受理不正当竞争民事第一审案件，但已经批准可以审理知识产权民事案件的基层人民法院，可以继续受理。当然，对于涉及知识产权保护的其他不正当竞争案件，应参照上述级别管辖的规定办理。

最高人民法院
关于审理因垄断行为引发的民事纠纷案件应用法律若干问题的规定

法释〔2012〕5号

（2012年1月30日最高人民法院审判委员会第1539次会议通过 2012年5月3日最高人民法院公告公布 自2012年6月1日起施行）

为正确审理因垄断行为引发的民事纠纷案件，制止垄断行为，保护和促进市场公平竞争，维护消费者利益和社会公共利益，根据《中华人民共和国反垄断法》《中华人民共和国侵权责任法》《中华人民共和国合同法》和《中华人民共和国民事诉讼法》等法律的相关规定，制定本规定。

第一条 本规定所称因垄断行为引发的民事纠纷案件（以下简称垄断民事纠纷案件），是指因垄断行为受到损失以及因合同内容、行业协会的章程等违反反垄断法而发生争议的自然人、法人或者其他组织，向人民法院提起的民事诉讼案件。

第二条 原告直接向人民法院提起民事诉讼，或者在反垄断执法机构认定构成垄断行为的处理决定发生法律效力后向人民法院提起民事诉讼，并符合法律规定的其他受理条件的，人民法院应当受理。

第三条 第一审垄断民事纠纷案件，由省、自治区、直辖市人民政府所在地的市、计划单列市中级人民法院以及最高人民法院指定的中级人民法院管辖。

经最高人民法院批准，基层人民法院可以管辖第一审垄断民事纠纷案件。

第四条 垄断民事纠纷案件的地域管辖，根据案件具体情况，依照民事诉讼法及相关司法解释有关侵权纠纷、合同纠纷等的管辖规定确定。

第五条 民事纠纷案件立案时的案由并非垄断纠纷，被告以原告实施了垄断行为为由提出抗辩或者反诉且有证据支持，或者案件需要依据反垄断法作出裁判，但受诉人民法院没有垄断民事纠纷案件管辖权的，应当将案件移送有管辖权的人民法院。

第六条 两个或者两个以上原告因同一垄断行为向有管辖权的同一法院分别提起诉讼的，人民法院可以合并审理。

两个或者两个以上原告因同一垄断行为向有管辖权的不同法院分别提起诉讼的，后立案的法院在得知有关法院先立案的情况后，应当在七日内裁定将案件移送先立案的法院；受移送的法院可以合并审理。被告应当在答辩阶段主动向受诉人民法院提供其因同一行为在其他法院涉诉的相关信息。

第七条 被诉垄断行为属于反垄断法第十三条第一款第（一）项至第（五）项规定的垄断协议的，被告应对该协议不具有排除、限制竞争的效果承担举证责任。

第八条 被诉垄断行为属于反垄断法第十七条第一款规定的滥用市场支配地位的，原告应当对被告在相关市场内具有支配地位和其滥用市场支配地位承担举证责任。

被告以其行为具有正当性为由进行抗辩的，应当承担举证责任。

第九条 被诉垄断行为属于公用企业或者其他依法具有独占地位的经营者滥用市场支配地位的，人民法院可以根据市场结构和竞争状况的具体情况，认定被告在相关市场内具有支配地位，但有相反证据足以推翻的除外。

第十条 原告可以以被告对外发布的信息作为证明其具有市场支配地位的证据。被告对外发布的信息能够证明其在相关市场内具有支配地位的，人民法院可以据此作出认定，但有相反证据足以推翻的除外。

第十一条 证据涉及国家秘密、商业秘密、个人隐私或者其他依法应当保密的内容的，人民法院可以依职权或者当事人的申请采取不公开开庭、限制或者禁止复制、仅对代理律师展示、责令签署保密承诺书等保护措施。

第十二条 当事人可以向人民法院申请一至二名具有相应专门知识的人员出庭，就案件的专门性问题进行说明。

第十三条 当事人可以向人民法院申请委托专业机构或者专业人员就案件的专门性问题作出市场调查或者经济分析报告。经人民法院同意，双方当事人可以协商确定专业机构或者专业人员；协商不成的，由人民法院指定。

人民法院可以参照民事诉讼法及相关司法解释有关鉴定结论的规定，对前款规定的市场调查或者经济分析报告进行审查判断。

第十四条 被告实施垄断行为，给原告造成损失的，根据原告的诉讼请求和查明的事实，人民法院可以依法判令被告承担停止侵害、赔偿损失等民事责任。

根据原告的请求，人民法院可以将原告因调查、制止垄断行为所支付的合理开支计入损失赔偿范围。

第十五条 被诉合同内容、行业协会的章程等违反反垄断法或者其他法律、行政法规的强制性规定的，人民法院应当依法认定其无效。

第十六条 因垄断行为产生的损害赔偿请求权诉讼时效期间，从原告知道或者应当知道权益受侵害之日起计算。

原告向反垄断执法机构举报被诉垄断行为的，诉讼时效从其举报之日起中断。反垄断执法机构决定不立案、撤销案件或者决定终止调查的，诉讼时效期间从原告知道或者应当知道不立案、撤销案件或者终止调查之日起重新计算。反垄断执法机构调查后认定构成垄断行为的，诉讼时效期间从原告知道或者应当知道反垄断执法机构认定构成垄断行为的处理决定发生法律效力之日起重新计算。

原告起诉时被诉垄断行为已经持续超过二年，被告提出诉讼时效抗辩的，损害赔偿应当自原告向人民法院起诉之日起向前推算二年计算。

《关于审理因垄断行为引发的民事纠纷案件应用法律若干问题的规定》的理解与适用*

一、问题的提出

最高人民法院《关于审理因垄断行为引发的民事纠纷案件应用法律若干问题的规定》（法释〔2012〕5号，以下简称《垄断纠纷司法解释》）经最高人民法院审判委员会第1539次会议讨论通过，已于2012年5月3日公布，自2012年6月1日起施行。该司法解释是最高人民法院在反垄断审判领域出台的第一部司法解释，对于指导人民法院正确适用反垄断法、依法制止垄断行为、保护和促进市场自由竞争及公平竞争具有重要意义。本文拟对《垄断纠纷司法解释》的制定背景、起草的基本原则和精神、主要内容等进行简要介绍，以期对该解释的正确理解和适用有所裨益。

（一）《垄断纠纷司法解释》的起草背景和过程

反垄断法是制止垄断行为、保护市场竞争和维护市场秩序的基本法律，也是完善市场结构、保障经济安全和确保市场配置资源基础性作用的重要法律，素有“经济宪法”之称。它对于维护经营者、消费者合法利益和社会公共利益，提高企业竞争力和促进社会主义市场经济健康发展，具有极为重要的作用。反垄断法实施以来，反垄断民事诉讼已经成为人民法院的重要审判领域。据统计，自2008年8月1日至2011年年底，全国地方法院共受理垄断民事一审案件61件，审结53件。人民法院通过垄断纠纷民事案件的审理，积累了初步的司法经验。

垄断民事案件通常疑难复杂，经济与法律问题相互交织，专业性很强，对企业和行业均有重大影响，而反垄断法的一些规定具有较强的原则性和抽象性，涉及人民法院的操作条款相对比较简单。反垄断民事审判成为人民法院面临的重大挑战之

---

* 朱理，原载《人民司法·应用》2012年第15期。

一。正因如此，尽早出台相关司法解释，尽快明确受理和审理垄断民事纠纷案件的规则，为人民法院充分发挥审判职能、正确适用法律提供指引，已经成为一项紧迫的工作任务。为此，最高人民法院早在2009年就正式启动了反垄断法司法解释的起草工作，历时三年，中间反复修改并多次征求意见。司法解释的起草受到国内外的较多关注，美国政府、美国律师协会、中国欧盟商会、中国日本商会、中国世贸组织研究会竞争政策与法律专业委员会等中外机构提出了修改建议，加上其他机构、团体和个人的意见，汇集的修改意见多达250余条。在综合各方意见的基础上，又经多次讨论修改，形成送审稿，提请最高人民法院审判委员会审议后通过。

（二）坚持的基本原则

反垄断法实施3年多来，人民法院在反垄断民事审判方面进行了初步的探索和尝试，但是总体说来尚缺乏充足的反垄断司法经验。在起草《垄断纠纷司法解释》的过程中，最高人民法院始终注意坚持以下原则：一是遵循法律规定。垄断民事纠纷案件本质上是民事案件，尽管《反垄断法》只有第五十条涉及反垄断民事审判，但是我国法律体系中的民事诉讼法、侵权责任法、合同法等法律同样适用于反垄断民事审判，它们构成了《垄断纠纷司法解释》的重要法律依据。当然，在适用和解释这些基本民事司法制度时，应当结合反垄断法的基本规律和理念，考虑垄断民事纠纷案件的特殊性。二是总结司法成熟经验。在起草过程中，除了深入总结反垄断法实施之后适用反垄断法审理的案件之外，对于反垄断法实施之前人民法院依据反不正当竞争法审理的具有垄断性质的纠纷，也进行了大量调查研究，总结了一些较为成熟、认可度较高的司法经验。对于那些争议较大、尚处于探索当中的问题，基本未纳入《垄断纠纷司法解释》。三是从国情和实际出发。既要通过明确规则、便利当事人诉讼来充分发挥反垄断民事司法的功能与优势，提高人们的竞争意识和培育良好的竞争精神，又要避免威慑过度，抑制市场活力，同时还要协调好反垄断行政执法与民事司法之间的关系，保证反垄断法最佳实施效果的实现。四是体现全球视野和国际眼光。在起草过程中，比较和借鉴了有关国家和地区较为成熟的反垄断民事司法经验，在此基础上根据我国的立法和国情进行了适当创新。

《垄断纠纷司法解释》架构起了我国反垄断民事诉讼的基本框架和制度设计。但是限于篇幅和条件，《垄断纠纷司法解释》对于许多重要问题尤其是反垄断法实体条文的理解等未作规定。对于《垄断纠纷司法解释》未涉及的问题以及未来可能出现的新情况、新问题，有关法院要根据反垄断法和《垄断纠纷司法解释》的原则和精神积极探索，不断解决新问题和积累新经验，为将来法律的修改和司法解释的制定提供借鉴和参考。

二、理解与适用

《垄断纠纷司法解释》共十六条，规定了案件类型、起诉、管辖与审理、举证责任分配、证据与证明、民事责任及诉讼时效等问题，进一步明晰了反垄断法相关规定的具体含义。

（一）垄断民事纠纷案件的类型与原告资格

《垄断纠纷司法解释》第一条规定了垄断民事纠纷案件的两种基本类型，一是因垄断行为受到损失而引起的诉讼；二是因合同内容、行业协会的章程等违反反垄断法而发生争议引起的诉讼。前一种诉讼主要是侵权之诉，原告在此类案件中往往诉请人民法院判令被告停止垄断行为并赔偿损失。后一种诉讼主要是非侵权之诉，其中确认之诉是常见的案件类型。原告在此类案件中通常诉请人民法院确认民事法律行为的效力，例如确认合同或者合同的条款、行业协会的章程等因违反反垄断法而无效。需要注意的是，《垄断纠纷司法解释》第一条对于非侵权之诉的类型保留了一定程度的开放性，非侵权之诉并不限于确认之诉。“因……违反反垄断法而发生争议”这一表述揭示出垄断民事纠纷案件的定性标准：凡是需要以反垄断法为裁判依据的民事纠纷，都属于垄断民事纠纷。

垄断民事纠纷案件原告资格的界定决定着当事人的范围和条件，同时也反映了一国基于具体国情而选择的反垄断司法政策导向。在民事诉讼法上，原告首先要符合民事诉讼原告的一般条件。根据《民事诉讼法》第一百零八条①的规定，原告应与本案有直接利害关系。在垄断民事诉讼中，根据案件类型的不同，原告的资格条件存在差异。在侵权之诉中，垄断民事诉讼的原告资格需要满足更严格的条件。在该类案件中，原告与本案具有利害关系具体体现在其因垄断行为受到损失，原告需要对此提供证据。这里的损失需具备三个条件：一是这种损失应该是实际损失；二是这种损失应该是由垄断行为造成的，即损失与垄断行为之间存在因果关系；三是这种损失必须是反垄断法所意图防止的那种损失，即由垄断行为的违法性所导致的损失。如果某种损害虽然由垄断行为造成，但与垄断行为的违法性无关，那么这种损害不能依据反垄断法得到救济。在非侵权之诉中，垄断民事纠纷案件的原告资格条件要相对宽松一些。在此类案件中，原告通常不需要证明其因垄断行为受到实际损失。

根据《反垄断法》第五十条的规定，只要因垄断行为受到损失的人，均可以要

---

① 即2012年8月修改后的《民事诉讼法》第一百一十九条。——编者注

求垄断行为人承担民事责任。该规定并没有对原告主体资格作出其他限制。在理论上，包括直接和间接受到垄断行为侵害的经营者和消费者都具有原告资格。实际上，间接受害人尤其是间接受害的消费者往往是垄断行为的终极受害者，他们更易于发现和揭露垄断行为。赋予间接受害人尤其是消费者以原告资格，可以提高垄断行为被揭发的可能性，及时制止垄断行为，同时也使受害人能够最终获得赔偿救济。从国际上看，赋予间接受害人以原告资格也为越来越多的国家所采纳。因此，《垄断纠纷司法解释》第一条没有对垄断行为受害人的身份类型作出限制，只要能够证明其因垄断行为受到实际损失，无论直接受害人和间接受害人均可提起诉讼。

（二）起诉方式

反垄断法确立了行政执法和民事诉讼双轨并行的执法体制。两条途径各有特点，相互补充。垄断民事纠纷案件中，原告往往面临取证困难、缺乏必要专业知识等难题。如果涉嫌垄断行为已经反垄断执法机构查处，并认定构成垄断行为，那么允许原告在该处理决定发生法律效力后起诉，更有利于原告维护自身的正当权益并最终获得赔偿救济。为此，《垄断纠纷司法解释》第二条对这种后继诉讼做了明确指引。从国际上看，它是原告提起反垄断民事诉讼的基本方式之一。

对于未经反垄断执法机构查处的行为，原告能否直接向人民法院提起民事诉讼，涉及反垄断民事诉讼是否需要以行政执法程序前置为条件的问题。《垄断纠纷司法解释》第二条特别对此予以明确，原告可以直接向人民法院提起民事诉讼，无须以反垄断执法机构的行政执法为前置条件。这一规定的理由在于：首先，反垄断法并没有对反垄断民事诉讼规定行政执法前置的条件。我国在反垄断法起草过程中曾规定过行政执法前置程序，但在最终的法律文本中被删除。这说明反垄断法并没有设定行政执法前置程序的立法本意。如果在反垄断民事诉讼中实施行政执法程序前置，不仅于法无据，而且会妨碍当事人诉权的正常行使。其次，要求行政执法程序前置将影响垄断行为受害人获得救济。受财政预算和人力资源的限制，反垄断执法机构不可能对所有的垄断行为进行调查。为了有效地发挥执法功能，反垄断执法机构必然将更多的精力投入到那些涉及重大公共利益的案件。同时，反垄断执法机构对于被调查的涉嫌垄断行为并非都会作出处理决定。根据反垄断法的规定，反垄断执法机构可以根据经营者的承诺及其履行情况决定终止调查。对于反垄断执法机构不立案调查或者因经营者承诺而终止调查的行为，如果坚持以行政执法程序前置为民事诉讼的条件，受害人实际上就被剥夺了获得救济的权利和机会。再次，从反垄断民事诉讼的国际发展趋势来看，接受当事人直接向法院提起的诉讼已经成为国际潮流。最后，司法实践中已采取由当事人直接向法院提起诉讼的做法。最高人民法院在《关于认真学习和贯彻〈中华人民共和国反垄断法〉的通知》中也已明确了此种诉讼方式。

（三）管辖与审理

1. 集中管辖。垄断民事纠纷案件有其特殊性，主要体现在其高度的专业性、复杂性和较大的影响力。由于反垄断民事诉讼刚刚起步，人民法院对于反垄断民事诉讼的规律和特点认识还不够深刻。因此，由审判力量相对充足、审判经验相对较多的法院集中管辖，更有利于尽快提高审判水平、保证审判质量和统一裁判标准。实际上，最高人民法院早在 2008 年 4 月 1 日起施行的《民事案件案由规定》中，就将垄断纠纷与各种不正当竞争纠纷集中规定，统一纳入了知识产权纠纷范畴。这既明确了由人民法院知识产权审判庭统一负责各类垄断民事纠纷案件的审理，也确定了垄断民事纠纷案件要与知识产权案件一样，实行集中管辖。《垄断纠纷司法解释》遵循这一精神，在第三条第一款中明确规定："第一审垄断民事纠纷案件，由省、自治区、直辖市人民政府所在地的市、计划单列市中级人民法院以及最高人民法院指定的中级人民法院管辖。"考虑到未来垄断纠纷民事案件可能会有增加的趋势，人民法院对垄断纠纷案件的审判经验和审理水平也将进一步提高，为以后合理规划管辖布局留下空间，参照知识产权案件的管辖模式，《垄断纠纷司法解释》第三条第二款规定，基层人民法院经最高人民法院批准，可以管辖第一审垄断民事纠纷案件。

2. 地域管辖。垄断民事纠纷案件既包括侵权纠纷，也包括合同纠纷等其他纠纷。在确定地域管辖时，根据案件具体情况，依照民事诉讼法及相关司法解释有关侵权纠纷、合同纠纷等的管辖规定确定。如果属于侵权纠纷，应由侵权行为地和被告住所地人民法院管辖；如果属于合同纠纷，则由合同履行地和被告住所地人民法院管辖。

3. 移送管辖。如果案件并非以垄断纠纷立案，那么在立案时就不可能适用垄断纠纷案件的集中管辖。但在审理过程中，当事人可能依据反垄断法提出抗辩或者反诉。例如在合同纠纷中，被告以原告实施了垄断行为为由提出抗辩或者反诉。此时，这种抗辩和反诉直接影响着合同的效力，如果受理法院以其没有垄断纠纷案件管辖权为由不予审理或者要求当事人另行起诉，可能会造成不同审理法院对于同一合同的效力判断出现冲突，影响司法的权威性和公信力。即使当事人没有提出抗辩或者反诉，人民法院也可能依职权认为案件需要依据反垄断法作出裁判。这就意味着，该案件属于垄断民事纠纷，需要适用垄断民事纠纷案件的管辖制度。如果审理该案的法院本身不具备垄断民事纠纷案件的管辖权，就可能发生移送管辖问题。在决定是否符合移送管辖的条件时，一方面要维护垄断民事纠纷案件的集中管辖制度，另一方面也要防止当事人滥用垄断抗辩或者反诉拖延诉讼。因此，受诉人民法院应该首先对当事人提出的垄断抗辩或者反诉进行审查，看其是否确有证据支持。如果确有证据支持，则应将案件移送有管辖权的人民法院；如果明显缺乏证据支持，则不应移送管辖。

4. 合并审理。垄断行为的受害人可能人数众多，他们可以选择单独诉讼、共同诉讼、代表人诉讼以及法律规定的其他方式提起诉讼。因此，可能出现多个原告针对相同的垄断行为向同一法院分别起诉的情况。在多个被告共同实施垄断行为的情况下，也可能出现多个原告针对同一垄断行为向不同法院分别起诉的情况。为了节省审判资源、提高审理效率和保证裁判结果的统一性，《垄断纠纷司法解释》第六条对此作了如下处理：对于前一种情况，受诉法院可以合并审理；对于后一种情况，后立案的法院在得知有关法院先立案的情况后，应当在七日内裁定将案件移送先立案的法院，受移送的法院可以合并审理。为更有效地实现合并审理，受诉法院需要及时获得关联案件的诉讼信息。为此，第六条还规定了被告的信息披露义务，以便受诉法院及时了解相关信息，做好案件的移送工作。

（四）举证责任分配

原告取证难、证明垄断行为难已经成为制约反垄断民事诉讼的瓶颈。如果不在一定程度上缓解这一难题，垄断行为受害人的权益就难以有效得到维护，反垄断民事司法的职能和作用就难以有效发挥。为此，《垄断纠纷司法解释》根据垄断行为的不同类型对举证责任问题进行了规定。

1. 垄断协议案件的举证责任。我国反垄断法区分了两类垄断协议：横向协议和纵向协议。该两种协议对于竞争的可能影响具有较大差异。横向协议是在生产或者销售过程中处于同一阶段的经营者（即相互处于竞争关系的经营者）之间达成的协议，对竞争的危害程度往往更大。纵向协议是指在生产或者销售过程中处于不同阶段的经营者（即相互之间不具有竞争关系的经营者）之间达成的协议。对于大多数纵向协议，只有在品牌间竞争不充分的情况下才会产生竞争问题。也就是说，只有在供应商层面或购买商层面或这两个层面同时存在特定水平的市场势力的情况下才可能对竞争有消极影响。针对不同类型的垄断协议以及对竞争秩序的影响程度，有的国家或地区在执法实践中形成了两种认定垄断协议的分析方法：本身违法原则和合理分析原则。前者只关注某种行为是否发生，行为本身就必然具有排除或者限制竞争的效果（即具有违法性）；后者则要求对行为是否具有排除、限制竞争的效果进行具体分析和评估，考虑协议所涉及的市场具体情况、协议实施前后的市场变化、协议的性质和后果等因素综合确定。只有确认该协议确实具有排除、限制竞争的效果时，才能认定构成垄断协议。本身违法原则并非基于逻辑的必然性，而是基于长期实践观察的结果。所以，适用本身违法原则的垄断行为并不是固定不变的。从美国的反垄断执法经验看，本身违法原则越来越局限于有限的情形，即横向固定价格、划分市场、操纵投标等行为，其他横向协议以及纵向协议则通常适用合理分析原则。

《反垄断法》第十三条第二款对垄断法协议规定了排除、限制竞争的效果条件，该规定不仅适用于横向协议，也适用于纵向协议。根据这一规定，经营者之间的协议是否构成反垄断法所禁止的垄断协议，应当以该协议是否具有排除、限制竞争的效果为根本标准。由此，合理规则成为分析协议、决定或者其他协同行为是否构成垄断协议的唯一方法。根据举证责任分配的一般规则，请求权人应当对其请求权所依据的要件事实承担举证责任；请求权人的对方当事人应当对消除或者妨碍该请求权所依据的要件事实承担举证责任。根据这一规则，垄断协议案件的原告主张损失赔偿请求权的，原则上应当对被诉垄断协议的存在及其具有排除、限制竞争的效果、原告所受损失、被诉垄断协议与所受损失之间的因果关系承担举证责任。被诉垄断协议具有排除、限制竞争的效果的证明是一个复杂的、综合评估的过程，一般遵循如下步骤：原告首先对被诉垄断协议具有排除、限制竞争的效果提供证据；如果原告达到了证明标准，则转由被告对被诉垄断协议可能具有的促进竞争的效果提供证据；如果被告提供的证据证明了促进竞争的效果，则原告需要进一步证明该垄断协议在总体上是排除或者限制竞争的。这个过程通常伴随着较为全面的调查和复杂的经济分析。

2. 横向协议对于竞争的危害性更大。经过长期的实践观察，有些特定的横向协议已经被证明在通常情况下都会对竞争具有非常明显的消极效果。固定价格、限制产量、划分市场、限制技术、联合抵制等属于此类横向协议。对于上述横向协议，如果仍然坚持上述举证分配规则，会给原告造成过重的举证负担，同时不可避免地会导致司法资源的浪费，不利于及时制止垄断行为。因此，对于该类横向协议，可以根据经验法则，认定其具有排除、限制竞争的效果的事实成立，转由被告对其行为不具有排除、限制竞争效果承担举证责任。《反垄断法》第十三条第一款第（一）至第（五）项对这类通常对竞争具有排除、限制后果的横向协议作了明确列举。鉴此，《垄断纠纷司法解释》第七条规定，对于上述五种横向协议，被告应对该协议不具有排除、限制竞争的效果承担举证责任。因此，在这种情况下，原告仅需证明被告实施了特定横向协议即可，由被告对其不构成垄断的抗辩或责任豁免承担举证责任。需要说明的是，除了《反垄断法》第十三条第一款第（一）至第（五）项明文列举的横向协议外，其他横向协议对竞争是否具有消极效果通常是不确定的，需要具体问题具体分析。因此，对于《反垄断法》第十三条明文列举之外的其他横向协议，原告通常仍需对该协议具有排除、限制竞争的效果承担举证责任。对于纵向协议，由于其对竞争的影响效果并不确定，原则上仍应适用举证责任分配的一般规则，原告应对该纵向协议具有排除、限制竞争的后果承担举证责任。

3. 滥用市场支配地位案件的举证责任。滥用市场支配地位行为的成立，首先需要证明被告在相关市场内具有支配地位，这同时隐含着需要确定该行为所涉的相关市场。此外，还需要证明该行为属于《反垄断法》第十七条第一款规定的情形。根据举证责任分配的一般规则，上述举证责任应由原告承担。根据《反垄断法》第十七条第一款规定的字面表述，如果拘泥于依据要件事实分配举证责任的一般规则，该款规定的正当性理由应由原告负担举证责任。但这样将导致原告举证困难，不利于原告的权利救济，也不符合反垄断法的立法目的。为此，《垄断纠纷司法解释》第八条第二款明确规定，这类正当性理由应由被告提出抗辩并承担举证责任。

在滥用市场支配地位的行为中，公用企业或者其他依法具有独占地位的经营者滥用市场支配地位的行为具有一定特殊性。公用企业或者其他依法具有独占地位的经营者所在的市场往往是自然垄断或者市场竞争不充分的市场，市场支配地位常常是自身固有或者依法确立的。基于此类市场主体和市场竞争的特殊性，可以适度减轻原告在证明此类市场主体的市场支配地位方面的举证责任。但是，并非所有的公用企业或者其他依法具有独占地位的经营者都当然在相关市场内具有支配地位。因此，在认定该类主体是否在相关市场内具有市场支配地位时，既要适当减轻原告的举证责任，又要坚持认定市场支配地位的市场竞争标准。如果通过对市场结构和竞争状况的分析，结合经济学基本经验和常识，明显能够认定该类主体在相关市场内具有支配地位的，则可以认定其具有市场支配地位，不再要求原告承担过重的举证责任。当然，公用企业或者其他依法具有独占地位的经营者可以提供相反证据推翻这一认定。正是基于这一认识，《垄断纠纷司法解释》第九条规定："被诉垄断行为属于公用企业或者其他依法具有独占地位的经营者滥用市场支配地位的，人民法院可以根据市场结构和竞争状况的具体情况，认定被告在相关市场内具有支配地位，但有相反证据足以推翻的除外。"

在证明被告具有市场支配时，原告常常以被告对外发布的信息作为证据。为促进企业行为的诚信和缓解原告证明的困难，《垄断纠纷司法解释》第十条特别规定："原告可以以被告对外发布的信息作为证明其具有市场支配地位的证据。被告对外发布的信息能够证明其在相关市场内具有支配地位的，人民法院可以据此作出认定，但有相反证据足以推翻的除外。”在适用该条时，需要注意被告对外发布的信息所涉及的某类产品市场与具体案件中所界定的相关市场的匹配性和关联性。例如，如果根据被告对外发布的信息所涉某类产品市场及其市场份额可以合理确定被告在案件所涉相关市场中的市场份额超过50%，则可据此认定被告在相关市场内具有支配地位，被告需要对推翻这一认定提供证据。

（五）证据与证明

垄断民事纠纷案件中，当事人提交的证据有时涉及国家秘密、商业秘密、个人隐私或者其他依法应当保护的内容，有必要采取有效措施予以保护，防止泄露或者扩散。为此，《垄断纠纷司法解释》总结了人民法院多年来在商业秘密案件审理中的成功经验，规定人民法院可以依职权或者当事人的申请采取不公开开庭、限制或者禁止复制、仅对代理律师展示、责令签署保密承诺书等保护措施。

垄断行为的认定往往需要运用比较复杂的经济学分析，而法官通常并非经济学专家，因此具有经济学等专门知识的专家辅助人在反垄断民事诉讼中发挥着非常重要作用。《垄断纠纷司法解释》对此规定，当事人可以向人民法院申请一至二名具有经济学等专门知识的人员出庭就案件的专门性问题进行说明，以指引当事人在诉讼中积极申请具有经济学专门知识的专家辅助人出庭，为人民法院更清楚地查明案件事实和更准确地认定垄断行为提供帮助。人民法院在审理垄断纠纷时，应当注意发挥专家辅助人的作用。在庭审中，审判人员可对出庭的专家辅助人进行询问，可以允许专家辅助人向对方当事人提问，允许双方当事人的专家辅助人进行对质，还可以允许专家辅助人向作出市场调查或者经济分析报告的专业人员提问，以方便理解和查明专业技术问题。

除了专家辅助人之外，在反垄断民事诉讼中还经常涉及专家意见，其对于解决案件中关键经济学问题亦具有重要作用。《垄断纠纷司法解释》第十三条第一款明确规定：“当事人可以向人民法院申请委托专业机构或者专业人员就案件的专门性问题作出市场调查或者经济分析报告。经人民法院同意，双方当事人可以协商确定专业机构或者专业人员；协商不成的，由人民法院指定。”考虑到反垄断民事诉讼中涉及的专家意见尤其是市场调查或者经济分析报告与鉴定结论的性质相类似，《垄断纠纷司法解释》第十三条第二款规定，对于此类市场调查或者经济分析报告，可以参照民事诉讼法及相关司法解释有关鉴定结论的规定进行审查判断。在审查判断时，除了参照对鉴定结论审查判断的一般做法外，还要注意结合市场调查或者经济分析报告自身的特点，着重审查如下问题：该报告是否具有充分的事实或者数据基础；是否运用了合理、可靠的市场调查或者经济分析方法；是否考虑了可能改变市场调查或者经济分析结果的相关事实；专家是否尽到了专业人员所应具有的谨慎和勤勉义务；等等。

（六）民事责任

1. 责任方式与归责原则。根据《反垄断法》第五十条的规定，经营者实施垄断行为，给他人造成损失的，应承担民事责任。该条并没有把垄断行为人的民事责任方式限定为损害赔偿，而是使用了更上位的“民事责任”概念。因此，反垄断法为垄断行为的民事责任留下了很大的选择空间。从本质上讲，垄断行为的民事责任是一种侵权民事责任，其责任承担方式应适用侵权责任法的相关规定。《反垄断法》第五十条在规定实施垄断行为的经营者的民事责任时，没有规定过错作为承担侵权民事责任的要件。这就意味着，无论垄断行为人是否有过错，只要其垄断行为给他人的合法权益造成了损失，均应承担侵权民事责任。这实际上是一种无过错责任。垄断行为损害赔偿的无过错责任，有助于提高法律的确定性，有助于保障作为强制性公共政策的组成部分的反垄断法得以有效执行。根据这一归责原则，垄断行为受害人只需证明被告实施了垄断行为、受害人受到实际损失、损失和垄断行为之间存在因果关系，就可以获得赔偿救济。《垄断纠纷司法解释》第十四条第一款明确了上述三个要件，并根据垄断行为的性质和特点，规定了停止侵害、赔偿损失两种最常见的民事责任方式。

2. 损害赔偿数额的确定。垄断民事纠纷案件审理中，损害赔偿的计算往往比较困难，需要较为复杂的经济分析。在司法实践中，经常采用的计算方法有前后方法、基准方法、市场份额方法、回归分析方法等。前后方法是将垄断行为实施前的价格同垄断行为实施期间的价格进行比较，在其差额的基础上计算损失数额。基准方法是将存在垄断行为的市场上的产品价格与一个不受垄断行为影响的可比市场上的产品价格进行比较，在其差额的基础上计算损失数额。市场份额方法是指以原告在没有受到垄断行为影响的其他可比市场上的市场份额为基础，与其受到垄断行为侵害的市场上的市场份额相比较，以该市场份额的差额计算损失数额。回归分析方法主要用于有多种因素影响市场价格的场合，利用回归分析确定垄断行为对市场价格上涨影响度，以此为基础确定损失数额。上述方法既不相互排斥，也没有优先顺序，需要根据案件具体情况合理选择对案件而言更为适宜的方法。由于经济分析通常比较复杂，需要耗费较大的诉讼成本，而且经济分析方法并非完全可靠和无懈可击，有时案件证据和相应数据的缺乏导致经济分析缺乏基础。因此，各国在司法实践中还利用其他方法来克服垄断民事纠纷案件损害赔偿计算的难题。例如，有些国家的法律规定，法院可以根据垄断行为的具体情况酌定合理赔偿数额。在审理垄断纠纷案件时，如果原告有证据证明垄断行为已经给其造成实际损失，只是证明该损失的数额较为困难，常规的经济分析方法难以适用的，人民法院可以借鉴知识产权案件法定赔偿的经验，探索垄断行为的酌定赔偿。例如，可以根据已查明的事实，考虑违法行为的性质、程度和持续的时间等因素，酌定合理的赔偿数额。当然，在探索酌定赔偿时，应以原告已经证明其受到了实际损失以及损失的证明较为困难为条件，防止滥用酌定赔偿。垄断民事纠纷案件的原告通常需要在调查取证和制止垄断行为方面花费更多时间和金钱，这在一定程度上制约了原告起诉的积极性。为缓解这一问题，借鉴知识产权诉讼的经验，《垄断纠纷司法解释》第十四条第二款规定，根据原告的请求，人民法院可以将原告因调查、制止垄断行为所支付的合理开支计入损失赔偿范围。

3. 法律行为无效。如果一种法律行为违反法律的强制性规定，可能发生该法律行为无效的法律后果。对此，《民法通则》第五十八条第一款第（五）项、《合同法》第五十二条第（五）项以及第三百二十九条均有明确规定。《最高人民法院关于适用〈中华人民共和国合同法〉若干问题的解释（二）》第十四条规定，《合同法》第五十二条第（五）项规定的“强制性规定”，是指效力性强制性规定。这一解释将强制性规定区分为效力性强制性规定和管理性强制性规定。违反效力性强制规定的，合同无效；违反管理性强制规定的，合同未必无效。虽然这一解释针对的是合同这一法律行为，但是这一解释的精神对于合同外的其他法律行为同样适用。除合同这一典型的民事法律行为外，行业协会的章程或者决定亦属法律行为范畴。在传统民法理论上，一般将行业协会的章程和决定称为合同行为（又称协同行为[①]）。行业协会通过其章程或者决定实施垄断行为的现象时有发生，因此其章程或者决定也经常成为垄断民事纠纷案件的诉争对象。当行业协会的章程和决定违反反垄断法的强制性规定时，同样存在无效问题。认定其无效的依据则是《民法通则》第五十八条第一款第（五）项等规定。

（七）诉讼时效

在垄断民事诉讼中，当事人经常提出的诉讼请求是损害赔偿和停止侵害。诉讼时效的客体是债权请求权，所以只有损害赔偿请求权才适用诉讼时效，停止侵害请求权则不适用诉讼时效的规定。关于诉讼时效的起算，《垄断纠纷司法解释》第十

---

① 这里的合同行为或者协同行为是指多数当事人就同一内容的意思表示达成一致的法律行为，与《反垄断法》第十三条第二款中的“协同行为”并非同一含义。

六条第一款规定，损害赔偿请求权诉讼时效期间，从原告知道或者应当知道权益受侵害之日起计算。对于持续性的侵权行为导致他人损失的情形，每个单独的损害均应分别计算诉讼时效。因此，《垄断纠纷司法解释》第十六条第三款规定，原告起诉时被诉垄断行为已经持续超过二年，被告提出诉讼时效抗辩的，损害赔偿数额应当自原告向人民法院起诉之日起向前推算二年计算。这一规定延续了最高人民法院对于持续性侵权行为损害赔偿请求权诉讼时效问题的一贯做法，例如《最高人民法院关于审理专利纠纷案件适用法律问题的若干规定》第二十三条即有类似规定。

在行政执法与民事诉讼双轨并行的反垄断执法体制下，需要协调行政执法程序对民事诉讼中诉讼时效的影响。特别是，在反垄断执法机构认定被诉垄断行为人实施了垄断行为的情况下，需要保证受害人的损害赔偿请求权不至于因罹于诉讼时效而丧失法律强制力的保障。为此，《垄断纠纷司法解释》第十六条第二款采取了原告启动行政执法程序将导致其民事诉讼时效中断的方法，并根据行政执法程序的不同结果，规定了诉讼时效重新起算的时点。根据该款规定，原告向反垄断执法机构举报被诉垄断行为的，诉讼时效从其举报之日起中断。反垄断执法机构决定不立案、撤销案件或者决定终止调查的，诉讼时效期间从原告知道或者应当知道不立案、撤销案件或者终止调查之日起重新计算。反垄断执法机构调查后认定构成垄断行为的，诉讼时效期间从原告知道或者应当知道反垄断执法机构认定构成垄断行为的处理决定发生法律效力之日起重新计算。

第六部分　植物新品种

最高人民法院
关于审理植物新品种纠纷案件若干问题的解释

法释〔2001〕5号

（2000年12月25日最高人民法院审判委员会第1154次会议通过 2001年2月5日最高人民法院公告公布 自2001年2月14日起施行）

为依法受理和审判植物新品种纠纷案件，根据《中华人民共和国民事诉讼法》《中华人民共和国行政诉讼法》的有关规定，现就有关问题解释如下：

第一条 人民法院受理的植物新品种纠纷案件主要包括以下几类：

（一）是否应当授予植物新品种权纠纷案件；

（二）宣告授予的植物新品种权无效或者维持植物新品种权的纠纷案件；

（三）授予品种权的植物新品种更名的纠纷案件；

（四）实施强制许可的纠纷案件；

（五）实施强制许可使用费的纠纷案件；

（六）植物新品种申请权纠纷案件；

（七）植物新品种权权利归属纠纷案件；

（八）转让植物新品种申请权和转让植物新品种权的纠纷案件；

（九）侵犯植物新品种权的纠纷案件；

（十）不服省级以上农业、林业行政管理部门依据职权对侵犯植物新品种权处罚的纠纷案件；

（十一）不服县级以上农业、林业行政管理部门依据职权对假冒授权品种处罚的纠纷案件。

第二条 人民法院在依法审查当事人涉及植物新品种权的起诉时，只要符合《中华人民共和国民事诉讼法》第一百零八条、《中华人民共和国行政诉讼法》第四十一条规定的民事案件或者行政案件的起诉条件，均应当依法予以受理。

第三条 本解释第一条所列第（一）至（五）类案件，由北京市第二中级人民法院作为第一审人民法院审理；第（六）至（十一）类案件，由各省、自治区、直辖市人民政府所在地和最高人民法院指定的中级人民法院作为第一审人民法院审理。

第四条 以侵权行为地确定人民法院管辖的侵犯植物新品种权的民事案件，其所称的侵权行为地，是指未经品种权所有人许可，以商业目的生产、销售该授权植物新品种的繁殖材料的所在地，或者将该授权品种的繁殖材料重复使用于生产另一品种的繁殖材料的所在地。

第五条 关于是否应当授予植物新品种权的纠纷案件、宣告授予的植物新品种权无效或者维持植物新品种权的纠纷案件、授予品种权的植物新品种更名的纠纷案件，应当以行政主管机关植物新品种复审委员会为被告；关于实施强制许可的纠纷案件，应当以植物新品种审批机关为被告；关于强制许可使用费纠纷案件，应当根据原告所请求的事项和所起诉的当事人确定被告。

第六条 人民法院审理侵犯植物新品种权纠纷案件，被告在答辩期间内向行政主管机关植物新品种复审委员会请求宣告该植物新品种权无效的，人民法院一般不中止诉讼。

植物新品种的法律保护*

一、问题的提出

1961 年 2 月，欧美一些国家在巴黎签订保护植物新品种国际公约，对植物新品种保护范围的起点、保护时间、保护的范围等方面作出规定，并在此基础上成立了国际植物新品种保护联盟（UPOV）。我国于 1999 年 4 月 23 日加入 UPOV1978 年文本，成为该联盟成员国。

作为 UPOV 成员国，我国应当承担相关国际条约规定的义务，将植物新品种权规定为知识产权的一种，并建立相应的法律制度予以保护。

《与贸易（包括假冒商品贸易在内）有关的知识产权协议》第二十七条规定：给予植物新品种以专利制度或者有效的专门制度，或者以任何组合制度的保护。我国自 20 世纪 80 年代中期开始保护生物技术知识产权，1985 年 4 月 1 日起施行的《专利法》保护生物技术方法发明，包括获得动物和植物品种的生产方法和药品的生产方法发明。1993 年 1 月 1 日起经过修改的《专利法》将大部分涉及生物技术产品和物质纳入《专利法》的保护范围，但是，《专利法》第二十五条第（四）项规定，对“动物和植物品种”仍然不授予专利权。结合我国立法状况和国家经济发展水平，同时为承担我国参加的国际条约义务，也为中国加入世界贸易组织履行成员国义务做好积极准备，我国于 1997 年 4 月 30 日公布了《植物新品种保护条例》（以下简称《保护条例》），确立了对植物新品种采用专门法进行保护的法律制度。

与之配套的《植物新品种保护条例实施细则》（以下简称《实施细则》）农业部分（1999 年 6 月 16 日发布）和林业部分（1999 年 8 月 10 日发布）也已经实施，使得这一法律制度日臻完善。我国依照 1978 年文本加入 UPOV 公约。该文本规定，自公约在本国生效之日起应至少对 5 个属或者种给予保护，3 年内保护不少于 24 个属或者种。根据我国实际国情，已将水稻、玉米、菊属等列入植物新品种保护范

---

* 段立红，原载《人民司法》2001 年第 3 期。

围，不属于该保护范围的植物新品种不能申请品种权。UPOV 公约 1991 年文本与 1978 年文本相比，对植物新品种的保护水平提高、范围更宽，参加该联盟的条件也更严格。

《保护条例》颁布后，依法对植物新品种进行司法保护，突出地摆在人民法院面前。2001 年 2 月 5 日，最高人民法院公布了《关于审理植物新品种纠纷案件若干问题的解释》（以下简称本解释）。这一司法解释的出台，必将对确保人民法院依法受理和公正审理涉及植物新品种权纠纷案件，确保统一执法尺度起到积极的作用。

二、理解与适用

根据《民事诉讼法》《行政诉讼法》，参照《保护条例》和《实施细则》所列举的植物新品种权的内容以及审批程序的规定，本解释中规定人民法院受理的植物新品种纠纷案件主要包括以下几种类型：

1. 是否应当授予植物新品种权纠纷案件。对审批机关驳回品种权申请的决定不服的，申请人可以自收到通知之日起 3 个月内，向植物新品种复审委员会请求复审。申请人对植物新品种复审委员会的决定不服的，可以自接到通知之日起 15 日内向人民法院提起诉讼（《保护条例》第三十二条）。

2. 宣告授予的植物新品种权无效或者维持植物新品种权的纠纷案件。自审批机关公告授予品种权之日起，植物新品种复审委员会可以依据职权或者依据任何单位或者个人的书面请求，对不符合《保护条例》第十四条、第十五条、第十六条和第十九条规定的，宣告品种权无效。对植物新品种复审委员会的决定不服的，可以自收到通知之日起 3 个月内向人民法院提起诉讼（《保护条例》第三十七条）。

3. 授予品种权的植物新品种更名的纠纷案件。对不符合《保护条例》第十八条规定的，任何单位或者个人可以书面请求予以更名。对植物新品种复审委员会的决定不服的，可以自收到通知之日起 3 个月内向人民法院提起诉讼（《保护条例》第三十七条）。

4. 实施强制许可的纠纷案件。为了国家利益或者公共利益，审批机关可以作出实施植物新品种强制许可的决定。品种权人对强制许可决定不服的，可以自收到通知之日起 3 个月内向人民法院提起诉讼（《保护条例》第十一条）。

5. 实施强制许可使用费的纠纷案件。取得实施强制许可的单位或者个人应当付给品种权人合理的使用费，双方不能达成协议的，由审批机关裁决。品种权人对裁决不服的，可以自收到通知之日起 3 个月内向人民法院提起诉讼（《保护条例》

第十一条）。

6. 植物新品种申请权案件（《保护条例》第七条、第八条、第四十三条）。

7. 植物新品种权利归属案件（《保护条例》第七条、第八条、第四十三条）。

8. 转让植物新品种申请权和转让植物新品种权的纠纷案件。《保护条例》规定植物新品种的申请权和品种权可以依法转让（《保护条例》第七条、第八条、第四十三条）。

9. 侵犯植物新品种权纠纷案件。未经品种权人许可，以商业目的生产或者销售授权品种的繁殖材料，品种权人或者利害关系人可以请求省级以上人民政府农业、林业行政部门依据各自的职权进行处理，也可以直接向人民法院提起诉讼。省级以上人民政府农业、林业行政部门依据各自的职权，根据当事人自愿的原则，对侵权所造成的损害赔偿可以进行调解。调解未达成协议的，品种权人或者利害关系人可以依照《民事诉讼法》向人民法院提起诉讼（《保护条例》第六条，第三十九条第一款、第二款）。

10. 不服省级以上农业、林业行政管理部门依据职权对侵犯植物新品种权处罚的纠纷案件。省级以上人民政府农业、林业行政部门依据各自的职权处理品种权侵权案件时，为维护社会公共利益，可以责令侵权人停止侵权行为，没收违法所得，可以并处违法所得5倍以下罚款（《保护条例》第三十九条第三款）。

11. 不服县级以上人民政府专业、林业行政部门依职权对假冒授权品种处罚的纠纷案件。假冒授权品种的，由县级以上人民政府农业、林业行政部门依据各自的职权责令停止假冒行为，没收违法所得和植物品种繁殖材料，并处违法所得1倍以上5倍以下的罚款（《保护条例》第四十条）。

上述案件从性质上划分，还可以分为植物新品种行政案件和植物新品种民事纠纷案件。人民法院受理的涉及植物新品种纠纷案件并不限于上述所列举的类型，在审查当事人起诉时，只要符合《民事诉讼法》第一百零八条、《行政诉讼法》第四十一条规定的民事案件或者行政案件的起诉条件，人民法院均应当予以受理。

从目前有关行政部门受理、批准的申请数字看，涉及植物新品种权纠纷的案件数量不会很多。虽然如此，审理涉及植物新品种纠纷案件的技术难度却很大、专业性强，对审判人员业务素质的要求也比较高，在是否授予权利以及是否构成侵权等问题上，要求审判人员不仅熟悉有关知识产权法律、法规，而且要掌握较高的专业化知识。根据《行政诉讼法》第十四条及《最高人民法院关于执行〈中华人民共和国行政诉讼法〉若干问题的解释》第八条的规定，被告为县级以上人民政府或国务院直属部门（含复审委员会）的案件，均应当由中级人民法院管辖。考虑到人民法院审判力量配置、发案数量和方便人民群众诉讼等因素，本解释第三条规定将涉及植物新品种的民事案件、行政案件，根据知识产权案件集中审理的原则，确定由中级以上人民法院受理。其中第一条所列第（一）至（五）类案件，由于国家植物新品种审批机关的住所地在北京市第二中级人民法院的辖区内，因此，规定由该院作为第一审人民法院；第（六）至（十一）类案件，由各省、自治区、直辖市人民政府所在地和最高人民法院指定的中级人民法院作为第一审人民法院审理。

审判实践中对如何确定侵犯知识产权民事权利的案件侵权行为地一直存在争议。本解释第四条明确规定了侵犯植物新品种权的侵权行为地的概念，即指未经品种权人许可，为商业目的生产、销售该品种的繁殖材料的所在地，或者将该授权品种的繁殖材料重复使用于生产另一品种的繁殖材料的所在地。

植物新品种的审批和授权要经过国家主管机关对申请对象进行新颖性、特异性、一致性和稳定性的审查，一经授权，其权利状态的稳定性较高。因此，为保护权利人的合法权益，防止被控侵权人利用程序规定拖延诉讼，本解释第六条规定，人民法院审理侵犯植物新品种权纠纷案件，被告在答辩期间内向行政主管机关植物新品种复审委员会请求宣告植物新品种权无效的，人民法院一般不中止诉讼。

在如何确定诉讼当事人问题上，根据《保护条例》确定的审批授权的程序，以及相应的法律关系，本解释第五条规定，关于是否应当授予植物新品种权的纠纷案件、宣告授予的植物新品种权无效或者维持植物新品种权的纠纷案件、授予品种权的植物新品种更名的纠纷案件，应当以行政主管机关植物新品种复审委员会为被告；关于实施强制许可的纠纷案件，应当以植物新品种审批机关为被告；关于强制许可使用费纠纷案件，应当根据原告所请求的事项和所起诉的当事人确定被告。对于强制许可使用费的数额，审批机关在取得实施强制许可的单位或者个人与品种权人不能达成协议的情况下，作出裁决，品种权人如果对该强制许可决定或者确定的使用费数额不服，可以向人民法院起诉。如果该品种权人仅起诉取得强制实施许可的单位或者个人，那么，应当以对方当事人为被告，提起民事诉讼。另外，《保护条例》规定了对审批机关驳回品种权申请不服的复审程序，因此，如果申请人对审批机关驳回申请权的决定不服，直接向人民法院提起诉讼的，人民法院不予受理。

对植物新品种权的司法保护，是国家法律赋予人民法院的一项新的审判职能，是人民法院知识产权审判工作的又一个新的领域，同时也是我国为加入世界贸易组织所做的准备。人民法院作为执法机关，正积极应对新的机遇和挑战。最高人民法院公布本解释的同时，下发了《关于开展植物新品种纠纷案件审判工作的通知》。通知要求各高、中级人民法院组织有关审判工作人员，认真学习和研究《国际植物新品种保护公约》和《保护条例》《实施细则》以及最高人民法院的司法解释，熟悉和掌握相关法学理论和专业知识，积极开展该领域的内外业务交流和培训，及时总结审判经验，努力提高审判人员的业务素质和执法水平，保证高质量地完成审判任务。

最高人民法院
关于审理侵犯植物新品种权纠纷案件具体应用法律问题的若干规定

法释〔2007〕1号

（2006年12月25日最高人民法院审判委员会第1411次会议通过 2007年1月12日最高人民法院公告公布 自2007年2月1日起施行）

为正确处理侵犯植物新品种权纠纷案件，根据《中华人民共和国民法通则》《中华人民共和国民事诉讼法》等有关规定，结合侵犯植物新品种权纠纷案件的审判经验和实际情况，就具体应用法律的若干问题规定如下：

第一条 植物新品种权所有人（以下称品种权人）或者利害关系人认为植物新品种权受到侵犯的，可以依法向人民法院提起诉讼。

前款所称利害关系人，包括植物新品种实施许可合同的被许可人、品种权财产权利的合法继承人等。

独占实施许可合同的被许可人可以单独向人民法院提起诉讼；排他实施许可合同的被许可人可以和品种权人共同起诉，也可以在品种权人不起诉时，自行提起诉讼；普通实施许可合同的被许可人经品种权人明确授权，可以提起诉讼。

第二条 未经品种权人许可，为商业目的生产或销售授权品种的繁殖材料，或者为商业目的将授权品种的繁殖材料重复使用于生产另一品种的繁殖材料的，人民法院应当认定为侵犯植物新品种权。

被控侵权物的特征、特性与授权品种的特征、特性相同，或者特征、特性的不同是因非遗传变异所致的，人民法院一般应当认定被控侵权物属于商业目的生产或者销售授权品种的繁殖材料。

被控侵权人重复以授权品种的繁殖材料为亲本与其他亲本另行繁殖的，人民法院一般应当认定属于商业目的将授权品种的繁殖材料重复使用于生产另一品种的繁殖材料。

第三条 侵犯植物新品种权纠纷案件涉及的专门性问题需要鉴定的，由双方当事人协商确定的有鉴定资格的鉴定机构、鉴定人鉴定；协商不成的，由人民法院指定的有鉴定资格的鉴定机构、鉴定人鉴定。

没有前款规定的鉴定机构、鉴定人的，由具有相应品种检测技术水平的专业机构、专业人员鉴定。

第四条 对于侵犯植物新品种权纠纷案件涉及的专门性问题可以采取田间观察检测、基因指纹图谱检测等方法鉴定。

对采取前款规定方法作出的鉴定结论，人民法院应当依法质证，认定其证明力。

第五条 品种权人或者利害关系人向人民法院提起侵犯植物新品种权诉讼时，同时提出先行停止侵犯植物新品种权行为或者保全证据请求的，人民法院经审查可以先行作出裁定。

人民法院采取证据保全措施时，可以根据案件具体情况，邀请有关专业技术人员按照相应的技术规程协助取证。

第六条 人民法院审理侵犯植物新品种权纠纷案件，应当依照民法通则第一百三十四条的规定，结合案件具体情况，判决侵权人承担停止侵害、赔偿损失等民事责任。

人民法院可以根据被侵权人的请求，按照被侵权人因侵权所受损失或者侵权人因侵权所得利益确定赔偿数额。被侵权人请求按照植物新品种实施许可费确定赔偿数额的，人民法院可以根据植物新品种实施许可的种类、时间、范围等因素，参照该植物新品种实施许可费合理确定赔偿数额。

依照前款规定难以确定赔偿数额的，人民法院可以综合考虑侵权的性质、期间、后果，植物新品种实施许可费的数额，植物新品种实施许可的种类、时间、范围及被侵权人调查、制止侵权所支付的合理费用等因素，在50万元以下确定赔偿数额。

第七条 被侵权人和侵权人均同意将侵权物折价抵扣被侵权人所受损失的，人民法院应当准许。被侵权人或者侵权人不同意折价抵扣的，人民法院依照当事人的请求，责令侵权人对侵权物作消灭活性等使其不能再被用作繁殖材料的处理。

侵权物正处于生长期或者销毁侵权物将导致重大不利后果的，人民法院可以不采取责令销毁侵权物的方法，但法律、行政法规另有规定的除外。

第八条 以农业或者林业种植为业的个人、农村承包经营户接受他人委托代为繁殖侵犯品种权的繁殖材料，不知道代繁物是侵犯品种权的繁殖材料并说明委托人的，不承担赔偿责任。

加强植物新品种的司法保护*

——《最高人民法院关于审理侵犯植物新品种权纠纷案件具体应用法律问题的若干规定》的理解与适用

一、问题的提出

《最高人民法院关于审理侵犯植物新品种权纠纷案件具体应用法律问题的若干规定》（以下简称本规定）已于2006年12月25日经最高人民法院审判委员会第1411次会议通过，2007年1月12日公告公布，自2007年2月1日起施行。

二、理解与适用

（一）本规定制定的法律依据

目前，我国对植物新品种保护的法律规定只有属于行政法规的《植物新品种保护条例》（以下简称《条例》）。除此之外，再没有任何法律规定，在其他现行法律中甚至未涉及植物新品种的概念。

应当说，《条例》是我国为加入WTO履行有关国际承诺而颁布的一项行政法规，也是人民法院审判此类案件的法律依据。近几年，人民法院审理侵犯植物新品种权纠纷案件越来越多，审判实践中出现了一些新情况新问题，需要对《条例》的适用进行具体的解释，以指导审判工作。

关于最高人民法院对行政法规的适用能否进行司法解释，有不同观点的争论。目前，由于审判工作的急需，最高人民法院对于审判过程中如何具体应用《条例》的问题，通过司法解释的形式进行补充和完善是适宜的。虽然本规定的首部和条文中没有列明引用《条例》作为司法解释的法律依据，司法解释的名称也采用了

---

* 蒋志培、李剑、罗霞，原载《人民法院报》2007年1月31日第5版、2007年2月7日第5版。

"若干规定"的称谓，但《条例》是本司法解释起草的主要法律依据，各地人民法院不但在学习和理解本规定的时候，同时要理解和贯彻《条例》的各项规定，而且在具体适用法律时还应当引用《条例》的有关条款。

（二）植物新品种权人的利害关系人

《条例》第三十九条规定："未经品种权人许可，以商业目的生产或者销售授权品种的繁殖材料的，品种权人或者利害关系人可以请求省级以上人民政府农业、林业行政部门依据各自的职权进行处理，也可以直接向人民法院提起诉讼。"虽然《条例》中对品种权的利害关系人的诉权进行了规定，但对利害关系人的范围未作出界定，给审判实践适用法律带来了困难。为了便于各级人民法院在审理案件中准确掌握植物品种权人的利害关系人，保障其诉讼的权利，比照《专利法》等的司法解释，本规定第一条对品种权人的利害关系人和不同利害关系人的不同诉权作出了界定。

品种权人的利害关系人包括植物新品种实施许可合同的被许可人、品种权财产权利的合法继承人等。独占实施许可合同的被许可人可以单独向人民法院提起诉讼；排他实施许可合同的被许可人可以和品种权人共同起诉，也可以在品种权人不起诉时，自行提起诉讼；普通实施许可合同的被许可人经品种权人明确授权，可以提起诉讼。

（三）关于侵犯品种权行为的认定

1. 侵权行为的种类

《条例》第六条规定：任何单位或者个人未经品种权人许可，不得为商业目的生产或者销售该授权品种的繁殖材料；不得为商业目的将该授权品种的繁殖材料重复使用于生产另一品种的繁殖材料。但《条例》第三十九条仅规定："未经品种权人许可，以商业目的生产或者销售授权品种的繁殖材料的，品种权人或者利害关系人可以请求省级以上人民政府农业、林业行政部门依据各自的职权进行处理，也可以直接向人民法院提起诉讼。"理论上，违反《条例》第六条规定的两类情形均属侵权行为，品种权人都可提起诉讼，请求司法保护。实践中，这两类侵权情形也均有发生。《最高人民法院关于审理植物新品种纠纷案件若干问题的解释》第四条和《农业部关于农业植物新品种侵权案件处理规定》第二条均将此类行为列入侵权的范围。所以，本规定第二条将这两类侵权行为都规定为侵犯植物新品种权的行为；实施这两种行为的，人民法院应当认定为侵犯植物新品种权。

2. 侵权行为的认定

关于对上述两类侵权行为的认定，本规定的初稿基于专利权与品种权最为接近考虑，拟借鉴专利侵权的认定方法，即先确定权利的保护范围和被控侵权物的特征，后对两者对比判定是否落入权利保护范围的方法。

在征求意见过程中，植物新品种权的授予部门间有不同的意见。林业主管部门认为，品种权的保护范围应当规定为审批机关确认批准的品种权申请文件记载的特异性。农业主管部门则认为，不能根据审批机关公告的品种权审查文档记载的特异性来确定品种权的保护范围。申请品种必须具有特异性，但权利保护的不是特异性，而是品种本身。它是一个整体，品种的全部遗传特性都包含在繁殖材料中，用繁殖材料确定品种权的保护范围最完整和准确。

我国加入的《国际植物新品种保护公约》在表述“保护范围”时采用了“有性和无性繁殖材料”，也未规定为“特异性”。此外，特异性只能是相对的特异性，是与其最相近似的品种相比的特异性，而这种特异性在同类的其他品种上可能也存在，故不宜将特异性作为保护范围。

同时，从目前的司法实践看，在绝大多数品种权案件中人民法院都将有关鉴定机构的鉴定结论作为侵权认定的主要依据。而品种权审批机关的授权文件比较简单，并不载明品种权的特征、特性，而且特征、特性一般难以用文字准确界定。所以，在认定侵犯植物新品种权的行为时，被控侵权的品种的性状特征必须与授予品种权的性状特征相等，被控侵权的植物新品种性状特征多于或者少于该品种权的植物新品种的性状特征，都不构成侵权。所以，本规定改变了初稿在此问题上的起草思路，即在目前条件不成熟的情况下，暂不涉及品种权保护范围如何确定的问题，而是直接对《条例》第六条“该授权品种的繁殖材料”和“将该授权品种的繁殖材料重复使用于生产另一品种的繁殖材料”的规定进行解释，以方便审判中对侵权行为的认定，通过基本认可目前实践中的普遍做法来达到解决审判实际问题的目的。

本规定第二条第二款将被控侵权物的特征、特性与授权品种的特征、特性相同，或者特征、特性的不同是因非遗传变异因素所致的，规定为应当认定为被控侵权物属于商业目的生产或者销售授权品种的繁殖材料。对被控侵权人重复以授权品种的繁殖材料为亲本与其他亲本另行繁殖的，规定为应当认定属于商业目的将授权品种的繁殖材料重复使用于生产另一品种的繁殖材料。

“遗传变异因素”，是指通过人工杂交、自然杂交、突变、诱变、转基因等方式使植物的遗传基因发生改变，从而造成植物特征或者特性的变异，这种变异是可以遗传的。非遗传变异因素，是指因土壤、气候、肥料、管理水平或者其他环境因素的影响，导致植物的特征或者特性发生差异，这种差异是不能遗传的。“特征特性”是“性状特征”的同义语。特征，是指植物的形态学特征，如花的颜色、果实的现状等；特性，是指植物的生物学特性，如抗病性、抗旱性等。本规定第二条第二款中的“非遗传变异”，是指被控侵权物的繁殖材料虽与授权品种相同，但由于生长过程中外来花粉等非遗传变异因素的介入，导致两者特征、特性的不同。因被控侵权物繁殖时采用与授权品种相同的繁殖材料，一般将被控侵权物视为《条例》第六条所称的“该授权品种的繁殖材料”，非遗传变异因素导致的特征、特性的不同，并不影响上述判定。

（四）关于涉及侵犯植物新品种权行为认定的鉴定问题

侵犯植物新品种权的认定，涉及专业性很强的技术问题，通常需要进行技术鉴定。鉴定机构和鉴定人的确定很重要，也常常引起当事人的争议。

本规定第三条的规定贯彻了《民事诉讼法》及《关于民事诉讼证据的若干规定》确立的“当事人先协商，协商不成由法院指定”的鉴定机构、鉴定人的确定的原则。根据《全国人大常委会关于司法鉴定管理问题的决定》，司法鉴定机构和鉴定人都必须符合一定的条件并应当依法经过登记。但是，目前尚不具有前述规定的植物新品种鉴定资格的单位和个人，导致出现当事人经常以鉴定机构无鉴定资格为由主张鉴定结论不应被采信的情况。

经向农、林业行政主管部门了解，有关植物新品种鉴定资格的具体规定颁布时间尚不确定，实践中法院也大多采取委托农业部或者农科院等专业机构的方式进行鉴定，专业技术和作出的鉴定结果是可靠的。故在目前具有司法鉴定资格的机构和个人缺失的情况下，为保障案件的正常办理，根据《民事诉讼法》第七十二条第一款和本规定第三条第二款，在没有具有司法鉴定资格的鉴定机构和鉴定人的情况下，由具有相应品种检测技术水平的专业机构、专业人员鉴定。该专业机构、专业人员可以由当事人协商确定，也可以在当事人协商不成时由人民法院指定。

关于侵权认定的专业鉴定方法，主要有田间观察检测和实验室检测，后者包括基因指纹图谱检测（DNA）、同工酶标记和种子贮藏蛋白指纹图谱等。一般认为，田间观察检测是最根本的方法，比较可靠；基因指纹图谱检测则具有快捷、方便、成本低的优点。由于田间观察检测需要时间长，一年生植物一个生长周期要一年左右，多年生植物如树木等要3~7年，易使侵权物或繁殖材料失去应有的价值，品种权人的权利也不能得到有效保护，因此实践中基本上采用基因指纹图谱检测。考虑到上述两种方法各自的特点及实践中的惯常做法，本规定第四条第一款规定，对侵犯植物新品种权纠纷案件涉及的专门性问题可以采取田间观察检测、基因指纹图谱检测等方法鉴定。以此作为鉴定方法的指引，但并不否定采用其他检测方法的可能。

按照不同鉴定方法作出的鉴定结论，在一般情况下定性应为一致，精确度可能有所不同。但若出现定性上的矛盾，或者在一个鉴定结论被采信作为定案依据时，如何认定鉴定证明力的大小，是要解决的焦点问题。根据《民事诉讼法》的规定，鉴定结论属于证据的一种，应遵循证据认定的一般规则。所以，本规定第四条第二款规定，人民法院对鉴定结论应当依法质证，经组织当事人对鉴定结论质证后依法认定其证明力的大小。借此解决实践中对采信鉴定结论作为定案依据的问题。

（五）关于对植物新品种权诉讼临时措施的适用

关于侵犯植物新品种权诉讼的诉前证据保全和诉前禁令，在前的《民事诉讼法》不可能规定，在后的《条例》也未规定，我国加入的《国际植物新品种保护公约》（1978 年文本）亦未涉及。因此，出现了植物新品种诉前临时措施的立法空白。尽管实践需要，并且行政主管部门也多次建议能够在本规定中规定植物新品种权诉讼的诉前临时措施，但考虑到植物新品种权纠纷案件有其特殊性，且涉及“三农”问题，应采取谨慎的司法政策，不宜在未有国际条约及国内法规定的情况下通过司法解释创设植物新品种的诉前临时措施制度。同时，为切实保障权利人及时获得必要的诉讼救济措施，根据《最高人民法院关于贯彻执行〈中华人民共和国民法通则〉若干问题的意见（试行）》第 162 条的规定，并参照《最高人民法院关于对诉前停止侵犯专利权行为适用法律问题的若干规定》第十七条的规定，本规定第五条第一款规定：“品种权人或者利害关系人向人民法院提起侵犯植物新品种权诉讼时，同时提出先行停止侵犯植物新品种权行为或者保全证据请求的，人民法院经审查可以先行作出裁定。”即权利人在起诉的同时提出先行停止侵权或者保全证据的请求，人民法院可以先行裁定。这样符合已有的法律规定，同时在确实需要时，当事人可以请求、人民法院也能够及时作出证据保全和禁令临时措施的裁定。

鉴于法院和公证机构本身一般不具备扦取品种繁殖材料的专门技术，为增强法院取证的客观性，避免当事人对证据代表性的质疑，结合农业部和部分法院的建议，本规定的第五条第二款规定，人民法院采取证据保全措施时，可以根据案件具体情况，邀请有关专业技术人员按照相应的技术规程协助取证。此为指导法院或当事人取证的示范性条款，由审理法院视个案情况而定，并不具有强制性，不得仅以未邀请技术人员协助取证为由简单否定证据保全的效力。在实际操作中，建议取证时样品的数量至少为检测所需样品数量的两倍。

（六）关于侵权赔偿数额的确定

关于对侵权赔偿数额的计算，本规定第六条规定了人民法院可以根据被侵权人的请求，按照被侵权人因侵权所受损失或者侵权人因侵权所得利益确定赔偿数额。被侵权人请求按照植物新品种实施许可费确定赔偿数额的，人民法院可以根据植物新品种实施许可的种类、时间、范围等因素，参照该植物新品种实施许可费合理确定赔偿数额。对于难以确定赔偿数额的，人民法院可综合考虑侵权的性质、期间、后果，植物新品种实施许可费的数额，植物新品种实施许可的种类、时间、范围及被侵权人调查、制止侵权所支付的合理费用等因素，在50万元以下确定赔偿数额。

有的意见认为，种子行业属特种行业，种植面积一般在千亩以上，培育一个新品种时间长，投入的人力、物力和财力大，侵权者则容易获取巨额利润，加之对侵权案件调查取证难，诉讼成本高，50万元的定额赔偿对侵权处罚太轻，不利于制止侵权，建议将50万元的“上限”改为“下限”。

我们认为，由于50万元的定额赔偿制度是对其他赔偿数额计算方法的补充，侵犯植物新品种权的损害与其他知识产权损害一样，凡是侵权行为造成的损失，侵权人都应当赔偿，不应当受50万元的限制。只有按照其他方法难以确定赔偿数额的，人民法院才可以综合考虑侵权的性质、期间、后果，植物新品种实施许可费的数额，植物新品种实施许可的种类、时间、范围及被侵权人调查、制止侵权所支付的合理费用等因素，适用一定数额的定额赔偿。

鉴于《专利法》《商标法》《著作权法》三部基本的知识产权法律均采用“50万元”数额的法定赔偿数额，在无法论证其他合适上限数额的情况下，本规定基本沿用了《专利法》《商标法》《著作权法》和三部法律的司法解释所确立的赔偿数额确定制度，不突破50万元的上限。本规定第六条第三款将“被侵权人调查、制止侵权所支付的费用等”也规定在定额50万元的考虑因素之内。这也就是说，对于适用定额赔偿方式进行赔偿的案件，包括调查费等的支出在内，都不能超过50万元的上限。

（七）侵权物的处理

按照侵权法原理，停止侵害一般包括对侵权物的销毁，但由于植物新品种案件中的侵权物多为农、林作物的繁殖材料，不能简单地套用销毁侵权物的一般处理方法。因此，本着既避免资源浪费、维护农村稳定，又防止侵权物再扩散的处理原则，本规定第七条第一款规定，当事人可以合意将侵权物折抵权利人的受损，侵权物是否成熟，在所不问。若当事人不能达成一致，为防止侵权物的再扩散，人民法院应责令侵权人对侵权物作出适当处理，比如灭活。因处理方式不便穷尽，故采用“列举加概括”的表述方式。因本规定第七条第一款规定的消灭活性等处理未区分侵权物的成熟与否，故第七条第二款规定，侵权物正处于生长期或者销毁侵权物将导致重大不利后果的，人民法院一般不责令销毁侵权物，旨在避免铲除青苗等销毁侵权物的做法可能产生伤害农民感情、危及农村稳定等负面影响。此处的“重大不利后果”，包括因已过播种期仍销毁侵权物导致的撂荒、销毁侵权物可能引起负面影响等情形。为避免侵权物危害生态安全，本规定第七条规定了“但书”。

（八）农民赔偿责任的免除

《条例》规定，农民在植物新品种使用方面的特权是自繁自用，超出范围才属于侵权。实践中，侵权者大多委托农民进行大规模的制种。农民的代繁行为因超出了自繁自用的范围，故构成了侵权，农民应承担相应的民事责任。但考虑到农民若承担赔偿责任可能导致一系列问题，且真正的侵权源头和最大的受益者是委托人，故在一定条件下免除农民侵权责任中的赔偿责任是必要的。同时，为体现和贯彻过错责任的一般侵权归责原则，本规定第八条针对农民“知道”与否作出了区别对待：农民不知道代繁物是侵犯品种权的繁殖材料并说明委托人的，不承担赔偿责任，但仍然承担停止侵害的侵权责任。至于“不知道”是否因行为人重大过失所致，在所不问；农民知道代繁物是侵犯品种权的繁殖材料的，应承担包括赔偿责任在内的侵权责任。该赔偿责任一般应掌握在农民因代繁获利的限度内。赔偿责任的免除，涉及侵权责任制度的变动。为避免实践中可能的滥用，本规定第八条对农民的范围作出了界定，即以通常理解的靠农业或林业种植来维持生计的个人、农村承包经营户为限。